JOURNAL
II
1974-1986

DU MÊME AUTEUR

LES VITAMINES DU VINAIGRE, Éditions Fasquelle, 1958.
LES YEUX OUVERTS, entretiens avec Marguerite Yourcenar, Éditions du Centurion, 1980.
ALBERT ET CAROLINE, Grasset-Jeunesse, 1986.
JOURNAL, tome I, 1953-1973.

Adaptations

ZOO STORY, Edward Albee, Éditions Laffont, 1965.
DELICATE BALANCE, Edward Albee, Éditions Laffont, 1967.
LE TRAIN DE L'AUBE NE S'ARRÊTE PLUS ICI, Tennessee Williams, Éditions Laffont, 1972.
LE PARADIS SUR TERRE, Tennessee Williams, Éditions Laffont, 1972.
BUTLEY, Simon Gray, Gallimard, 1974.
EQUUS, Peter Schaffer, Gallimard, 1977.
WINGS, Arthur Kopit, Gallimard, 1979.
BONSOIR MAMAN ('Night Mother), Marsha Norman, Éditions Papiers, 1987.

MATTHIEU GALEY

JOURNAL
II
1974-1986

BERNARD GRASSET
PARIS

Matthieu Galey, fils du cinéaste Louis-Émile Galey, naquit à Paris le 9 août 1934. Il commença ses études au lycée Buffon, les poursuivit en Italie, à Rome, au lycée Chateaubriand, puis, de retour en France, au lycée Henri-IV, à la faculté des lettres et à l'Institut d'études politiques.

Il était encore étudiant quand il fit ses débuts d'écrivain aux Cahiers des Saisons et quand il publia un recueil de nouvelles, les Vitamines du vinaigre, en 1958. Dès l'année suivante, il devint chroniqueur littéraire à l'hebdomadaire Arts. En 1962, il entra au comité de lecture des Éditions Grasset. Après la disparition de l'hebdomadaire Arts, en 1967, il passa à l'Express. Parallèlement il entreprit une carrière de critique dramatique : aux Nouvelles littéraires et au journal Combat, puis à l'Express. Passionné par le théâtre, il adapta pour la scène française (à partir de 1965) plusieurs pièces anglaises et américaines – notamment d'Edward Albee et Tennessee Williams – dont certaines obtinrent un grand succès. Il publia aussi, en 1980, de mémorables entretiens avec Marguerite Yourcenar, sous le titre les Yeux ouverts.

Aux approches de la cinquantaine, sa santé se détériora. Il était atteint par un mal peu connu et encore incurable, la sclérose latérale amyotrophique. Il lutta courageusement plusieurs années, avant de mourir le 23 février 1986.

Tous droits de traduction, de reproduction et d'adaptation
réservés pour tous pays.

© 1989, Éditions Grasset & Fasquelle.

1974

13 janvier

Cette année qui vient, je la regarde en chien de fusil. Ce sera elle ou moi.

Banier, au restaurant. Déchaîné. Presque épileptique. Il renverse la table, manque de blesser Jacques Grange avec un couteau à poisson et dit des insanités absurdes aux domestiques. Une fois de plus, je constate leur amusement, à peine scandalisé. Les gens s'ennuient tant qu'ils acceptent tout, si on les divertit. Cela fait de quoi raconter. B. prétend que l'autre jour, chez Madeleine Castaing il a pissé subrepticement dans la théière et servi de l'urine chaude à toute la compagnie. Incroyable, évidemment. Mais il a l'air d'y croire comme un gosse qui s'entête. Pour un peu il se fâcherait.

Marie Laurencin détestait Romains. Quand elle lui parlait (Jouhandeau dixit) elle l'interpellait, en faisant siffler les consonnes comme un serpent : « Dites-moi, monsieur Jules Romainsss... »

24 janvier

Chateaubriand, le grand, c'est le vieillard de la fin, l'amer hautain et fielleux, magnifique. Et celui que l'on voit, c'est le jeune poseur de Girodet, avec dans le dos sa tempête en Technicolor.

JOURNAL

26 janvier. Dans le train

Lu, au passage : *Saverne, capitale européenne de la brouette métallique.* Pascal n'en reviendrait pas. Et c'est pour ça qu'on a repris l'Alsace-Lorraine!

27 janvier. Strasbourg

Je rentre à pied du théâtre, où j'ai vu la pièce d'Ehni. J'étais assis derrière ses parents : un gros monsieur rougeaud, une grosse dame sortie des mains du coiffeur, et qui applaudit frénétiquement à la fin de chaque scène. Je l'aperçois, lui, à l'entrée : « Tu te rends compte, mes parents qui viennent voir ma pièce! Mes parents. A Strasbourg! » De l'ironie, et une secrète satisfaction. Être joué à Strasbourg lui fait peut-être plus plaisir que d'être lu à Paris. La consécration locale. Mais le public a l'air déconcerté. Le drame d'Ehni : il écrit des œuvres populaires et coléreuses qui ne peuvent être comprises que par les intellectuels du 6e arrondissement, lesquels se moquent de l'Alsace et de ses problèmes. Et par-dessus le marché, René ne manque pas une occasion de fustiger les intellectuels – et lui-même –, leur hypocrisie, leur lâcheté... On sort de là couvert de cendres. Un rien gêné. Et les autres, les Alsaciens semblent surtout perdus. Une dame égarée dit, avec un fort accent : « J'ai pas très bien compris. Mais peut-être qu'il ne faut pas chercher à comprendre. C'est du théâtre. »
   Traversé la ville déserte, dans une brume épaisse. Quelques estaminets sortent de l'ombre floue, havres médiévaux. Par les fenêtres à petits carreaux, on voit des hommes tristes qui boivent des bières. En quel siècle sommes-nous?
   Ici, à l'hôtel, la sainte Bible sur la table de nuit. Je lis des épîtres de saint Paul. Ce qui est le plus touchant, ce sont les recommandations particulières, qui ont ainsi traversé deux millénaires. Ces allusions à des compagnons obscurs; les Philologue, les Olympe (beaucoup de femmes parmi ces premiers chrétiens) « et tous les saints qui sont avec eux »... Ou bien ce détail : « Je passerai l'hiver ici. J'irai en Macédoine. Cette fois-ci je ne vous verrai pas en passant », etc. Le plus frappant, bien sûr, ce sont ces perpétuelles exhortations à se soumettre aux autorités en place. Si Paul était obligé de le répéter si souvent, cela prouve qu'il devait rencontrer sur ce sujet une certaine résistance. Le reste ressemble à l'enseignement de n'importe quel gourou d'aujourd'hui, prêchant l'amour et la non-violence. Mais a-t-on écouté saint Paul? Et jusqu'à quand? Était-ce un réformiste, qui voulait prendre le pouvoir légalement, de l'intérieur, à peu près comme les communistes d'aujourd'hui?

1974

En tout cas, pas le moindre souci de justice sociale. Donner d'abord l'exemple, l'image de la vertu. Être soumis. Être des maîtres et des serviteurs modèles. Pas de vagues, surtout pas de vagues. Gangrener le monde par le dedans. La technique n'a pas mal réussi.

4 février. Gaillon

Seul, à la campagne. Temps de printemps. Déjeuner hier chez mes grands-parents. Pâlots quand j'arrive, mais ils s'animent au cours du repas. Toujours aussi au fait de l'actualité, raisonnant sur l'avenir comme s'il leur en restait. D'ailleurs, bon-papa va faire planter une treille à La Colombe. Mamé se moque de lui : « Il faut trois ans pour avoir du raisin ! » Lui, avec une superbe indifférence à la mort : « Si ce n'est pas moi qui les mange, ce seront les enfants. » Il parle aussi de son caveau, à Saint-Girons, avec un même détachement. « Je veux être à gauche. C'est de ce côté-là que je dors. » Mamé pousse des cris. Elle a horreur d'évoquer même le lieu où son aventure finira. Lui, point. Posément il décrit son logis, en beau ciment. Il a déjà fait graver « Famille Antoine Galey ». On dirait qu'il s'agit d'un simple déménagement.

Ehni se dit amoureux du garçon qui interprète son propre personnage dans sa pièce. Narcissisme au carré et théâtre au cube. Un beau sujet pour Pirandello. Et ça ne pourrait finir que par un meurtre, ou un mariage.

20 février

Dans une chapelle glaciale, voisine de Saint-Roch, nous essayons de tourner avec Jean-Louis Barrault et Rufus. Trop de bruit. On finit par se réfugier dans le « bureau des mariages », minuscule pièce derrière le maître-autel. Et là, tandis que nous parviennent des bribes d'orgue, J.L.B. me parle de Claudel. Cette belle histoire, surtout, du vieux maître, à Marigny. On répétait *l'Échange*. Comme il était très sourd, il restait toujours sur la scène, pour mieux surveiller le jeu des comédiens. La veille de la couturière, J.L.B. essaie de le persuader d'aller s'asseoir dans la salle. Mais Claudel, comme un enfant, supplie qu'on le garde là. « Vous comprenez, dit-il, c'est la dernière fois que je l'entends. » Alors on l'a installé sur un fauteuil, au milieu de la scène, et ses créatures ont joué autour de lui, comme un ballet d'hommage. A J.L.B., je dis qu'il devrait se présenter à l'Académie française. Et le voilà aussitôt qui improvise un discours de réception, mimé, entre la danse et la conversation de sourds-muets.

JOURNAL

26 février

Luçette : « C'est un homme qui brûle le chandail par les deux bouts... » Pourquoi pas les deux manches ?

A Grigny, dans un « grand ensemble » très xxe siècle. Je regarde par la fenêtre. Je vois passer une petite fille en chaussettes blanches et vernis à boucle, qui se rend à la messe, dans l'église ultramoderne et biscornue qui trône au milieu de la cité. Puis un père en canadienne, un fusil en bandoulière, qui part pour la chasse avec son fiston. Curieuses survivances de civilisations antérieures, l'âge féodal, l'âge de pierre, en plein béton.

Gray, Bates.

Gray, assez satisfait de l'adaptation, semble-t-il. Ce qui le touche, sans doute profondément : la découverte qu'il est « universel », que sa créature, professeur d'anglais, peut être comprise en France donc partout ailleurs. Un peu lourd, rond, massif. Solide. Lent.

Bates, un rien couperosé, avec de beaux yeux d'adolescent qui n'ont pas l'âge de son visage déjà bouffi et fatigué.

Genève. 17 mars

La pluie sur les petites tuiles en queue-d'aronde que je vois de ma fenêtre. La diversité des rouges et des bruns, à l'infini, brillants d'humidité. La Vieille Ville toute neuve, toute propre, si calme, un dimanche. La Suisse, beaucoup plus hors du temps qu'à l'écart de l'Europe : la province d'il y a cent ans, avec le confort en prime.

Megève. 21 mars

Paolo. Un visage chiffonné qui me regarde dans l'autobus derrière des lunettes noires. C'est arrivés ici, seulement, que nous nous parlons. A peine. Revu le lendemain. Il sait qui je suis. Son ami Chéreau, qui l'a rejoint, le lui a dit. Situation difficile. Ambiguë. D'autant que P., acteur jusqu'au bout de la coquetterie, ne rend pas les choses faciles. Dîner à La Ferme avec les deux. Ch. autre, dès qu'il parle de son métier, des comédiens.

« Tu es un génie », dit P. Mine de l'autre, gêné, agacé : mais pas hors de lui... C'est ainsi.

Au départ, P. m'embrasse, sur le seuil de la porte, devant Patrice. Leur complicité. Leur malheur.

Et moi.

1974

12 avril

Lucette, parlant des communistes :
« Tous des ivrognes ! » Mitterrand n'a peut-être pas suffisamment médité ce genre de préjugés absurdes et indéracinables. « Tous des feignants », « Tous des espions », « Tous des bourgeois », etc.

Cette définition drôle de Boudard : « Les Suisses sont des Belges qui n'ont même pas souffert. »

13 avril

Déjeuner « de famille » pour Pâques, et les trente ans de Geneviève. Mon grand-père, un peu absent. A quatre-vingt-quatorze ans et demi, c'est pardonnable. Mais Mamé, très présente, très agitée par la campagne présidentielle. On en vient à parler de Jobert dont Pompidou aurait peut-être voulu faire son dauphin.

« Lui ? Il ne pourrait pas représenter la France. Il est trop petit ! »

22 avril

Lucette appelle déjà Giscard, Valéry.
Signe des temps : je téléphone chez une romancière. Le mari me répond :
« Je ne sais pas si elle est là. Je vais voir. »
Au bout d'un moment, il revient :
« L'employée de maison me dit qu'elle est sortie. »
Mais Champion, gendre des laboratoires M., qui seront nationalisés dans le Programme commun, vote pour Mitterrand...
Chez les Faure, au palais. Un petit vent coulis de panique. Même la chère est faible : du ris de veau aqueux, un très petit vin, des fromages mous.
Edgar comme indifférent déjà – avec cependant un certain penchant pour Giscard, c'est évident, et le vague espoir de le voir gagner, bien qu'il parle de « faire ses bagages » après les élections... – quitte tout de même la table pour écouter Royer. A propos de Pompidou, il dit : « Cela fait partie des devoirs de ma charge de prononcer l'éloge funèbre des gens que je n'estimais pas. J'ai dû trouver admirable qu'un homme se fût accroché désespérément au pouvoir, au lieu d'entrer à l'hôpital après avoir organisé sa succession... »
Lucie, oppressée, épuisée, jouant la comédie de vivre.

JOURNAL

30 avril

Déjeuner très « avant-guerre » chez Bernheim, avec Fagadau. Le valet de chambre stylé, le service impeccable, le repas excellent et simple, le maître de maison peu fripé pour ses soixante-quinze ans, dont il a la coquetterie. Nous en venons à parler de Marion Delbo, sur qui ses souvenirs sont nombreux. Entre autres, ceci : pendant la guerre, son mari était en prison, elle passe au bureau de B., alors absent. Après l'avoir attendu, elle écrit deux lettres – l'une à Jeanson, l'autre à un ami –, et demande à la secrétaire de les poster. Le lendemain matin, elle téléphone, affolée : « Avez-vous mis mes lettres au courrier?
— Non, pas encore.
— Ah, tant mieux, car je crois m'être trompée d'enveloppes en les cachetant. Veuillez ouvrir celle qui est destinée à mon mari, pour voir si c'est bien celle-là. »
La secrétaire déchire l'enveloppe, et dit :
« C'est bien celle-là, elle commence par " mon chéri ". »
Un petit silence, puis Marion reprend : « Continuez. »

Ce producteur qui donnait « sa parole d'honneur privée. »

Pour le meeting de Mitterrand, qui aura lieu ce soir à la porte Maillot, B. compte bien s'y rendre. N'est-ce pas à quelques minutes de Neuilly? Pour les places, car ce sera la cohue : « Je vais téléphoner à Christine. » Et voilà, ça recommence. Même avec le « nouveau régime », le tournant sera pris. Edmonde, de Matignon, fera signe à Christine, à l'Élysée, lesquelles feront des pieds de nez à Lucie, dans son Lassay pour compte.

3 mai

Le petit B., faune robuste, lion de laine, chèvre tendre. Vilain mais attendrissant au regard de boy-scout éternel. Et polytechnicien.

5 mai

Une déclaration d'Henri Tisot, il y a quelques jours, à la radio. « La langue est un organe qui peut faire beaucoup de bien et beaucoup de mal. »

1974

Juin

La bêtise, sans âge.
Je lis dans *l'Univers illustré* de 1887 : « Les expériences relatives à l'introduction du vélocipède dans l'armée se poursuivent en ce moment à l'École normale de gymnastique, où elles ont commencé le 16 février dernier... On ne s'est pas encore prononcé entre le tricycle, le bicycle et la bicyclette; la pratique prolongée des uns et des autres permettra seule de le faire en toute connaissance. En attendant, on est en mesure d'affirmer qu'ils sont menés avec autant d'intelligence que d'agilité par les hommes qui les montent, et qui sont dressés en quelques jours *avec cette faculté d'assimilation très puissante chez la race française...* »

Rencontré Morand, frais comme l'œil pour ses quatre-vingt-cinq ou six ans. Je le complimente sur sa mine. Il me répond, avec un grand sourire :
« Et pourtant ma vie est sinistre. Sinistre. Si vous saviez comme c'est long de vieillir! Ça n'en finit pas. Surtout quand on vit près d'une femme qu'on a aimée (qu'on a aimée; ce passé!...) et qui passe la moitié de sa journée dans l'oubli. De temps en temps, elle émerge. Quelle tristesse!
– Au moins écrivez-vous.
– Oh! des choses pour l'an deux mille. Je ne veux pas faire de peine à mes contemporains.
– Un roman?
– Je parle de moi... »
Bien sûr.

Tous ces gens, au même déjeuner Gould. Auric, comme un gros polochon dans un costume, Marie Bell, vieille Minerve avachie coiffée d'un panama coquin, pitoyable... Ce n'est pas le temps perdu, ni retrouvé; le temps pourri.
Un seul, encore humain, pimpant, ravi d'être, l'œil bleu ciel, le sourire mordant, tout agité de sa petite personne satisfaite, Jean d'Ormesson. Tel un prestidigitateur, il sort de sa poche une invitation à sa réception, qu'il me tend comme une gâterie, un sucre d'orge.
Au château de ses ancêtres, l'autre jour, la fête était somptueusement anachronique. Des foules de douairières, des jeunes gens à costume rayé, toute l'Académie, des Rolls en pagaïe, des chauffeurs. Un ballet de carrosses, comme au bon vieux temps. Au lendemain de la victoire giscardienne, c'est la première sortie des nantis après l'angoisse. Leur pépiement joyeux semble dire ouf, il nous reste encore sept ans de sursis. Ensuite, ô symbole, ils vont tous à Ferrières chez les Rothschild.

JOURNAL

Au retour, je croise une marée de 2 CV car c'est une banlieue très petite-bourgeoise. Un autre monde, qui ne connaît pas ses maîtres. Qui a voté Giscard, sans doute...

14 juin

Dans *Lettrines*, Gracq parle de « la littérature de cette fin de siècle ». Pour moi, c'était les symbolistes, la littérature fin de siècle. Prendre cent ans d'un coup, en une petite phrase. Les gens célèbres ne sont pas connus... Ils sont reconnus.

21 juin

Jouhandeau : « Tu as vu mes pieds? La prochaine fois que tu viendras, je te les montrerai. C'était moi le danseur et Carya l'écrivain. Du reste, elle n'a jamais dansé devant moi. Sauf une fois, sur le mont Blanc. Elle s'est mise toute nue parmi les edelweiss. C'était magnifique. Je lui ai dit : " C'est gentil de danser pour moi ", mais elle m'a répondu : " Ce n'est pas pour toi que je danse, c'est pour la nature. " Après, elle a voulu rentrer à l'hôtel sans prendre le chemin. Il y avait des crevasses tous les dix mètres. La nuit est tombée, elle avait froid. Je lui ai donné tous mes vêtements un à un. On est arrivés à minuit; c'est moi qui étais tout nu. »

« Si je vais bien? L'autre jour, une vieille dame a voulu passer devant moi chez le boucher, sous prétexte qu'elle était âgée. Toute tordue, bossue. Elle m'a dit d'une voix revêche qu'elle avait soixante-treize ans. Et moi, madame, j'en ai quatre-vingt-sept! Mais je l'ai tout de même laissée passer, parce que c'était une femme. »

Sombre période. Il doit y avoir un amas de planètes néfastes. Je renvoie balader Mme Cormier et l'adaptation d'*Equus* – deux mois de travail – parce qu'elle ne veut pas renoncer à faire jouer la pièce par Raymond Gérôme.
Difficultés avec Chapier. J'ai aussi envie de ne plus écrire dans *le Quotidien*.
Complètement cocufié par tout le monde à *l'Express* où j'ai l'impression de faire le ménage.
Je suis, au fond, secrètement heureux dans ma morosité.
Et, en plus, j'ai des morpions.

Au Théâtre des Champs-Élysées, pour le concert Mahler, Giscard, en bourgeois. Sans faste. Arrivé avant l'orchestre et la plupart des spectateurs. Juste deux gorilles déguisés en mélomanes.

1974

Il s'ennuie un peu, et regarde sa voisine furtivement, de temps en temps, en financier qui évalue.

25 juin

Tournier, visage oriental, avec la finesse et le mystère d'un Clouet. Œil bleu clair, qui rit – pointe et douceur à la fois dans ces traits. Une dame, à l'issue d'une conférence, lui demande avec acidité pourquoi il y a si peu de femmes dans ses livres. « Mais, madame, il n'y a pas non plus de batraciens ni de lépidoptères. »

Sujet de roman. Un jury, point de départ comme le dîner en ville de Claude Mauriac.

5 juillet. La Rochelle

Épisode – épilogue? – de mauvais vaudeville que ce croisement à la gare, lui arrivant au train de 5 h 14 et moi prenant celui de 5 h 22. Naturellement, je le rencontre au guichet. C'est la scène finale de *Noblesse oblige*, au niveau de l'adultère bourgeois (mais nous étions prévenus). Tout de même, la somme de hasards nécessaires pour qu'on se retrouve à la même heure, à La Rochelle, moi pour un festival, lui pour un week-end galant – enfin, il faut voir l'autre, ce ne doit pas être la passion –, voilà qui ne plaide guère pour l'imagination de la vie mais laisse pantois quant à ses fantaisies mathématiques.

Après onze ans, toujours des crises. Volcan jamais éteint. Avec, cette fois-ci, une nuance d'intérêt dans la jalousie qui m'a surpris. On m'aimait pour ce que j'étais. M'aimerait-on à présent pour ce que j'ai? Simple changement d'auxiliaire.

Cette ville, sublime la nuit, avec ses rues à arcades comme des galeries souterraines dans un tableau surréaliste. Idylle rapide avec Denis, vingt et un ans (dans un mois), dont le père a un an de plus que moi, et la mère deux de moins. Lui-même a déjà trois enfants, et sa femme vient à peine de fêter ses dix-huit ans! Ce qui ne l'empêche pas de courir le guilledou. Je trouve les provinciaux plus précoces que nous ne le sommes, et plus libérés, directs, sans doute parce qu'ils doivent se cacher.

Ensuite, Julien, très beau, qui n'a guère de temps parce que son épouse l'attend! Drôle de pays, La Rochelle.

Je m'en souviendrai.

JOURNAL

8 juillet

Didier. Sublime spécimen qui me propose le comble de la tendresse : « Je voudrais dormir avec toi. »
Érotisme olfactif, singulier, enivrant. Nouveau. Et ça devient rare, le nouveau, à mon âge.

22 juillet. Avignon

Comme d'ordinaire, quand nous sommes ici ensemble, la bisbille au bout de quatre ou cinq jours. La mauvaise conscience de l'un se heurte à la mauvaise humeur de l'autre, ce qui n'améliore pas l'atmosphère. Je passe de la fureur et du désespoir à une soudaine indifférence. Il y a déjà si longtemps que nous faisons semblant...
A Orange, sublime *Norma*, avec Monserrat Caballe en caravelle toutes voiles au vent. Malheureusement, chaque air est accompagné par le passage du train de marchandises et surtout les rafales du mistral qui transforment la pure mélodie en un curieux dégueulando sinusoïdal.

1er août

Après un moment de noire dépression, quarante-huit heures d'affilée avec Alvin Ailey rencontré sur la place de l'Horloge, par hasard. « Vous êtes avec les ballets d'Ailey? – Oui. – Vous les entraînez? – Quelque chose comme ça... »
Pendant un jour, le petit jeu se poursuit, jusqu'à ce que je comprenne. Cette simplicité surprenante. Aucun risque de rencontrer Béjart incognito... Parle de ses chorégraphies, de sa négritude mâtinée indien avec beaucoup de franchise. Assez récupéré par le business, avec des bouffées de rage. Névrotique, intelligent, très abîmé pour son âge – quarante-deux ans – mais quelqu'un.
A l'hôtel, où je l'amène dîner, le patron vient le regarder sous le nez, comme un babouin célèbre...
Autre rencontre, moins illustre mais plus délicieuse du dodu Daniel, joli rêve érotique marseillais de deux nuits, dans la moiteur d'un été triste.
Visite au nouveau ministre de la Culture, dans sa « Commanderie de Malte », où il voit les choses comme on ne peut les voir qu'au bord d'une piscine.
– Navarre, dans sa jolie petite maison de Joucas.
– Bernard Alane et Gilles, compagnons agréables des matinées belges ainsi que Jean-Pierre Blanc et Jacques Couzinet.

1974

Jean-Pierre avec le tendre Daniel m'accompagnent à Gordes, chez une vieille demoiselle qui vend – prétend-elle – une maison à Joucas.

Elle habite une oasis de fraîcheur, dans un vallon, près de la ville. Endroit sauvage et divin, parmi les bories et les acacias, mais curieusement planté, partout, de fleurs artificielles de toutes sortes, lilas fleurissant en plein juillet, aussi bien que les primevères et les roses poussiéreuses, et les chrysanthèmes, et les iris, et les crocus, étranges végétaux plastifiés piqués à même le sol, dans une éclosion surréaliste hallucinante.

La dame elle-même – encore tout habitée par l'ombre envahissante de sa maman – est des plus pittoresques, par l'accent et le langage. « Maman m'a dit en mourant, ma petite, tu es seule, et je serais très malheureuse si je savais que tu ne mangeras pas tout toi-même. » Alors elle réalise, avec prudence, sa fortune terrienne, vendant par morceaux ses biens contre un papier dévalué...

En réalité, c'est plus un amusement, car elle n'a besoin de rien. On lui fait la cour, on vient la voir, elle en profite tout l'été, et cela dure depuis quinze ans...

Après une heure de préparatifs, elle se transforme en bourgeoise devant une petite glace portative accrochée sur la porte de sa cuisine, « sinon, précise-t-elle, vous direz que je suis une belle effarouchée ». Elle consent à monter en voiture.

Visite de la maison, dans un état pitoyable et meublée d'objets superbes, abandonnés là tels quels depuis des lustres : cela fait moins nu, dit-elle, quand on lui propose d'acheter un sublime pétrin provençal qui pourrit. Le dernier étage – le seul intéressant parce qu'on y a la vue sur le Lubéron – on ne peut y monter : l'escalier s'est effondré cet hiver. A la rigueur, si l'on était *vraiment* intéressé, elle ferait venir un homme qui mettrait une échelle. Mais comme on ne peut être « vraiment intéressé » que si on visite cet étage et vérifie l'état du toit, c'est un cercle vicieux qu'elle entretient à plaisir. Ainsi elle ne vendra jamais la maison, et continuera de faire visiter, son amusement des beaux jours...

Dans sa jeunesse, elle a fréquenté, à Nice, une école d'arts appliqués. Ah, je sais en faire des choses. J'en ai fait le compte l'autre jour, il y en a au moins trente-deux !...

La mère, les fleurs artificielles, cette conduite d'échec, un cas freudien lumineux.

8 août. Paris

Le rêve daniélien s'est poursuivi, jusqu'à l'acmé du dimanche soir et du lundi matin, dans l'émerveillement partagé. Nous aurions dû nous séparer le lundi soir, au lieu d'attendre le mardi. Savoir s'arrêter à temps. Rien de perdu, pourtant, quoique... C'est mon corps, maintenant, qui me donne le trac.

JOURNAL

Achèterai-je la maison de Vers?

Voyage au Portugal, un peu bouffon, avec départ à la cloche de bois parce que ce festival à la gomme est en faillite.

Beauté de l'Algarve, à l'intérieur des terres. Tristesse d'une côte sublime, détruite par les constructions.

Autre voyage éclair à Marseille. Retrouvailles avec D. Longues promenades dans les calanques, au Prado, décor viscontien, mer superbe, soleil. Douceur. Plaisir, déjà automnal.

Point de maison à Vers, après un mois de rêve; une dame a préféré avant moi la réalité.

18 octobre

Le père Leudger, aumônier des artistes. « Vous vous rendez compte, l'archevêché m'a cherché des poux dans la tête. On est allé jusqu'à me reprocher les gens avec qui je couchais! »

Deux ou trois fois par semaine, un journaliste téléphone chez Madame Simone, quatre-vingt-dix-sept ans et demi, pour prendre de ses nouvelles. Naturellement, elle l'adore. Elle en est tout entichée. En fait, le journaliste n'a qu'une idée derrière la tête : être le premier prévenu de sa disparition.

20 octobre

David – américain il est vrai, et juif – évoque la fortune du clergé catholique en Amérique : « Mais tu ne te rends pas compte! Rien que le terrain de St Patrick, sur la Cinquième Avenue, ça vaut des millions de dollars! »

En histoire, il n'y a pas d'appel. On peut tenter toutes les révisions post mortem, cela reste une opération abstraite et dérisoire. C'est le vécu qui prime, pour l'éternité. Malgré les efforts des hagiographes bien-pensants du XIXe siècle, Marie-Antoinette demeure « l'Autrichienne haïe »; ce sont les calomnies de la propagande conventionnelle qui ont la vie la plus dure.

A Carnavalet, dans la salle où on a rassemblé le mobilier des «Capet» au Temple, un enfant remarque la petite taille du lit. Et la mère, rogue : « C'était déjà beau d'avoir un lit! » Le public de « 1789 ». Tel qu'en lui-même.

Et la reine continue de payer sa bêtise et ses préjugés naïfs. Une autre, plus retorse, se serait sortie de l'aventure avec les honneurs de l'estime.

La vertu, cette catastrophe.

1974

23 octobre

Mme Marceron, toujours pépiante, rencontrée dans un théâtre de banlieue, signe des temps : « J'arrive de la Moutte, nous avons eu un joli mois d'octobre, de jolis ciels, de jolies vendanges, un joli enterrement, celui de Segonzac. Ça lui aurait plu. Je me disais tout le temps : quel dommage qu'il ne soit pas là. »

Blondin, la parole embarrassée, sans canines, l'air d'un pauvre vampire brèche-dent avec un rien de faune fripé. Les calembours lui sortent de la bouche, tout seuls. On a l'impression qu'il n'y est pour rien, perdu dans son coma cotonneux. Il parle de je ne sais quel tapeur, au visage « giflé d'emprunts », d'une femme vipérine et qui sait calomnier : c'est bien connu! les imprécations de Camille...
Puis soudain son petit refrain de la semaine, drôle : « Moi, provincial, je vis en soixante-douze heures une existence de romancier du XIXe siècle. Hier, on m'a joué à la Comédie-Française (une soirée poétique); aujourd'hui je déjeune en ville chez une duchesse de l'industrie; demain je dîne au champagne avec des confrères, et après-demain on me saisit. »

Petit Daniel parti. Reparti, le cœur gros, son rêve ajourné d'un an. Moins triste que lui, cuirassé d'égoïsme comme je le suis. Mais à la longue, c'est ma cicatrice à moi qui sera la plus douloureuse.

15 novembre

Cinq jours à Villeneuve, avec Daniel à rouler dans la Provence dorée. Du froid, mais un soleil de printemps même chaud dès qu'on s'arrête. Souvenir d'une halte dans des vignes rouges et brunes, où nous « grappillons » les derniers fruits, déjà confits, lourds de sucre, un peu fripés.
Autre souvenir d'une promenade dans la garrigue, à la recherche d'une bergerie en ruine. L'odeur du thym, et les branches qui nous égratignaient. Et puis le déjeuner à Saumane dans la petite auberge sombre et chaude, avec le feu dans l'âtre, comme au XIXe siècle.
De cette aventure avec Daniel, je ne sais que penser. Attendri d'abord, et surtout, par cette offrande de soi, entière. Ce que j'aime en lui, c'est de m'aimer ainsi. Et en même temps je lui en veux, je m'en veux d'être si vieux, si moche, d'être une illusion que j'ai la faiblesse d'encourager. Ce n'est pas moi, ici, qui mène le jeu, contrairement aux apparences. Je n'existe qu'à travers lui et même si j'y gagne d'être embelli, rajeuni, imaginé, cela m'énerve et m'inquiète.

Le bonheur sans partage. Drôle de formule; on ne peut être heureux tout seul. Et pourtant, il est vrai que l'idée d'être amoureux – ou d'être aimé – suffirait. Le partager, ce bonheur, c'est le réduire. Le vivre ensemble, c'est le tuer, à petits coups. L'amour courtois, ce n'était pas si bête. On y reviendra. Et la liberté généralisée des mœurs remplacera les ribaudes, pour le reste. Qui a bien pu imaginer de mêler sexe et sentiment, l'eau et le feu?

Un débat comme celui qui opposait hier au Sénat Poniatowski et Duclos, l'un ayant « insulté » le parti communiste, et l'autre lui renvoyant les injures et les sous-entendus, c'était du guignol homérique, à peine imaginable en ce siècle, s'il était cohérent avec lui-même. Ajax ou Achille s'en prenant à Hector avant la peignée générale ou le duel particulier. Mais ici, point d'empoignade à l'issue des discours. Chacun rentre chez soi. Peut-être même se serrent-ils la main à la sortie. Quelle décadence! Ça ne paraît pas très sain. Si encore ils se traitaient de tous les noms, comme il se devrait. Mais non. Ils se donnent du Monsieur le Ministre et du Monsieur le Sénateur long comme la haine. C'est ça, la démocratie?

Aimer, verbe actif. S'aimer, verbe plus réfléchi.
Dans le désert, cette définition.
Zizi: n. m. Variété de bruant, petit oiseau gris-bleu, mêlé d'autres couleurs, commun en France.

18 novembre

Souper avec Fresson et Girardot, rencontrés à la sortie du théâtre. Curieux pouvoir de cette bonne femme, remarquable parce qu'elle ressemble à tout le monde. Avec un charme – Et puis le don – On la dit conne et sans intérêt. Faux. Elle a du bon sens, une vitalité franche, et pas mal de finesse sous ses gros mots. Fresson, lui, plus Henry VIII que jamais, un sanglier en costume, avec sur ces épaules formidables la tête d'un gosse qui vient de faire une farce.

19 novembre

Au nom de la vie sacrée, les bons bourgeois stigmatisent l'avortement. Mais ce sont les mêmes bonnes gens qui défendent la peine de mort, pour préserver leur peau des assassins... Inversement, au nom des principes humanitaires, les gauchistes font campagne contre la guillotine, tout en vomissant ceux qui s'élèvent contre l'avortement... pour les mêmes raisons. Comment s'en sortir ? En vérité, qu'est-ce que la morale vient faire là-dedans ? Ce sont des principes sociaux. Le nanti nationaliste veut garantir ses richesses et des enfants pour les défendre ou en produire. Le révolté, plus proche de l'opprimé, de l'accusé, veut sauver son frère et...

20 novembre

Au XVIIe siècle, il y avait à Paris une « rue des Mauvaises-Paroles »... Dubillard (Olga) : « Je tâte mon stylo dans ma poche comme un chrétien son chapelet. »
Le petit, qui « monte » à Paris demain. « Tu comprends, ça commence à bien faire ! » dit-il de son ton décidé. Il y a trois semaines qu'on ne s'est pas vus... Le temps, relatif. Pour moi, c'est cinq minutes.

Coup de fil de Paul Morand (la grève des postes me prive d'un autographe). « L'œil Mao » l'a amusé, dit-il. Puis ne sachant de quoi m'entretenir il me demande où j'en suis de mon Barbey. Un projet d'il y a dix ans ! Pour lui aussi, ce doit être cinq minutes.
A cet égard, je suis très gêné. Dans mon article, j'ai pris des gants pour évoquer sa qualité d'octogénaire, parlant de « l'âge où l'on écrit sa vie de Rancé ». Mais *l'Express* n'a pas de ces délicatesses. Cela donne : « A l'âge où l'on écrit sa vie de Rancé (quatre-vingt-six ans), Morand... »

25 novembre

Jouhandeau, qui « visionne » le film à lui consacré. Daniel affirme l'avoir vu pleurer. Il est manifestement content, et même ému ; pas clown, pour une fois. A déjeuner, on parle souvent d'Élise.
Jouhandeau fait remarquer qu'il était son débiteur, et qu'il avait payé ses hypothèques. Mais Carya, péremptoire, disait : « La pire des hypothèques, c'est la gratitude. »
Pauvre Carya, si fière de ses écrits ! Les derniers mois de sa vie, elle composait le quatrième volume de ses souvenirs.
Moi – Tu as donné son manuscrit à Doucet ?
Lui – Penses-tu ! J'ai tout jeté ! Ce qu'elle disait de Paulhan ou de Cocteau, quel intérêt ? Autant demander à une mouche ce qu'elle pense d'un éléphant.

Lui, encore, buvant du vin : « Je ne fais pas d'excès, mais je ne me prive de rien. »

JOURNAL

A Bagatelle, avec Daniel. Devant nous un trio qui marche : une femme d'une quarantaine d'années ayant à sa droite un homme cacochyme désarticulé, trottinant à son bras, en s'aidant d'une béquille, et à gauche un manteau de fourrure avec des jambes d'araignée.

De tête, point. Il faut que je fasse le tour d'un fourré pour voir le visage de la vieille dame, formant un angle droit avec la colonne vertébrale. Néanmoins, cette épave guillotinée porte un chapeau. Et même une voilette! Qu'expient-ils, ceux-là, couple de ruines hébétées? Leur bourgeoisie, leurs vices? Et que se passe-t-il en eux, quand ils se voient dans une vitrine?

Daniel. Délice et problème.

3 décembre

Ce matin à 10 h 30. J'ai fumé peut-être ma dernière cigarette, sans excessif plaisir, du reste.

Cet après-midi à 15 h 30, je m'accorde un moratoire.

6 décembre

Dans le cabinet de Pierre (dentiste), un cahier où les enfants écrivent et font des dessins, cette déclaration : « J'est neuf an et l'inteligence me monte à la tête. »

7 décembre

Cette fin d'une lettre d'Héloïse : Adieu, mon tout.
21 janvier 1850

A propos des « lectures du soir publiques » à l'usage des classes laborieuses. Sainte-Beuve constate que « l'esprit de la classe ouvrière à Paris *s'améliore* » (souligné par lui)...

S'améliorer, « c'est tout simplement comprendre qu'on s'est trompé en comptant sur d'autres voies que celles du travail régulier; c'est rentrer dans cette voie en désirant tout ce qui peut la raffermir et la féconder. Quand la majeure partie d'une population en est là, et que les violents sont avertis peu à peu de s'isoler de la masse et de s'en séparer, je dis que la masse s'améliore, et c'est le moment pour les politiques prévoyants d'agir sur elle par des moyens honnêtes, moraux, sympathiques ».

C'est l'après-49 comme notre après-68. Et ces ouvriers venaient (à pied) de Passy ou de Neuilly.

1974

12 décembre

Dans *Monsieur Teste* : « L'amour consiste à être bête ensemble. » Cet intellectuel a-t-il songé au double sens, si l'on passe de l'adjectif au substantif ?

16 décembre

Rencontré, dans un restaurant à la mode, Aragon, en compagnie de celui qui n'est ni Ristat ni Banier. Le cheveu court, une fine moustache blanche bien taillée. Je lui dis que cela lui donne un air militaire. Du reste, il a toujours eu du goût pour la stratégie et les faits d'armes. Il suffit de lire *les Communistes*. « Savez-vous que je suis couvert de médailles ? J'en ai une poitrine pleine – un temps – comme un maréchal soviétique – nouveau temps – mais celle dont je suis le plus fier, c'est l'américaine, donnée par l'Académie. Certaines sont superbes, le Cèdre du Liban par exemple, mais où mettre ça ?
– Sur votre habit, quand vous aurez le prix Nobel.
– Aucun danger, je ne suis pas traduit en suédois. Même là-bas, je fais peur. »

Dîner charmant avec Jack G. qui m'invite pour la première fois de sa vie. Il vieillit. Je l'ai connu il y a quatre ans. Voici qu'il commence à « rapporter ». C'est mon plus bel investissement.

Suite Lacretelle.
Ayant acquis l'immense château d'O, il fait visiter. « Nous en sommes à cinq mille entrées. Je veux arriver à quinze mille. Comme Carrouges (un château voisin).
– Vous avez un gardien ?
– Oui. Il m'a même réclamé une casquette.
– Et le boniment ?
– C'est moi qui l'ai fait. »

Peut-être bien la seule œuvre de Lacretelle qui ait des chances de lui survivre quelques années.

18 décembre

Triste scène, presque inévitable, après le départ de Pierre Leglise, qui est resté ici quinze jours. T. m'apprend que je suis, paraît-il, un « phallocrate ». Cela se peut. En tout cas, cela n'empêche pas d'être malheureux, après avoir supporté si longtemps ce corps étranger, que tout mon être refuse et combat. Pourtant, à quoi bon, si c'est pour perdre T.?

19 décembre

Réveillé à 3 heures par T., malade, qui vient chercher refuge auprès de moi. Bienheureuse insomnie.

23 décembre

A nouveau chez le dentiste (Pierre). Même album : l'enfant a dessiné cette fois un bouquet de marguerites. De la plus belle sort une bulle où il est écrit : « Je sui la ceule a parlé. »

24 décembre

A deux heures du matin, une voix sans nom me réveille :
« Vous êtes bien M. G. ?
– Oui.
– Eh bien monsieur, vous êtes une immense merde.
– Diable. Et que me reprochez-vous?
– D'être un fasciste du bon goût. »

Voyage en Belgique. Bruges. La Zélande. Gand. Bruxelles. Belœil, triste bâtisse grise et délabrée dans un parc au cordeau, où les angelots du bassin passent l'hiver sous des capuchons de plastique. Le prince de Ligne n'est jamais revenu d'exil. Il a eu raison.

29 décembre

Invention : une canne de golf à poignée formant siège légèrement modifiée pour soutenir les travailleurs agricoles au niveau du bréchet quand ils binent dans les potagers.

1975

10 janvier

La baronne Edouard (de Rothschild) qui vient de mourir à près de cent ans, était gâteuse depuis quelque temps.
Sa maladie a commencé curieusement : un mercredi, qui était « son jour », elle a prévenu ses amis qu'elle ne les recevrait plus, « parce qu'il n'y avait plus de mercredi ».
Ensuite, elle a perdu la semaine entière, puis la mémoire, puis la tête.
C'était la belle-fille de cette autre baronne qui demandait à je ne sais qui, en visitant son parc : « Que c'est joli, ces feuilles mortes! Comment faites-vous pour en avoir? »

14 janvier

Il y a des jours où j'ai le sentiment de penser à côté de mon cerveau, comme on marche à côté de ses pompes.

28 janvier

Petit voyage en Suisse, pour voir à Lausanne une comédie shakespearienne en décasyllabes du fou nommé Mellerio. Et un *Lear* à Genève, navrant.
Lartigau, Fresson, aussi, qui font la tournée de *Butley*.
A l'administrateur, je demande si la presse est bonne. Il n'a pas l'air de savoir. Alors, moi :
« Cela ne fait rien. Je le saurai ce soir. Lartigau aura sûrement acheté les critiques. »

Et lui, scandalisé :
« Oh, non, monsieur. Ici ce n'est pas le genre. »

Dans *le Triomphe de l'amour*, pièce si ambiguë, où se mélangent tous les contraires, damoiselle travestie et vieille fille, un philosophe qui flambe comme une allumette devant une jeune personne combustible, et même deux garçons (dont l'un faux) qui semblent s'aimer d'amour au premier coup d'œil. Pour justifier aussi les différences de générations, cette phrase merveilleuse : « Toutes les âmes ont le même âge »...

Février

Les jours heureux n'ont pas d'histoire. D'où ces trous. Avec, bien sûr, la mauvaise conscience, comme une épice.
Voyage à Courchevel. Recherche de la maison. Découverte du Beaucet. Propriétaire bientôt une seconde fois. Curieux, ce goût de posséder. Le paysan ressort chez le bourgeois. Ce sont d'ailleurs des paysans qui me vendent. Ils ont plus vite évolué que moi.
Dans *le Figaro*, cette petite annonce : « Fermette à ménager. »

Février

Il ne faut pas parler de corde dans la maison d'un bourreau.

24 février. Le Flore. A l'heure du déjeuner

Visite à Jouhandeau, qui m'avait envoyé une lettre très cérémonieuse, me voussoyant. Il me priait de passer d'urgence pour une « affaire » à traiter. J'arrive ce matin à onze heures et demie. On fait rentrer le molosse – qui me déteste toujours autant. Je monte dans sa petite chambre à toile de Jouy. Il est en robe de chambre à carreaux – confectionnée par sa femme en 1946, précise-t-il – le chef au chaud sous un bonnet de fourrure genre chapka. Très J.-J. Rousseau. « L'affaire » – il n'y pense déjà plus –, c'est un coup de colère contre Gallimard, qui a décidé de lui réduire ses avances. On lui payait six mille exemplaires. On ne lui en offre plus que trois. Il se demande s'il ne va pas venir chez Grasset. A quatre-vingt-sept ans, un auteur d'avenir. D'autant qu'il a des armoires pleines d'inédits. Mais j'examine les contrats, qui sont formels. Il a déjà vendu toutes ses œuvres passées et à venir. Il le sait bien, d'ailleurs. Juste un coup de colère – c'est un lion, lui aussi – et le prétexte à écrire une lettre. Peut-être à justifier une page vengeresse contre Gallimard dans ses prochains *Journaliers*. Vieux farceur ! « Tu comprends (il a tout de

1975

suite repris le tu), on me dit qu'à mesure que j'avance en âge, mes livres sont moins salaces. Alors il paraît que cela se vend moins.» Un temps. Un éphèbe passe. Puis : « Ça se peut. Je parle surtout de mon petit Marc. Mais on va bientôt arriver à la mort d'Élise. *Ce sera plus commercial*, tu ne crois pas?»

On parle d'Élise – qui n'apparaît plus du tout dans le film, évidemment. Il remarque : « C'est drôle, ce film. On dirait que je n'ai jamais été marié, et que je n'aime pas les garçons. Tu crois que c'est bien honnête, tout ça?» Scrupules? Plutôt le regret du cabotin, conscient de n'avoir pas donné la mesure entière de ses possibilités. Il aura fallu que je le retienne, afin de donner de lui la meilleure image, celle de l'écrivain, du mystique, du créateur. Presque contre lui, en somme. On est souvent son pire ennemi soi-même.

Élise, donc. C'est par Marie Laurencin qu'il l'a connue. « Elle m'avait dit : j'ai une femme pour toi. Elle voulait dire : un monstre qui te plaira. Elle a été la première étonnée quand je l'ai épousée. Elle m'en a même voulu. Je l'ai beaucoup moins vue, ensuite.»

Marie Laurencin, maîtresse d'Apollinaire, détestait qu'on lui parle de lui. Elle vous fichait à la porte dès qu'on évoquait sa mémoire. Néanmoins, quand on la fréquentait souvent, elle finissait par raconter des choses. Peu. « Je me souviens surtout qu'il me vomissait dessus quand il rentrait saoul.» Confidences d'une égérie!

« Pourtant, murmure Jouhandeau, elle s'est fait enterrer avec les lettres qu'il lui avait écrites.» Une belle prise pour les détrousseurs de tombes. Ça mériterait un petit tour au Père-Lachaise. Il faudrait même se dépêcher, il ne doit plus en rester lourd. Pour les garçons, si Marcel a renoncé (« Je peux encore, tu sais, mais par égard pour mon petit Marc, je m'abstiens. Ça ne me coûte pas trop » – quatre-vingt-sept ans!), il reçoit encore pas mal de lettres. Il aime à y voir des déclarations, des invites. Ainsi, il y a deux mois, un petit groom du Ritz qui lui demande un rendez-vous, d'une façon pressante, parce qu'il est amoureux fou d'un écrivain et que Marcel pourrait lui donner de bons conseils. La plume toute émoustillée, il le convoque à Rueil, espérant secrètement que cet écrivain, c'est lui.

Hélas, le mignon en pince pour X. Déçu, mais pragmatique, Marcel demande tout de même au mignon s'il accepterait de se montrer – c'était un après-midi où il était seul dans la maison. «Juste pour le coup d'œil », précise Jouhandeau. Qu'à cela ne tienne! Le groom fait glisser son pantalon. Commentaire : « Une petite queue de rien du tout. Ce pauvre X. ne sera pas gâté! mais des fesses rondes, dorées, dodues. Une courbe!» Et Marcel dessine dans l'air cette forme absente, encore tout ravi : « Après, il s'est rajusté. On a parlé de choses et d'autres. Depuis il m'écrit. Il veut revenir. Il est prêt à tout. Mais je ne veux pas. A cause de Marc. »

JOURNAL

X., Jouhandeau l'a connu jadis, quand il avait vingt ans. X. l'a emmené chez lui, et s'est offert au grand écrivain, par amour de la littérature. « Mais il ne fallait pas lui en conter. Tu sais, je suis généreusement membré. Il s'est assis sur moi (geste à l'appui) et il s'est enfoncé comme sur un pal. Il se tortillait, tortillait. Il a tout fait lui-même. Ça, c'est un de mes souvenirs! Le bougre! Après, quand il s'est allongé sur le lit, j'ai eu l'impression d'avoir couché avec Alexandre. Une beauté! Un vrai Praxitèle! Maintenant, il est devenu vilain, je trouve... »

La part du rêve érotique là-dedans, comment savoir? X. a eu vingt ans vers 1960. Jouhandeau avait déjà soixante-douze ans! Peut-on le croire? Dans le domaine de l'érotisme, tout est possible. Il y aurait un moyen d'en avoir le cœur net : au Flore, X. est assis devant moi, frisant sa petite moustache. S'il devinait ce que j'écris... Mais lui-même, après tout, pourquoi dirait-il la vérité?

1er mars environ

Descente en Provence, en camion, avec Barokas. Retrouvé Daniel à Villeneuve. Équipées sous des trombes d'eau. Pas encore acheté la maison, faute d'un papier.

Au retour, déjeuner avec Tournier et Barokas. Un peu décevant. Voir article.

16 mars

Explosion de T. à la suite d'une petite conversation anodine sur nos écarts de conduite respectifs. Je m'aperçois qu'il a été heurté, profondément, de me voir partir avec Daniel quelques jours, sans lui avoir proposé de m'accompagner! Oubliant la présence constante, ici, de ses amis, alors que le mien est loin, absent. Il ne supporte plus de se sentir coupable, alors qu'il n'y a faute de personne, bien sûr. Comment faire? Comment prolonger, comment survivre? Comment aimer? Toutes ces défenses derrière quoi on s'embusque, pour tirer juste à point un caillou bien ajusté... A quoi sert cette guéguerre? Avoir le courage de céder le terrain même si on a le sentiment d'y laisser tout ce qu'on avait cru précieux, un petit tas de souvenirs et d'espérances pourris en illusions; perdus.

La prochaine fois, essayer d'être moins égoïste et plus prudent – passionnément détaché, vigilant. Ou vivre seul.

1975

20 mars. Marrakech

Mais la prochaine fois, ce sera quand? Un signe, pourtant. Seul, ici, ce n'est pas avec T. que je me rêve. Signe grave. L'an dernier, encore, il y avait ces escapades, ces parenthèses qui nous restaient. Notre amour a vu Naples, et puis il serait mort?

Dès l'arrivée ici, on est dans le burlesque. Jean-Pierre Dorian, qui organise ce prix depuis vingt-trois ans, est dans tous ses états parce qu'il y a eu un scandale au dîner d'hier. Invité par raccroc, le jeune Tony Duvert a fait un esclandre épouvantable, jetant des bouteilles à la tête des invités, cassant des verres et insultant tout le monde. Au point que le gouverneur, qui était du dîner, voulait le faire coffrer. Motif de ce scandale : Duvert, jeune romancier de gauche, avait reproché à ces vendus capitalistes de se goberger à la Mamounia en suçant le sang du peuple? Pas du tout. « Il avait tenu, dit Dorian, outré, des propos inadmissibles sur Mozart. »
Au dîner de ce soir, le même Dorian bafouille des platitudes au micro, et donne imperturbablement la parole au ministre de l'Information, M. Bel Ami... Ah! non, excusez-moi, M. Ben Ima. Lequel parle de Kyria, le lauréat, comme s'il s'agissait de Balzac. La bouffonnerie continue. Et l'auteur écoute, cramoisi d'émotion; c'est le plus beau jour de sa vie.
A côté de moi, un poète marocain, qui applaudit frénétiquement chaque fois qu'on prononce le nom de Sa Majesté.
« J'ai été révolutionnaire, mais ça passe », me confie-t-il, entre deux manifestations de son enthousiasme monarchique.
Avant de commencer sa soupe, bien poli, il part d'un vigoureux « bon appétit messieurs-dames! » J'apprends aussi qu'après avoir publié un premier recueil, « fôcons et coulombes », il vient de donner au monde un nouveau chef-d'œuvre, à la gloire d'Oum Kalsoum. Il est dit dans la préface que cette noble dame était à elle seule plus efficace que les redoutables tentacules de la Diaspora. Et sa biographie précise qu'après avoir séjourné en France – où il a participé aux jeux floraux de la Manche – « il est rentré, timoré, d'un long séjour à Paris... »
Un petit oiseau roux picore à mes pieds, l'œil pointu, avec une huppe en brosse sur la tête. On dirait un militaire.
Autre convive, jeune, longiligne, avec un visage verdâtre, un peu mâché et de grands yeux de biche : le chef de cabinet du ministre. Il s'appelle Fami. A été communiste quatre ans, puis rallié au régime. Par paresse, dit-il. Une révolution – l'exemple portugais est des plus préoccupant pour le Maroc d'Hassan – ne l'effraie pas. Même le bain de sang qui suivrait?
« On peut aussi bien mourir d'un accident d'auto. » Très au fait

de tout ce qui s'écrit en France, surtout dans les journaux. Une passion depuis l'adolescence, Saint-John Perse. Se laisse vivre, en témoin désinvolte, tout en sirotant des cognacs. Tout le monde boit sec, d'ailleurs, y compris l'extravagant et patibulaire cousin du roi, fascinant, avec sa tête de boucanier borgne. L'œil qui lui reste vous photographie. Viansson-Ponté me dit qu'il a été, avant et au moment de Ben Barka, l'exécuteur des basses œuvres. Toujours très proche du souverain. Vers une heure et demie, deux filles descendent des étages. « Ce sont des putes, qui avaient été retenues pour lui, me dit Fami. Mais il était trop saoul pour les honorer. » Il (Fami) essaie mollement de les embarquer, puis laisse tomber. *L'Anabase* le consolera.

Le pacha, le gouverneur, tous très jeunes. Des hommes résolus qui ne se laisseront pas tuer sans résistance. A moins qu'ils ne passent tranquillement à l'adversaire. A moins qu'ils ne jouent tous le double jeu.

Viansson ne doute pas, aussi, qu'il serait ministre de la République, malgré le sang royal. Un Philippe-Égalité qui serait corsaire barbaresque enrubanné dans une grande robe bleu ciel à broderies, avec des babouches d'un jaune citron qui tranche, inquiétant pingouin de palace.

24 mars. Gaillon

Je suis seul ici. Venu prendre des affaires pour le Beaucet. J'y passe la nuit. Le bon moment pour noter, encore fraîches la suite de mes impressions marocaines. Car nous ne sommes pas restés tout le temps à la Mamounia. Ah, le contraste brutal entre cette enclave paradisiaque et la plongée dans la foule médiévale de la Place et de la Médina! Un kilomètre, et six siècles – Ahmed Alaoui, autoritaire comme il sied aux princes, avait décidé de nous emmener déjeuner à Beni chez le gouverneur de la province. A douze! Mais un coup de fil la veille au soir a suffi. A notre arrivée – après avoir traversé une campagne désertique, montagneuse et cependant peuplée – de quoi vivent-ils? – et vu un grand barrage, montré par l'ingénieur qui nous attendait au garde-à-vous (il précise que les heureuses familles paysannes qui bénéficient de cette irrigation miraculeuse ont un revenu de six mille francs par an!) – le méchoui est prêt dans le salon du palais. Hideux, le palais, meublé en faux Louis XVI, genre Galeries Barbès du pauvre, avec de l'or partout et du velours frappé.

Le méchoui, en revanche, est somptueux. Un mouton pour cinq! plus quatre poulets aux olives plus un couscous énorme plus des fruits du jardin, le tout arrosé de thé à la menthe. Je m'étonne de l'abondance, mais je comprends que toute la maisonnée va profiter de l'aubaine, serviteurs, jardiniers, soldats et leur famille.

1975

Du reste, en visitant son jardin, sublime, bien plus beau que la maison, ordonné à la française devant, et à l'anglaise sur le côté qui regarde la montagne, le gouverneur m'explique qu'il vit, avec son monde, en totale autarcie, grâce au potager et aux animaux des pâtures. Il n'achète que la semoule et les épices. Et le thé.

Après le repas, on remonte en voiture – nous nous sommes séparés de Viansson, reparti pour Marrakech – sans savoir si nous irons à Fès ou à Rabat. En vérité, cette petite tournée n'a été organisée que pour séduire Anne Pons, pour qui le prince a des tendresses pataudes et lubriques. Celle-ci est malade d'angoisse, s'accrochant au malheureux Soubiran comme à un radeau. Voyant qu'il n'arriverait pas à ses fins, le Moulay a changé d'avis, et d'itinéraire.

Nous roulons vers Rabat, à toute allure. Un court arrêt à Romani, chez une dame française, très comme il faut, qui tient un petit café-hôtel minable (cela donne à rêver tout un roman). Bien entendu, rien n'était retenu, nous ne pouvons descendre à la Tour-Hassan comme prévu. Le crédit du prince ne va pas jusqu'à sortir les gens de leur chambre à 8 heures du soir. On atterrit dans un hôtel assez moche, et il nous plaque là.

Soirée morne, dans un restaurant minable où je traite généreusement quatre personnes pour cinquante francs.

Le lendemain, longue promenade dans la Médina, en compagnie de Georges Guibert. En dépit de son nom, ce ravissant jeune homme de dix-sept ans, fils d'un Français et d'une Togolaise, a l'air plus marocain que les indigènes. Il baragouine l'arabe suffisamment pour marchander ce que nous achetons, avec l'aide du chauffeur, plus efficace. Au reste, je remarque que les discussions entre autochtones sont plus brèves qu'avec nous. Le jeu est plus sec pour faire un prix, parce qu'ils en connaissent mieux les règles. Même différence chez les champions de tennis, qui ont le smash imparable, alors que les amateurs prolongent interminablement les échanges de balles sans placer un point.

Georges Guibert ressemble étonnamment au portrait en bronze de Juba II, roi berbère et collabo. Bizarrerie des mélanges et des chromosomes. Mais le père Guibert, petit maffioso chafouin, qui ne se sépare jamais de son attaché-case où il trimballe le trésor de Moulay Ahmed, est un cas. Il connaît son maître depuis trente-cinq ans – et il est à son service depuis treize ans, confident, factotum, souffre-douleur. Un personnage de comédie, dont on ne serait pas étonné, toutefois, qu'il sorte un 6,35 de sa valise et vous descende comme rien, sur un geste du seigneur... Comment ce petit bonhomme a-t-il pu produire un Juba II?

Fin de journée au bord de la mer, avec le docteur Soubiran et ses cheveux repiqués. Rarement vu un crétin aussi verbeux, pompeux, grotesque. En visitant les souks, Georges Guibert nous amène au marché aux puces. Il y a des livres. Je dis par plaisanterie au docteur qu'on va sûrement trouver un de ses romans. Ça ne rate pas : *les Hommes en blanc*, sur le dessus d'une pile. Il paraissait à la fois ravi, et navré – surtout par le prix. Mais il n'a pas osé marchander.

Fin mars. Pâques

Quelques jours glacés au Beaucet, avec le confort du XIIIe siècle, et tous les arbres en fleur, frissonnant dans le mistral gelé. Déjeuner « comme autrefois » chez Morand, frais veuf, sans doute un peu délivré. Dans l'immense salle à manger les Fabre-Luce, Mme Mante et une folle mondaine : le père Avril. La Fabre-Luce, auréolée d'être la tante du président de la République, et Mme Mante, qui a vécu d'être la nièce de Proust. C'est lui, du reste, qui est le septième à table. On ne parle que de lui, avec ces deux survivants « qui l'ont connu », les « hadjs » proustiens, aussi saints que les voyageurs revenus de La Mecque. Paul me montre, près de la cheminée gothique du salon, l'endroit où il se tenait, emmitouflé dans son manteau, attendant pour l'enlever d'avoir la température de la pièce.

Les jambes raides, mais arquées, Morand camoufle ses douleurs dans une sorte de marche élastique étrange, comme celle d'un personnage de dessin animé. Même chose chez le vieux Monfreid, qui chaloupait son pas, et chez Aragon, courbé, qui avance cependant au pas de chasseur comme un Indien sur le sentier de la guerre. Coquetteries d'octogénaires.

Autre cabot superbe : Jouhandeau.

Je lui demande s'il ne s'ennuie pas :

« Comment veux-tu qu'on s'ennuie quand on me ressemble ! »

Au sanctuaire de Saint-Gens, il y a un livre où les pèlerins écrivent leurs vœux. Celui-ci, poignant : « Saint Gens, faites que je réussisse dans la vie et faites que ma marraine trouve du travail. » Toute une société petite-bourgeoise transparaît dans ce souhait naïf et modeste. Un monde gris, désolant.

Banier. Son drame : on le prend pour un nouveau Cocteau, il n'en est qu'un dessin.

A Genève, lu cette pancarte : « Marronnier sur lequel est observée l'éclosion de la première feuille annonciatrice du printemps. La plus hâtive : 14 février 74. »

A quelle heure ?

1975

Mai

Attaquer Dieu? Il ne se défend même plus.

Festival de Nancy, avec Barokas.
Une pagaille gauchiste qu'on trouve « chouette » ou insupportable, suivant l'humeur. Avec des poils déjà gris dans leurs barbouzes, ces vieux jeunes de 68 font très anciens combattants aigris, gueulards, conformistes dans la hargne.
Toutes ces révolutions en salle et ces émeutes dans les couloirs pour ne pas les faire dans la rue.
Mon seul souvenir frappant : Robert Anton, jeune homme fragile, très « comme il faut », avec un sourire accroché sur la figure, et des manières un rien demoiselle, flanqué d'un petit moustachu sourd et muet avec lequel il correspond par gestes. Et puis, quand il donne son spectacle dans ce grenier de grand-mère, sous le toit d'une petite maison des environs, un autre être, transfiguré. C'est lui, par son regard, sa gravité soudaine qui donne vie à ses minuscules créatures, avec une intensité de fascination étonnante. Un Dieu qui parle à sa main, dirait-on, et c'est tout notre univers qui bascule dans ce rêve d'enfant qu'un miracle a préservé.
Dès que la représentation – si l'on peut dire – est terminée, il redevient une gentille tante juive sans intérêt, souriant de toutes ses dents. Comme un gosse, qui vient d'avoir une vision, et s'en retournerait jouer aux billes ou au cerceau, oublieux, différent, délivré.

Le génie exorciste de Daniel. Alors que j'évite tout aveu, toute allusion au cœur ou à la chair, il commence ainsi une lettre : « Jeudi. Je t'embrasse partout et te caresse consciencieusement. » Puis il passe à autre chose. En toute innocence, la seule attitude raisonnable.

Juin

Il paraît que nous allons vers une « société libérale avancée ». Comme la voiture de Monsieur...

Une heure à perdre, et un article à écrire sur le clown Dimitri. Quoi de mieux que le Père-Lachaise? J'y erre longtemps, au ghetto juif, pour retrouver la tombe de Mimi. Sinistre petite chapelle étroite, style Haussmann. On devrait aussi ravaler les tombeaux, qui font plus deuil que nature. Aucune « présence » ici, alors qu'une dalle évoque si simplement la mort, le repos, le trou. Bâtiments absurdes. Ce XIXe siècle aura eu mauvais goût jusqu'au bout et au-delà.

Assis sur une tombe, je suis en face d'un banc, en bordure d'une allée dédiée au Père Éternel. Quelques vieillards y viennent s'habituer, sans doute. L'un d'eux, lyrique : « Moi, monsieur, je suis né ici. J'y ai élevé ma fille, et maintenant j'y promène ma petite-fille... »

Plus loin, un groupe de touristes, conduits par l'inévitable dame conférencière. Ils en sont au monument d'Héloïse et Abélard, et je l'écoute raconter l'histoire, tournant et retournant autour du pot. Elle finit par dire : les amis du chanoine ont « mutilé » Abélard, mais si discrètement que les braves gens l'auront imaginé manchot.

Me décarcasse pour faire obtenir le prix littéraire de la Ville de Paris à Jules Roy. Il est furieux. « Vous avez vu la liste des lauréats? Ils sont tous morts » (pardi, depuis 1945!). « Et puis un million, qu'est-ce que je vais faire avec ça? » Un bout de route.

X., acteur de porno. Grand, maigre, brun, pas beau. Un peu arabe et rigolard. Ravi de ses performances, car il lui faut « bander » parfois cinq heures d'affilée. Quand cela ne marche pas, on lui fait le système de la vache taurelière (on le change de fille, et puis hop!).

« Et comment vous choisit-on?
– Oh! le bouche à oreille.
– Mais les dialogues sont idiots.
– Oh! non, j'ai du texte. (Un temps.) Des râles... »

28 juin. La Colombe

Suspendu à un haut bâton, mon grand-père marche vers la croix, au bout du chemin, tel un pasteur des temps anciens, avec un rien d'oriental aussi, car il se coiffe d'un fez rouge. Le regardant passer devant sa ferme, Mme Militon s'écrie : « C'est beau, monsieur Galey, c'est beau! » Et lui, guilleret, rapporte le mot avec un petit sourire moqueur. Au-delà des âges, et par-delà le tragique de la situation, la mort partout voisine, ça lui paraît drôle.

Mamé, plus fatiguée, cette année. Tient tête, vaillamment. L'héroïsme de vivre, encore, toujours, et debout.

T. deux jours ici, pour la dernière fois sans doute. Nostalgique pèlerinage, calme. Une paix d'après les batailles. C'est à peine si l'on comprend pourquoi on les a livrées. Et aussi comment on s'est aimés, hélas!

A T., mon grand-père : « A Paris, je ne sors plus. Quand je me vois dans les vitrines, j'ai honte. »

1975

Grand raout des Faure à l'hôtel de Lassay. On fait la queue pour entrer, comme au cinéma. Giscard arrive en même temps que nous. C'est aussitôt la ruée. Dans les jardins, sous un beau soleil, quatre mille huit cents fourmis qui grignotent des petits fours. Balade parmi les stands – comme dans une foire folklorique – puis l'étonnant spectacle du pique-nique royal : les Giscard, les Faure plus Poher autour d'une table ronde de jardin. Ils saucissonnent sous le regard de trois mille personnes, maintenues par des huissiers. De temps en temps, un malin – ou une maligne, comme Mme Parturier – parvient à accrocher le regard de Lucie ou d'Edgar. Il est alors admis dans le cercle enchanté et peut présenter ses devoirs au couple souverain. Très bien élevé, Giscard se lève quand c'est une dame, baise la main, bavarde... Tout cela, très ahurissant, entre Saint-Simon et Guignol.

Vitez, qui me tutoie – promotion ? – me prend à part pour m'expliquer que la tradition dramatique n'a jamais existé en France (on ne sait pas comment on jouait Racine au XVIIe) et que ses mises en scène n'ont rien d'intellectuel. La preuve : trente postiers d'Ivry – il est vrai communistes – ont beaucoup aimé sa *Phèdre*. Farceur ! Outre ces trente postiers, qui n'ont pas dû venir tout seuls, on peut compter sur les doigts d'une main les habitants d'Ivry qui fréquentent l'établissement.

Ce qui n'enlève rien au talent. Il est d'ailleurs le grand triomphateur du faux concours du Conservatoire, où son marathon finit tout de même par lasser.

Pour moi, ce sera surtout lié au souvenir de Fabrice ; étonnante réplique, à un an de distance, du beau Didier. Mais je ne suis plus le même que l'année dernière. Toujours agréable, néanmoins, de découvrir quelqu'un qui vous suivait depuis des années, silencieux, ami. Cela console de lancer toutes ces bouteilles à la mer que personne ne semble jamais recevoir... Et puis, dans le cas de Fabrice, il y a eu cette succession de hasards, qui ressemblent à un destin. On n'y résiste pas. Un moment.

18 août. Le Beaucet

Pour la première fois seul ici, bien que maman et Foune soient arrivées hier. Depuis un mois et demi la présence de Daniel fait de ma vie autre chose, bien que je sente partout une hostilité à vaincre chez ceux qui ne savent pas encore sur quel pied je danse. Je ne le sais pas encore moi-même, quoique... Rien que le bref passage hautain de T. ici me l'indiquerait. Mais lui aussi souffre – sans doute. Si bête tout ça. S'il avait voulu... Et à présent ce bonheur sans ombre, oublié depuis dix bonnes années. Enfin, sans ombre... Il y a mon âge, le sien, et cette sinistre différence.

JOURNAL

19 août

Assez rontontonné. On verra bien. L'instant est délicieux. Cette longue promenade à Barbarenque, loin dans la montagne. La vue qui se perd au-delà de la vallée du Rhône, jusqu'aux monts de l'Ardèche, bleutés, à la Vinci... L'impression aérienne d'être loin, comme invulnérable.

Pour mémoire.
La Rochelle, avec un festival médiocre. Déjeuner Salusse – Rencontre de Rigaud.
Voyage à Carcassonne, en passant par Sarlat, sa fête et ses écrevisses à la nage qui m'ont longtemps flotté sur l'estomac.
L'hôtel de la Cité, décor pour Agatha Christie, ou Arsène Lupin. Les visites commentées... de ma chambre.
Arrivée nauséeuse ici, dans un chantier. Le séjour à l'hôtel des Trois-Canards parmi les mouches et les odeurs. Un festival parmi d'autres.
Quelques rares mondanités. Chez Mme de la Baume à Montorbert.
Avec Edmonde à Aix.
Ici, avec Ribes – Gousseland, R. Fontana et... deux mirabelles.
Le séjour de Francis.

7 septembre

De retour ici, après une parenthèse à Paris d'une dizaine de jours, histoire de veiller au grain. Il m'en est tombé un sur la tête, dès le premier jour. Un T. ulcéré d'avoir été « oublié » pendant deux mois, décidé à partir, etc. L'antienne. On se fait curieusement mal avec les mots. En une soirée, il réussit à me gâcher a posteriori cet été. Le lendemain, soulagé, il a comme oublié ses paroles. Mais moi, pas. Et de gamberger une fois de plus sur mes équilibres instables, sans avoir le courage de prendre de radicales décisions. J'ai toujours laissé faire la vie, prudemment, soucieux de ne pas tout miser sur un seul numéro (en affaires, bien sûr). Pas aventurier pour deux sous. Mais comment placer en père de famille ses (bonnes) fortunes?
Ici, le village est presque désert. Délice de ce soleil déjà un peu « passé », de ce silence. Petit voyage avec le garagiste, père des enfants de la voisine. Sonya est partie pendant trois ans. Il ne lui a jamais pardonné. « Et pourtant, dit-il avec son accent suisse, elle avait tout de même sa 2 CV bricolée. »

1975

Ce tunnel, toujours ce tunnel. On est dans le tunnel, on voit le bout du tunnel, et au moment de l'atteindre... il s'effondre.

Cette pensée de Karl Kraus :
« Malheur à la loi! La plupart de mes contemporains sont la triste conséquence d'un avortement interdit » (écrit en 1909).

Dans *les Vacances* de la comtesse de Ségur, ce sublime raccourci :
« Mlle Yolande, mal élevée, sans esprit, sans cœur et sans religion, se fit actrice quand elle fut grande et mourut à l'hôpital. »

Et cet autre épilogue, qui pourrait paraître dans un numéro d'*Arcadie* :
« Léon, aussi bon, aussi indulgent, aussi courageux qu'il avait été hargneux, moqueur et timide, devint un brave militaire. Pendant vingt ans il resta au service ; arrivé à l'âge de quarante ans au grade de général, couvert de décorations et d'honneurs, il quitta le service et vint vivre près de son ami Paul, qu'il aimait toujours tendrement. »

11 septembre

Petit feuilleton cadastral.
En feuilletant la matrice, je découvre 10 m² qui feraient bien mon affaire. Un sol de ruine. Il est inscrit sous le nom d'un certain Vasse, mais celui-ci est mort depuis quinze ans. Il a tout laissé, par donation, à quatre-vingt-dix-sept ans, à une certaine Henriette Bidon. C'est son sobriquet. On n'en sait pas plus. Sinon qu'elle était un peu pute, et défrayait la chronique. Mais justement un pharmacien d'Avignon s'intéresse à ce cas social. J'appelle. J'obtiens le nom de jeune fille et la date de naissance – nécessaires – de ladite Henriette. Au bureau des hypothèques, inconnue. Je fonce chez elle. Un logement misérable, où grouillent des enfants arabes, qu'elle garde aidée de sa fille. Ça sent le renfermé pisseux. La belle Henriette est devenue un éléphant geignard, se plaignant d'avoir été grugée par tout le monde. La preuve, c'est que le notaire chez qui elle a enregistré sa donation a fini en tôle peu après. A cause de ça, semble-t-il, mais je ne tire pas au clair. Il est vrai que le bonhomme a eu beau jeu : Henriette ne sait ni lire ni écrire. Le nom de jeune fille était faux. Je refonce au bureau des hypothèques – elle a bien été légataire, mais cette parcelle ne figure pas parmi les biens de la dame. Y aurait-il eu une erreur? Seule façon de le savoir : consulter l'acte de donation, qui est, m'a dit T., à Monteux. Là, une personne hargneuse finit par m'avouer qu'elle ne possède pas le papier en question, mais elle m'envoie à Mazan, où peut-être... Là, en effet, se trouve l'acte, mais « ma » parcelle, point. Donc on l'a oubliée, la pauvre.

JOURNAL

Il faut attendre quinze ans de plus pour que les Domaines la récupèrent et la vendent, ou retrouver tous les héritiers pour leur acheter ce bout de rien, dont ils ignorent l'existence... Il suffirait d'ajouter ce petit numéro sur un papier. C'est le droit.

M. Espenon n'apprécie pas beaucoup les hippies de la région, « des fous, qui fument du hachis ».

12 septembre

J'achète un imperméable au marché de Carpentras. Le forain me fait un rabais de dix francs parce que « je suis un travailleur ». Il ajoute « parce que moi, je n'aime pas les bureaucrates ».

Octobre

Un regard entre nous, dans la pénombre du théâtre des Champs-Élysées.

Au journal de treize heures – où je dois parler d'un livre. Il y a là je ne sais quel homme politique (Dominati), que les journalistes font semblant d'attaquer. Mais l'interviewé et ses tourmenteurs sont soudain saisis de fou rire, comme si leur complicité leur sautait au visage. Et nous, on vote.

28 octobre

La « bombe » – sans doute posée par Thieuloy – a fait un petit bruit dans le monde, qui jase. Aussi Nora Auric, au déjeuner Gould, me dit-elle : « Tiens, j'ai pensé à vous, récemment. Je ne sais plus pourquoi. Vous n'avez pas participé à un spectacle? Je ne sais plus si c'était réussi ou raté, mais je me rappelle que je voulais vous appeler. » A ce moment arrive Marcel Schneider : « Alors, cette bombe? » Et Nora : « Ah, voilà, c'était la bombe. »

Florence ayant sans doute reçu des menaces, nous déjeunons sous la garde de trois inspecteurs en imperméable mastic.

Char, quand il part pour Paris quelques jours, a trouvé un truc pour éloigner les voleurs. Il punaise un mot sur sa porte : « Gaston, attends-moi. Je reviens dans un quart d'heure. »

Chez Banier, la fille de Marie-Laure, Nathalie, qui lui ressemble étrangement, avec une modestie singulière. Mais tout de même, grand genre, elle me tend la main en disant : « Noailles. » Saint-Simon s'en serait enchanté!

1975

25 novembre. Avignon

Chez S. Simon, pareil à lui-même. Après une longue course à mobylette, vivifiante, par un temps de printemps frais.
Deux jours au Beaucet, pour régler la succession de la cabine téléphonique que j'ambitionne. Louvoiements, diplomatie... Tous les moyens sont bons pour parvenir à mes fins. Je promets à l'une d'aller à son mariage, et je propose à l'autre de lui faire avoir le téléphone... Une vraie campagne électorale. Mais je me dégoûte un peu. C'est le réflexe de classe qui va jouer – j'espère – en ma faveur, le maire favorisant un notable, un égal, au détriment d'un prolétaire qui aurait sans doute besoin de cette maison. Il faudra que je la mérite, moralement, cette maison.
1976 : eh bien la question est réglée. La morale a triomphé toute seule. Il n'y a plus rien à mériter. Et je suis gros Jean comme devant. Bien fait!

5 décembre

Dîner dans ma maison natale, 40 rue Vaneau, chez Jean-Louis Curtis. Petit appartement « cosy », très silencieux, tendu de toile beige, avec des bibliothèques nombreuses et bien rangées. Les « beaux livres » – les collections, les reliés – sont dans le salon, comme chez les gens qui ne lisent pas. Vieux reste bourgeois chez un intellectuel. Au reste, cela pourrait être l'intérieur d'un petit médecin de quartier ou d'un cadre moyen. Aucune originalité dans les détails. Rien, absolument rien d'un artiste. Pas même le désordre. Où cache-t-il cet humour qui sous-tend ses livres, et rend sa conversation amusante? Où vit-il? Il inhabite là depuis huit ans...
Nous dînons (avec T., Jacques Brenner et son chien) dans une salle à manger minuscule, sous l'œil d'un Oustachi ventru, qui a l'air bonasse sous sa barbe crasseuse. Avant de partir, au fromage, il tient à nous saluer, fort civilement, la casquette sur la tête.
Quelques histoires – Curtis sait entendre, et croquer. Soudain il s'anime, se tortille, devient brique et sa bouche se tord dans une férocité fugitive.
Il raconte – la tenant de Nell Boudot-Lamotte – une anecdote d'avant-guerre, quand le groupe Sauguet-Dior-Gaxotte s'amusait aux portraits, jeux de société pour tantes distinguées. Dior était Jeanne d'Arc – Sauguet n'avait pas eu de peine à le découvrir. Le couturier, en revanche, n'avait pas encore deviné que le musicien était Mme Bovary. Alors Sauguet, pour l'aider : « Mais, madame, nous avons brûlé dans la même ville! »

Autres temps. Philippe Jullian trouvait qu'Emily Faure-Dujarric, sur sa fin, était vraiment trop vieille, sans intérêt : « Elle n'est plus drôle du tout. Pour faire rire, à son âge, il faudrait qu'elle pète. »

Décembre

M. D., mon voisin à la campagne : « Il paraît que vous avez été plastifié. »

Décembre. Dijon

La Bourgogne sous la neige : une Russie. Le vignoble soudain alsacien. Chaque mètre, si précieux. Seules concessions : les petits enclos des cimetières. Et encore! on se demande si elles seront perpétuelles.

Visite d'un presbytère à vendre, une demi-ruine, dans un village perdu, glacial. Un début de roman pour Julien Green.

24 décembre. Paris

Renoncé à partir pour Gaillon comme j'en avais l'intention. Trop froid. Trop seul. Je le suis néanmoins ici, avec ce curieux vague à l'âme, pourtant tout abstrait. Qu'est-ce qui différencie une veille de Noël d'une autre veille, quand on est chez soi, les pieds dans ses pantoufles?

Les répétitions de *l'Homme tranquille* ont commencé, au Gymnase, hélas, avec Mondy, re-hélas. Curieux, une pièce, au début. Un petit tas informe, comme une pâte qui n'a pas levé. Mais Fagadau n'est qu'un brave artisan boulanger. J'aimerais bien travailler avec un maître pâtissier, genre Vitez. Quelqu'un qui m'étonnerait. Ici, j'ai tout le temps envie de grimper sur la scène, et de faire le travail à sa place.

Tesson. Jouant avec ses journaux comme au chemin de fer ou au baccara. Une poétique imprécision. La foi dans le hasard. Le total mépris du risque et l'indifférence au résultat. Ce qui l'amuse, c'est le moment où il lance la bille, où il abat sa carte. Le reste, l'intendance. Elle doit suivre, ou mourir.

Christiane Rochefort part pour le Canada, invitée, tous frais payés. Voyage triomphal. Mais elle rentre furieuse parce qu'on lui a imposé un programme trop chargé, on l'a « exportée... » (pour vendre son livre) comme un produit, etc.

1975

Elle demande un million de dédommagement à la maison. Demain, elle n'hésitera pas à signer un manifeste contre les éditions qui saignent les écrivains. Marrant.

Décembre

Daniel dort dans la chambre à côté. Le silence du Paris désert. Instantané de bonheur. Gaston Gallimard est mort le jour de Noël. Il faut encore un article sur la naissance de la NRF. Je me plonge dans *Éveils* de Schlumberger, que je n'avais pas lu, dans le *Journal* de Gide, les correspondances. Tout un monde surgit, enthousiaste, résolu, passionné. Et complètement différent du nôtre. Des gens qui croyaient à ce qu'ils faisaient, à ce qu'ils étaient. Jusqu'au ridicule.

Qui oserait écrire aujourd'hui : « Le temps est à la pluie de nouveau : mon mal de tête, ce matin, n'a sans doute pas d'autre cause. Hier matin, après des semaines de pluie, il a fait beau : aussitôt je me suis senti mieux. » A part la bonne utilisation de la ponctuation, deux fois répétée, quel intérêt? Mais on le lit – je le lis – trois quarts de siècle plus tard... C'est tout de même Gide qui avait raison.

1976

Le soir du 1ᵉʳ janvier

Aragon seul, dans un restaurant de garçons, près de Notre-Dame. Voûté, l'œil bleu toujours en alerte cependant, avec des chicots dans la bouche. Mais le corps, l'âme ailleurs. Et à côté de lui, presque collés, un petit couple de pédés qui gloussent et se moquent peut-être de ce vieillard libidineux... Je vais lui parler un moment, évoquant la fameuse séance de Saint-Julien-le-Pauvre, tout proche. Il me raconte sa première impression de théâtre : Mounet-Sully dans *Œdipe*. Il prétend qu'il avait traversé la scène, ses souliers à la main, un doigt sur les lèvres, devant le rideau. Puis il était aussitôt reparu sur le plateau, les yeux crevés, bramant. Vision surréaliste. L'a-t-il inventé?
Le voir là, seul, parmi cette jeunesse. Le cœur se serre – pire que d'être mort. Et puis, au fond, qui sait? Il est peut-être heureux, comme démobilisé. Une drogue pour les yeux, je peux comprendre ça.

7 janvier. Lyon

A cause de Caroline Alexander, qui veut absolument saluer Planchon après le spectacle, j'attends dans le hall du théâtre. Bien entendu Planchon apparaît. Piégé. Improvisations balbutiantes sur un spectacle que je n'ai pas beaucoup aimé, et qui demande une certaine réflexion. Souci de ne rien dire qui compromette mon article du lendemain, dont je ne peux jamais tout à fait prévoir la tournure ni le ton. Je me fais l'impression d'un homme politique, faisant des discours chèvre et chou sur un problème épineux. Généralités sur le goût de Planchon pour la mystique, le sacrilège, Dieu, etc. Au reste, c'est vrai. Ancien séminariste, puis marxistestalinien avant d'être une espèce de révolutionnaire soixante-huitard grassement entretenu par l'État bourgeois, c'est un homme qui n'a jamais fini de régler ses comptes avec la religion. Disons la foi, les fois successives. « Les sincérités successives », comme il dit très bien de l'hypocrisie de Tartuffe, qu'il a interprété et dont ce Gilles de Rais – non pas Gilles la raie, cette fois – est une œuvre dérivée... Physiquement, avec son fouillis de cheveux, c'est un mélange du guerrier médiéval et du hippie sur le retour, avec aussi quelque chose d'un républicain des années 1880, crasseux et barbu, type Gambetta. La petite lunette ovale cerclée de fer y ajoute une note schubertienne. Sa coquetterie, peut-être. A noter qu'il rougit aisément, quand on le pique au bon endroit, ou quand on lui fait un compliment.

Nous évitons de parler du spectacle. Au café, le seul ouvert à Villeurbanne à cette heure, il nous parle de la carrière de Pradel, le maire de Lyon, requin démagogue étonnant qui a éventré la ville « pour faire comme à Los Angeles », alors que l'autoroute, on le sait, évitera Lyon dans les prochaines années. Il parle également du maire de Villeurbanne – qui n'est plus communiste comme je le pensais – puis de Molière, etc. Il recommande la lecture du Sartre du XVIIe, Pierre Nicole, qui a écrit un *Traité de la comédie* (où le théâtre était vivement condamné) et auquel Racine, Corneille et Molière ont toujours plus ou moins répondu dans leurs préfaces, sans y réussir.

Homme de culture, mais très classique, au fond. Y ajoutant Brecht, Marx, et pas beaucoup, pas assez Freud. Le tout donne des pièces curieusement vieillottes (à cause du séminaire, influence indélébile).

Son Gilles de Rais est né de la lecture de Georges Bataille, et c'est aussi, dit-il, une suite (antérieure) à *Tartuffe*. C'est également le thème de *l'Infâme* – une autre de ses pièces. L'homosexualité du héros ne joue pas de rôle; un fait. Plutôt un exemple de quelqu'un qui a voulu « finir en beauté » dans l'abjection et le crime, parce qu'il sentait que son monde du Moyen Age était sur le point de disparaître. En ce sens, la pièce lui semble très « contemporaine ». La salle, pleine de jeunes, n'avait pas l'air de partager son avis. Dieu, le Diable, l'Inconnu, comme il l'appelle, vieilles lunes pour curetons. Il y a un moment qu'ils ont fait une croix dessus – tiens, au fait, il y a aussi du croisé chez Planchon –, celle de Pierre l'Ermite, populaire, rurale, humble, inébranlable, un peu folle.

9 février

Simon le bienheureux. Mon premier four. Mondy et les autres rament dans du plomb. Le sentiment pénible d'être impuissant, et

1976

comme honteux. C'est pourtant une pièce vraie, crue, qui fait mal. Pas du théâtre neuf, du théâtre présent, bien fabriqué, dérangeant. Mais justement ceci explique cela.

Février

Je publie une chronique dans *le Figaro* (400 000 ex.). Par inattention, j'écris Mésa pour Ysé. Personne ne s'en est aperçu au journal. Aucun lecteur n'a écrit. La culture !...

Nathalie va se marier bientôt. Elle écrit à sa grand-mère, en toute innocence : « Le grand jour est pour bientôt, enfin. Nous en avions un peu assez d'attendre »... Et ils vivent ensemble depuis deux ans.

Mamé, tombée dans la rue, s'est fêlé le col de l'humérus. Le bras endolori, des douleurs, des gênes pour se coiffer, etc.

Soudain, en quelques jours, ce prodigieux édifice de volonté qui tenait tête au temps depuis quatre-vingt-treize ans s'écroule d'un coup. Elle a les cheveux dans le dos, pas l'ombre d'un fard, toute recroquevillée. Une misère. Une morte ambulante.

Un choc, presque rien, qui a bousculé son équilibre *mental*, et le tour est joué.

Fais de mon mieux pour la revigorer mais c'est malcommode. En revanche bon-papa, quatre-vingt-seize ans, qui m'avait paru très pâlot et avachi quand elle pétait encore le feu, il y a quinze jours, a repris des couleurs, rose, présent.

Ils s'étayent. L'un tombe, l'autre s'arc-boute pour le soutenir, et vice versa.

8 mars

Ici, après un court séjour à Marseille et au Beaucet, j'ai des « problèmes » sentimentaux. Aussitôt retrouvé des douleurs d'estomac, oubliées depuis plus de dix ans. Comme le corps a bonne mémoire, lui !

Curieusement, la première fois, j'étais jaloux. Cette fois, c'est moi qui trompe – enfin, si l'on veut – mais je n'en suis pas plus fier pour ça. Quitter toute une vie (treize ans !) et me lancer dans une autre, jusqu'à quand ?

Si je m'abonne à *l'Observateur,* je recevrai en prime « un superbe volume relié à choisir parmi les œuvres d'Erckmann-Chatrian ou de la comtesse de Ségur ». Ça ne s'invente pas.

JOURNAL

9 mars

« N'y a qu'à. » Se conjugue au passé : « Si j'avais. »

A partir d'un certain âge, la vie n'est plus qu'une partie de cache-cache avec la mort. Il ne faut pas se faire prendre.

Ma grand-mère est tombée parce qu'elle était allée prendre le thé chez des cousines aux cinq cents diables. Je vois bien dans le regard de mon grand-père une vive désapprobation, du type : « Tu l'as bien cherché. Est-ce que je vais voir des cousines, moi ? Je ne prends pas de risques. »

Cette pensée de Feydeau, superbe : « La vie est courte mais on trouve tout de même le temps long. » (De s'ennuyer ?)

Et cette autre, citée par Jean-Jacques Gautier : « La jeune génération est très inférieure à la nôtre... Tout de même, si je pouvais en faire partie ! »

Lira-t-on un matin dans son journal : « Un père de neuf enfants et sa femme ont été écroués »... sans que cette phrase soit suivie d'une explication ?

Passé deux heures après un spectacle inepte à Vincennes, tiré des romans de Burroughs, à parler comme une chabraque avec le jeune Christian Binder (de *Politique Hebdo*) et sa jolie copine aux yeux écartés.

Je dis des tas de bêtises un tantinet réactionnaires sur le futur régime socialiste, qui sera l'idéologie dominante d'une autre classe sur la précédente, et voilà tout. Christian croit à la force du peuple, qui changera tout...

M'entends (sans m'écouter) parler comme mon père, quand il parade aussi devant des jeunes gens bouche bée. L'âge ! Bouche bée de surprise sans doute, plutôt que d'admiration. Peut-être même sont-ils saisis de consternation. Mais c'est presque une ivresse, agréable.

Moi – Dis donc, ta culture a des trous !
D. – Non, elle a des îlots.

Sur un mur, à Rennes : VAGIN VAINCRA.

Ici, à Metz, une boutique de jeans : « Aux cent culottes ».

1976

Mars. Metz

De nuit, la ville est assez belle. Cette immense cathédrale éclairée, le théâtre à l'ordonnance d'un palais, et même cette pesante basilique wilhelminienne en style haut-allemand, cela ne manque pas d'une certaine allure, avec la Meuse au milieu, et ce bâtiment ruiné sur la rive, comme un crâne plein d'orbites.

Dimanche, pièce ultra-abstraite, curieuse, pas bête et absurde en même temps, jouée dans cette salle jolie, blanc et or, devant les bourgeois « éclairés » du lieu... Ils en sortent accablés, ahuris. Et dans la rue, tout de suite le contraste : des voitures qui roulent à tombeau ouvert, des klaxons, la joie; Metz vient de mettre la pâtée à Nancy, 4 à 1. Ça, c'est du spectacle populaire. Au reste, à *Dimanche,* le vrai public n'aurait pas eu la patience des bourgeois navrés. Il serait parti au bout de dix minutes, en gueulant.

A Nancy, hier et avant-hier, pour voir le Bread and Puppet. Grande séance de charme des Lang, qui viennent me chercher à la gare, m'emmènent au restaurant, me proposent le grand hôtel – que je refuse dignement –, me véhiculent partout. Plus aimables, sans doute, que si je n'avais pas émis des doutes sur l'excellence de *sa* salle de Chaillot. Manifestement, il fait là-dessus un abcès de fixation, se prenant pour Ledoux et Peter Stein réunis. « Si vous avez deux jours, je vous accompagne à Berlin pour vous montrer la plus grande salle d'Europe. – Chiche ! »

Refuse absolument d'admettre que cette ferraille est horrible – « Ce n'est pas le problème. »

Puis, après, ayant réfléchi, contradictoire : « D'ailleurs la salle d'avant était hideuse, ratée. » A moi de répondre : « Ce n'est pas le problème. » Elle faisait un tout 1930, hideux également, mais unique.

Curieux, car à côté de cela Lang est sensible à la beauté de sa ville, à Callot, à la peinture... Et je le vois me sortir beaucoup de références culturelles, pour me sonder un peu, en m'éblouissant.

Je résiste sournoisement à cette tempête. Il est un peu désarçonné, oh légèrement. Il en faut plus que cela pour le déloger de son socle.

Progressiste et tout, mais un respect, encore très bourgeois, de la « culture », dans le sens où l'on disait autrefois : « Il est très cultivé », c'est-à-dire il sait beaucoup de choses, il connaît des noms, des vers, des titres, des œuvres, ce qui n'est plus du tout une conception moderne de la culture, je crois, où le cadre suffit, voire les titres, mais il faut être imbattable sur les exégètes et la théorie.

Dans le manuscrit du petit Besson, une jolie formule, que j'arrange un peu : « Il vaut toujours mieux regarder la vérité de profil. »

JOURNAL

Michèle Kokosowski, dite Koko. Une Edmonde en herbe. A tout vu, tout connu dans le monde du théâtre, comme l'autre avait tout vu dans le monde tout court, avant d'épouser le socialisme. Joue sans cesse un rôle, sait sauter à pieds joints sur votre opinion, vous devançant du quart de seconde nécessaire pour vous donner l'illusion d'une entente parfaite, alors qu'elle a seulement humé la direction du vent. (Oui, enfin, pardon pour ces images contestables...). Grand numéro de charme, tout truqué mais elle me plaît.

24 mars

Seul dans ma petite chambre du bout, maintenant que je suis rétréci à ma partie de l'appartement, T. ayant élevé entre salon et salle à manger ce que Barokas a aussitôt baptisé le mur de Berlin. Cosy. Agréable.

Déjeuner ici. Françoise Lebert, Rinaldi, Dominique Fernandez, François-Marie Banier et Bonal.

Banier, cheveux courts, comme séché, amaigri et Rinaldi qui se déplume dans le luisant, le noirâtre. Pour être aimable, il sourit, découvrant des dents si longues qu'elles font peur.

On ne tire rien de bien de ces rencontres à plusieurs. Deux ou trois conversations se croisent, on n'en suit aucune, et il faut veiller à tout.

Je note, cependant, l'assistance soudain scindée en beylistes (Dominique, F.-Marie) et flaubertiens (Rinaldi, Bonal), comme deux religions – inconciliables!

On discute aussi gravement pour savoir qui, de Morand ou d'Aragon, a le plus de chances de survivre – s'il y a survie au-delà de notre petit horizon. Certes, Morand n'a pas créé de grande œuvre, ni de légende, mais les effondrements des monuments immenses n'en sont que plus complets. Je crois que tout le monde saura qui était Aragon, sans le lire (comme c'est le cas aujourd'hui de Barrès, de Maurras, voire de Péguy – tiens tous des hommes de droite, alors ajoutons-y André Gide), mais certains seront seuls à connaître Morand, dont ils feront leur intime, leur fervente, leur vivante délectation, comme de Giraudoux romancier peut-être. Un témoin – avec de tels dons – est toujours d'actualité. Une vedette, on s'en fatigue. A moins qu'elle ne laisse *les Mémoires d'outre-tombe, les Mots* – ou *la Légende des siècles*.

Dans un manuscrit de Célia Bertin, que je lis, cette phrase : « Le départ des invités est toujours le meilleur moment d'une soirée. » Aussitôt, le cafard me saisit. Je revois un réveillon rue La Rochefoucauld, il y a huit ou neuf ans. T. et moi parmi les assiettes sales.

1976

Heureux. Pourtant ce n'avait peut-être pas été un réveillon sans histoires, et déjà il y en avait beaucoup entre nous, des histoires. Mais j'étais jeune et je ne le savais pas. Tout ce gâchis! Le bonheur, c'est un capital qu'on mange. Aucun intérêt par la suite. Il ne reste rien – que des regrets. Ce qui est curieux, c'est ce cafard, alors qu'il y a Daniel, que tout va bien, « à part ça ». Mais j'ai l'impression d'avoir trahi d'un coup tout mon passé, bien que ce fût un passé sans avenir. La grande illusion n'est-elle pas plutôt l'avenir? Un bonheur n'a pas d'avenir. Il est.

Oh! à la limite, il m'en coûterait si peu de ne plus revoir Daniel. Et pourtant, quand il est là, c'est comme une autre vie, un autre moi. Il s'agit de savoir si l'on peut naître avec un handicap de quarante-deux ans... Dès que je suis seul, je reprends mon âge, mon ancien moi. Tout est à recommencer, et la vie n'a plus de sens. Comme si j'étais veuf.

Mamé. Ce bras cassé, et d'un coup quatre-vingt-douze ans de coquetterie s'écroulent. Les cheveux dans le dos, à demi teints, toute voûtée. Plus de fard. Un vieux paletot mal boutonné. Vingt ans de plus que la petite dame pétulante, extraordinaire, qui m'avait encore émerveillé au début de février. La maille qui file. Mais repriser à cet âge?

J'écris beaucoup ce soir, parce que je suis seul ici. C'est si rare, depuis que je vais, que je suis au théâtre chaque soir ou presque. Je pense à cette naine américaine qu'on rencontre au Flore. Minuscule et monstrueuse derrière ses énormes lunettes noires. Elle ne vit pas, elle écrit sa vie, sur un bloc à factures, à toute vitesse. L'autre soir, elle a rencontré Barthes, qui a fait tous ses efforts pour la dissuader de suivre ses cours. Aussitôt après qu'il l'eut quittée, elle s'est mise à noter la chose, en détail, parlant de ses « jesuitic » arguments. Dix minutes plus tard, je jette un coup d'œil par-dessus son épaule. Elle venait d'écrire : « *I have a strong desire to pee.* » Plus fort que les memoranda. Il est vrai qu'on ne sait pas ce qui est digne de mémoire, au fond.

28 mars

Petit contretemps. Daniel ne rentrera que demain. Le temps est superbe. Je vais au Jardin des Plantes, bondé. On y trouve un cèdre qui a tout juste deux cents ans de plus que moi. Et les bâtiments sont à peu près bien conservés. Autour de la mare aux canards, j'écoute les gens. Surtout des vieux. Une très antique, écafouie sur sa chaise, les yeux fermés. Elle dit : « On allait à Suresnes, à Saint-Cloud en bateau-mouche. Ça nous amusait. » Un monsieur d'un certain âge renchérit. « Moi, madame, j'ai connu le tramway tiré par des chevaux. Il passait devant chez moi, boulevard Diderot. Oui, j'ai connu ça. »

Et la dame répète : « Oui, vous avez connu ça. » L'air de dire : « Vous en verrez bien d'autres »...

Plus loin, deux élégantes frisant la soixantaine, en fourrure. La plus superbe, en vison, a un fort accent du Midi. L'autre, en astrakan, évoque des vacances dans le Sud-Ouest, où l'on mange trop, où c'est pour rien, etc. Mon mari par-ci, mon mari par-là... Elle a du mal à retrouver le nom de Cambo : « Cette petite ville où je ne sais pas quel poète avait un château. »

Je les croise au retour. Elles en sont à des confidences plus intimes : « Je lui ai dit, ma petite, un homme, ça doit payer son écot. Profites-en si tu veux, puisqu'il est jeune, mais dès que tu auras une occasion, dis-lui bonsoir. »

Devant l'énorme tartine de séquoia – une tranche vieille de deux mille ans – une petite fouine, avec un foulard noué sur le cou, un manteau sans couleur et un pantalon, oui! Elle s'obstine à empoisonner une brave personne qui lui tourne le dos, carrément, mais n'ose tout de même pas lui demander de se taire. Alors ce dos émet des « oui, oui, je comprends!... Ah, que voulez-vous... Bien sûr »... L'autre, imperturbable, raconte à ce manteau son amour des juifs. « Des gens extraordinaires, madame. On dira ce qu'on voudra, quelle intelligence! Einstein, c'était un juif. Bergson, le grand philosophe, aussi. Et les Pereire, madame, qui ont fait les chemins de fer en France... Celui que je préférais, en Israël, c'était Levi Eskhol. Si distingué, cet homme. Mais vous savez, ce sont des Européens, ces gens-là. Pas des Asiatiques. Je le sais, j'ai étudié. Ça, j'ai des connaissances. J'ai vécu quarante ans en Angleterre, alors vous comprenez! Et je travaillais avec des gens remarquables. Et puis j'avais un bagage et des facilités. Quand je suis dans mon droit, je peux vous faire un discours d'une heure – même au président de la République. Mais si j'ai tort, je me tais. Ce n'est pas comme d'autres... » Vague geste de la dame. De désespoir, peut-être. « Qu'est-ce que vous avez? Ah! le dos, des rhumatismes, sans doute. Moi je n'ai rien : quatre-vingt-sept ans mais solide. C'est les nerfs qui vont pas. J'ai fait deux ans de dépression (comme on dirait deux ans de bagne). Pour me guérir, il a fallu que je retravaille. J'ai un cerveau qui ne veut pas vieillir, voyez-vous. Faut que je m'active. Ce n'est pas pour l'argent, c'est pour l'intelligence... Ah je suis un numéro! »... Et l'autre, de plus en plus désintéressée, dit « oui, oui! bien sûr » sans même jeter un œil sur le numéro qui enchaîne, intarissable : « Ça fait vingt ans que je viens ici. Je connais beaucoup de monde. Mais je les évite. Je ne veux pas médire, mais c'est tous des envieux, des bornés et des méchants. Je ne leur parle plus »... Soupir de l'autre, on peut y lire comme dans une pensée.

1976

12 avril. Dans le train

Vers Laroche-Migennes.
Retour d'une petite virée Genève-Grenoble-Le Beaucet. Avant, l'annuel déjeuner chez Morand, avec Bastide, Bory, Mistler, Modiano, Melchior-Bonnet et Privat.

La conversation reste très littéraire – et c'est surtout Mistler qui parle, alerte et d'une érudition intacte et phénoménale. On parle des correspondances du XIXe siècle, dont la plupart restent inédites, même celles qui ne sont pas détruites ni perdues. (Mistler par exemple possède cent cinquante lettres de Benjamin Constant.) Il y a aussi deux volumes de comptes rendus de Victor Hugo datant de l'époque des tables tournantes, etc. Fantastique inflation de l'écriture et des publications. La bibliothèque des rois de France, au XVIe, comptait au plus deux cents volumes!

Pratiquement muet comme toujours, Modiano me bégaie cependant une remarque : « C'est... c'est drôle, Morand... il, il, il ne... enfin il ne... il ne dit rien. »

Toujours le même valet de chambre rigolard, le même pâté de lapin à l'ail fait par la gardienne de Gambais. Mais un somptueux service marqué S E, surmonté d'une couronne princière, et des serviettes brodées au même chiffre. Morte, la princesse était dans nos assiettes.

Sans doute parce que nous sentions tous – d'une ou deux générations plus jeunes – le froid de la fin toute proche, les convives avaient l'air intimidés. Seul Mistler ne l'était pas. Soixante-dix-neuf ans, ça blinde contre ces anxiétés.

Chez moi, déjeuner René Ehni, flanqué d'un Sundgauvien muet, entre la nounou et l'inspecteur en civil. Il est vrai que le cher René avait besoin d'être accompagné. Beurré comme un petit Lu. Dès l'arrivée, et cela ne s'est pas arrangé par la suite. Un moment assez désopilant, quand il imagine une Académie française qui réunirait Poirot-Delpech, lui, moi et... Poulidor. Mais on se fatigue vite du délire, même brillant et sincère, quand il se répète dans le ressassement de l'ivrognerie pâteuse.

Juillet

Parce que je n'ai rien écrit ici pendant trois mois, mes notes d'avril prennent un air sinistrement prophétique. Morand est mort, à Laennec, après deux jours de maladie (le cœur). Il avait pourtant l'air de se porter comme un charme, la dernière fois que je l'avais vu, chez Gould. Requinqué! Je ne crois pas que je lui avais parlé. Juste une poignée de main, et ce sourire qui semblait dire « je vous aime bien ».

JOURNAL

Je rentre à Paris pour l'enterrement, à l'église grecque orthodoxe de la rue Bizet. Un peu gêné par l'absence de Morand; un simple petit catafalque le représente, au milieu de l'allée centrale. Ses cendres ont déjà été expédiées à Trieste. Autre gêne : pas de famille connue de moi – sauf Raymond, le valet de chambre, qui a remis son costume noir de service, et semble de tous le plus ému, seul. Un peu à l'écart, au premier rang.

L'assistance, en pleines vacances, est surtout composée des représentants de la vieille droite vichyssoise (Isorni, Chambrun, etc.) auxquels se mêlent des princesses d'Europe centrale bancales, antiques exilées qu'on dirait en permission de cimetière, avec béquilles ou parapluies-soutien, insolites en plein juillet. De l'encens, de beaux chants.

Cela finit, brusquement, sans salut ni registre. En tête sortent les académiciens, comme s'ils étaient « ces messieurs de la famille ».

Devant l'église, sur le trottoir, Raymond palabre avec le prince Stourza, sorti de prison. Tel quel depuis vingt ans, avec sa gueule de rongeur bien en chair, Wilde croisé cobaye... Il demande s'il ne serait pas possible de glaner un petit souvenir. « Rien, glapit l'autre. J'ai eu le malheur de laisser entrer quelques amis de Monsieur, on me l'a reproché, alors, c'est terminé. Ils m'ont payé, moi, maintenant, je m'en fous. » Sordide oraison.

Et à moi, qui lui demande comment se sont passés les derniers moments, cette réponse sibylline : « Ah, monsieur, je l'ai fini, mais j'ai des doutes! » Qu'est-ce qu'il voulait dire?

Ensuite promenade avec Banier, qui l'avait beaucoup vu les derniers temps. Il lui avait dit récemment : « Mon dernier plaisir, ce sera de mourir. » Et nous parlons longtemps de ce monde qui s'écroule, de l'appartement fabuleux, de Proust, de la princesse (que Banier n'a pas connue). Tout cela encore plus étrange pour lui, à vingt-cinq ans, que pour moi. Pauvre Banier, né un demi-siècle trop tard et comme moi le goût des vieillards. Les miens sont presque tous enterrés, à présent : Mauriac, Chardonne, Morand, Denise, Emily, Marie-Laure, Carya. Jouhandeau, fils de boucher, le plus résistant – mais aveugle à présent, d'un coup. Il a donné pour moi ses derniers feux. Son *magnificat* enivré, à la télévision, merveilleux défi pour un adieu.

13 août

Dans le train. Je rentre à Paris pour passer quelques jours auprès de mes grands-parents à Argenton. Le périple habituel par Carcassonne. Arrêt à Souillac chez Françoise Lebert, puis Avignon (jour et nuit, exténuant), Orange, Aix (Ah! *Don Juan!*). Séjour de T. et Magda et Francis, avec Daniel et moi. A la fois étrange et idyllique. Irréel plutôt, quand on sait nos liens brisés, renoués,

1976

tressés, recousus et déchirés. Bizarres épissures sentimentales. Jours très gais avec un arrière-fond d'âcreté. Une curieuse légèreté fragile comme certains blancs de bures ou de draperies peints sur un glacis noir.

Tout vient à point à qui sait attendre.
Tout vient à point à qui sait écrire.
Écrire, c'est attendre.
Chardonne disait : un style, c'est un grand âge.

19 août

Dans le train, aux environs d'Issoudun.
Dernier été avec une famille au complet. Mon grand-père est au bout du rouleau, je le crains. Dès qu'il se pose quelque part, il somnole, ronflote, éructe : sourd, il ne fait plus aucun effort pour suivre une conversation à table, et il n'a plus faim comme jadis. Le regard fixe, il s'enferme de plus en plus souvent dans son hébétude pensive, passive, agacée. Humiliée, plutôt, à l'idée de dépendre des autres, d'avoir une sonde qui l'oblige à des soins compliqués, répugnants, de ne pouvoir se déplacer seul hors de la maison – bien qu'il ait fait avec moi, et sans station intermédiaire, un bon bout de promenade avec son bâton fourchu de pasteur, environ cinq cents mètres, ce qui n'est pas si mal, à quatre-vingt-dix-sept ans.

Il traîne sa vie, comme d'autres traînent la savate, et semble se demander sans cesse à quoi bon cette prolongation inutile. Ma grand-mère, au contraire, a repris du poil de la bête – quoique son poil, justement, ne soit plus teint, et s'échappe en mèches maigres d'une couleur mal définie, tirant sur le rose. Cela « fait désordre » et ne lui ressemble guère. Mais elle s'active et s'occupe seule de son mari, avec un amour rude, inébranlable.

Si bon-papa s'effondre, combien de temps lui survivra-t-elle, comme l'arche d'un pont écroulé, suspendue dans le vide. Et puis plouf!

De la terrasse, sous leur fenêtre, je l'entends lui dire, excédée, alors qu'elle l'aide à s'habiller : « Oh, ce regard, Antoine, ne me regarde pas comme ça! Je ne sais plus ce que je fais. » Et je l'imagine très bien, ce regard. Absent, lointain, parti, déjà, et ne cachant pas une manière de rancune coléreuse à être encore là. L'œil d'un mort, vivant.

Dans la même teinte funèbre, une histoire d'extrême-onction. Mme H., que j'ai connue enfant – je viens ici depuis quarante ans! – est à l'article de la mort. On fait venir le curé qui procède rapidement aux onctions symboliques : la bouche, les yeux, etc. Il est en train de remballer son saint fourniment quand l'agonisante – je la revois, imposante, avec une forte moustache que l'âge n'avait pas blanchie et une voix profonde – grommelle, ouvrant l'œil : « Et les pieds? » Car on doit oindre aussi les pieds, sans doute pour mieux marcher à la résurrection des corps. Et le curé, pris de court, avec son accent berrichon : « Ça se fait pu. »

Comme toujours, quand la famille est réunie, mon père évoque Saint-Girons, ses vacances d'enfant, Baldouy, etc. Baldouy, nabot, barbu, coureur, et qui fut pourtant le second mari parfait de mon arrière-grand-mère, attentif à tout, réglant la table, la maison, les placements. Elle n'avait strictement rien à faire, et s'en réjouissait. Elle aurait même dit, en mourant à quatre-vingt-neuf ans: « Je suis contente. Je ne voulais rien faire. Je n'ai rien fait. » C'est pourquoi elle gardait une dent à son premier époux Galey, dont je descends. Au cours de leur brève existence conjugale – il est mort tuberculeux, tué à la tâche, à trente-trois ans – il prétendait qu'elle s'occupât de sa maison.

« Tu comprends, disait-elle à mon père, j'avais mes parents à côté, qui nous apportaient les repas, mais M. Galey – il n'y a jamais eu beaucoup d'intimité entre eux – voulait que je m'en occupe moi-même!
– Il voulait que tu fasses la cuisine?
– Oh, tout de même pas. Mais les menus! »

21 août

Déménagement de T. par quelques supermen (ainsi dit **Magda**) récoltés parmi ses amis.
Un grand vide, qui matérialise soudain à mes yeux la faillite : il ne reste rien dans la chambre, et en lui, en moi, que reste-t-il? Après le déjeuner, avec les gros bras et sous l'œil circonspect de Magda, T. me raccompagne à la porte, comme si c'était moi qui m'en allais. Quand je rentrerai du Beaucet, il n'y sera plus. Un moment d'émotion tout de même. On est sur le point de s'embrasser, presque les larmes aux yeux et puis, non... L'amour-propre, sale invention. Il a eu raison du nôtre.

11 septembre

Ainsi le moment est venu. Un éblouissement samedi, après sa pénible promenade, une syncope le surlendemain – pendant quelques secondes il est cliniquement mort – mais son organisme est d'une résistance phénoménale. Seul, il reprend vie, et le matin, il demande les journaux, boit son café au lait, parle, organise de son lit le retour à Paris. Mais le déjeuner, qu'il a pris aussi de bon appétit, ne passe pas. Nouvelle syncope. Et c'est presque un mourant qu'on ramène en ambulance. Il a raté sa sortie, et le voilà qui râle, ou donne cette impression, la bouche ouverte sous l'effet des calmants – sans doute victime d'une hémorragie interne ou d'une tumeur qui bloque tout transit. Nourri par le goutte-à-goutte, il survit. Mais il n'est pas totalement inconscient, malgré son masque cireux, le nez pincé, et bien sûr le dentier qu'on lui a retiré.

Mamé tourne autour de lui comme une mouche et lui demande sans arrêt – c'est déchirant – « s'il l'aime bien ».

Elle traite comme un enfant ce moribond qui a cependant des instants lucides dans son cirage.

« C'est Matthieu. Tu le reconnais?
– Mais bien sûr, grommelle bon-papa.
– Tu l'aimes bien?
– Mais évidemment que je l'aime bien; pourquoi est-ce que tu prends cet air apitoyé pour me dire ça? »

Et à Georges, à un moment où ils sont seuls, accompagnant ses paroles d'un geste au sens très clair:
« Il n'y a qu'à me faire une piqûre de morphine. »

Ces prolongations absurdes; surtout quand le mourant sort de son semi-coma pour vous demander de l'expédier.

Mais quand Mamé se penche et lui dit: « Embrasse-moi » et que ce mort-vivant l'embrasse, comment distraire une seconde de cette vie qui s'en va?

Dans le couloir, en sanglotant – mais pas trop –, elle me dit: « Tu vois, il aurait mieux valu qu'on n'ait pas été un bon ménage. Je serais moins malheureuse. Mais c'est comme si j'étais en train de mourir à moitié. Je l'aime depuis que j'ai dix ans. Je n'ai jamais aimé que lui. Soixante-quatorze ans tous les deux. Je ne peux pas imaginer de vivre sans lui. Et on a été heureux. Il me le disait l'autre jour encore." On a eu des enfants qui ont tous 'réussi' (*sic,*) on n'en a pas perdu. Le bon Dieu nous a aimés. " »

15 septembre

Il est mort cette nuit, à 4 heures, après cinq jours de combat. Physique.

Son organisme résistant à des taux de morphine incroyables, alors qu'il disait dans de brefs instants de conscience: « Foutez-moi donc une balle dans la peau! »

Lundi, cependant, il faisait encore des remarques sur les infirmières: « Une blanche, une noire, manque une café au lait! »

Hier, il avait perdu toute connaissance, abruti par les drogues. Il dormait, la bouche ouverte. L'horrible gargouillis de la fin. Et mon pauvre père dans la chambre, si peu fait pour ces situations.

S'il avait été roi, c'eût été le plus long règne de l'histoire – son père étant mort en 1883 – quatre-vingt-treize ans!

*Le 8 novembre. Générale d'*Equus

Triomphale. Trois jours avant, devant une vingtaine de personnes, c'était la catastrophe. Le miracle des pièces, qui prennent soudain, ou jamais.
Mes démêlés avec les Barrault.
Dîner en l'honneur de Barre, sous les lambris fauristes, avec l'idiote Mme de Rothschild.

25 novembre. Chez les Privat

On parle des écrivains qui voient par hasard des lecteurs plongés dans leurs ouvrages.
Sauguet cite l'histoire de Gide, voyant une dame parcourir la *NRF* dans le train. Au bout d'un moment, il lui dit : « Je suis l'auteur de ce que vous venez de lire. » Et la dame joint les mains : « Monsieur Claudel ! »
Je demande à Green si ce genre d'aventure lui est arrivé. « Oui, l'autre jour, à la banque, il y avait un monsieur que je ne connaissais pas qui me regardait fixement. Il comparait mon visage avec la couverture d'un livre où figure ma photographie. J'étais très gêné.
– Et qu'avez-vous fait?
– Oh, j'ai détourné la tête et puis j'ai filé sans demander mon compte. »
Des élections à l'Académie : « C'est amusant comme les courses de chevaux. Malheureusement cela ne dure pas longtemps. »
Muet, rubicond, souriant, d'une étonnante jeunesse épanouie pour ses soixante-seize ans, il en impose par sa seule présence. Il ne dit rien de transcendant, mais quand il parle, les mots ont leur vrai sens, leur poids de sérénité.
Ce qui ne l'empêche pas de s'animer. Surtout à propos de la religion catholique, infidèle au latin :
« En anglais, on dit "*I am Roman*" et cela suffit. Moi, je n'ai pas quitté le protestantisme pour le retrouver en pire. Il n'y a plus de mystère, ni de musique. Il faut aller chez les orthodoxes ou les grecs pour prier selon son cœur... »
D'ici qu'il écrive une nouvelle *Lettre aux catholiques de France*. Joli cycle d'une foi rattrapée par le temps.

1976

Décembre. Gaillon

Dans *l'Illustration* de 1900, cette petite information : Mme Louise Michel donnera ce dimanche à 3 heures une conférence sur ses « Impressions de Calédonie ». En l'an 2000, Soljenitsyne fera-t-il des causeries à Pleyel sur ses Impressions de Sibérie?

Je regarde une grive picorer sous ma fenêtre, inquiète, attentive, sur un perpétuel qui-vive. Qui parle jamais de l'angoisse des oiseaux, prétendu symbole de la liberté?

6 décembre

Chez M. Kaganovitch, qui veut fonder un prix. Entre autres : d'Ormesson, Jean-Jacques Gautier et René Huyghe. Celui-ci a une théorie astucieuse pour défendre les « honneurs » dont il est couvert. « Quand on n'a pas la fortune, c'est le seul moyen d'être libre. » Peut-être aussi le moyen de survivre. Mais ils ne perdront pas tout. Ou plutôt ils gagneront doublement : ils lui ont aussi acheté en viager sa jolie maison de Montfort. Kaganovitch, petit vieillard charmant, avec un beau râtelier Colgate, raconte sa vie en un étrange sabir russo-franco-yiddish. Son enfance dans un ghetto d'Ukraine, son arrivée sans un sou à Paris, via Berlin, sa carrière de sculpteur, relayée par ses activités, plus lucratives ensuite, de marchand de tableaux. Tout cela ponctué de « comment ça s'appeler » à chaque mot un peu difficile. Mais un contentement de soi qu'on pourrait dire modeste : il est naïf, et sans prétention. A la fin du récit, tout le monde applaudit, spontanément.

Décembre

A la vente du Pen-Club, Jouhandeau est assis à côté des Lacouture. Presque aveugle, c'est à peine s'il peut signer les rares exemplaires qu'on lui achète. Mais il dit allègrement à ses voisins : « En vérité je suis venu pour rappeler aux gens que je n'étais pas mort. »

14 décembre. Gaillon

Reste seul pour travailler, vaguement, la pièce d'Albee. Longue promenade sur le plateau, dans un décor de cinéma. Brume, bleus estompés, bruns semés de quelques taches vert acide. Conversation avec des bœufs; ils me regardent en ruminant, l'air mauvais. Et moi qui les sais promis à la boucherie, je leur en veux de cette placidité révoltante.

Beaucoup pensé, non pas à la mort, mais à ce qui reste d'une vie telle que la mienne. J'arrive à maturité. Je pourrais écrire, comme les copains. Ce serait une évasion dans le fictif, une fuite de plus. Une façon d'esquiver le problème en se faisant croire qu'on laisse quelque chose. Non, il n'y aura rien, aucune trace. Le souvenir de ce regret sidéré ne tient lui-même qu'à un bout de feuille arraché d'un cahier. Multiplier les chances en publiant? Aussi vain que d'entasser des billets de banque dans une lessiveuse. Vient toujours un moment où le papier ne vaut que le prix du papier. Avant de pourrir avec le restant.

Deux jours de solitude, bons comme un jeûne. Au-delà, commencerait la souffrance.

Jouhandeau, quasiment aveugle, dans sa maison mal tenue. (Si Élise voyait cela! de la poussière partout.) Les enfants jouent à grand bruit dans l'escalier (avec Marc, qui ne grandit guère, comme sa mère), la bonne hurle, le chien gronde, mais le vieillard est serein dans ce vacarme. « Je vois tout de même un peu : ces arbres, la forme de ton visage. Mais tu sais que j'ai quatre-vingt-huit ans. A présent je suis dans la main de Dieu. On me dit que j'ai bonne mine. Alors, j'attends, je médite, je me récite des psaumes. Je ne suis pas malheureux. »

La lecture, l'écriture sont tombées de lui comme des fruits blets. Il n'a pas l'air d'en souffrir du tout. Il s'est fait végétatif, avec un détachement qui n'est même pas de la sagesse ou de la résignation : indifférence.

La vieillesse n'est pas un âge, c'est une mutation, brutale. Un moment très émouvant : la visite de sa chambre. Ce gardien de musée – le sien – qui me détaille des objets, des photos, des tableaux qu'il ne voit plus.

Cela dit, le vieux farceur si loin des choses de ce monde a tout de même réussi à convaincre un jeune homme de se **déculotter** devant lui, il y a deux jours.

« Mais nous ne sommes pas allés au-delà, dit-il, très repentant. Je me suis juré de ne rien faire de mal sous le toit qui abrite mon petit Marc. »

Et le péché par intention, Marcel?

1977

Janvier

Germaine Beaumont est à l'hôpital Boucicaut. Elle s'est cassé la jambe dans sa salle de bain. Elle ne s'en étonne pas du tout : « Mon nouvel appartement est maudit. Je vais le faire exorciser. Du reste, j'avais mis la veille une robe verte qui me porte malheur. » Ce qu'elle ne dit pas : elle a fait le tour de Saint-François-Xavier avec, dans un cabas, pour en chasser le démon...
A part ça un moral en acier inoxydable. Elle minaude dans sa chemise de nuit toute tachée de café au lait, et soulève son drap pour me montrer son plâtre : « Contemplez cette vision de rêve, beau prince... » Chère Carabosse!

26 janvier

Comité de lecture du Français, à la Comédie rénovée. Nous sommes sous le tableau qui nous représente – en 1880. Là, c'est Alexandre Dumas fils qui lit un drame aux sociétaires. Ici, c'est moins drôle. René Clair, spécialiste de ces surprises, prétend qu'il n'a plus très bien à l'esprit la pièce de Beckett que nous devons « recevoir ». Michel Aumont commence à lire *En attendant Godot*, sans enthousiasme. Toutes les trois pages, il lève les yeux, attendant un signe de René Clair, imperturbable. Et ce petit jeu dure au moins vingt minutes. Ensuite se présente P.O. Lapie, un petit bonhomme propret, avec une tête de saurien, ancien ministre et frère 3 points, m'a-t-on dit.
Il s'assied, l'œil mi-clos derrière ses loupes, la bouche pincée – il ressemble un peu à Nimbus – et on écoute Dux, qui lit son œuvre, une sorte de dialogue platonico-giralducien sur le pouvoir. Aucun espoir d'être accepté, mais c'est le règlement. Pendant cette

JOURNAL

épreuve, chacun s'observe, pour s'occuper. Il faut bien poser ses yeux quelque part.

Eyser, gros ours rustre, Chaumette, encore bel homme, et satisfait, Aumont avec sa courge au milieu de la figure, Etcheverry, dessiné, pouponné, avec des traits curieusement forts et fins à la fois, etc.

La sauvagerie de ces regards échangés me surprend. Aucune expression sur ces visages, pas même ce sourire de convention que l'auteur pourrait prendre pour une moquerie complice. On se regarde comme des objets, férocement. On s'évalue. Et on ne vaut pas cher. J'ai aussi longtemps interrogé Molière que j'avais devant moi en double effigie. Deux tableaux qui ne se ressemblent pas mais on y retrouve les lèvres très dessinées, sensuelles, la fine moustache, les yeux tristes, un peu ailleurs. Une sorte de juvénilité préservée. Cependant on le devine pas commode, malgré ses airs tendres.

Marivaux est au contraire un bon gros, avec des yeux bruns, tout ronds, un double menton. Le regard vif, mais gentil : qui croirait que ce brave homme est le plus noir pessimiste de notre théâtre, sous ses grâces de langue?

10 juin. Meet à la Mut

Énigme pour les épigraphistes de l'avenir.

Une loi qui obligerait à refaire sa vie tous les dix ans, comme les façades.

Vincent Gautier, qui vient me voir pour obtenir une lettre de recommandation à Barrault. Romantique, l'air d'un séminariste vu par Lamartine avec soudain quelque chose d'espiègle dans le sourire.

« Pour les auditions, je ne me mets jamais en costume. Ça impressionne. Je suis trop beau : un prince. »

Cela dit modestement, comme s'il s'agissait d'un autre.

Cocasse Claudel.

« Mai 29. Si on fait mon monument je voudrais une Vierge tenant son enfant sur un piédestal, l'enfant retourné et cambré vers elle et lui touchant le menton pour attirer son attention; et moi de dos sans qu'on voie ma figure, tenant fortement embrassé le piédestal. A côté de moi un bâton et quelques papiers déchirés et foulés aux pieds. »

Mauriac et Bernanos auraient bien donné un louis pour voir ça...

1977

De Claudel encore :
« Barrès, enraciné dans un pot de fleurs. »
« Inane et volumineux du redondant édredon. »
Les choix qui rendent bête. Léon Daudet, si brillant, si caustique, prodigieux photographe de son temps, soudain stupide et saint-sulpicien pour parler de Mgr le duc d'Orléans, de Madame, « sculptée par Phidias », du duc de Guise, crétin congénital, et Daudet, ex-médecin, ne pouvait l'ignorer : il écrivait son livre en exil, à Bruxelles, à deux pas de son pitoyable dieu.
Même chose pour Aragon, période stalinienne.

Voyage en Yougoslavie
Korçula-Dubrovnik
Bateau pour Corfou
La Grèce du Nord
Delphes
Argos
Athènes
Retour
Puis deux mois presque au Beaucet avec Claire, etc.

13 septembre

A la sortie d'une pièce ratée, mais courte, je me laisse entraîner à la Coupole par Mignon, sa femme et J.M. Galey. Mignon, ruiné, avec un passif de cent cinquante millions. Il abandonne le Palace, et va courir les mers pendant un an, avec l'argent de son chômage. Nullement amer, et toujours bon appétit. Rond, avec sa femme placide, qui considère ces équilibres financiers sans émotion; elle filera la laine en l'attendant, sans se relever la nuit pour défaire son ouvrage... Devant nous, un visage de vieille fille séchée qui me dit quelque chose. Plus de lèvres, un chien miteux, et cette mastication rapide de rongeur. Un homme à cheveux blancs lui fait la cour, de près. Elle rougit, ravie. Est-il possible que ce soit la Caroline Daniélou, follingue, fantasque il y a vingt ans?

21 septembre

Mamé, l'autre jour, est allée à Bagatelle. Elle en est revenue enchantée. Une rose, une seule, un jour, et quatre-vingt-quinze ans de vie se trouvent soudain justifiés.

P.J. Rémy, la mèche romantique, vient de parler de son, de ses romans d'apprentissage, avec une foi désarmante. Il y croit, même si ses livres sont intransmissibles et sans public. Ce qui se cache derrière la suffisance : l'angoisse d'être réduit à soi-même.

28 septembre

A Sainte-Clotilde, cernée par la police, obsèques de Lucie Faure. Sous cet amas de fleurs, une femme timide, presque ingénue dans ses idées sur la littérature, comme s'il existait un bon style et un mauvais. Une femme généreuse, sous le vernis mondain, curieuse des autres, attentive – fidèle en amitiés. Elle n'avait pas seulement du savoir-vivre. Héroïque, ces dernières années où elle se savait condamnée, elle aura eu aussi le savoir-survivre, c'était plus difficile.
Bernard Privat, un peu éméché peut-être, me prend à part pour me convaincre d'écrire. C'est le moment. Ce sera le bonheur assuré. Je le regretterai plus tard. Certes. Mais quand je vois ces centaines de livres ouverts par si peu de monde, à quoi bon une vie de souffrance (le bonheur, je n'y crois pas) pour figurer parmi les « écrivains » ? Si 95 % des romanciers avaient cultivé des petits pois au lieu de s'échiner sur des ouvrages oubliés aussitôt que parus, la littérature n'en serait pas changée d'un iota. « Chateaubriand ou rien. » On en revient toujours à ça.
Être Gracq, Tournier, Michaux, Yourcenar, Aragon, Green, Jouhandeau, Chardonne, Morand, oui. Être Maurois, Troyat, Genevoix ou pire, quelque sous-Mistler, non. Curieux, ce besoin de vous pousser à écrire, alors que Privat, éditeur, sait ce que valent la plupart des auteurs, même et surtout ceux qu'il publie. « Vous devriez écrire. » Et quand le bouquin paraît : « Encore un roman de X. ! » Se dire homme de lettres. La belle affaire ! Je suis revenu avant d'être parti.

2 octobre

Philippe Jullian s'est pendu avec sa cravate au crochet d'une porte, dans le nouvel appartement où il venait d'emménager. Il n'a laissé qu'une lettre, demandant à être incinéré. Mystère. Mais on sait qu'il avait appris deux jours plus tôt la mort de son domestique marocain, dont le corps avait été retrouvé dans une décharge, à Drancy. Drame passionnel, sûrement pas. Philippe Jullian n'était pas un sentimental. Sombre affaire, chantage, remords, compromission insoupçonnée ? Saura-t-on jamais ? Cette fin horrible et brève ressemble aux épilogues des romans fin de siècle : elle aurait pu être inventée par Jean Lorrain, par Oscar

1977

Wilde, par tous ces précieux morbides que Philippe affectionnait, avec une distance assez critique cependant pour qu'on le crût préservé de leurs maléfices.

Solitaire, Philippe Jullian semblait à l'abri de tout, protégé par une méchanceté lucide, ironique, même si ses sarcasmes cachaient une sensibilité fragile; la preuve. Romancier, il a commis l'erreur de croire qu'on pouvait être « proustien » par la seule anecdote, mais il a vite compris sa vraie voie. Comme biographe, sérieux, aisé, il égale les meilleurs Britanniques, modèles du genre, avec une culture superbe, inépuisable, et une science du « monde » digne de tous les Bottin. Ses « souvenirs » auraient pu être passionnants, comme le dernier soupir, vers l'an 2000, d'une société morte depuis longtemps...

L'an dernier, son moulin avait flambé, avec tous les objets qu'il y avait entassés, au cours de sa vie de « chineur », tous ses livres, ses manuscrits, ses dessins. A présent, il demande à passer au four crématoire. Une vie en cendres. Il n'en reste que des livres, mais les livres...

De la vie, on n'est jamais qu'un locataire, sans bail.

Cette carte postale du candide Vincent Gautier: « Venise est une ville que j'ai découverte. J'y reviendrai. »

6 octobre

Edgar Faure à Chirac, venu saluer la dépouille de Lucie: « J'avais encore tellement de choses à lui dire. »

Le roman posthume de Philippe Jullian s'effondre. Il a laissé une autre lettre à Ghislain de Diesbach, disant qu'il se tuait parce qu'il était vieux, malade, et que son domestique était le dernier lien qui le rattachait au monde. Cinquante-sept ans!

Barthes: Le ratage le plus réussi de sa génération.

Rinaldi le terrible souffre des gencives. Il vient déjeuner avec une sorte d'emplâtre sur la mâchoire inférieure. Janick lui demande ce que cela changera, quand on lui enlèvera son pansement: « J'aurai la dent dure. »

Octobre

R. me téléphone de Lourdes. « Ce sera difficile de vous trouver une chambre. La saison est terminée. Pas de miracles en hiver... »

Un mouvement à créer, digne du Nobel: Amnésie internationale.

JOURNAL

20 octobre. Lourdes

Le seul miracle : réunir ces foules dans une vallée sinistre, ornée de monuments hideux. Et le message de la Vierge à Bernadette, quelle pauvreté : « Bois de l'eau, va te laver, mange de l'herbe. » Une révélation pour bovidés. Mais il est vrai qu'il y a tout de même quelque chose ici, une force fervente, un silence de mystère.

Nice – avec Bisson, cabot éthylique, déjà aigri, qui prend pour du génie sa facilité hâbleuse au milieu d'une cour dévote.
Marseille avec Maréchal, beaucoup plus vrai, s'intéressant aux autres, avec, tout au fond de sa bonhomie, une vieille ruse paysanne increvable.
– Les souvenirs zérotiques.
– Strehler, coquet, petit, intarissable, tiré à quatre épingles, arrangeant subrepticement sa chevelure argentée dans tous les reflets. Vedette, comme Karajan, mais avec cette qualité vraie : il ne choisit pas son public. Il est le même pour ces inconnus de la FNAC, que nous sommes, que pour Peter (Brook) ou pour Jan (Kott), car il les nomme par leurs prénoms, avec un rien de snobisme, entre grands, mais sans affectation. Lui, jadis brechtien, est devenu plutôt « réac », attaché à montrer l'« humanité » des œuvres. Il se dit ennemi des théories, méfiant, et il est humble, malgré tout. Quel autre metteur en scène avouerait qu'« il n'a pas tout compris » dans *le Roi Lear* ?

8 novembre. Béziers

Tout l'après-midi, à Montpellier.
Les palais, les rues, parfois, y sont beaux comme à Naples. Un air de printemps aujourd'hui. Et un monsieur, dans une de ces cours, qui voulait absolument « voir quelque chose »... dans mon pantalon. Il a tout de même convenu que l'endroit n'était pas idéal, et m'a donné à la place quelques renseignements historiques. C'était un érudit.

Ici, longue promenade dans la ville déserte, jusqu'à la cathédrale – forteresse, dressée contre la nuit, comme un phare éteint ou une sentinelle endormie debout.
Matzneff, Léon Bloy de poche, dilettante et polémiste de droite, armé de latin et d'autosatisfaction, c'est un modèle qu'on ne suit plus en littérature. Soldé, il va passer directement du fond de tiroir chez l'antiquaire. Sa seule chance de survie : c'est le rossignol qui se mue le mieux en objet d'art.

1977

9 novembre

A Béziers, en face de la gare, il y a un jardin qu'on dirait planté par Puvis de Chavannes ou Maurice Denis. Sur le quai de la gare, une porte qui donne directement sur l'hôtel Terminus. A Marseille aussi.

11 novembre. Le Beaucet

Je suis le premier levé au village ce matin. Tous les chats m'attendent, la langue pendante. Je prends mon café au lait comme un assiégé. Après quoi je pars pour la chasse aux champignons. Les grisés se laissent cueillir sans résistance, mais les helvelles sournois, appelés aussi vérigoules, se camouflent avec un art d'ancien combattant. C'est à peine si leur petit bonnet chiffonné affleure sous les feuilles comme des têtes de mines.

Les écrivains : des peintres qui sont toujours devant le tableau.

22 décembre

Alice Sapritch : « Moi, tu comprends, mon chéri, je suis une artiste. Les metteurs en scène, je n'en ai pas besoin. Je ne suis pas venue de Constantinople pour que ces maquereaux ramassent tout quand je fais la pute à leur place. »

Claire Gallois, à l'Élysée, reçue par le président avec d'autres lauréats de la Bourse de la vocation.
Giscard, aimable : « Qu'est-ce que vous nous préparez? »
Claire : « Et vous? »

Le procès Thieuloy. Cinq heures d'attente pour témoigner une minute dans l'indifférence générale. Le procureur m'appelle Michel et il n'a pas l'air d'avoir jamais entendu parler de Françoise Mallet-Joris – femme Delfau –, laquelle tremble comme si on allait l'arrêter à l'audience... L'extraordinaire artifice de cette cérémonie où tout le monde joue un rôle! Chacun sait que Thieuloy a mis le feu partout, mais on fait semblant de l'ignorer. Même nous, pour ne pas l'accabler. « Non, je ne sais rien. Je n'ai aucune raison de le soupçonner... » Une comédie navrante pour une minable vedette... Françoise a raison de trembler : nous sommes tous complices – sauf le pauvre sourdingue Charensol qui n'a rien entendu et qui a perdu son après-midi sans pouvoir témoigner parce qu'il aurait dû quitter la salle... au début des auditions. Il n'aura même pas droit aux quarante-cinq francs de défraiement...

1978

8 janvier. Gaillon

Réveillon rural au Beaucet, avec Denise, Alain, Claudette, Eugène, leur fils Luc, le frère de Claudette, rampant à la SNCF de Marseille et communiste franc et honnête, ainsi que Daniel, épuisé, s'endormant à table comme un naufragé qui se laisse couler. Très froid – sauf ce soir-là, où brûlait un amandier entier – mais beau temps. La campagne est fauve et brun ou beige, avec une ombre vieux rose, transparente, presque un nuage : les pousses minuscules des cerisiers pointent à peine, attendant leur heure.

Plaisir d'être acagnardé au coin du feu, dans le silence de l'hiver, tirant des plans pour mes futures constructions. Visite impromptue de Daniel, le lendemain de son départ.

Deux cents kilomètres pour une tasse de sauge avec moi, puis il repart. Sa façon à lui de dire « je t'aime », plus émouvante que toutes les déclarations. Je me sens attendri et coupable aussi de ne pas savoir comment lui dire merci, de ne pas mériter cela... Même gêne au téléphone : nous évitons de nous parler, par pudeur, par précaution. Le cœur y est, seul et silencieux. Les histoires d'amour sont sans paroles. Mais il s'y mêle, de mon côté, cette curieuse faculté d'absence, d'indifférence. Sans présence réelle, je suis un autre. Et Daniel l'a intuitivement bien compris, qui s'efforce d'être là le plus possible, nuit et jour.

Jules Roy : après avoir beaucoup changé de femme, il change maintenant de maison, avec la même passion. Il a même essayé de réépouser sa demeure près de Vézelay, après avoir vendu son château du Morvan. Finalement, il va sans doute acheter la résidence des chanoines, au pied de Sainte-Madeleine. Une maison que la municipalité avait acquise pour en faire un asile de vieillards. Mais elle s'est aperçue qu'elle était tout en escaliers, avec un parc à 45 degrés, d'où la revente. Il espère l'avoir aux enchères, à un prix avantageux, car le maire, qui est ami des écrivains – il a déjà Max-Pol Fouchet et Clavel parmi ses administrés –, la lui fera obtenir à bon compte, en étouffant la publicité.

Comme d'habitude, il se met en transe pour raconter son dernier roman, ainsi que le prochain, sur son chien Adolphe, un doberman dont l'existence mouvementée ressemble à la vie d'une héroïne de feuilleton – quand il parle ainsi, le regard au loin, l'interlocuteur n'existe pas. Il est « en lui-même », clos, construisant ses phrases ainsi qu'on écrirait soudain, sous la dictée d'une muse. Ce numéro le rassure, comme un vieux coureur qui « peut encore ».

Lucette, l'autre jour, constate le désordre de l'appartement : « Depuis que je viens plus, tout va-t-à l'eau-delà, chez vous ! »

Retour de très vieilles flammes, dix ans pour l'une, six pour l'autre. Rassuré, moi aussi. Je ferais mieux d'écrire...

A la Samaritaine, une vendeuse d'un certain âge parle avec une jeune femme aux yeux rougis. « Écoute, si vous ne vous entendez plus, il faut le quitter. Tu en as pour un an à souffrir, voilà tout. » L'air sûre de son délai, comme s'il s'agissait d'une grossesse ou d'une indemnité de chômage.

Petite bagarre à la Comédie-Française à l'occasion du *Britannicus* en frac mis en scène par Miquel. J'ai déjà vécu ça il y a vingt ans, quand Marais y jouait Néron avec Marie Bell dans le rôle d'Agrippine. Pourquoi se battait-on ? Je ne me rappelle plus. Mais ce soir, il y avait un énergumène furieux, du genre plésiosaure sorti des limbes de la droite ancienne, qui hurlait : « C'est une honte ! c'est la faute de " la " Giscard » (sans doute à ses yeux un dangereux gauchiste).

« Ah, oui, dit un spectateur, cela ne vaut pas Hirsch.
– Hirsch, le petit juif qui jouait tous les rôles ! »

10 janvier

A la foire, boulevard Rochechouart : « Les idylles d'Odile, spectacle érotique permanent – *sans consommation* ». Heureusement.

François-Régis Bastide m'avait donné rendez-vous à 5 heures chez Michel Guy. J'arrive, un peu en retard : il s'est trompé d'une heure. Le maître de maison n'est pas encore rentré. Le temps

1978

d'inventorier les tableaux, dont un immense Alechinsky, un Max Ernst ocre et brun, et un beau dessin de Daumier. Le reste : pas mal de sculptures abstraites et des grands machins bariolés qui prennent tous les panneaux. Le plus admirable c'est la vue de la fenêtre : la colonnade du Louvre en enfilade, comme un dessin d'architecte. Du reste, c'est bien cela, puisque Malraux a fait creuser les fossés d'après les dessins de Perrault. Ceux-ci gagneraient à être plantés d'herbes, ou de fleurs, mais Michel Guy, ministre, n'a pas voulu avoir l'air de se faire planter un jardin devant chez lui, « par peur du *Canard enchaîné* ».

La calvitie élégante, le costume gris, cravate bleue, il est disert, à l'aise, plutôt pontifiant, affectant des relations directes avec Giscard, et un grand mépris pour Chirac et consorts, en particulier Montassier – devenu depuis le gendre du président – cause indirecte de sa chute parce qu'il avait trop fait confiance à sa gestion. Son départ n'a pas tardé à suivre la mise à pied du premier, à qui Chirac réservait une inimitié ancienne et particulière. Ce qui n'empêche pas M.G. de dire « nous » en parlant de la majorité. Un pluriel ambigu tout à fait en accord avec la situation. Bastide, un peu intimidé, ne dit pas grand-chose, si ce n'est qu' « il aimerait bien s'asseoir dans ce fauteuil », mais c'est un espoir gratuit, le poste étant sans doute réservé à un MRG en cas de victoire de son camp. C'est drôle, cette idée de « s'asseoir dans un fauteuil ». Les clichés finissent par imposer une image. Son souci présent, c'est de savoir si ce débat en Hollande risque d'être diffusé en France, car il se devrait, dans ce cas, d'être agressif – contre sa nature – pour n'avoir pas l'air de trop bien s'entendre avec un ministre de droite. La politique, c'est comme le comique selon Bergson : du plaqué sur du vivant.

17 janvier

Viviane Forrester, charmant bas-bleu qui sévit dans les gazettes littéraires, va voir Kundera, réfugié à Rennes. D'un air extatique, elle lui dit : « J'aimerais tellement apprendre le tchèque. » Surprise de Kundera : « C'est une langue difficile que j'ai eu beaucoup de mal à apprendre moi-même. Et puis ça ne peut servir à rien – quelle drôle d'idée !
– Oh, c'est que je voudrais tellement lire Kafka dans le texte ! »

Hier, à Bob Wilson, le vieil Aragon, en compagnie de Renaud Camus. Ils sont au premier rang de corbeille. Toute la salle les voit. Camus n'en peut plus de satisfaction. Dix minutes plus tard, Aragon s'endort, la tête en avant, comme en syncope. Spectacle à la fois pénible et touchant. Mais Camus, craignant soudain de paraître ridicule aux yeux du Tout-Paris, lui file des coups de coude furibonds qui n'ont d'ailleurs qu'un résultat très éphémère. Il finit par renoncer à le réveiller, mais je surprends les regards qu'il jette de temps en temps sur l'épave, presque chargés de haine et pire encore : un coup d'œil et un sourire complices échangés avec une de ses amies, assise en face, l'air de dire : « La vieille, il faut se la faire ! » Aragon, méprisé par un Camus...

Cela dit, Paul Thorez, rencontré ce soir, me raconte le voyage récent dudit Aragon en URSS, pour faire tourner son *Ismène*, d'après Ritsos, gratifié d'un prix Lénine par la même occasion. Après avoir juré, il y a dix ans (Tchécoslovaquie), qu'il ne remettrait plus les pieds là-bas tant que Brejnev y régnerait encore, il l'a vu un quart d'heure au Kremlin, pour demander, il est vrai, la libération d'un écrivain, qui a effectivement été relâché peu après... Drôle de monde, où Rostropovitch déclarait Soljenitsyne comme le gardien de sa datcha, pour le sauver de la faim...

1er février

Quelques jours à Amsterdam, pour arbitrer un match radiophonique entre Bastide et Michel Guy. Rôle difficile quand les deux adversaires n'ont qu'une idée : se ménager. En les poussant bien, on leur ferait avouer qu'ils sont d'accord sur tout, mais cela non plus aucun d'eux ne voudrait en convenir, au moins en public. Un public du reste très clairsemé, dans la merveilleuse petite salle ovale du Concertgebouw. Bastide paraît très vexé, alors que le ministre s'en fiche tout à fait, apparemment. « A Madrid, j'ai fait plus que cela », remarque Bastide d'un air pincé. « Même à Casa... » On sent que les fonctionnaires de la maison Descartes vont passer un mauvais quart d'heure si jamais Bastide s'assied sur le fameux fauteuil. Mais il n'y a guère de chances. La culture, quantité à la fois négligeable et symbolique, ne peut être donnée à un communiste. Ce sera un hochet pour un MRG de tout repos, genre Bredin, dit-on.

Donc, un débat, un peu morne par ma faute, sans doute, mais comment galvaniser deux édredons, entre un Michel Guy intarissable et vague et un Bastide disert, flatteur mais tout aussi confus. Ensuite, dîner avec le conseiller culturel, sa femme, etc. Puis un parfait crétin d'ambassade me raccompagne – jouant les diplomates, c'est un sous-fifre pontifiant, un de ces fils de famille incapables qu'on a casé là par protection. Il affecte de parler de ses patrons successifs avec un détachement supérieur d'un comique parfait : « Boisdeffre ? Un brave garçon. Angrémy, une bonne bête », etc. L'incapable phraseur comme on n'en trouve que dans les ambassades. Jamais éloignées, les ambassades – Bonn, Londres et maintenant La Haye. Explication : « Je ne voulais pas trop m'éloigner de maman. » Et soudain le pantin devient humain, presque attendrissant. « Elle est morte il y a deux ans. Alors maintenant, bien sûr... mais c'est trop tard. » Un pauvre vieux petit garçon.

15 février

Gaillon sous la neige. La rentrée à Paris comme un retour des sports d'hiver. Il suffit d'un de ces tout petits accidents naturels pour que le progrès disparaisse aussitôt : sabots, glissades, retraite sur soi, silence, remontée à toute vitesse jusqu'aux premiers âges, émerveillement sacré...

Beau décor lumineux pour faire visiter mon appartement. Des gens vont sans doute (?) l'acheter. Je regrette Mme d'Émery qui me plaisait bien. Au téléphone, je me confonds en excuses d'avoir vendu si cher, à d'autres... Vraie honte d'être plus riche qu'un ancien ambassadeur.

Visite d'Hugues Quester, beau, et si proche de Terzieff que sa présence me trouble : temps retrouvé. Cette même façon, soudaine, de m'embrasser en partant. Un geste d'acteur, mais mais tout de même.

Cette maison que je vais acheter : mon tombeau?

18 février

Voyage éclair à Castelsarrazin pour essayer de convaincre ce crétin de Coucoureux qu'il est préférable d'avoir un ascenseur qu'une belle cave quand on habite au quatrième étage.

Cette obstination bornée, paysanne, qui ressort dès que l'intérêt entre en jeu. Son adresse est en elle-même un poème : M. Osmin Coucoureux, notaire honoraire, 23 ter, rue de la Justice, à Castelsarrazin...

7 mars

L'affaire n'est toujours pas réglée. Voyages, contretemps, jongleries sans nombre, inépuisables surprises du sort pour déjouer les plans les mieux établis : lumbago de Coucoureux, voyage en Italie du fils Collas, mur à construire dans la cave, etc. Rupture chez le notaire in extremis, impossibilités juridiques, etc.

Dîner Nourissier, avec les Dumoncel, Hanka et Nora (Pierre). Nourissier, comme moi, aime les maisons d'amour.

Dîner Bastide, avec les Mohrt et des médecins. Le Luxembourg sous la neige. Silhouette noire sur un tapis blanc, beau comme une gravure sous la lune.

8 mars

Déjeuner Gould, le premier pour moi depuis la mort de Jean Denoël. Chalon a dû reprendre son rôle de majordome ami, mais c'est elle qui téléphone les invitations, depuis Cannes ou Aix. A part cela, rien de changé, si ce n'est que la table est plus petite, une quinzaine au lieu de trente couverts. La mort passe.

Palewski, que le temps a rendu lippu, rougeaud, assez moujik, comme si la Pologne soudain ressortait. Comme tous les anciens du Général, celui-ci ne tarde pas à venir dans la conversation. A propos de la Lanterne de Versailles que Palewski avait fait réparer en 44 – de Gaulle cherchait une maison de campagne. Gaston lui propose Marly qui est assez triste, et la Lanterne, ravissante construction XVIIIe dans un joli jardin dépendant du parc. Le Général réfléchit un instant, juste un instant : « Alors je prends Marly. »

A travers la table, Van der Kemp hurle à Florence : « Vous aimez de Staël ? »

Elle : « Je commence. »

Deux fois par semaine, à Versailles, on vend les produits du potager de Louis XIV, rue La Quintinie. Des arrière-arrière-petites-filles des graines de ses salades, peut-être les mêmes poires que lui, les mêmes pommes.

Terzieff, rencontré chez Dominique, avec Pascale. Toujours encombré de paquets, de sacs, pliant sous le faix, tel un cheminot transportant son maigre avoir. Le mystère de ces sacs.

10 mars

Acheté la maison Frochot. Un peu l'impression de m'endetter pour acquérir mon tombeau gothique.

Sylvie Vartan n'est pas là. Elle est représentée par deux nervis – l'un, genre videur de cabaret musculeux, en qualité de « secrétaire » et l'autre, avec des bagues, des bracelets, dépoitraillé jusqu'au nombril, avec du poil noir comme ses pieds et son accent. Ce duo est accompagné d'un macaque scrofuleux, une manière de Mendès France traité par les Jivaros, droit sorti de *Notre-Dame de Paris*, ou d'Oran. Effrayant trio, complété par la bizarre Mme Bismuth, qui ressemble aux marchandes à la toilette telles qu'on les rencontre dans les pièces du XVIIIe. Ostensiblement, l'élégant Me Tétard quitte son bureau pour n'avoir pas à traiter lui-même avec ces gens-là...

1978

Présumé absent, à Bruxelles.
Bien meilleur qu'à Paris. Avec une bonne mise en scène précise d'Adrien Dine et l'excellent Roger Van Hool, ce qui approche le plus de Rich quand on n'est pas Rich.

Élections farce-attrape, à l'image des Français, qui se disent socialistes et votent Chirac ou Giscard.

Même Rawicz, rencontré à une réception franco-allemande, pareil à lui-même en dépit de l'âge qui s'avance (cinquante-neuf ans). Sa loquacité d'insomniaque, ses histoires interminables avec tous les apatrides du monde, son côté homme de lettres – sans œuvres, sauf une, admirable – et sa faculté d'admiration, intacte, à l'image de son cœur. Et par-dessus tout cela, une enveloppe de mystère, quelque chose comme un secret, un remords, la dérision formidable de ceux qui ont visité l'enfer, et n'en sont jamais tout à fait revenus.

A ce dîner, Horst Bienek, surgi du passé après vingt ans. Il est à présent un romancier connu, qui entreprend une tétralogie sur son enfance. Il est chauve, replet, avec une barbe grisonnante, et satisfait au possible. Il me serre le bras, complice, comme s'il m'avait quitté hier. Consternant.

20 mars

A présent (depuis 68), il n'est bonne plume que de Sorbonne. On parle de soi, comme au bon vieux temps, mais le discours se doit d'être professoral : c'est l'ère des âmes savantes.

22 mars

Camus, dans son *Journal d'Amérique* : « Il n'y a pas de roman sans révolte. »

24 (dans le train vers Vars)

Soirée solitaire à Marseille, après un voyage sans histoire en compagnie de Blanc. Rencontré aussi le rond Sabatier, très satisfait par la presse de son dernier bouquin. L'article de Fernandez l'a particulièrement enchanté. « J'espère que vous vous en souviendrez en novembre. ».

Après le dîner, seul, à l'Entrecôte, une fois encore. J'aime bien ces grands caravansérails où l'on est au chaud avec soi-même – un café au Cintra, sous l'hôtel, face au port. Là un gigolo attend l'aventure : vingt-cinq ans, une mèche sur l'œil, un blouson de cuir noir, un beau cou-colonne, des lèvres joliment dessinées, avec une moue sensuelle, et un regard en dessous. Tellement l'air d'une petite frappe que c'en est attendrissant. On parle. Plus désarmé encore que je ne le pensais : mythomane, avec des histoires à tirer les larmes, une amie, qu'il aimait, morte dans un accident, une gosse de cinq ans en nourrice, un vrai roman pour *Confidences*. Prétend être tireur d'élite, membre du SDECE, fondateur d'une boîte de nuit, psychiatre, professeur de gym, etc. A présent, il attend le retour improbable d'un avocat qui lui aurait promis un bateau à entretenir, etc. Tout à fait paumé. Je lui glisse cent balles avant de le laisser là pour aller me coucher. Il a l'air presque vexé que je ne souhaite aucun remboursement en nature. « J'aime les caresses. » Il ne faudrait pas le pousser beaucoup pour qu'il se fasse câlin et suppliant. La conscience professionnelle... Mais j'ai aussi la mienne : où serait la beauté du geste ?

Jury de la nouvelle, avec Edmonde régnante, Régis Debray, Fernandez, Raymond Jean, Bruno Garcin. L'incroyable perte de temps de ces bavardages pour choisir le texte élu parmi ces quatorze petites choses. On croirait qu'il s'agit d'une affaire d'importance internationale.

Debray, avec son air de cocker battu, mâtiné gaulois, et moins sinistre qu'il n'y paraît. Son visage devient presque beau quand il sourit. Mais l'entendre disserter sur le style, voilà qui a du sel.

Toute la conversation du déjeuner roule sur un certain Bonnet, éditeur de luxe qui avait organisé hier un cocktail en l'honneur d'Edmonde, dont il a publié un bouquin sur la Provence, à cinq cent mille francs l'exemplaire.

Et de se gausser de ce M. Jourdain vulgaire, dont on singe l'accent faubourien, les opinions de droite si communes, les ignorances littéraires, le mercantilisme grossier... Vraiment pas « in », le M. Bonnet.

Hier, un vieux monsieur bute sur un sac à la gare de Marseille, et tombe. Sa canne va valdinguer au diable, ses lunettes aussi, son chapeau. Il est par terre comme un insecte sur le dos. On se précipite, on lui ramasse ses lunettes, sa canne, on le relève, mais sa jambe artificielle est restée sur le quai, blanche et rose avec un soulier noir. Ce n'est pas l'horreur qui frappe, mais l'indécence de ce membre en plastique peint, plus nu qu'un vrai.

L'écrivain, péniche à l'encre.

Le budget, corset des nations.

1978

13 avril

Souvent Daniel m'énerve : mon désordre multiplié par le sien! Mais dès que je trouve un mot de lui, je fonds de tendresse. Un amour de tête?
Bal au Palace.
Le déjeuner à l'ambassade à Paris.
Londres.
La conférence.
La réception chez Sauvaniargues.
Wesker.
Dumur.
Ingrid Caven.

Le dimanche de la Pentecôte / Nice

Après six heures d'attente à Orly, j'arrive ici à minuit. Toute la journée d'hier consacrée au Festival du livre. Prétexte du voyage : un débat débile organisé par *l'Express* avec *ses* critiques. Olivier Todd le dirige, qui dit superbement : « Nous autres, au journal, avons pour habitude de... » Il y a six mois, il était encore à *l'Observateur*. Tout cela très terne. Rien de plus ridicule que de s'offrir au jeu de massacre quand personne ne lance de projectiles.

Avant, déjeuner Berger, Fasquelle, les Bodard, les Sauvage au Vieux-Port. Grandes démonstrations d'amitié, tapes dans le dos, exclamations pour les Sauvage, gentil couple de vieillards qui ont l'air d'aimer sincèrement ce grand fils affectionné doublé d'un père Noël qu'est Yves pour eux. La nouvelle femme de B., grande, belle, et soumise à « son homme » comme on ne l'imaginerait guère en ces temps féministes. Yves ayant oublié ses costumes, il l'a obligée à remonter à Paris en avion les chercher, le soir même, à minuit. Elle est revenue le lendemain matin. Quant à lui, il était descendu de Paris en voiture, à cause de son chat, qu'on ne pouvait laisser seul trois jours dans l'appartement. Coût de ces opérations? Mieux vaut n'y pas penser. Ce sont aussi les chats qui obligent Rinaldi à remonter dès hier soir à Paris, Hector étant lui aussi à Nice. Chères, très chères petites bêtes. Il est vrai que Rinaldi déteste cette ville où il a été petit journaliste corse à *Nice-Matin*. Aucun attendrissement sur le passé : la simple haine de ses débuts modestes. Rinaldi ne pardonnera jamais à la société, ni aux écrivains dits bourgeois – pour qui, pourtant, son cœur balance, mais en secret – de n'être pas né à Passy dans une « bonne famille », fût-elle un peu juive comme les Proust ou un peu antisémite comme les Morand...

JOURNAL

J'ai retrouvé ici l'éternelle Claire, qui s'attache à mes pas avec une résolution inébranlable. Ce matin encore, longue « téléfonata » pour me convaincre de rester à Nice avec elle : « Tu dormirais dans ma chambre, je te verrais le matin décoiffé, il fait beau, ce serait une journée merveilleuse, importante pour toi. Je ne te demanderais rien... » Sa technique est amusante : elle essaie de me prendre par la vanité virile! Quand les Grasset m'ont raccompagné à l'hôtel, ils se sont tous foutus de moi, en disant qu'il n'y avait rien à faire, que je m'attaquais à une irréductible, etc. On ne sait jamais, cela pourrait marcher. A moins que SON honneur ne soit en jeu, chère enfant.

Tout de même, si j'avais eu ma femme comme chacun, que ma carrière eût été facilitée! Quand je pense que certains croient à l'existence d'une maffia homosexuelle!... Les hétéros ne s'en tiennent pas moins les coudes. Couple à couple, cela fait huit bras.

15 mai. / Le Beaucet

Mme Sabatier, rencontrée au village; je l'invite à monter prendre le café. Curieux mélange de mondanité artificielle et de bizarrerie. Ainsi, à l'exception de Tournier, a-t-elle rayé tous les Goncourt de ses relations. Tournant résolument le dos à la littérature, elle parle de ses plantes comme une femme infidèle vante son amant.

Mai 68, né d'un coup de gueule à Nanterre, mort d'un discours de quatre minutes à la radio. On avait pris la parole pour la Bastille.

17 mai

A la sortie du *Scapin* de Francis Perrin, ce Paganini du bafouillage, je me trouve avec trois jeunes « vedettes » : Jobert, à qui je fais peur depuis le début, beau comme jamais, bête comme toujours; Quester, si gêné par son superbe physique tourmenté qu'il vous rend aussitôt mal à l'aise; et Fontana, le plus simple, le plus équilibré. Il va jouer Tartuffe, sous Vitez, à vingt-cinq ans! dans la tétralogie qu'il prépare pour Avignon. A l'origine, Vitez voulait jouer lui-même Arnolphe et Tartuffe. Dans ce dernier rôle, avec son côté séminariste frustré, il n'aurait même pas eu de composition à faire. L'ennui, c'est que Vitez, admirable metteur en scène, et professeur, est un comédien exécrable, odéonesque. Ses élèves ont eu toutes les peines du monde à nous préserver de cette catastrophe...

1978

Alors que nous causons, rue Caumartin, non loin de la sortie des artistes, passe Monique Mélinand, qui me dit, l'air désolé : « C'est dur de revenir ici. J'en suis toute chavirée... » Moi je pense à Jouvet, mort dans ses bras ou presque, et je ne sais quoi répondre. Mais elle enchaîne : « C'est vrai, pour moi, *Equus,* c'est encore tout frais. »

Au village, l'autre soir, longue conversation avec le très décontracté voisin Édouard, qui travaille la terre le matin et se la coule plus douce ensuite. Il n'a pas toujours été paysan – d'occasion. Avant, ailleurs, il a connu une période de débordement, surtout alcoolique. Il avait vingt ans et buvait ses trois bouteilles de whisky dans la boîte de l'endroit, à crédit. Quand son ardoise atteignit le million, il a quitté le pays...
« Tu y es retourné ?
– Une fois.
– Et tu longeais les murs pour ne pas être reconnu par les propriétaires de l'endroit ?
– Oh ! non. Ils avaient fait faillite depuis longtemps ! »

Au Beaucet, le maire dirige une petite manufacture de joints. Cela consiste, je crois, à découper du tuyau de caoutchouc en rondelles, tout simplement. Pas mal de jeunes hippies du coin, plus ou moins drogués, y travaillent. Récemment arrêtés pour une histoire de haschish, ils passent devant un tribunal :
« Vous travaillez ?
– Oui.
– Qu'est-ce que vous faites ?
– Je fais des joints »...

Mai

Entendu, dans le hall de la cité universitaire... « J'ai passé avec elle la plus belle nuit d'amour de ma vie... Tu comprends, elle m'a donné son sexe avec une certaine dimension »...

Mamé, parlant de bon-papa peu doué pour le commerce : « Il s'est toujours fait rouler comme un vieux chapeau. »

Déjeuner avec Almira. Je croyais trouver un petit brun, c'est une grande chose plutôt blonde, avec de beaux yeux bleus, légèrement globuleux, comme ceux de Louis XV. J'attendais aussi un logement modeste : il vit dans un très bel appartement qu'il partage, il est vrai, avec sa sœur, avec laquelle il vit en complicité, sinon en concubinage depuis neuf ans. De ses frères, de sa sœur, il dit curieusement : « Ce sont mes meilleurs amis. » Pas encore tout à fait sorti de l'œuf, ses livres sont des quêtes d'identité, des fuites à sa propre recherche, avec l'intention de ne pas se trouver. Cultivant le style « artiste », il a pour les frères Goncourt une admiration très insolite. Il parle de la Faustin comme d'autres de la Chartreuse ou de Lucien Leuwen. Se croit, se veut révolutionnaire, mais sans le peuple. En chambre. Et sans honte d'avoir toujours eu « l'eau chaude et de quoi manger ». Accent un peu lent, traînant (reste d'alsacien?) auquel les inflexions de sa nature un peu féminine donnent une certaine affèterie, alors qu'il est le plus spontané du monde.

Ouvert, offert, et bien entendu cadenassé par ses humeurs qui changent, ses angoisses jugulées à coups de livres et de pilules. Il a vingt-huit ans. Son sourire est tout jeune, frais, charmeur. Son regard, lui, ne vit jamais.

Intelligent, cultivé, cela repose. Aussitôt la franc-maçonnerie des références nous crée une (artificielle) intimité, mais bien commode. Enregistre en partie notre conversation. Ses réponses sont posées, justes, claires. Mes interventions sont balbutiées, précieuses, insupportables.

Sur la porte, à Frochot, près de la serrure, il y a encore la cire des scellés, apposés après l'assassinat de la précédente propriétaire. Chaque fois que j'y vais, je reviens avec les doigts tachés de rouge vermeil, la nuance précise du sang frais.

Barokas, devant *les Baigneuses* de Cézanne, entend une dame : « Tiens, à propos, tu sais que Marie-José fait du nudisme. » Cet « à propos » explique tous les paradoxes de l'art.

18 juin

Jamais fait si froid depuis cent cinq ans. Beau temps pour émigrer à Pigalle sous un déluge nocturne. Au petit matin – il fait déjà jour – dernier tour mélancolique dans l'appartement de la rue Madame dévasté, déserté. A peu de chose près semblable, rideaux arrachés, tapis enlevés, bibliothèques détruites, au local où j'ai emménagé il y a sept ans. De mon passage, aucune trace, si ce n'est un arbre, dans la cour. Ici, avenue Frochot, même spectacle de désolation initial... Je n'aime pas m'installer « définitivement ». Impression de tapisser mon propre cercueil. Je préfère l'illusion du provisoire, jusqu'à la dernière. Le quartier a plus de pittoresque. Rue Frochot, une belle et plantureuse personne est accostée par un petit monsieur qui lui demande : « T'es une fille ou un garçon? »

Et l'autre d'une voix légèrement caverneuse : « D'après toi? »

1978

20 juin

Enfin, pour une fois, une séance de la commission qui valait le déplacement. B.H. Lévy, Hallier et Sobel... sollicitaient notre aide... Styles très différents de ces stars. BHL, flanqué de Renzo Rossellini, nous a traités en adultes, avec une modestie bien jouée, et un sérieux crédible, sinon sincère. Nerveux, pâle plus que jamais, les lèvres torturées, le regard baissé, fumant cigarette sur cigarette. A la fois très chef d'école et très petit garçon romantique, implorant l'indulgence des sages. Un instant, un coup d'œil vers moi, complice, comme si un farceur m'y disait bonjour. Mais vite effacé.

Jean-Edern, suivi de l'humble Baratier, joue un autre rôle. C'est le génie, avec son œil bleu triste, sa lippe de chien s'ouvrant sur des dents jaunes, et des cheveux relevés en crête, comme Cocteau jadis, entre la moumoute et la couronne.

« Je suis arrivé à un stade de mon œuvre où le cinéma s'impose. J'ai toujours pensé en images. Ce sera un film qui aura la violence de Kubrik, la vérité de Comencini, la profondeur de Bergman, etc. »

Et sur la fin, pour enlever le morceau, Baratier lui chuchote quelque chose puis déclare : « Je suis autorisé à vous révéler un secret : Jean-Edern souffrait d'un cancer depuis deux ans, comme son héros, mais il a guéri, grâce à ce livre. » Et l'autre : « Oui, le jour même où il paraissait, je recevais des analyses m'annonçant que j'étais sauvé... »

Et il s'est trouvé dans la salle des gens pour croire à ce « miracle »... J'ai dû mettre la gomme pour enrayer de singuliers enthousiasmes, vite dégonflés.

Quant à Sobel, l'air d'un petit prof perdu dans ses fumeuses explications, il s'enfonce dans l'abstrait à mesure qu'il parle. A la fin de son exposé, on avait le sentiment qu'il avait disparu, avec son sujet, alors que c'était peut-être le plus cohérent, le plus puissant des trois. Injustice de ces oraux qui ne pardonnent rien, sans prouver grand-chose. Mais que font d'autre nos vedettes politiques tout le temps fourrées dans les studios de TV, sinon passer l'oral à perpétuité ?

23 juin

De Gaulle à Malraux (à moi rapporté par Dominique Aury) : « Je n'aime pas les MRP parce qu'ils sont MRP. Je n'aime pas les socialistes parce qu'ils ne sont pas socialistes. Et je n'aime pas les gaullistes parce qu'ils n'aiment que l'argent. »

JOURNAL

24 juin

Vénus, quel plaisir trouvez-vous à faire ainsi prospérer les sal'coups?
Une nouvelle : J.P. a eu jadis une femme, plus ou moins légale. Bien que le « mariage » n'ait guère duré, celle-ci continue de professer pour J.P. un amour brûlant. Elle ne cesse, dit-elle, de lui écrire des lettres, mais prend soin, à intervalles réguliers, de se tromper d'adresse. Ainsi la lettre revient-elle, avec la mention « inconnu ». Mais comme elle utilise du papier à lettres de la B.N., où elle travaille, sans préciser son nom au dos de l'enveloppe, le service du courrier ouvre la lettre, et lit bien entendu ces missives passionnées avant de les lui rendre. Voilà comment on peut passer pour une grande amoureuse aux yeux de ses collègues, à peu de frais : juste un timbre. Il est vrai que J.P., lui, passe bien pour un écrivain. Son dernier volume, énorme, intitulé « Théâtre », s'est tout de même vendu à cinq cents exemplaires, à notre étonnement. Parce qu'il portait une bande ainsi rédigée : « pièces inédites ». La plupart des gens auront cru découvrir des posthumes du père. Sa condition de fils ne l'embarrasse pas le moins du monde. « Il avait le style et l'imagination, j'ai la psychologie et le sens du théâtre... » Et vas-y donc...

26 juin

Quarante-quatre ans bientôt. Je ne suis plus jeune. Je suis *encore* jeune : comme un fromage fait à cœur.

Une étude à entreprendre (par un séminaire, si j'avais des étudiants) : le bruit à travers les âges.
Ce qu'entendaient un Athénien du Ve siècle, un Romain sous Auguste, un Byzantin à Constantinople, un Chinois de Pékin au temps des Ming, un bourgeois de Paris sous Louis XIV ou L. XV...
Les textes doivent aisément nous renseigner là-dessus. On pourrait reconstituer tout cela en laboratoire. On aurait des surprises et la Concorde nous paraîtrait peut-être bien silencieuse...
Bal au Palace, en l'honneur de Thierry Le Luron, l'un des soutiens du pouvoir. Grand jeune homme brun, triste et beau : le second fils de Giscard, encadré par deux gorilles. Il contemple du balcon, à l'écart, la foule qui se trémousse en bas, sous le laser. Ainsi les princes allaient-ils jadis au bal de l'Opéra, déguisés en dominos. Plus libres toutefois, ils ne craignaient pas le rapt ni l'attentat. Tout juste un coup de couteau, par-ci par-là.

1978

Cité par Jean-Didier Wolfromm, à propos de notre chère Claire, ce mot de Montherlant : « Ne parlons plus de moi, parlons de mon livre. »

Gaillon

Toute une journée dans le cerisier, à disputer les fruits aux oiseaux. Les jardins sont comme les êtres : ils ont des états de grâce, imprévisibles. Ce printemps pluvieux, les arbres sont magnifiques, l'herbe haute, la symphonie des verts sans défaut, les volumes d'une harmonieuse perfection. L'an prochain, ce seront les mêmes arbres, le même jardin, mais aussi dissemblables qu'une femme changeante d'un mauvais jour sur un bon.

Juin

Le Quotidien disparaît, brutalement, comme on meurt d'une crise cardiaque. Sur le moment, cela ne me fait rien. Plus tard, j'attends le contrecoup du retraité, en état de manque.

30 juin

Josette [Day]. La beauté sur ce lit à baldaquin, entourée d'arômes, fardée, sereine, soudain retrouvée comme il y a vingt ans. Et puis dans le silence, un horrible craquement, une explosion. Les viscères, sans doute, qui travaillent... Atroce. Je pense aussi à ce corps, qui va brûler dans quelques jours, apprêté pour le four comme on part à la fête. Pousser la coquetterie jusqu'au néant. De La Belle, il ne doit rien rester qu'une image. Pas même des cendres, une pellicule, comme si elle voulait se fondre avec le mythe. J'aime cet orgueil.

Le Beaucet

Beaucoup de va-et-vient.
Déjeuner Fontana.
Le dîner ici, dans la rue, avec les Privat givrés, Claire, les Sabatier, les Caradec, Barokas, etc.
Le déjeuner Sabatier avec Pierre-Jean Rémy, Claire, etc.
Les petites vacheries d'écrivains.
Quand Boisdeffre fait une anthologie des romanciers, où Sabatier ne figure pas, il lui envoie avec une dédicace flatteuse : « A Robert Sabatier, qui est avant tout un poète. » Quand il compose

une anthologie des poètes, où il n'est pas non plus, le pendant s'impose : « A Robert Sabatier, romancier hors pair »...

Août

Un nom de bourgeois, M. Leffaré.
Déjeuner avec Claude Durand. Enfin, après vingt ans, ou presque. Le jeune homme a pris de la chair. L'œil reste charmeur, et la canine longue. Difficile de le connaître beaucoup mieux que cela. Quand on réussit à écarter un rideau, il y en a toujours un autre derrière. Pendant le repas, pris dehors à la Petite Cour, dans une sorte de fossé, en vue des passants, un type hargneux se penche et commence à insulter les rares clients de ce restaurant cher : « Ce n'est pas le chômage pour tout le monde! On s'en met plein la panse, hein? De l'argent, il y en a. Il suffit de savoir où le trouver », etc.
Une scène soudain surgie du XIXe siècle, où même de la Révolution. La haine affleure dès que le scandale passe la mesure. Et c'est vrai que la note – 250 F pour un fond d'artichaut et deux brochettes + une mousse au chocolat – représentait le quart ou le cinquième de ce que touchait peut-être ce gars-là. Ce n'est pas sa réaction qui m'étonne : c'est qu'on puisse encore étaler pareilles inégalités dans la rue sans qu'on vous enlève les morceaux de la bouche.

Visite à Tesson, empereur dépossédé de son propre royaume. Le charme de cet adolescent de cinquante ans, toujours prêt à recommencer une aventure, avec les mêmes illusions, le même égoïsme – quand on songe à ses collaborateurs sur le pavé –, les mêmes aveuglements. Mais il serait peut-être temps que l'on voie pour lui. Mais comment en vouloir à un homme qui gagne sans doute un million par an, et les perd joyeusement, pour la gloire?

Septembre

Un dimanche à l'image de ce que je voudrais vivre dans cette maison. Ça entre, ça sort, ça bouge, ça travaille, ça rigole. Certains dorment, d'autres scient : une espèce d'ambiance bon enfant.
Avec les intermèdes comiques inattendus comme les deux visites de Ferrier essayant de concocter son prochain numéro. Un éreintement de Modiano par Rinaldi lui cause bien des soucis, car je ne veux pas avoir l'air d'exalter un livre moyen – Catherine Paysan – quand on met plus bas que terre un roman de Patrick. Finalement, on parlera d'abord de Fernandez – dont le livre est bien mieux reçu qu'on ne s'y attendait, en dépit du sujet : la

1978

preuve que *ça* ne gêne plus tellement – et la bonne Paysan, réduite au portrait-miniature, ne sera plus portée au pinacle par un mauvais critique. Mais que de coups de téléphone pour en arriver là!

Encore un nom, pêché au hasard sur un camion de déménagement : Eugène Letendre.

Bastide, Piatier, Fernandez nouveaux jurés au Médicis. Deux écrivains, un critique. Un critique ou un grand journal? Et puis, Marthe Robert, hors concours.

– Une idée de nouvelle : ce monsieur dont j'ai vu la vieille voiture au garage, qu'il entretient amoureusement depuis 1938 parce que c'est en la conduisant qu'il a connu sa femme.

– Les arbres de Guy Béart portent un prénom. Le cèdre s'appelle Anatole.

Visite burlesque à Jouhandeau, immuable en ses quatre-vingt-dix printemps. On le croit aveugle, mais il voit parfaitement que j'ai apporté un magnétophone, lequel n'a d'ailleurs pas fonctionné. Du coup, la conversation aura été faussée de bout en bout.

En supersonique, c'est le vol qui suspend le temps.

Maman : « Ton père est un enfant; il a encore sa mère. »
Nourissier : la désarmante sincérité avec laquelle il réussit à ne jamais dire sa vérité.

1er novembre. Genève

L'arrivée à Genève. Le Léman semble un lac pris dans ses glaces, une manière de tempête figée sous le soleil, qui contraste curieusement avec les cimes alentour, paisibles, et le mont Blanc dans le lointain, lumineux, indifférent. De plus près, c'est une mer de nuages. Il ne s'agit plus d'atterrir, on va plonger dans du coton. C'est l'envers du monde. Quand le sol apparaît enfin, c'est un pays déjà nocturne, presque sous-marin. L'impression de voir vivre le vieux rêve du roi des aulnes.

Mot de Nourissier à la réception de mon texte sur son livre. « On ne pouvait être plus amical, professionnel et mesuré. » Après quoi, il en refait un autre – qu'est-ce qui l'a gêné? L'amitié, la profession ou... la mesure?

Les soixante ans de René de Obaldia, fêtés chez Bernard Privat.

JOURNAL

Le jardin est éclairé par soixante bougies, comme autant de petites étoiles. Une réunion très hétéroclite, et charmante, parce que tous les présents ont en commun d'aimer le héros du jour, et se sentent le cœur au chaud. Resnais et Florence Malraux plus Clara, Alejo Carpentier et sa femme, Shaeffer, devenu poète pompier pour l'occasion dans son compliment, Guy Dupré – qui a doublé de volume depuis notre dernière rencontre, il y a quelque dix ans – et puis des enfants divers, Obaldia et Privat. René, à la fois heureux, satisfait, ironique, et blessé quelque part.

Madame Simone, qui se survit à cent deux ans, détestait Germaine Montero, la première maîtresse de son beau-fils, Wladimir Porché. Par hasard, elle la rencontre dans une loge de théâtre, et lui dit, pointue : « Tiens, je vous voyais bonne ! » Et l'autre : « Vous me noircissez toujours. » Quant à Lise Elina, qu'elle ne porte pas non plus dans son cœur, la définition qu'elle en a donnée était aussi définitive : « Elle n'est même pas commune, elle est ordinaire. » Pauvre bonne Lise, un peu folle surtout.
Tout cela raconté par Paul Lorenz, qui ressemble à une sorte de Toutankhamon remonté par de savants chirurgiens.
Sa jeunesse est surprenante – sa silhouette ingénue de gosse –, constamment contredite par ses histoires qu'il a la coquetterie de faire remonter à l'avant-guerre, de 14 si possible. Il a lui aussi la manie des prénoms, même dans les âges anciens. S'il osait, il appellerait Racine « ce cher Jeannot ».
A l'entendre, Sarah Bernhardt fut sa contemporaine, et Valéry son grand frère : il n'a jamais que soixante-quinze ans.
Cette façon unique de parler de « Sa Majesté l'impératrice Élisabeth » comme si elle vivait encore. Un personnage de Proust. L'idée que je me fais de Legrandin.

3 novembre

« On est dédommagé de la perte de son innocence par celle de ses préjugés » Diderot (*le Neveu de Rameau*).
« On pleure, on pleure, de peur d'en rire » Beckett (*Fin de partie*).

L'homme est sur la terre comme la puce dans le poil d'un vieux chien : à la merci d'un rhume.

Modiano, prix Goncourt. Je l'aperçois, gazelle traquée dans un petit bureau par une meute de cameramen et de photographes, l'œil fou, hagard comme un assassin qu'on vient de surprendre sur le fait. Pour l'occasion s'était rasé de près ; il est couvert de cicatrices, ce qui n'a pas empêché la barbe de pousser depuis ce matin.

1978

Blême, avec des taches rouges dues à l'abus de libations en ce grand jour, suant et dépenaillé, il est maculé d'encre noire, car la bande de son bouquin n'est pas sèche... Entre deux portes, je lui parle cinq minutes, avec la difficulté ordinaire. Il me dit avoir passé toutes les heures d'angoisse de ces jours-ci dans l'annuaire 1939 que je lui ai offert l'autre semaine. Soudain, il est « là-bas », dans son monde obscur des années noires, très loin de la foule qui s'agite autour de lui. Il m'interroge sur Jane Sourza et Django Reinhardt, mes « voisins » d'avant-guerre, comme si je les avais connus. Merveilleuse folie.

Et puis la vie reprend : « Patrick, un sourire. Monsieur Modiano, regardez-moi, qu'est-ce que vous pensez de »...

C'est parti pour la soirée. Le Golgotha commence. Je lui enlève quelques taches d'encre avec un kleenex, moderne Véronique, et puis je m'éclipse. En vitesse.

Si on avait le cerveau dans le pied, ce qui s'ensuivrait dans la vie quotidienne, etc.

24 novembre

Ristat et Raffali avec Barokas, dans ma « cuisine clandestine », comme dit Obaldia.

Ristat, soigneusement coiffé long, ou plutôt mis en plis, avec une espèce de tunique noire attachée à la russe, des talons de huit centimètres, une grande écharpe rouge. Là-dessous, de gros yeux de veau, une bouche épaisse. A la fois insupportable de prétention – en tant que reflet d'Aragon – et parfois plus vulnérable (surtout quand on lui parle de *sa* littérature). Pour lui, en somme, Aragon a fait don de tous ses manuscrits au CNRS; il est le gardien de ce trésor, ou plutôt de ce corps littéraire dont Aragon a fait don à la science. Et cela contre la volonté de Mme Saunier-Seïté, qui a envoyé de force le directeur du CNRS en Suède le jour prévu pour la cérémonie de remise des documents : « Si on me les donnait, aurait-elle dit, je les jetterais au feu ou bien je les vendrais aux Américains. »

Et elle est ministre des Universités...

Aragon, incorrigible surréaliste, s'est acheté un masque rouge à la Biennale. Il l'a porté à la Fête de *l'Huma* – sidérant symbole –, il l'a mis trois heures sur six au cours des entretiens qu'il vient d'enregistrer avec Ristat... Tête des directeurs de chaîne quand il vont s'en apercevoir, mais il a enlevé son masque pour parler politique.

Le mystère de sa naissance, toujours pas éclairci – même à quatre-vingt-deux ans. La blessure de la bâtardise, inguérissable. Ristat a trouvé dans le fond une carte d'identité de la mère Toucas : elle y est qualifiée de femme de lettres... Raffali, dont le brio fait vite oublier l'apparence précieuse, raconte l'histoire de sa famille, issue d'émigrants suisses inspirés par *la Nouvelle Héloïse*, qui ont fondé un domaine en Corse au XVIIIe siècle, avant de se fondre plus tard avec l'aristocratie locale, après avoir été un véritable clan créole helvétique. Dommage que Rousseau n'ait pas mis à exécution son projet de s'installer chez Paoli, en 1765. On imagine très bien la visite de Napoléon enfant au patriarche, vers les 1777...

Passionné de Mme de Sévigné, sur laquelle il prépare sans doute sa thèse de doctorat, Raffali a donné comme thème de maîtrise à une malheureuse étudiante : « L'esprit des Mortemart ». En 78!...

Il s'interroge aussi beaucoup sur la personnalité de Corbinelli, abbé mondain que tout le monde révérait alors qu'il n'a presque rien laissé à la postérité.

Mais qui se souviendra de Georges Poupet, de François Legrix, qui ont été les éminences grises de toute la littérature de l'entre-deux-guerres?

A la radio, l'autre jour, une table ronde où se trouvent réunis Jacques Laurent et Gérard de Villiers. Deux best-sellers, paraît-il; mais quand nous sortons, Villiers monte dans sa somptueuse Cadillac façon Rolls, et Laurent grimpe dans ma misérable carriole...

A Bordeaux, il existe une rue Dieu; c'est une « voie sans issue ».

Boulevard de Clichy entre *L'arrière-train sifflera trois fois* et *C'est à vous tout ça*, cette publicité pour *Donne-toi toute* : « le sommet de la Nouvelle Pornographie ».

Dans un manuscrit tortillé que je lis, cette formule, pour évoquer le service militaire : « A l'époque où je m'encasernais pour les besoins de la nation. »

Terzieff. Il a rendez-vous avec Pascale dans un café de la place Pigalle. Mais il est fermé. Alors on erre pour le rencontrer enfin, rasant les murs, ses éternels paquets à la main. Les putains le regardent avec défiance. « Quel est ce client bizarre qui n'arrive pas à se décider? » Son œil russe, son air d'exilé dostoïevskien, il les tient de sa mère native du Sud-Ouest. Très abandonné tout le déjeuner, sirotant ses deux œufs durs, buvant sec. Et puis quand arrive ma tante Simone qu'il ne connaît pas, c'est un autre homme, en représentation, tenant discours, théorisant, cabot. Même lui.

Itinéraire d'un bobard.

1978

Ristat habite Yerres, aux environs de Paris. On confond avec Hyères, sur la côte. Et cela donne : « Tous les manuscrits d'Aragon sont à Toulon " chez Ristat ". »

A l'hôtel Sully, avec M. Lecat, ministre de la Culture. Du bagout très creux, des mains carrées, courtes, d'assassin, un joli œil bleu dans un visage déjà ramolli. Deux heures à perdre que ce repas inutile. Ensuite, Bourse de la vocation, présidée par Simone Veil, l'œil plus vif, un peu dur, le sourire superbe, un charme de femme intact.
Mais pourquoi perd-elle aussi deux heures à écouter cette succession de « cas sociaux »?
Les officiels sont des portemanteaux. La doublure ferait aussi bien l'affaire.

Mme Boivin-Champeaux, parlant de Valéry, son grand-père, dit : « Là-haut. »

Proverbe berbère : une maison avec deux femmes, c'est l'enfer, avec trois c'est le paradis.
Proverbe italien : triste la maison où pond le coq et chante la poule.

24 décembre

A l'Unesco, dans la plus grande salle. Giscard remet son épée à Edgar Faure. J'y vais, par curiosité – et aussi parce que j'ai payé ma place 150 francs, sous forme de contribution forcée à la création de cette œuvre d'art. Sur la scène, M. M'Bow, le secrétaire général, Giscard, Mme et Edgar. Discours assez bien écrit du président, ironique, délié, rappelant les rares occasions modernes d'approcher une épée. Puis il évoque la carrière d'Edgar, avec une obligatoire allusion à Lucie. Edgar, discrètement, sort son mouchoir, devant deux mille personnes. Lui-même, dans sa réponse, se dit sensible à la présence de Mme Giscard d'Estaing, qui lui rappelle, etc. Elle ne sort aucun mouchoir... Lui, pontifiant, zozotant, assommant.
Curieuse impression, en contemplant le bel étui de l'arme posé sur un petit catafalque, d'assister aux obsèques nationales d'un enfant mort-né... Ensuite, cocktail où Bernard Privat et moi ne connaissons personne, pratiquement. Sauf Rossignol, qu'accompagne une très jolie jeune femme brune. Bernard dit qu'il ne connaît personne, que ces cérémonies sont idiotes, etc., malgré mes coups de coude : la jolie jeune femme est la fille de Giscard.

Quant à Edgar, malgré la gloire et la foule, il n'oublie pas de me recommander le livre posthume de sa femme qui vient de paraître...

Pendant la cérémonie, seuls debout dans l'allée centrale, une bande de maffiosi habillés de hideux complets aux couleurs voyantes, l'œil aux aguets, la main dans la poche : les gorilles du président.

Une trouvaille de Christiane Rochefort : « Le pot-au-feu Pompidou ». Cela ne fait pas rire tout le monde. Moi si.

Jean Rhys, là-bas, dans le Devon. Pas plus le bout du monde que l'île de Yourcenar n'est Ouessant. Une bonne brave campagne. Mais au lieu de trouver une rurale vieillarde, c'est une sorte de star momifiée qui m'accueille, toute cassée dans une somptueuse robe de chambre vermillon, les yeux faits, la mise en plis impeccable, les ongles pointus et polis. Fragile et adorable, comme un très ancien oiseau des îles, en cage dans ce petit cottage propret.

Je m'assieds à ses pieds, et j'essaie d'établir un dialogue, un peu difficile, surtout en présence de la garde-chiourme hommasse qui nous surveille. Un moment émouvant. Elle me dit son découragement à écrire, sa fatigue à l'idée de terminer l'autobiographie qu'elle a entreprise.

Moi : « Mais si, il faut. Tant de gens attendent ce livre. Même des Français comme moi, et tant de gens, que vous ne connaissez pas, et qui vous admirent dans le monde entier. »

Elle : « Vous croyez? Mais je n'ai pas le courage, ni la volonté. »

Moi : « Si, si, il le faut, pour nous tous. »

Une larme coule sur le rimmel.

Elle : « Peut-être, oui, vous avez raison. Vous me réconfortez. »

Et moi, à mon tour avec la larme à l'œil.

Après, on s'embrasse, comme deux vieux complices.

31 décembre

En Europe, on nourrit, on caresse, on dorlote les chiens; en Asie, on les mange. Un jour, les Chinois en auront assez. Ils viendront manger nos chiens, puis nous. Si l'incroyable chance de naître chien en Europe paraît évidente, y naître homme nous semble encore naturel; certains osent même se plaindre de leur sort...

La véritable injustice n'est pas sociale : elle est géographique. Encore plus absurde.

Fin d'année heureuse, avec mon petit monde. Barokas, Françoise, Daniel, etc. autour de moi, dans ma maison chaude. Pourvu que ça dure...

1978

De T. en Suisse pour huit jours, reçu une lettre, un peu grandiloquente, mais qui m'a fait plaisir. C'est un certificat de réussite pour notre trio, inimaginable il y a seulement deux ans. Mais qu'est-ce que deux ans dans une vie?

– Les amours d'été, maux d'août.

– Soudain, en dix minutes, le froid fige le jardin mouillé. Les branches se couvrent de perles; mais trois arbres ont l'air de s'être endimanchés pour le réveillon.

Longue promenade avec Daniel et Ocelot, dans Montmartre verglacé. Un village encore désert, ce soir, à neuf heures. Même Pigalle, ce minuit, est un désert blanc. Une rue vierge où écrire ses pas, comme l'an qui vient.

1979

22 janvier

Idées.
– L'écrivain qui entreprend son « prière d'insérer », et se met soudain à rédiger un nouveau livre pour dire enfin la vérité.
– L'écrivain qui croit sa femme perdue, et commence à rédiger un livre féroce, qu'elle lira en sortant miraculeusement de son coma.

Otchakowski. Cette blondeur déjà clairsemée, cette allure d'adolescent fragile et chiffonné, attendrissante, et soulignée par une incisive cassée, qui donne au sourire le dessin, espiègle, d'une complicité de gosse. On a tout de suite l'impression de retrouver un camarade de classe oublié depuis vingt ans, un séducteur timide qui le faisait au charme, sans rien oser et dont on aurait été vaguement amoureux. Sans se l'avouer.

Après un *Finnegan's Wake* délirant, interprété par Gillibert et Fr. Puckand avec poubelles, chiffons et folie, mais sur fond de *Tristan et Isolde*, je suis pris d'une fringale wagnérienne, comme si ce contraste servait mieux la musique divine que tous les fastes de Bayreuth. Qu'est-ce qui ressemble plus au flux du plaisir que cette agonie triomphale de la fin, d'une volupté presque insoutenable? Mourir ainsi, juste à l'acmé franche, dans les derniers soubresauts de l'être qui reprend conscience au moment d'atteindre la paix sublime d'après l'amour, quand il est bien fait.

26 janvier

Idée : – celle que peut se former une femme de ménage du patron qu'elle n'a jamais vu, bien qu'elle connaisse intimement son appartement, ses vêtements, ses petits secrets.

– moi qui ai connu les suisses charmants dans les églises – où je siégeais au banc d'œuvres – l'évolution phénoménale depuis lors de la religion.

28 février

Chez Marcel Schneider, avec Daniel, pour qui Fraigneau et son hôte font un numéro superbe de « vieux de la vieille », sous le regard amusé de Jacques Brenner et moi. Fraigneau et Marcel n'ont guère plus de soixante-cinq ans, mais à les entendre on plonge dans le XIXe siècle. Les dîners chez Mme Alphonse Daudet – Fraigneau était un ami de Lucien – sont le prétexte à une étonnante évocation de cette famille, où Madame était républicaine, Léon son fils le royaliste que l'on sait, et Lucien bonapartiste, par amour pour la vieille Eugénie. Léon avait insulté la terre entière dans l'*Action française*, mais on ne lui en tenait pas rigueur. Ainsi Madame Simone, qui le tutoyait. Ce qui ne l'empêchait pas de lui reprocher, en 1935, de l'avoir traitée – en 1895 – d'« araignée juive »... De cette famille illustre, il ne reste plus qu'une vieille demoiselle, petite-fille de Mme Daudet (morte, il est vrai, à quatre-vingt-dix-sept ans). Assassinat, syphilis, mariage « blanc et or » avec André Germain, mariage Hugo avec Jeanne au pain sec, sans oublier Mme née Allard, nièce de la fameuse Hortense, maîtresse de Sainte-Beuve ou de Chateaubriand, je ne sais plus.

Sur Sachs, qui lui a plusieurs fois écrit pendant son séjour en Allemagne, Fraigneau soutient une théorie bizarre. Il prétend qu'un de ses camarades est venu le voir en 45, lui disant qu'il avait laissé Sachs sur la route, après la libération de la prison par les Américains. Il se disait « trop fatigué » pour suivre les autres. Qu'est-il devenu ensuite? Mort? Fraigneau n'est pas loin de penser qu'il a changé de nom, en bon espion de l'Intelligence Service, et qu'il a disparu volontairement pour mener ailleurs une autre vie, dieu sait où. Version poétique, en vérité, appuyée sur le fait que la famille a toujours refusé l'exhumation de son cercueil – vide, évidemment...

Sur Marguerite Yourcenar, qu'il a beaucoup soutenue chez Grasset, avant la guerre, il prétend également que c'est lui et Boudot-Lamotte qui ont servi de modèle aux deux personnages masculins du *Coup de grâce*, Marguerite étant bien entendu la jeune femme amoureuse... de lui. A le suivre, elle se serait consolée avec les dames, faute de pouvoir être un homme qui aime les hommes, ou la maîtresse des hommes qui aiment les hommes. Ouais. Mais il paraît néanmoins qu'elle fréquentait le thé Colombin, où certaines personnes se rencontraient.

Suit une description de la *gay life* avant-guerre avec son restau-

rant, son bar Le Rugby et son dancing rue Saint-Georges, où ces messieurs guinchaient entre eux. Sans oublier le bal de la rue de Lappe, où l'on allait danser en bourgeois avec les beaux marlous, parfois en compagnie de quelque dame du monde évoluée, genre Denise Bourdet. Ensuite, certains consommaient dans les hôtels de passe voisins... jamais chez eux.
Markevitch, dont la carrière de Bel-Ami aura été surprenante. C'est à cause de lui que Marie-Laure, lui ayant versé un trop gros chèque – certains prétendent qu'il y aurait ajouté un 0 – s'est trouvée placée sous conseil judiciaire. Madame Simone également nourrissait pour lui une passion, platonique. Mais Fraigneau, lui, a couché aussi avec lui, jadis, avant qu'il ne se marie deux fois, et fasse une tripotée d'enfants. C'était, dit-il, un « joli insecte ». Avec la beauté du diable, et l'auréole des ballets russes, via Diaghilev, dont il fut le dernier amant, avant Kochno.

La fin de Morand. Pris d'un malaise cardiaque à l'Automobile-Club, il est rentré chez lui au volant de sa voiture! Son extravagant valet de chambre, voyant qu'il était mal en point, a pris sur lui d'appeler l'hôpital... Necker... « parce que Monsieur aimait beaucoup Necker »... Par ailleurs, ce fidèle serviteur volait son maître pour entretenir des gigolos. Morand le savait, fermait les yeux.

Les amours : Reynaldo Hahn aime Proust, qui le délaisse pour Lucien Daudet, lequel séduit ensuite Cocteau, qui lui-même avait pour Mauriac une certaine tendresse (« le baiser de tes lèvres gercées ») avant d'aimer Radiguet, découvert par Max Jacob...

A Marseille, le chauffeur de taxi : « Ce Defferre, il est élu maire avec les voix de droite, et député avec les voix de gauche. Il est malin. S'il avait pas été dans la politique, il aurait fait un beau maquereau. »

Cette phrase du prince Edmond de Polignac à sa femme, qui pour sa part préférait les dames : « Finalement, je n'aime pas les autres. »

Le petit guide, en Tunisie, qui conduisait notre voiture dans le désert : « Le sable, c'est ma femme. » Le même, posant pour une photographie, prenant un air sinistre, l'œil sur la ligne bleue des Chotts. Pourquoi fais-tu cette tête-là? « Je pense aux choses de la vie. »

Débarqués à Tunis. Voiture. Couchés à Kairouan. Le lendemain, route, couchés à Gafsa. Voyage dans la montagne jusqu'à la frontière algérienne, puis traversée, périlleuse, inquiétante du Chott, à la nuit tombante. Couchés au Sahara Palace, dans une oasis merveilleuse. Un jour, là, en touristes chics.

Route à nouveau, jusqu'à Gabès. Visite des prodigieux trous de Matmata. Aventure sur une route caillouteuse. Impossible de franchir un oued – tout éboulé. Retour à Gabès. Daniel attrape la dysenterie. Au lit un jour. Restons dans cette sous-préfecture coloniale, assez sinistre. Pas pu aller à Djerba. Rien qu'une promenade au bord d'une mer marécageuse, avec un Daniel fiévreux et emmitouflé. Remontés ensuite jusqu'à Sousse. Musée très beau. Splendide hôtel sur la mer.

Puis, à travers les orangeraies, jusqu'à Nabeul, puis à Sidi-Bou, dans le bel hôtel maure, toujours charmant et délabré, où j'avais séjourné avec Jack il y a des années. Dîner là.

Journée à Tunis – Daniel revoit le décor de son enfance –, puis la Casbah. Dîner loin, au bord de la mer.

Le lendemain, Tunis encore, les puces, les brocanteurs, les libraires d'occasion avec tous leurs vestiges français misérables. J'y trouve une photo de Saint-John Perse dans l'exercice de ses fonctions au Quai. Puis retour le soir à Paris.

20 mars

Borgeaud, avec ses yeux ronds, son air mi-réjoui mi-accablé de paysan vaudois égaré dans la grande ville. Un peu vieilli : « Je viens de vivre trois mois d'épreuves : j'ai enterré ma mère, après une agonie interminable. C'était horrible. Et encore plus parce que je ne l'aimais pas. Jusqu'à la fin, elle m'a battu froid. »

Sur son père – inconnu – pas un mot non plus. Mais ce dernier legs sibyllin d'un médaillon, où se trouvent, a-t-elle dit, les trois hommes que j'ai aimés : son mari, épousé après la naissance de Georges, Georges lui-même, et un militaire.

Sans lui révéler son nom, elle précise cependant que c'était un Bourguignon, et qu'il servait à l'état-major de Lyautey, « cette vieille pédale ». Muni de ces renseignements, car la mère n'en a pas dit davantage, il se met en campagne au ministère de la Guerre, s'est retrouvé un père, français, à particule. Aux romanciers les mains pleines – mais quand la vie se mêle de fournir des scénarios pourquoi ne fait-elle pas *les Deux Orphelines*?

8 avril

Jouhandeau sur son lit de mort. Blanc comme je n'ai jamais vu aucun être. Ivoire, plutôt, comme les christs et cette pâleur soulignée par l'espèce de burnous crème dont on l'a vêtu. Il est ton sur ton, le visage encadré par le capuchon du vêtement : je pense au *Saint Bruno* de Zurbaran. Près de lui, sur son épaule gauche, la photo d'Élise et celle de sa mère, dans des petits cadres, et un rouleau de papier quadrillé, noué par une faveur et couvert d'une écriture enfantine. Marc? Mystère. Sur ses mains, devenues de marbre, l'opale de sa bague a l'air d'une incrustation.

Depuis quelques jours, il ne voulait plus manger. Très affaibli. Il était cependant descendu hier soir vers cinq heures. Il n'est pas remonté. On l'a installé dans l'espèce de caveau en ciment construit par Élise, froide pièce, sinistre. Partout du monde, Jean Danet, des jeunes gens que je ne connais pas – dont un brun très éprouvé –, la nièce, le petit Marc qui semble ailleurs, des personnes improbables, sans doute de la famille de Céline, qui avait une sœur, je crois, et puis la bonne, la seule qui pleure.

14 avril

Mamé, regardant une photo de son mariage : « Ce jour-là, j'ai cru que j'avais conquis le monde. »

Un amour, c'est bien cela, un monde. Pour soi. L'autre n'existe plus.

Longue conversation sur Mlle Victorine Desportes, la voisine de ses parents, qui aura passé son existence hautaine, solitaire et parcimonieuse à broder son trousseau jusqu'à l'âge canonique. Un personnage de Jouhandeau.

Arrivant chez Erté, l'autre soir, je me suis dit : « Tiens, il doit avoir une vieille sœur. » C'était lui.

23 avril

La mort soudaine de Clavel apparaît chez Grasset comme une comédie. Mort, non, pas mort, canular. Si, infarctus, non, mort confirmée, puis démentie, puis... Enfin la consigne aussitôt transmise par un crépitement de téléphones : « Il est mort mais il ne faut pas le dire », pour épargner sa vieille mère qui ne doit pas apprendre la nouvelle par la radio. A l'hôpital d'Avallon, il est venu mais il est reparti. Chez lui : il est sorti, rappelez plus tard, etc. B.H. Lévy lui avait parlé ce matin, à l'heure du déjeuner. Il était en pleine forme. Pour un peu, il en serait scandalisé : « On ne meurt pas comme ça! » Sous-entendu : « On ne me fait pas ça à moi, Lévy. »

Cher Clavel, il aimait de Gaulle, Kant et Dieu. Il va rejoindre les deux premiers, mais le troisième sera-t-il au rendez-vous?

JOURNAL

24 avril

Mamé me parle aujourd'hui de la vie chez ses grands-parents Mazaud, qui avaient une bonne, nommée Marion Choseille, entrée à leur service dès leur mariage, et qui n'a plus bougé de chez eux jusqu'à sa mort. En voilà une qui revient de loin! Qui d'autre se souviendra jamais d'elle que les lecteurs de ces lignes?

A l'arrêt de l'autobus, je rencontre Danièle Heymann. Petite conversation. Elle me demande si je vois C. A. – qu'elle vient de remercier à *l'Express*. « Moi, dit-elle, je l'ai invitée à déjeuner récemment. Ce n'est pas une raison pour la laisser tomber, n'est-ce pas? Elle m'a paru presque heureuse dans son malheur, comme si elle jouissait de sa double catastrophe : perdre en même temps son boulot et son mari, qui l'a plaquée. Alors j'ai entrepris de lui remonter le moral. Je lui dis, écoute, c'est le moment de donner un grand coup de pied : tu touches le fond. »

25 avril

Étonnant Paul Thorez, déclarant avec un naturel qui confond : « Il y a quelques années, quand j'assistais aux journées royalistes... » Sa description de la maison natale de Staline, en Géorgie : une isba de bois avec son jardinet enchâssés dans un temple de marbre gigantesque, face à une statue de trente mètres, qu'aucun régime n'a jamais osé déboulonner. A côté de cela, en effet, M. Brejnev est bien modeste, qui se contente d'accepter le prix Lénine de littérature, se mettant ainsi au rang très humble des pauvres écrivains.

Cité par Jouhandeau, cette parole de saint Jean de la Croix : « Une pensée de l'homme vaut plus que le monde. »

Un prénom : Balbine.

3 mai

Un jour, Aragon téléphone à Bastide : « Le chauffeur est malade; peux-tu nous emmener à Saint-Arnoux? Tu déjeuneras avec nous là-bas » (c'était du temps où Elsa vivait encore).
« J'aimerais bien, mais aujourd'hui mon fils Thomas fait sa première communion. »
Un silence, puis Aragon, impérial : « Choisis. »

1979

Petite devinette : qu'a choisi Bastide ?

8 mai

Ce matin, d'une voix essoufflée, Mamé me téléphone pour me dire, en s'excusant beaucoup, qu'elle ne pourra pas me recevoir à déjeuner parce qu'elle n'a pas la force de faire les courses... La première fois de sa vie. Un aveu qui lui pèse, la déchire. Et moi aussi. Bien entendu, j'y vais tout de même, en apportant ce qui lui manque. Je la trouve très flageolante, mais avec une sorte de nervosité, d'égarement. Néanmoins, après le repas, elle me parle, très longuement, de sa famille – de ses grands-parents Mazaud, de son grand-père, ordonnance d'un officier, qui a pu apprendre à lire à vingt ans avec les enfants de son patron. D'où lui est venue cette Légion d'honneur, reçue très tôt ? Mystère. Sa femme, fille d'un hôtelier, nièce d'un notaire. Il a été ruiné parce qu'il avait acheté une charge à son fils dans son patelin. Le notaire concurrent a fait courir le bruit que le marchand de biens – le grand-père – et son fils – le notaire – avaient partie liée.

Bon-papa, élevé par les Tisné. Au mariage de je ne sais quel fils Tisné, Mamé et bon-papa viennent à Paris. Les Tisné lui coupent la barbe, presque de force. Il doit se raser. En sortant du Bon Marché, à son bras, Mamé rencontre un type de Bourges. Aussitôt, il répand là-bas la nouvelle que Mme Galey a un amant à Paris... Indignée, Mamé ? Pas du tout. « En province, tu sais, ce serait dommage de garder ça pour soi. » Le scoop, quoi.

Le Defaucompret, dont le chic l'a beaucoup impressionnée. L'oncle Mazaud, tuteur de bon-papa – et qui comptait bien le marier avec sa fille Madeleine – quand il a compris que Mamé et lui se marieraient – et Mamé, qui était aussi sa nièce, était sa préférée – il lui a battu froid, toute sa vie. Et le paquet d'actions dont il était dépositaire, il est venu le jeter aux pieds de Baldouy : « Qu'il se débrouille ! »

Cette précipitation de la parole, comme si elle voulait se débarrasser vite de ses souvenirs. Poignant.

Une vie – Solange Girard. A vingt ans, elle devient l'infirmière de son frère, frappé de poliomiélyte. Puis de son père, diminué. Puis de sa mère, qui n'en finit pas de se désagréger, au fond de son lit. A présent, elle a passé soixante-dix ans. Et ce sera son tour de mourir bientôt, seule, à l'hôpital sans doute. Peut-on croire en Dieu ?

A partir d'un certain âge, il y a de la rouille dans les fermetures éclair.

JOURNAL

Mai

Voici Mamé sur pile – le cœur était à bout. Le chirurgien lui a dit : « Maintenant vous êtes repartie pour vingt ans », et la voilà qui se lance dans des calculs...

Petit séjour au Beaucet, seul. Soleil, travail, silence. Un rêve... Bref passage à Lausanne au retour.

24 mai

Visite à Créteil, dans le service du Pr Barbizet. Il nous (Régy et moi) fait un cours sur les lésions du cerveau, après quoi nous avons le droit de voir trois cas, trois femmes. La première, un œil gonflé, a reçu un coup sur la tête; son mari la battait. Pour soigner cette exophtalmie, accompagnée de je ne sais quelle malformation artérielle consécutive à sa blessure, on lui a passé une sonde dans la veine : résultat, la voilà devenue aphasique, la tête de la sonde ayant cassé à l'intérieur du cerveau.
« Nous n'avons fait qu'anticiper sur l'inévitable », déclare tranquillement le professeur. Son avenir? Une mort proche, sans doute. En attendant, la malheureuse répond « oui » à tout. Incapable de comprendre les ordres, etc. Un corps sans tête, déjà. Mais ce regard : vivant, lui.
Le second cas : une surveillante d'hôpital, victime d'un infarctus récent. Elle récupère bien, remarchera bientôt, mais le cerveau est très atteint. Son histoire, sa maladie, elle en sait bien les péripéties quand on les raconte devant elle. Elle intervient par oui ou par non. Mais pour les questions, ou les ordres, c'est moins brillant. Si on lui dit de se toucher le nez, elle se tâte l'oreille. Si on lui demande comment s'appelle une orange ou des lunettes, elle répond « cata, cata... ». Mais là aussi, dans le regard, une formidable attention, un désir, une confiance extraordinaire, avec soudain le découragement, la tristesse. La mémoire musicale, elle, est intacte. Le professeur fredonne *le Petit Vin blanc*. Elle reprend avec lui, lalalala et brusquement sa voix s'étrangle, elle fond en larmes. Moment déchirant. Son frère, un beau colosse rouquin, l'assiste avec une tendresse touchante. Une sorte de sérénité dans cette chambre, malgré le désespoir.
Le troisième cas, une femme dont seul le centre de la parole est atteint. Quand on l'interroge, et lui demande de raconter les circonstances de sa maladie, elle se débrouille admirablement par gestes, avec une sorte d'humour noir. Elle est capable d'exé-

cuter des ordres compliqués, mais pour retrouver le nom de ses enfants, c'est plus dur. Elle finit par écrire sur un bout de papier d'une écriture au reste impeccable. Elle brode, elle fait même des mots croisés, et elle est capable de rire à une histoire drôle. Au moment où nous partons, elle trace un mot sur son papier : « écrivain ». On lui avait dit qu'elle aurait une visite, elle voulait savoir si c'était Régy ou moi. J'en reste sans voix...

Tout cela bouleversant, mais pas vraiment triste. Ce qui frappe, c'est cette foi, cette volonté de guérir – le seul remède efficace du reste parce qu'une fois les lésions localisées il n'y a plus qu'à laisser faire la nature. Aucun remède. Aucune thérapeutique. Il faut se sauver soi-même, si Dieu veut.

Titre pour un journal, ou un recueil de chroniques : *le Désordre du jour*.

16 juillet. Gaillon

Par la fenêtre, je vois ma mère qui s'active dans son jardin, brassant des herbes, cueillant des plantes bizarres. Une petite silhouette, de dos, qui soudain m'attendrit. Si je vis, plus tard, cette image-là sera celle de ma mère encore heureuse. Pourquoi celle-là ? Mais j'en suis si certain sur le moment que les larmes m'en montent presque aux yeux. Pourquoi le bonheur n'est-il si net que de loin ?

28 juillet. Le Beaucet

Le « beau Serge » vient de partir. Aube de velours. Une qualité de silence qui a presque une épaisseur. Oui, donc, le beau Serge. Vingt-cinq ans, des cheveux blonds frisés, de pâtre, un corps de statue, une ingénuité d'enfant, une bouche... Encore une de ces merveilles qu'on n'a pas méritées, qu'on n'espérait pas. Il est vrai que dans ce village, rien n'est simple. Les couples se font et se défont avec une complexité mirobolante : les liaisons dangereuses multipliées par une sexualité tous azimuts.

Trois jours de travail intense avec Régy, impitoyable pour le moindre effet, la moindre gracieuseté qui risque de faire « boulevard ». Je commence à comprendre pourquoi Kahane est un si mauvais adaptateur. Donc labeur exténuant, et frustrant, mais d'un professionnalisme qui rassure et contente la conscience. Sauf qu'il le pousse à m'envoyer maintenant un télégramme pour m'exhorter à être « clinique » dans le jargon de *Wings* – mais il a raison...

Curieux homme – cinquante-cinq ans, jeune encore d'aspect, avec le visage ovale – en large –, ce qui lui fait une bouille très hilare quand il rit. Affable, bien élevé, bonne famille du Sud-Ouest – protestant naturellement –, il a des côtés vieux garçon, méticuleux, au point d'étendre sa robe de chambre sur son lit refait le matin, comme s'il était dans un hôtel ou son propre domestique. Sa voiture est un modèle qu'on pourrait exposer dans une vitrine, et son œuvre lente – dont il se moque lui-même, il est bon garçon – un reflet de cette nature ordonnée sans doute jusqu'à la maniaquerie.

Toujours pas raconté mon équipée de Prague à Pau. Mais après une nuit blanche, est-ce le moment?

29 juillet

Anagramme de Prison : Prions – et vice versa.

1er août. New York

Après le passage de Serge – « Théorème » – au Beaucet et un bizarre dîner, à la maison, des Sabatier, troublé par une farandole travestie – menée par le beau Serge en salopette rouge –, voici que cela ne se calme guère ici, par 40° à l'ombre. Il n'y a que les bains pour vous rafraîchir.

10 août. Montréal
Aéroport et dans l'avion

Entrée, un peu morose, dans ma quarante-sixième année, bien que je fasse encore mon petit effet quand j'avoue mon âge, surtout ici, où l'estomac fait des ravages.
Donc huit jours ici – dont deux à New York pour voir Kopit dans sa belle maison du Connecticut, ouverte sur des champs comme s'il n'y avait rien autour... Dans une chaleur de serre, nous travaillons à la pièce, avec simplicité. Difficile de lui tirer des renseignements précis quant au jargon. Il feint toujours de « ne pas savoir ». Comme si son héroïne était une personne vivante, avec son mystère. Il a surtout utilisé des textes médicaux, tels quels. Simple et ouvert, il a l'air d'un grand collégien de quarante ans, un peu innocent, avec frisettes clairsemées et le regard d'un adolescent. Mais comme tous les bons artistes très passionnés par son sujet, et s'admirant lui-même avec l'ingénuité de l'inconscience comme s'il parlait de la belle œuvre de quelqu'un d'autre...

1979

A part ça, folies sexuelles new-yorkaises habituelles, par une température tropicale propice aux excès – et à la fatigue. Deux expériences agréables, blanches.

Ensuite, petit séjour dans le phare d'Antonine Maillet à la côte Sainte-Anne, avec un couple d'anciens acteurs, Luis, l'ami de la maison, et « Metcha » Palomino, femme de tête, femme d'affaires, femme d'intérieur, très sympathique – et Haillot, bafouillant photographe et homme adorable.

Antonine, c'est l'œil bleu qui frappe d'abord, œil d'oiseau dans un visage rose d'Anglaise ou de Normande. Petite, râblée – comme toute la famille –, elle est bien plantée sur terre. Presque une plante, produit du sol, comme les patates du Pick. Il faut l'arracher avec la motte. Locale, sa gloire est tout de même surprenante. Il y a des affiches de trois mètres de haut à l'entrée du village : « Bouctouche, le pays de la Sagouine », des badges, des tapisseries, des autocollants. Et tout cela en quelques années, sur le dos d'une « crasseuse » vivant dans un taudis comme il en existe encore dans ce pays cossu – ce qui choque d'autant plus. Il est vrai que les différences sociales sont moins marquées qu'ailleurs. L'oncle centenaire Donat, celui qui sert à baptiser une école, était pêcheur, son frère instit – et son beau-frère sénateur. Tout cela avec d'infimes différences extérieures, si ce n'est une « balance » dans le jardin... et des maisons plus ou moins belles. En se promenant, on rencontre sans cesse des membres de la famille, des frères, sœurs, neveux, parrains, et connaissances. Comme des tas d'autres religieuses depuis 1960, sœur Antonine est défroquée mais elle ne tient pas à ce qu'on en parle. Tout cela, du reste, n'a pas l'air de faire trop scandale, la célébrité aidant. Inaugurations, festivités, diplômes d'*honoris causa*, discours et réceptions, la vaillante petite Acadienne n'aura pas chômé pour l'honneur du pays.

A part ça, orgie de homard – sans sauce –, pêche aux coques, visite à Sarah, baignade et discussions inévitables sur l'avenir de la langue française...

La maison, toute neuve, est fonctionnelle, confortable, sans caractère, si ce n'est la petite pièce du haut, où Antonine travaille. C'est la tour du phare, où les fenêtres sont assez hautes pour qu'elle ne voie que le ciel en travaillant. Vie réglée, de neuf heures à une heure du matin, le reste étant dévolu à la vie « publique », à la lecture. Plus curieuse est la maison de Montréal, dans le quartier chic d'Outremont, sorte de Neuilly anglais, que les « colons » désertent peu à peu. Là, dans le genre Barbès riche, tout est bois, cuivre, épaisseur bourgeoise et mauvais goût. Dans le vaste grenier qui fait office de bureau, une table semi-circulaire énorme avec un fauteuil immense, genre chaise longue Knoll. On se voit mal écrire autre chose que des chèques dans ce décor directorial, et c'est là qu'elle est « raconteuse » chaque matin, Mlle Tonine dévotement servie par la perle Perfecta. Il y a tout de même un peu de belge chez ces Canadiens. Et du XIXe siècle aussi. C'est une gloire à la Mistral. Mais comme lui, cela pourrait bien finir en prix Nobel.

A Montréal, ensoleillé comme Nice, retrouvé Basile, un peu amer, désabusé, tentant de remettre sur pied une maison d'édition flageolante, et toujours gay activist, avide de ragots. Puis dîner avec l'extravagant Lemelin, entre le Bourgeois gentilhomme et l'illustre Gaudissart. Hésitant entre la presse, la littérature et la charcuterie – il a inventé les Cretons? –, après avoir été converti au fromage de tête par des descendants de Montesquieu – il en installe beaucoup mais avec une munificence sympathique. De cinq heures à minuit, je dois l'écouter, secondé par son bouffon Folch-Ribas, courtisan un tantinet faux jeton, paradant à grands éclats de rire, offrant du bordeaux de Californie et un très bon repas, ma foi.

Ses histoires avec le prix Goncourt, d'Ormesson ou René d'Uckermann sont assez drôles, et il voit bien le côté comique des choses – le repas du prix, Lanoux revenant dans la salle à manger, la figure enduite de crème, humilié comme s'il était l'Académie à lui tout seul. Jolie histoire de son copain de Québec, brave paysan parti à la guerre. Les Allemands prisonniers, ayant abattu son meilleur copain, il a « cousu » cinquante fridolins puis n'en a plus jamais parlé. Du Maupassant.

Vu aussi l'énorme Dubé, genre maquignon hollandais, et Peguetel Martel, si manifestement peu heureux de me voir – pourquoi m'avoir reçu? – que je suis vite parti. Mais peut-être était-il seulement accablé par la vie, en dépit de son charmant petit garçon.

Aventure express avec un gentil petit Canadien musculeux nommé Edmond, Edouard, je ne sais plus. Il allait avoir vingt-quatre ans et son jules l'avait plaqué et il était sans boulot. Ça n'empêche pas d'avoir un beau cul, heureusement.

A Westmount, rencontré mon premier trick, près de trente ans après! On a pris rendez-vous pour l'année prochaine. On est encore faisable l'un et l'autre.

25 septembre. Le Beaucet

Première séparation après fâcherie. Sans autre raison que le même sempiternel reproche de « n'être pas vraiment là », avec lui. Toujours du travail, des tiers. Son rêve serait un désert et nous deux, en vacances. Et moi qui vis dans le constant

1979

remords de ne pas travailler assez, voici qu'il me faut éprouver à présent de la culpabilité à travailler!... Pas commode, l'existence. En vérité, quoique Daniel refuse de le reconnaître, je vois bien l'origine de ces soudaines mauvaises humeurs, mais qu'y puis-je, quand mon corps ne veut pas suivre le cœur? L'inverse serait bien pire. Enfin me voilà triste, maussade, refermé sur moi, seul dans mon pigeonnier, tandis que le « petit couple » – Jacques et Serge – joue aux cartes dans la cuisine. Tout ça si bête, si bête. Et Daniel et moi le savons très bien. On se fait la gueule de force. C'est gênant et sensible comme un masque de carton bouilli.

8 h 30. Daniel vient d'appeler, sans masque.

Gilda, gueule ravagée, la cinquantaine, mâchoire à trous, mais les cheveux dans le dos, les yeux faits, encore un peu d'allure sous la crasse. Elle vit dans une masure, près des Baumes : « Je suis arrivée ici en 69 et puis j'ai décidé d'y rester. Tant qu'à crever la faim, plutôt le faire au soleil qu'en usine. J'étais venue avec Rodolphe, mon compagnon, mais une salope me l'a pris quelques années après. Alors j'ai déménagé. Lui, remarquez, il aurait bien gardé ses deux femmes, la jeune, puis moi, la vieille. Mais le ménage à trois, très peu pour moi, je sais comment ça se passe. Il y en a une qui fait l'amour, et l'autre qui fait la vaisselle. » Néanmoins, Gilda, depuis, se console avec un joli petit Italien de vingt ans, propre et gandin. Mère ou amante, je ne sais. Mais en ville, elle ne l'aurait pas gardé quinze jours dans sa chambre de bonne. Des avantages de la campagne.

27 septembre

En train. Un endroit qui s'appelle Saint-Martin (je le lis au passage dans la gare). Des petites maisons laides au bord d'un cours d'eau, des villas prétentiardes, rococo, et soudain une énorme tendresse pour ce bout de France. Aussi bête qu'un amour.

30 septembre. Moscou

Dépaysement complet. L'hôtel Metropol, modern style 1911, avec des candélabres géants, une verrière de cathédrale, des colonnes dorées, immense vestige vétuste de l'avant-17, aujourd'hui peuplé de prolos trafiquants – sinon comment pourraient-ils se payer un gueuleton en devises étrangères? – qui dansent, ou plutôt s'agitent au vacarme de bizarres czardas disco, ou du clair de lune de Beethoven.

Un beau Russe longuement me regarde, chaperon de sa sœur – hideuse –, et du fiancé d'icelle. En d'autres lieux...

JOURNAL

Dîner avec Martine Boivin-Champeaux et le charmant Fernand Lumbroso. Chaque jour apporte sa ration d'incohérence. Par l'Intourist, il semble que tout soit toujours impossible dès qu'on s'écarte du Bolchoï et du circuit en autocar. Même une place de théâtre représente des heures de parlote, pour rien. Mais, avec Martine, il semble que nous ayons eu de la chance : nous avons trouvé ouvert le Kremlin qu'on nous disait fermé. Superbe petite église, à coupoles dorées, comme des bobines, et une mini-basilique tout en hauteur, avec des fresques surprenantes : le Moyen Age en plein XVIIe siècle, ce qui en dit long sur le pays. Quant aux icônes, elles sont réparées au scotch et à l'albuplast.

Le Kremlin, ensemble déjà oriental, forteresse inquiétante – surtout côté place Royale –, mais d'un jaune d'œuf inattendu. Au reste, tout est vif, et Saint-Basile, qu'on restaure pour les Jeux olympiques, ressemble à un gigantesque berlingot multicolore et peint par un enfant.

Accompagnés de l'extravagante Catherine Lachens, on parcourt le Goum – non sans être remarqués –, puis elle nous embarque dans une curieuse conversation impossible avec un couple bulgaro-soviétique, ce qui m'amène aux chiottes avec la dame, sans que j'aie jamais compris pourquoi. Pipe ou change ?

Déjeuner à l'ambassade, ahurissant palais rococo-moscovite où nous mangeons du saucisson et des rillettes sous les plafonds armoriés. Maréchal, très urbain, fait l'aboyeur pour les Froment-Meurice. Représentation, plutôt morne, de *Cripure* de Sovremenik – puis souper offert par Lumbroso à toute la troupe, augmentée de la géante Jeanne Laffitte.

Ce matin, après palabres inutiles, nous cherchons des heures le théâtre où joue Efros. On le trouve enfin, et là une caissière parlant le français nous vend deux places pour ce soir ! Miracle. Après quoi nous entrons sans difficulté au musée Pouchkine, sans avoir même remarqué la queue de cinq cents mètres qui s'allongeait derrière la grille. Musée fabuleux. La plus pure réunion d'impressionnistes, de fauves et de pré-cubistes qu'on puisse rêver. On sort de là matraqué par la beauté de l'ensemble, sa force. Les Picasso bleus écrasent Derain. Cézanne tue Matisse, mais Bonnard (sublimes paysages immenses) rend Renoir lourd et pâteux, tandis que des Van Gogh stupéfiants – un champ de vignes rouille – et des Gauguin à couper le souffle effacent complètement les malheureux Courbet, Boudin et autres Th. Rousseau égarés dans les parages, Monet compris.

Le soir, au théâtre d'Efros, excellente représentation d'*Hyménée,* une farce amère de Gogol, montée avec une distance par-

1979

fois appuyée, mais toujours intelligente, avec des idées, de belles trouvailles à la fin, et une complicité permanente avec le public.

Ces difficultés de langue introduisent une chaleur étrange dans les rapports, l'intensité de l'aphasie. Une telle volonté de communiquer. Pourquoi craint-on ce peuple qui a l'air solide, fermé sur lui, mais pas le moins du monde offensif? Et vivant dans un désordre à peine imaginable, royaume de la combine et du troc, au point que 40 % de la production échappe à tout contrôle.

5 octobre

Retour de Leningrad, après avoir pris le « train de l'amour » qui fait tout de suite penser à Anna Karénine. Du reste, le dernier bout de quai en fonte est encore là, sur le point d'être démoli pour ces fameux Jeux olympiques.

Visite éclair de Leningrad, en majeure partie consacrée à l'Ermitage, bien entendu. Les Matisse, les Picasso, les Douanier, les Gauguin (beaucoup moins bons qu'à Moscou), les Watteau, les Tiepolo, un extraordinaire Fromentin. Et puis le palais lui-même, chef-d'œuvre de kitsch parfois, mais laissant une formidable impression de faste et de puissance, bien plus frappante qu'à Versailles. La ville elle-même est une épure d'architecte, un constant plaisir des yeux, mais comme si l'on se trouvait à l'intérieur d'une de ces vues optique, tant prisées au siècle dernier. Pas tout à fait vrai. Trop au cordeau pour être une ville, au moins sur la Neva.

L'intérieur, en revanche, très vivant, avec une population très différente des affairés brutaux de Moscou. (Eu ma première et sans doute unique aventure – possible – avec un Russe, et aussi avec un autre, que nous avons ensuite rencontré partout, le meilleur cours au marché noir.) Le Kirov, somptueux théâtre, et ballet affligeant, racontant la vie de Pouchkine, comme du Roland Petit. Retour à Moscou, juste à temps pour sauter dans un autocar pour Zagorsk, sublime forteresse inspirée, malheureusement défigurée par l'entourage. A l'intérieur, malgré la gadoue, une ferveur intense, abîmée par la présence des touristes qui viennent regarder les pèlerins de Saint-Serge comme des bêtes curieuses. Surtout des babas qui psalmodient, et quelques jeunes gens, qui font leurs études de théologie. Les popes ont tous des têtes de Raspoutine, trognes rouges, cheveux gras, airs sournois ou brutaux. La chapelle du pèlerinage, avec la plus belle iconostase du monde, peinte par Roublev. La chaleur des teintes dans cette pénombre sonore! Ici, une présence existe, plus magique peut-être que religieuse, et d'autant plus médiévale et même primitive – une femme, en particulier, qui chantait et se prosternait comme une hystérique – que c'est une foi condamnée.

L'image d'un couple, à Leningrad, remontant par l'escalier roulant, la fille sur la marche supérieure, le garçon en dessous, face à elle l'enlaçant; une statue de l'amour entraîné par la vie.

Au Maly, un *Roi Lear* embêtant. Puis une extravagante Édith Piaf revue et corrigée par les Moscovites.

Et partout des théâtres bondés, des gens qui attendent des heures au guichet. Peuple passif, d'un fatalisme presque oriental.

Avec des culots incroyables, comme de repeindre le Palais d'hiver en vert pomme, alors qu'il a toujours été rouge foncé par le passé. Comme ça, un jour, dans les années cinquante-neuf ou soixante, Nicolas II en resterait baba; Lénine aussi.

Lioubimov – charmant, chaleureux; très italien, à sa façon. Toison argentée, sûr de séduire. L'opposition de sa majesté. Intouchable, sans doute, et sachant jusqu'où on peut aller trop loin. Et quand on lui demande de citer un auteur russe vivant, ce grand silence, avec un sourire : « Je préfère les classiques, vous savez. » Ce qui n'empêche pas son spectacle prochain, un Shakespeare, d'avoir été critiqué avant même d'avoir été présenté – si bien qu'il a tout abandonné. Perte sèche, des millions de roubles. Seules les stars peuvent se permettre ça...

Octobre. Lausanne

Dans le train, assis à côté d'un couple, environ soixante ans.

Lui, une tête de mort, déjà cireux, mais solide encore, dans le genre nerveux, et elle, très bobonne, femme de pasteur, cheveux blancs ondulés, chandail rose, robe à fleurs, et qui tricote. Il sort des tas de papiers, qu'il range méthodiquement. Ce sont des prospectus, des tracts, des lettres pour la propagation de la foi, le message de Dieu, etc. Sans doute un chef de secte – il voyage en première, et il est américain – ou l'auxiliaire argenté de quelque Église protestante. Très inquiétant. Sa façon, en particulier, de ronger une pomme – tout son déjeuner – à petits coups de dents précis, méticuleux, rapides, au point qu'il n'en reste plus qu'un trognon minuscule. Une impression curieuse, comme si c'était le comble de la férocité, et cette pomme le cœur d'un homme, grignoté par un tortionnaire sadique.

A la gare de Perrache, en passant, j'entends un jeune, classique, chevelu, tennis, jeans, qui dit : « J'ai jamais vu de place Rimbaud. J'aimerais bien une place Rimbaud. » Autrement dit, pour un brave garçon qui se croit contestataire, l'appel à la récupération.

1979

A Moscou, maintenant il y a une immense place Maïakovski. Ce n'est pas bon signe.

Novembre

Vous faites des économies ?
Non, des économiettes.
– Mamé : « Quand je serai morte, il faudra m'enlever ce pacemaker. Imagine qu'il se remette à marcher ! »

– Yourcenar (au téléphone), cette histoire d'Académie : « Je n'ai rien écrit, je n'ai rien signé. Et si je suis élue, ce sera de la publicité, comme les réclames de coca-cola, où il y a toujours un Noir pour quinze Blancs. »

23 novembre

Le jour du Goncourt de Maillet, dans le brouhaha, chez Grasset, j'appelle Yourcenar au téléphone, et j'ai cette fois la réponse que je redoutais depuis longtemps (au point que j'utilisais toujours des formules floues à la fin de mes lettres, ne sachant pas si elles arriveraient trop tard) : « Grace est morte hier soir, à neuf heures. » Silence, puis bredouillis et considérations sur le peu qu'on est. Deux minutes. Puis, d'une voix ferme : « J'ai bien travaillé pour vous hier matin. Évidemment, les événements vont me retarder pas mal, le pasteur, la fauche, tout cela... »
Moi, bien sûr, je compatis : « Prenez votre temps », etc.
Et Marguerite reprend : « Disons que je ne pourrai avoir fini que d'ici à mardi ou mercredi prochain. »
Cette histoire d'Académie agite beaucoup le monde. Ces messieurs qui sont contre, furieux d'avoir eu la main forcée – dont Mistler – utilisent toutes sortes d'arguties : Peyrefitte a demandé à Yourcenar de fournir une photocopie de son passeport pour bien prouver qu'elle est aussi française. Il voudrait également que le consul se déplace pour officialiser la chose ! (« et pourquoi pas un certificat de bonne vie et mœurs, pendant qu'il y est ? » me dit Marguerite). Et Druon, furieux : « C'est la porte ouverte aux calamités. D'ici peu, vous aurez quarante bonnes femmes qui tricoteront pendant les séances du dictionnaire. »
A la sublime exposition Picasso, où je me rends un mardi par protection spéciale, ce qui permet de l'admirer à son aise, et cela en vaut la peine, surtout pour les œuvres du début aux années trente, innombrables : souvent vingt, trente dessins par jour, plus sublimes les uns que les autres. Et toujours, à tous ces personnages, son œil à lui, un peu globuleux, noir.

JOURNAL

Rheims, qui s'est occupé de l'inventaire, raconte qu'il a retrouvé des croquis des *Demoiselles d'Avignon* qui servaient de bouchons, depuis quarante ans, à de vieilles bouteilles de vin d'Espagne vides. Certaines toiles étaient pliées en quatre, complètement oubliées. A l'expo Picasso, donc, parmi beaucoup de dames du monde genre Delubac, Rochas, etc., des flopées d'académiciens, dont Gautier, Ormesson, etc. – des partisans de Yourcenar – à qui j'apprends la mort de Grace. « Ah! quelle bonne nouvelle », disent-ils, en chœur. Ils vont pouvoir plaider l'attendrissement, la pauvre solitaire à consoler, tout en laissant entendre que maintenant, délivrée de ce boulet, elle pourra plus facilement se déplacer pour assister aux séances...

Genevoix, qui paraît hésitant, me supplie de ne pas mettre d'huile sur le feu dans mon papier, et cela fait drôle d'entendre ce combattant de Verdun, quatre-vingt-neuf ans, et rose comme une fleur, me disant : « Vaselinez, vaselinez. » Qui aurait cru...

Drôle de dîner, pour célébrer le Goncourt. Chacun s'accordant pour estimer que *Pélagie la Charrette* n'est pas un chef-d'œuvre, mais que c'était « le meilleur Goncourt » de l'année. Assise à côté de son ennemi intime Lemelin, le directeur de *la Presse*, qui m'a brillamment expliqué comment il lui a fait rater le prix il y a deux ans, et qui, maintenant, patronne et fait risette à cette nouvelle gloire nationale, qu'il va couronner à Moncton, Antonine se tient bien, roulant l'accent, un peu ahurie, surveillée par l'attentive Mercédès, qui jette à Lemelin des regards à vous tuer net telles des rafales de mitraillette.

Novembre

La blondeur vaporeuse d'Almira, un œil d'almée sous des plumes d'autruche, le tout perché sur un corps de solide gazelle. Un comportement de travelo qui n'a pas peur de sa différence, engueulant les gens dans les autobus, insultant les dames qui lui marchent sur les pieds, et toujours scandaleux avec ravissement. Un homo beaucoup plus proche d'une précieuse fin de siècle que d'un « racedep » contemporain. Du reste, dans son appartement douillet, niché dans l'hôtel de Pauline Viardot, là où elle vivait avec Tourgueniev, il mène une mystérieuse existence d'avant-14, fouineur de bouquinistes et amateur de raretés.

La vie est un naufrage, le travail un radeau.

Daniel : « Moi, quand je t'ai rencontré, ç'a été l'éblouissement. » Merveille, non pas de s'entendre dire cela – je n'y suis pour rien – mais de pouvoir le dire, et cinq ans après.

1979

28 novembre

Un mot : « Si je t'avais vu ces jours-ci, je t'aurais dit que je ne dors pas ici ce soir. » Jaloux ? Eh... mais c'est peut-être le bon moyen.

Mamé. Elle me raconte que dans sa jeunesse, la tante Marthe lui conseillait de rester couchée un mois après son accouchement, et de se mettre des draps pliés sur le ventre pour remettre les entrailles en place, en ajoutant un drap chaque jour...

Mœurs aussi stupéfiantes que les chinoiseries sociales interdisant à un pharmacien et sa femme de se rendre dans un café à Bourges – sous peine de perdre sa clientèle – alors qu'à Toulouse c'était une chose admise et normale.

Décembre

Dans un manuscrit : il se taire dans le silence.

1980

Janvier

Je suis la première victime de la troisième guerre mondiale. A sept heures, dimanche, je suis réveillé par une formidable explosion. Dans la nuit, des flammes sortent des fenêtres de la maison voisine, et la voix de Daniel, d'un calme qui me surprend, me dit : « Lève-toi, il y a le feu au-dessus. »
Dans mon esprit embrumé, aucun doute pendant trente secondes : une bombe vient de tomber, et une autre nous menace. Je descends l'escalier dans la panique, étonné de ne pas recevoir le toit sur la tête. Et, dans ma précipitation, je me casse le petit orteil, en le cognant aux barreaux.

Dîner rétro, chez Ghislain de Diesbach, avec Curtis, Schneider, Brenner et Daniel un peu perdu là-dedans. Juste pour faire joli. Les conversations sont centrées sur le passé, bien sûr, avec altesses si possible. Mais c'est sur Sauguet que roule la conversation.
Cher Sauguet, toujours la dent dure. Recevant une carte d'invitation d'Emily, dont la table était renommée pour ses dangers, il a cette exclamation : « Moi qui me portais si bien! »
Variation Germaine Beaumont : « On va chez elle en taxi, on revient en ambulance. » Version Marie-Laure de Noailles : « Je viendrai, malgré les risques encourus. »

Ghislain, parlant de ses nièces : « Il n'est rien qu'elles ne sachent pas. »

Gorki : un Tchekhov en bois.
Quand il y aura des académiciennes, on les appellera ces dames au jabot vert.

9 janvier

Gaxotte, clopinant, mais vif encore, et alerte malgré tout, vient déjeuner – seul – (Fazil a la grippe). Avec nous Nerson, Daniel, T. et Barokas.
Raconte des histoires de Coty le parfumeur, devenu riche parce que son eau de Cologne, concoctée sur l'évier de sa cuisine, avait plu au directeur du Printemps. Pour lui, le monde était exclusivement composé de vapeurs.

Le cas de ce professeur de philo, fils d'un préfet de Lyon, malheureusement en poste lors de l'assassinat de Carnot. Échaudé par les aléas de la politique, le père lui avait conseillé de prendre un métier paisible, à l'abri des surprises. Et pour comble de précaution, le prudent prof s'était spécialisé dans la philosophie grecque. Mais voilà qu'on le bombarde au comité Leibniz – qui siège en Allemagne. Il y va, assiste aux débuts du nazisme, en revient édifié, en parle. Un officiel lui demande de faire sur le sujet une causerie devant l'École de guerre, il s'exécute, et n'y pense plus. Sur ce, viennent la guerre, l'exode. Et quand Pétain forme son gouvernement, il nomme ministre de l'Instruction publique ce monsieur dont la conférence l'avait frappé. C'est ainsi que le brave homme prudent sera épuré, dégradé, privé de ses droits civiques et je ne sais quoi d'autre en 1944...

A l'Académie, Claudel et Mauriac se haïssaient, tout en s'envoyant des fleurs. C'est Claudel qui avait trouvé l'épithète : « écrivain *provincial* ».
Sur Cocteau, Mauriac bavait de temps en temps. Une fois, ulcéré, Cocteau écrit à Gaxotte : « Ce n'est pas parce qu'on a fait des choses ensemble autrefois qu'il doit me traiter comme ça. Je n'irai pas à l'Académie... Et dis-lui qu'il est bête », souligné. Bien entendu, huit jours après ils étaient réconciliés. Il ne reste que la lettre. Belle pièce pour une vente.
Mauriac : « Je me suis toujours ennuyé à l'Académie, sauf en 44 et 45, quand c'était la guerre civile. »

10 janvier

Entendu dans le métro (à Pigalle) : « Les Américaines, elles sont bonnes à baiser ; elles ont de belles chattes bien moelleuses. »

1980

14 janvier

« Quand on a les hommes en horreur, on a besoin de beaucoup d'argent. » Gorki.

Cette scène si curieuse, dans le *Journal* de Kafka, qui décrit Claudel, connu comme consul à Prague et non comme poète. On dirait tout à fait une de ces rencontres qu'inventent les romanciers historiques, pour s'amuser.

14 janvier. Avoriaz

Je regarde le soleil sur la neige, je pense à ce luxe d'être là, tandis que le monde craque. L'homme a la faculté prodigieuse d'accommoder les catastrophes : une bonne guerre, une bonne mort, une bonne épouse.

19 janvier

Au cours d'un de ces « raouts » salmigondis qui se succèdent en période de festival, je rencontre Lanzmann. Il vient à moi, suave, me félicitant de mon article sur Boujenah, dont le père est son médecin. Pour dire quelque chose, je remarque l'astuce du garçon, qui attendrit avec beaucoup de talent son public sans avoir vécu à Sarcelles. « Son père, paraît-il, habite avenue Marceau. – Et alors! hurle Lanzmann, cela ne prouve rien. Ils sont à six dans deux chambres de bonne, ils sont misérables. » César, qui est avec nous, vient à ma défense : « Tout de même, s'ils habitaient une HLM à Villetaneuse, ce serait plus net. »
Fureur de Lanzmann, ulcéré par notre parti pris...
J'abandonne. Je me tourne vers César – il est drôle, César, à présent, avec cette barbe grise, on dirait un Gréco nain... et je lui reproche, gentiment, toujours pour dire quelque chose, de nous avoir lâchés au jury de la nouvelle, dont il devait faire partie à l'origine. Et il y va de son petit couplet classique : « Moi, je suis d'une famille très modeste. Je ne sais pas lire. Je n'ai jamais lu un livre. Euh, le journal, quoi, pas plus. Alors je ne pouvais juger ces nouvelles. »
Moi : « Oh, vous exagérez un peu... c'est de la coquetterie... »
Et Lanzmann, comme un forcené, s'introduit dans notre dialogue : « Foutez-lui la paix, à César! Vous n'arriverez jamais à sa cheville. D'ailleurs, on en a marre de cette dictature des petits intellectuels à la con, d'ailleurs vous êtes le plus riche de nous tous, et vous m'emmerdez! »

JOURNAL

Sa femme, derrière lui, très jolie, me faisait des sourires désespérés. Après quoi, je finis, non sans mal, parmi une multitude de banquets à trouver celui de mon jury, où j'ai la surprise de voir siéger Johnny Hallyday, Sylvie Vartan, leur fils de dix ans – un petit blond très mignon – le PDG d'Antenne 2 et diverses personnes improbables. Quoirez, le frère de Sagan, à qui la vie a sculpté une gueule de vieux marin pêcheur épanoui, jouant l'esthète distancié s'amusant du spectacle du monde, me fait asseoir, très aimable et nous conversons un moment, puis il dit : « On n'attend plus que Jean-Jacques Pauvert et Matthieu Galey! »

C'est moi qui suis à l'origine de ce méli-mélo : je ne voulais pas assister à ce déjeuner – à cause du soleil sur les cimes – et on avait dû télescoper les deux repas prévus en un seul. Du reste, l'attachée de presse, dans ce ballet de quiproquos, n'en sait pas beaucoup plus que moi. Elle interroge Quoirez sur une dame, très remarquable en effet, couverte de bijoux, et qui fait beaucoup d'esbroufe à l'autre bout de la table. Réponse embarrassée : « C'est une amie charmante, qui a beaucoup d'esprit, que j'aime beaucoup et qui a la gentillesse de m'accompagner assez souvent. »

Quant à moi, je profite de ces agapes burlesques pour serrer la pince de Sylvie Vartan, puisque après tout nous avons fait affaire ensemble l'an dernier, ça lie. Elle me regarde gentiment, et me répond : « Je suis contente de vous voir. Je me demandais quel était le fou qui avait acheté cette maison. »

Image. Jean-Pierre Lavoignet, fuyant sur une piste, à skis, en marchant comme un canard, pour prendre de la vitesse en plat. Une impression merveilleuse de jeunesse, d'élan, de bonheur.

Autre image : nous rentrons tard. Nous sommes les derniers à descendre. Derrière nous, de crête en crête, deux charognards nous suivent à distance, inquiétants, avec une civière. On dirait des bandits qui préparent un guet-apens, ou des partisans mitonnant une embuscade dans ce grand silence blanc. En fait, les deux employés de la station, qui « ferment la piste ».

21 janvier

Henri de Turenne. Une belle tête de quinquagénaire, malheureusement posée sans cou sur des épaules voûtées. Me parle de son passage à *l'Express*, ses déboires avec Giroud et Grumbach, et aussi de sa famille, puisque c'est son vrai nom : « Je l'ai conservé, parce que tout le monde a cru que c'était un pseudonyme, mais pour moi, il est un garde-fou. Il y a certaines choses qu'un Turenne ne peut pas signer. »

Très vicomte! « La dernière province souveraine de France, rattachée à la couronne sous Louis XV. »

César, encore, à qui je parle de mon tombeau. Marbre et bronze, il paraît qu'il m'en coûterait une dizaine de millions. Du reste, un Marseillais déjà, le lui a demandé. Mais, l'idée, somme toute, le séduit. Il prétend qu'il n'en fait pas parce que les gens refusent ses matériaux. Les vinyls expansés ne trouvent jamais preneur, ni même les fers originaux de ses diverses compressions ou autres, mais les bronzes, toujours, ou les bijoux en or. Seuls sont clients les musées, et quelques nababs comme cet Arabe saoudien qui vient d'acquérir « son » pouce : vingt-cinq tonnes, un mois de voyage, cinquante millions.

Au dîner, singuliers demi-aveux de l'insoupçonnable J. P. Cette jeunesse n'en finira jamais de m'étonner.

25 janvier. Alès

On imagine des puits de mines, des horreurs; il y a une vieille ville, plutôt jolie, un bel hôtel de ville, une promenade. Représentation de *Faut pas payer*, sous un chapiteau. Dario Fo, pour une fois bien traduit, et joué dans l'esprit de la commedia dell'arte par une troupe de comédiens-clowns chaplinesques, merveilleux. Le premier acte, c'est du Karl Marx Brothers, de l'agit-prop écrit par un Labiche rouge ou un Feydeau coco. Jamais tant ri depuis longtemps. Cette avant-guerre a encore des joies...

Hier, petite réunion « intime » chez Grasset pour « fêter » le (faux) départ de Bernard Privat. Dans son discours vraiment improvisé, il compare la cérémonie à des adieux de music-hall, répétés chaque année. En effet, il quitte ses fonctions de PDG mais il reste dans la maison, situation curieuse, peut-être difficile. J. C. Fasquelle, dans sa brève réponse, le remercie de n'être pas parti pêcher à la ligne, qu'en pense-t-il vraiment? Dans son speech, B. P. a un mot pour chacun de nous (même pour le maître d'hôtel) qui sommes là depuis vingt-trois ans (Nourissier), vingt et un, Dominique Fernandez, ou dix-huit, moi. Les êtres qu'on croit les plus détachés vous étonnent toujours. La retraite, seconde naissance, quand ce n'est pas une première mort.

26 janvier. Le Beaucet

Dans une maison toute repeinte par mon « locataire » Serge, et remplie de photographies de famille – la sienne – si bien que j'ai la curieuse impression de rentrer à la fois chez moi et chez un autre.
Je lis les oraisons funèbres de Fléchier, gloire locale (il est né à Pernes). La curieuse dichotomie de cet exercice, qui consiste à opposer l'humilité intérieure de ces défunts illustres à leur gran-

deur externe sociale. Comme si Fléchier, tel Dieu le père, avait su ce qui se passait dans leur cœur. Du coup, la duchesse d'Aiguillon, cette peste, devient une sainte, Turenne, renégat et maréchal, un modèle de vertu, Le Tellier, ce requin, l'égal des patriarches bibliques...

Du reste, même cette élévation nobiliaire méprisée est un « éclat emprunté » aussi fictif que le reste. Turenne avait volé sa vicomté, Lamoignon est dépeint comme un descendant d'une famille très commune du Nivernais, et la Combalet (la duchesse d'A.), née Wignerod, sort de la maison du Plessis-Richelieu qui « après s'être soutenue durant plusieurs siècles par elle-même, et par ses glorieuses alliances avec des princes, des rois et des empereurs, s'est enfin trouvée au plus haut point de grandeur où des personnes d'illustre naissance peuvent atteindre... » Soixante ans plus tôt – nous sommes en 1675 – qui avait jamais entendu parler des Du Plessis? Et sans le tonton, qui seraient les Combalet? Les communistes n'ont rien inventé dans le domaine du mensonge rétroactif.

Seul Montansier, le modèle du *Misanthrope*, peut se reconnaître dans le portrait qu'en trace Fléchier : un homme qui ne se détourne jamais de ses devoirs; qui, pour maintenir la raison, se roidit contre la coutume; qui n'eut jamais d'autre intérêt que celui de la vérité et de la justice, et qui ayant eu part à toutes les prospérités du siècle, n'en a point eu ses corruptions, etc. Et de poursuivre en répudiant toute flatterie ou mensonge, imaginant que les ossements de cet Alceste « se répondraient » pour lui dire : « Ne me rends pas un honneur que je n'ai pas mérité, à moi qui n'en voulus jamais rendre qu'au mérite »...

A l'exception de ce cas très particulier, les assistants devaient se rendre à l'église ainsi que nous allons à la comédie, pour le délicat plaisir d'apprécier la tartufferie et l'humour du prédicateur. A-t-on jamais écrit une thèse sur le comique dans l'oraison funèbre? Beau sujet, digne d'une société policée où les mots, déjà, mentaient comme nous parlons.

Serge : « Je ne veux pas lâcher des pieds sans tenir des mains. »

Une muge, poisson local.

Les Soviétiques occupent l'Afghanistan, massacrant sans doute des milliers d'hommes; le monde dit libre se contente de protester vertueusement.

Ils exilent à deux cents kilomètres de Moscou un ressortissant russe à qui l'on fournit un appartement de quatre pièces, que sa femme rejoint et qui peut circuler en ville, et voilà qu'on réarme, qu'on boycotte les Jeux olympiques, qu'on parle de guerre. Mourir pour Sakharov, prix Nobel, est-il donc plus noble et plus urgent que d'aller au casse-pipe pour d'humbles montagnards analphabêtes? Entre l'hypocrisie et la sottise, on a le choix, mais c'est tristement limité.

4 février. Isola 2000

Organisé par la fofolle Anne de Dietrich, la fille de Corniglion-Molinier, ce bizarre déjeuner chez Bleustein, aux Champs-Élysées. Manifestement, je m'en suis rendu compte après, il ne savait absolument pas qui j'étais, mais moi, par hasard, j'avais décidé de parler, de « faire mondain », ne me doutant pas de cela. D'où l'intérêt dudit B. B., de plus en plus intrigué par ce bavard... Mais grâce à ce double malentendu, sans complexe aucun, je le fais parler de sa jeunesse. Comme tous les self-made men, il est ravi. Il donne ses trucs de vente, quand il était commis chez son père, marchand de meubles à Barbès : « Je ne m'adressais qu'aux femmes. Quand elles disaient enfin " Chéri qu'est-ce que tu en penses ", c'était gagné, mais ce n'était pas commode. La clientèle était provinciale, paysanne souvent, très méfiante. Pour les plus durs, j'avais un truc infaillible. Je les emmenais dans la cave et je leur faisais voir les meubles, non montés, en leur expliquant que c'étaient les derniers arrivés, malgré la poussière. Et cela marchait à tous les coups. Ah, il ne fallait pas les lâcher, sinon ils allaient en face, chez mon cousin germain! »

Ma grand-mère, évoquant l'autre jour la cuisine de sa grand-mère, en Corrèze : « Il y avait sans cesse du feu dans la cheminée, avec une bouilloire ou un chaudron accroché à la crémaillère. On se servait de la cheminée pour toutes les viandes à rôtir, pour les pommes de terre sous la cendre, les pommes... Pour les plats à mijoter, les sauces, les ragoûts, les pot-au-feu, il y avait le " potager ", qui fonctionnait au charbon de bois. Et une fois par semaine, on allumait le four à pain, y cuisant également les tartes, et parfois les rôtis. »
La vie, il y a cent ans. une plongée dans le Moyen Age. Juste avant l'abominable invention de la « cuisinière » en fonte, qui a déshonoré toutes les salles de ferme de mon enfance, car on l'a naturellement placée dans la cheminée, à cause du tuyau. Les potagers ont peu à peu disparu, et faute de feu ouvert – on n'en avait plus besoin non plus pour se chauffer, la cuisinière y remédiait –, on a oublié comment on rôtissait...

Février. Venise

J'étais venu sur un coup de tête, M. Isherwood ne semblant pas encore décidé à me recevoir et Mme Yourcenar n'ayant toujours pas renvoyé la seconde partie de son manuscrit. Une vague biennale de théâtre dont je n'augurais rien de prodigieux et je n'avais pas tort; cela ne valait pas en soi le déplacement. Mais soudain on se trouvait dans un prodigieux ailleurs, à cause du Carnaval ressuscité. Pas une chienlit organisée, de vrais costumes, préparés par de vrais Vénitiens, comme cela devait se faire au XVIIIe siècle. Des semaines de préparation, une joie spontanée, la fête. Avec de curieuses manies – le vendredi, samedi, c'était encore très classique (masques, loups, visages au blanc, capes, tricornes) et puis, les faubourgs arrivent, le dimanche et surtout le mardi une véritable explosion satirique, du crayon avec sa gomme à la folle en crinoline qui se prend pour la reine d'Angleterre, dans un fantastique afflux sur la place Saint-Marc, noire, ou plutôt multicolore, de monde.

J'ai vu des gens faire l'amour sur le marbre, habillés en clown et en fée, un cardinal chercher l'âme sœur, en vain, une Blanche-Neige à moustache, un Christ en croix, etc., et surtout les braves pères de famille habillés avec les fringues de bobonne, perruque et poil aux pattes, traînant les lardons en Bunnies ou en Mickeys. Ahurissant de cocasserie, et soudain grand, surgi des tréfonds du mystère humain, ce travestissement rituel, vieux comme le monde.

28 février. Santa Monica

Sur la plage. Je sors de chez Isherwood après une pénible séance de photos où il avait l'air aimable d'un client chez le dentiste. Curieux, cette réputation d'être charmant, charmeur et drôle, lui qui s'est montré odieux avec une rare constance. La fureur multipliée par la mauvaise foi. Et la déception visible de la photographe, qui avait d'abord pris Bachardy pour Isherwood. Que j'aie traversé l'Atlantique pour le voir, que je connaisse pas mal ses œuvres, voilà qui ne l'étonne pas le moins du monde. Pourquoi être venu de si loin pour lui faire perdre son temps? Pas l'ombre d'un atome crochu entre nous. Pas une question personnelle, qui montrerait le moindre intérêt pour l'interlocuteur. Un petit monsieur, l'air traqué, comme un ancien nazi saisi au piège des services secrets israéliens. Obligé de répondre, mais on cherche l'avocat.

La maison, comme beaucoup, par ici; suspendue sur le vide, à flanc de falaise. Mais ce sont des falaises de terre rougeâtre, que chaque saison pluvieuse ravine dangereusement : vu de la plage, on dirait des jouets d'enfant sur un tas de sable. La demeure d'Isherwood – *the Fall of the Isher House* – a l'air plus solide, parmi un fouillis d'autres. Intérieur simple, très blanc, avec un beau carrelage de tomettes. Au fond, un vaste miroir. Une grande

1980

baie qui ouvre sur la terrasse, couverte d'une sorte de pergola d'où pendent des lianes de lierre. Lui a quelque chose d'un vieil enfant : cheveux blancs, mais drus, taillés court, regard bleu, Susan Clifford déjà un peu éteint – mais la bouche est amère quand il ne sourit pas. Un petit monsieur très frais dans sa jolie villa de Meudon-sur-Pacifique.

Le même après-midi, rencontré :

– un dénommé Ed, quarante-deux ans, superbement conservé, petite moustache, yeux bleus, corps athlétique, ancien officier de la 5e armée où il a servi sept ans, en Corée, en Indo et ailleurs. Vit avec deux chats et un roommate dans un pavillon de Silver Lake. Plein de bottes, de tee-shirts et de jeans entassés en désordre (il va déménager). Très réactionnaire, et patriote, d'autant plus qu'il est pur serbe, de père et de mère, mais né dans le MiddleWest.

– un dénommé Al, vingt-deux ans, noir cirage, mais avec des traits fins, et un corps de rêve. Lui, dans le même quartier, travaille dans un restaurant. Originaire du New Mexico, il n'a guère quitté la Californie depuis qu'il est gosse, sauf pour une virée dans l'Oregon. Habite chez sa sœur et déteste – sexuellement – les Noirs. Absolument pas équivoque, et très beau garçon, il n'a fait l'amour avec une fille que trois fois. Le reste du temps, il cherche les Blancs, moustachus, cheveux plutôt longs et avec du poil sur la poitrine.

Le soir, dîner avec David dans un restaurant japonais : où trouver ailleurs pareil exotisme ?

Curieuse attitude « conjugale » de David, jaloux vert quand je sors, et m'accueillant avec des questions acides quand je rentre.

Mais je n'ai tout de même pas fait dix mille kilomètres par le pôle pour venir tricoter devant la télévision. D'autant que, pour moi, le sexe est un produit folklorique américain, au même titre que le hamburger ou le pop-corn. Y renoncer, ce serait visiter la France sans boire un verre de vin, par-ci par-là. En allant même jusqu'à une petite cuite, pourquoi pas ?

Hier, justement, bu mon saoul et au-delà. Rien de très surprenant néanmoins. Un Noir, un blond, un Jaune, mais sans frénésie.

L'endroit le plus étonnant, ici, c'est la gare, sorte de cathédrale espagnole, immense, somptueuse à l'intérieur, et désespérément vide. Il n'y a plus que trois ou quatre trains par jour, fréquentés par des pauvres, des Noirs, des Mexicains, enfin la racaille sans automobile, et c'est rare ici. On dirait la gare au bois dormant, avec ses innombrables guichets, où il n'y a que trois employés, le stand des renseignements abandonné, et le restaurant – qui a dû être superbe –, une sorte de patio fleuri, n'est plus qu'un terrain vague où poussent des herbes folles.

Drôle de pays où l'on parle de V. D. (venerial disease) à tous les coins de pages dans les journaux, mais où le mot cancer – du moins dans le *Los Angeles Times* a disparu des signes astrologiques, remplacé par *Children of the moon*...

9 mars. San Francisco

Ici, c'est un peu comme Israël pour un juif. Tout le monde l'est, ou plutôt en est. Il y a un côté jardin d'Éden à la Puvis de Chavannes qui est à la fois bouleversant et ridicule : ces garçons qui se promènent en se tenant par la taille, s'embrassent à pleine bouche, s'exposent avec un délice multiplié, sans doute, par des années de frustration. Étonnant aussi ce goût des codes, afin que chacun sache bien qui est qui : une provocation permanente, l'excitation intellectuelle de se proclamer constamment objet sexuel. Mais, en même temps, la surprise de voir tous les schémas petits-bourgeois reproduits dans la déviance : ces couples cuir et jeans vivent dans des maisons pimpantes, délicieusement arrangées, et la plante verte dans le bow-window contredit le ceinturon et les boots – quand ce n'est pas la tapisserie comme je l'ai vue dans Bella Vista Pk, tout à l'heure.

Au Flore... (il y en a un), mélange aimable de toutes les couleurs – même un Noir aux cheveux rouge mercurochrome –, on fait la queue au bar pour avoir un café, on commande son plat en donnant son prénom – si bien qu'on vous appelle ensuite comme une mère son enfant... « Matthieu, ta soupe! » Mais vieillir ne paraît pas commode. Ça n'est pas prévu, la communauté n'ayant jamais que dix ans. En l'an 2000, le spectacle sera curieux, à moins que le racisme inévitablement déchaîné par cette concentration anormale – si j'ose dire – n'ait eu raison avant de cette greffe stérile : pas un enfant! D'autant que la communauté est très agressive, avec ses journaux, ses lobbies – ses lesbiennes, aussi, bien sûr – et tout ça criaille, défile et réunionne.

Enfin, pour l'instant, c'est à la fois décourageant et idyllique. La culture physique a transformé tous les individus sur le même modèle, d'où le même costume, etc., sauf des excentriques, alors délirants. Le plus efféminé des garçons se doit d'avoir des bras comme des jambons, des pectoraux à mettre dans un soutien-gorge et des cuisses de bœuf. Mais, à l'intérieur, habite un petit prof de lettres ou un employé de banque... La frime sur les muscles. Seuls les Noirs restent – eux-mêmes, somptueusement. Ils n'ont pas besoin de s'entraîner dans des gymnases pour être superbes, pas besoin d'excitants pour bander; et si la drogue les abîme un peu, bien sûr, c'est juste un peu...

1980

Mars

Madeleine Renaud – c'est la dernière de *Wings* ce soir, très chaleureuse – parle du voyage qu'elle doit faire bientôt : quinze heures, de Paris à Mexico, « Dommage qu'il n'y ait pas de couchettes. C'était merveilleux. » Petite moue, sourcil qui se fronce, puis : « J'ai même fait l'amour avec Jean-Louis, là-dedans. »

Laurence Bourdil, aussi folle que toujours, dit de Chéreau qu'il vous met « la tripe off ».

Nathalie Sarraute, inquiète pour la photographie qui doit illustrer l'article sur elle : « On vous montre une guenon et on vous dit : " C'est tellement vous ! " »

Raconté par Gaxotte. Un jeudi, à l'Académie, Mauriac parle de je ne sais quelle pétition qu'il a signée en faveur d'Africains emprisonnés, et Claudel, dans son coin, grommelle : « Il ne faut jamais oublier que le Noir est le meilleur ami de l'homme. »

Mars

Hébergée chez Simone depuis un mois, à la suite de son accident, ma grand-mère n'a pu aller chez le coiffeur, et ses cheveux ont perdu leur noir de jais. Oubliant qu'elle se teint depuis un demi-siècle, elle feint de s'en étonner, et attribue cette blancheur subite à ses récents malheurs : « Il arrive qu'on blanchisse en une nuit ; je l'ai souvent lu dans des livres. »

A la Salle Drouot, le 28 février, le même amateur fanatique vient d'acquérir trois importants manuscrits de Paul Valéry, pour la coquette somme de quatre cent soixante mille francs, plus les frais. C'est ainsi que Jean Voilier entre officiellement dans l'histoire littéraire, par la petite porte d'un catalogue de commissaire-priseur.

Jadis épouse de Pierre Frondaie, l'auteur de *l'Homme à l'Hispano*, puis elle-même femme de lettres – d'où ce masculin pseudonyme, comme Aurore Dupin s'appelait George Sand –, la dernière passion du poète ne s'est pas dessaisie sans déchirement du premier état (inédit) de *Charmes* (« Un cadeau d'anniversaire, monsieur »), où *le Cimetière marin* s'intitule encore *Mare nostrum*... Crève-cœur aussi d'abandonner ce *Carnet autographe*, orné de quinze dessins, et dédié à celle qu'il avait rebaptisée Polydore : « Je te redonne ce que je t'ai donné... Ce carnet bleu qui vieillit sur mon cœur est un peu moi... » Mais c'est la vente de *Corona* qui lui aura le plus coûté, car ce recueil de vingt-trois poèmes était tout entier inspiré par cet amour d'automne, né juste avant la guerre.

En principe, il ne devait en être tiré que trois exemplaires, un pour lui, un pour elle, et un pour la Bibliothèque nationale, qui n'a malheureusement pas usé de son droit de préemption, cette fois-ci...

Que deviendra-t-il à présent? Une ombre passe sur ce visage de Junon, aux cheveux impeccablement gonflés. Près des Champs-Élysées, l'appartement est élégant, cossu, moquettes épaisses et beaux meubles en citronnier. Au mur, de la main du maître, lavis symbolique, un grand voilier... « Il ornait un bar, dans ma petite maison de la rue de l'Assomption, où Valéry a écrit *Mon Faust*. D'ailleurs Lust, c'est moi! Je ne trahis aucun secret : lui-même l'a dit. »

Un lieu de délice, cette maison, entourée d'un vaste jardin, qu'elle a dû vendre également, il y a quelques années, parce que l'État fut trop pingre pour l'acheter : « Au prix du terrain, monsieur. Je voulais qu'on en fasse un musée. J'aurais donné mes manuscrits tout de suite. C'était arrangé. Mais il aura suffi d'un fonctionnaire tatillon qui ne voulait pas payer un conservateur et une femme de ménage pour l'entretenir. »

L'auteur de *Beauté, raison majeure* et de *Jours de lumière* n'a pas encore tout perdu. Il lui reste une centaine d'autres poèmes inédits, et une fabuleuse correspondance. Mais là, elle est catégorique : « Je ne m'en déferai jamais. » Dût-elle céder son château du Lot et son logis, si la dureté des temps l'y contraignait. « Dieu sait, pourtant, si j'ai trimé, dans ma vie, car je fus aussi éditeur. Valéry se plaignait toujours de mes " absences ". Il aurait voulu que je me débarrasse de tout " mon bazar ", c'était son mot, pour me consacrer à la littérature, mais il fallait bien gagner mon pain. Valéry n'avait pas de fortune, monsieur. C'est un homme qui n'a jamais pris un taxi de son existence. Toujours le métro ou l'autobus : l'AS, pour venir chez moi. Le pauvre, quand il me demandait d'organiser un dîner, il me disait : " J'apporterai le vin. " C'était touchant! »

Un sourire, un soupir, le temps retrouvé... « Les gens sont drôles; ils voient les égéries en odalisques, allongées sur des chaises longues. Moi j'allais à mon bureau à bicyclette, c'était l'Occupation – et j'en revenais vannée, mais heureuse de le retrouver, qui m'attendait dans le jardin. Lui aussi travaillait sans cesse. Même à soixante-dix ans, et célèbre comme il était, il œuvrait à la commande, des préfaces, des conférences, des discours : il avait six personnes à nourrir. Dans ses lettres, il m'écrivait : " Je suis humilié de ne rien pouvoir faire pour toi. " Alors voyez-vous, monsieur, pour me consoler, quand j'y pense, je me dis qu'il serait tout de même heureux de ce qui vient d'arriver : c'est comme s'il me rendait aujourd'hui ce qu'il n'a pas pu m'offrir autrefois... »

O récompense, après une pensée...

1980

Mars

Dans le manuscrit de Yourcenar que je tape – et corrige – elle déclare qu'elle n'est pas opposée à « l'abortion », anglicisme à la rigueur excusable après quarante ans de séjour aux USA, bien que pour une académicienne... mais que penser de « propensité » ? Sans parler, bien sûr, des phrases bancales et emberlificotées que j'essaie de remettre sur pied. Je me demande si Grace Frick, de son vivant, ne se livrait pas à ce petit travail... Elle va beaucoup manquer.

Au théâtre, assis derrière Gautier, l'un de ses plus ardents supporters à l'Académie, qui me chuchote par-dessus l'épaule : « Elle ne nous facilite pas la tâche avec ses déclarations fracassantes. La voilà qui prétend lire son discours de réception en privé, chez un " académicien ami " : je me demande s'il lui en restera... Elle va peut-être se rendre si odieuse, la chère âme, que ces messieurs n'éliront plus aucune femme après elle. Mais c'est son plan, qui sait ? En tout cas, cela ne lui déplairait pas. Mais c'est tout de même drôle d'entrer à l'Académie à reculons, comme les ânes. »

21 mars. Dans l'avion

On traverse une « zone de turbulence ». Assis au dernier rang d'un 747, ça tangue raide. Une certaine nervosité dans ce fer à repasser lancé sur le vide. Les têtes doivent carburer. A part un vieux monsieur alcoolique nul ne songe à fumer. Beaucoup de bras se lèvent, curieusement, pour s'étirer. Et on se dit... oh, on se dit, qu'après tout ce fut une vie plutôt remplie, que ça suffirait peut-être, au fond. On est un peu triste pour les autres.

Douze heures après être parti, toujours dans ce foutu avion. Même pas détourné, pourtant ! Mais crochet par Washington pour cause de tempête, et retour à New York – où peut-être nous allons enfin atterrir.

23 mars. Louisville

Encore un peu fatigué par ce voyage interminable – nuit dans un motel de passe près de Kennedy, tenu par des Arabes, formidable désorganisation de ce pays informatisé dès que les éléments ou le hasard ne jouent plus le jeu de la technologie.

Arrivée le lendemain à midi, dans cette « petite » ville de province qui essaie d'être une capitale, avec tous les stigmates classiques : chantiers partout qui lui donnent l'allure d'une cité dévastée, ponts suspendus sur l'Ohio qui défigurent monstrueusement le paysage, quais transformés en highways surélevés, etc., avec, curieusement une rue piétonnière et quelques maisons des origines, dont le théâtre, dans une banque de 1820, isolées, aussi insolites dans ce désert de ruines qu'un ancien combattant oublié sur un champ de bataille...

La nuit avec un Robert coloré, très enfantin, plutôt décevant en dépit de sa bonne volonté. Espère devenir un ténor léger – tiens, lui aussi – mais je le vois mal en vedette internationale, le pauvre gosse.

Curieux rêve : il fallait que j'écrive un article sur Marion Delbo ou les œuvres de Marion, et je vivais dans l'angoisse, n'ayant plus aucun document, ni rien qui justifiât cet article. Sans doute la transposition d'un papier que je dois faire sur Bosquet... mais pourquoi Marion?

A l'hôtel, pas de treizième étage.

Le grand homme, ici : Muhammed Ali, qui a même déjà son boulevard. Jon Jory l'allure d'un notaire pompeux, avec sa barbe et ses lunettes. Aucun contact avec ce polochon bourré de satisfactions provinciales.

24 mars

L'après-midi à New York. Baladé dans les rues indiennes, où se pratiquent encore les ventes de bijoux comme au Moyen Age avec un vieux juif qui estime et prête, avec la tête d'Einstein, au fond d'une échoppe.

Canal Street, ce sont les souks, en sinistre, avec des débris de vaisselle et des morceaux de ferraille à des prix astronomiques. East Village, tout devenu très cher, et sale.

28 mars. Dans l'avion de Nice

Barthes est mort, avant-hier, des suites de son accident. Les journaux remplis de louanges dithyrambiques, et qui feront tout de même sourire. Quand on consultera les collections du *Monde*, d'ici vingt ou trente ans. Surtout cette phrase de Poirot-Delpech : « Il tournait autour de la langue comme un enfant autour de sa mère... »

Brisville me raconte une histoire que Barthes lui-même lui avait confiée, avec ce demi-sourire de travers qu'il était toujours difficile d'interpréter : moquerie ou intime satisfaction? Bref, il devait faire passer un oral à un étudiant, à l'institut des Hautes Études. Et le garçon, découvrant que c'était Barthes en personne qui l'interrogeait, s'est évanoui. Le Claude François de la sémiologie. Mais quand on en arrive à ce degré 1000 de l'hystérie, comment raisonner ?

Ma grand-mère se plaint de la vie, puis se reprend et déclare, parce qu'elle l'a lu dans des livres, sans doute : « Je vis pour mes enfants... » Le petit dernier a soixante-cinq ans et sept rejetons lui-même. Ma mère : « Tu comprends, elle n'est pas vieille. Elle est antique. »

Les musulmans, vus par Audiberti, dans *Cavalier seul* : « Ils jouent de la flûte devant l'invisible. »

Apocryphe, peut-être, mais après l'élection couplée de Yourcenar et de Droit, un académicien aurait dit : « On a élu une femme, on peut bien élire un con. »

31 mars. Le Beaucet

L'autre jour, Daniel aurait très bien pu se tuer en voiture, alors que je l'attendais benoîtement à l'aéroport, puis à l'hôtel, sans inquiétude aucune. Mais mon égocentrisme est incroyable. J'aurais dû sauter de joie, délirer, le couvrir de baisers. Non, rien. Une petite humeur pour ce retard non prévu au programme. Faut-il que les catastrophes soient vécues pour qu'on en souffre, ou surtout qu'on en revienne, avec le soulagement d'un miracle accompli ? Quel manque d'imagination !

Serge, gentiment, propose un loyer en nature.

Claudette, cent dix kilos : « Moi, j'ai toujours très peur de l'avion. Je me dis que si je monte dedans il va s'écraser ! »

Drôle d'atmosphère, ici. Des garçons coiffeurs, de la fanfreluche, et d'étranges tenues : mais le plus curieux, ce sont les relations mère-fils complices entre Denise et Serge. Elle voudrait à la fois le materner et lui « apprendre à vivre », parce qu'il est « immature ». Elle est scandalisée qu'il ne songe pas à payer les notes, oubliant qu'elle me doit pas mal d'argent, dont il n'est plus jamais question entre nous. « Et puis, tu te rends compte, il fermait la porte à clé ! On ne pouvait plus rentrer : non, mais, tout de même »... Dans *ma* maison.

Claire, scandalisée par ce qu'elle voit, la bourgeoise ressort. Swan ne dit rien, ne voit rien, peut-être, mais il s'endort. Il paraît que c'est sa façon de couvrir ses malaises. Un jour, Claire a ramassé quelqu'un en voiture. Swan s'est aussitôt endormi sur la banquette arrière.

JOURNAL

1er avril. Dans le train de Paris

« Mon fils m'a appris à m'intéresser aux autres », dit Claire. Daniel joue ce rôle pour moi, un peu. Je lutte pour ne pas retomber dans le mutisme des vieux ménages, déjà connu. S'aimer, c'est ne faire plus qu'un. Mais alors pourquoi se parlerait-on? L'amour meurt de se taire.

Quand j'étais gosse, le prestige de ceux qui avaient eu une mastoïdite (maladie disparue?). Il leur en restait un trou derrière l'oreille, glorieux comme une blessure de guerre. Que n'aurais-je donné pour pareille cicatrice! La bêtise n'a pas d'âge.

6 avril. Entre Nîmes et Narbonne, dans le train

Cette nuit, j'appelle Yourcenar. Sereine, à peine aimable, durcie par la gloire, semble-t-il, jusqu'à l'acier inoxydable, je l'entends me dire très calmement que je n'aurai pas les vingt pages qui me manquent avant des mois, qu'elle n'a pas même ouvert le paquet d'épreuves, et que si vraiment sa notoriété ne doit pas passer l'été, cela ne présente guère d'intérêt. Que répondre? Je ronge l'ébonite de mon téléphone, en songeant que Rosbo, seul sur le marché, rafle tranquillement toutes les ventes. Si encore elle me donnait un texte impérissable. Mais non, des banalités drapées, qui finiront par lasser tout le monde. Même au moment de sa réception, achètera-t-on ce livre? Pour une fois que je tenais la chance par la queue, il y a de quoi grincer des dents.

Mais ce sont les astres qui m'en veulent, ces temps-ci.

Après avoir appris, non sans une certaine satisfaction, que j'étais incurable, et que je mourrai probablement du cœur, je me mets dans une colère noire et idiote contre le gentil mari de Martine, il est vrai fort entêté à me faire boucler ma ceinture de sécurité comme si j'étais un de ses futurs élèves – qui ne riront pas tous les jours. Il a dû payer, le pôvre, la monnaie que je ne peux pas rendre à la vieille Marguerite.

Laissons reposer, clé de la sagesse.

Avril

L'immense foule qui vient d'accompagner Sartre de Broussais au cimetière Montparnasse, non sans piétiner quelques croix au passage. Le fils de Todd est même à l'hôpital, ayant reçu un bout de pierre tombale sur le bras. C'est à la fois superbe et consternant. La réflexion naïve de cette dame du XIVe, à sa fenêtre, étonnée par ce rassemblement : « Vous ne me ferez pas croire que tous ces gens-là connaissaient Sartre! » traduit sans qu'elle s'en doute une inquiétante vérité. Aux obsèques de Victor Hugo, il n'était guère de personnes qui ne connussent au moins un vers de Victor Hugo, des titres, quelque chose, et l'histoire de son exil à défaut du reste. Là, rien. L'immense majorité n'a jamais lu Sartre, ne peut pas le lire; elle enterre un symbole, un porte-parole (mais on ne sait pas laquelle) : à la limite, elle s'enterre elle-même.

Dernier « grand homme » à l'ancienne, de ceux qui ont fait de leur vie une légende (mais hélas pour Sartre, sans prison, sans héroïsme, sans résistance; l'idéal eût été de confondre la biographie de Malraux avec l'œuvre de Sartre et le talent d'Aragon : à eux trois ils faisaient un Victor Hugo). Sartre est aussi le premier écrivain-spectacle, dont les actes importent plus que les œuvres. Seule sa réserve, sa dignité à l'égard du pouvoir – donc son refus de paraître à la télévision – l'ont sauvé de sombrer dans l'histrionisme des autres. Illustre parce que jamais vu, ou si rarement.

Eût-il paru sur le petit écran toutes les cinq minutes, et le bon peuple ne se serait pas déplacé : il l'aurait aussi enterré « à la télévision »...

Au château d'Anet, la dame guide a de belles phrases : « La colère des habitants du village *mirent* fin*t* à la démolition du château, grâce à quoi vous avez pu*t* admirer ces deux magnifiques bu*str*es d'Henri II et de Diane de Poitiers. »

2 mai. Entre Rome et Le Caire

Impossible de noter tranquillement mes impressions vénitiennes de ces derniers jours, et voici qu'elles sont déjà fanées. J'aurais voulu dire sur l'instant la beauté de cette ville rose sous un ciel gris, les retrouvailles avec Carpaccio, la surprise de voir le comte Volpi muré dans la nef des Fiori comme un seigneur de la Renaissance – avec inscription en latin, je vous prie –, la trouble modernité du Tintoret à la Scuola San Rocco – tiens, on revient à Sartre! –, le frémissement tendre d'une sainte Lucie pour Tiepolo dans une église près de la Malibran, le charme intact et un peu délabré du palais Fortuny, la sauvagerie orientale de Saint-Marc pour un Dieu d'Esther ou d'Athalie... Bah, on voudrait dire tant de choses sans importance. Je garderai surtout le souvenir de la grande silhouette de Françoise, et devant elle, dans ces ruelles, un enfant flâneur aux boucles brunes qui rit, qui boude avec son sac sur l'épaule, l'air d'un éternel collégien à la sortie des classes. Le reste, c'est du décor. Oh! les dernières semaines de paix avant le grand boum, alors...

Ce séjour tout de même un peu gâché par trop de monde, et aucun contact avec les autochtones.

JOURNAL

X., qui était à Venise il y a peu de temps, me racontait un dîner au Harry's Bar, avec Hervé Mille et la comtesse Volpi, devenue pachydermique et podagre (quand elle descend dans son motoscafo on se détourne par pudeur pour ne pas assister au spectacle). Avec elle, une comtesse, sans âge, présidente de la Croix-Rouge vénitienne, qui vit encore dans son palais, avec domesticité nombreuse, etc. Les femmes, elle va les chercher à la campagne. Quant aux mâles, elle se les procure jeunes, et comme ils sont en général à l'âge du service militaire, elle se les fait prêter par le commandant de la place, les jours de réception. Un coup de téléphone suffit...

Avisant un personnage assis quelques tables plus loin : « C'est un rouge, dit-elle. A la chute de Mussolini, il aurait dû me supprimer, comme fasciste (et de la première heure; elle conserve pieusement des lettres du Duce), comme aristocrate et comme possédante. Mais à Venise, tout s'arrange... »

Drôle de race en voie de perdition, comme le dragon ptérodactyle que combat le saint Georges des Schievoni (remarque de Daniel). Autre exemple : l'héritier des Z., qui vit à présent aux frais de l'État, à qui il a fait don de son château – ce qui ne l'empêche pas d'être encore milliardaire, surtout depuis qu'il a renoncé à « travailler », c'est-à-dire à mettre son argent dans de mauvaises affaires. Uniquement occupé de chasse et de golf, il constate sa curieuse situation : squatter (toléré à vie) de son propre domaine. « J'habite dans une réserve, conclut-il. Une réserve pour riches. »

A Venise, le temps des privilégiés, c'est bien fini.

Devenue musée, la maison de Mme Guggenheim, morte l'an dernier, est si pleine de monde que le garde, pistolet au côté, doit régler la circulation comme dans un embouteillage. Et qu'est-ce qu'ils comprennent, tous ces gens, aux sublimes Max Ernst, au Klee doré, au Fernand Léger d'avant la mécanique?

Si, un souvenir frappant, tout de même : la stupéfiante vétusté des villas – plus ou moins palladiennes – de la Brenta, noyées parmi les usines, les bicoques, les hangars. Et puis à Vicence le théâtre olympique, récompense de la perfection à l'antique, poussée jusqu'au délire.

3 mai. Le Caire

Longue marche une partie de la nuit dans cette ville poussiéreuse, jaunâtre, sans une femme, sinon une espèce de putain hyperfardée qui fait un esclandre à un carrefour. Partout des policiers, des policiers, mitraillette sous le bras, baïonnette au canon, très jeunes, et pas méchants, néanmoins. Beaucoup de « regards brûlants », à qui on ne se fie pas trop. Et de curieuses attitudes, tel ce petit garçon presque noir, qui m'a suivi deux bons kilomètres, à distance, comme on piste une proie. Devant l'ancien palais royal, des jeunes jouant au foot sur ce qui fut peut-être une pelouse du temps de Farouk.

Un chauffeur de taxi charmant, trente-six ans, neuf ans d'armée, un enfant de dix mois, et « pour la paix » (il disait tout le temps : « Bis, bis. » Jusqu'à ce que je comprenne : « Peace, Peace »).

A l'arrivée, le jus d'orange de bienvenue. Curieux pays. C'est Tunis, en plus sale, avec ce côté délabré et rétro ruiné, comme si le temps s'était arrêté avec la colonie, sauf dans les quartiers périphériques, hérissés d'hôtels et de tours.

8 mai. Sur le « Mermoz » – en mer – entre la Crète et la Sicile

Formule de Jean Weber pour clore la soirée : « Si nous voulons conserver nos appâts, il faut les allonger. »

Un mot de D'Annunzio, cité par lui, à une dame qui lui disait qu'elle l'adorait comme un dieu, il répond : « Pourquoi un ? »

Très brillant, avec cet humour scintillant qui est aussi celui de Gaxotte, entre la caricature, le guignol et le travesti, très folle d'avant-guerre, avec ce petit peu de trop qui en fait tout le charme rétro. La fascination de ces homos antédiluviens pour les monstres sacrés. En particulier Sorel, avec qui il a joué *les Caprices de Marianne*, bien qu'il y eût entre eux une cinquantaine d'années d'écart. En cours de pièce, elle partait pour la messe dans sa somptueuse robe de brocart et en revenait quelque temps plus tard... avec une autre, encore plus somptueuse...

Il imite, mi-perruche, mi-cantatrice, mi-hululement, les curieux sons qui sortaient de sa bouche, et dans lesquels il avait du mal à reconnaître, brochure en main, les répliques de Musset.

Récit également mirobolant d'une soirée avec elle – quand ? – où elle s'était rendue avec lui au Marivaux pour voir *A Star is Born*, parce qu'elle connaissait le caissier. Mais celui-ci s'était écrié : « Comment, Mme Sorel est là ! Mais je veux la voir », etc., la queue s'était transformée en attroupement. Après quoi, au Claridge, il lui avait fallu rejoindre une « créature » dont elle avait oublié le nom, et qui n'était autre, mèche sur l'œil, et sublime en velours noir, que Marlène. Tous les trois – et Sorel embobinée dans trois mètres de renard bleu – s'en vont sur les Champs-Élysées, au grand ébahissement des badauds... Le taxi, enfin trouvé, les emmène au Harry's Bar, où les deux stars s'étudient. Marlène raconte qu'elle a dû subir certaines interventions chirurgicales pour « s'améliorer » et Sorel superbement inconsciente : « Tiens, ça se fait donc, ces choses-là ! »

Car, comme chacun sait, elle s'était fait « remonter » avant d'entreprendre son tour au Casino. Et le formidable succès de « l'ai-je bien descendu ? », auquel il a assisté le premier jour, tient à cette ahurissante transformation physique qui l'avait rajeunie de trente ans.

Stupéfiés, debout, les gens applaudissaient le miracle esthétique autant que la prestation.

Du reste elle disait elle-même : « Je ne suis pas vieille; je suis riche d'années ! »

Il raconte également l'enregistrement de Mériel auquel il a assisté, avec Antériou et le directeur de scène de l'Opéra. Très nerveuse, elle lui tenait la main serrée. Pendant quatre heures et quart...

Mais il paraît que Bartet, lors de la même opération, vers 1902, avait lacéré les manches de sa suivante pendant sept heures, et même sauté deux vers dans une tirade d'*Andromaque* pourtant récitée par elle des milliers de fois. Elle était persuadée – d'où ce trac intense – qu'ainsi, enfin, elle devenait éternelle.

On passe à Sacha, dont il raconte l'indifférence aux précisions historiques dans ses films. A un journaliste qui lui demandait s'il était sûr de ne pas commettre d'anachronisme : « Ce qui me préoccupe en ce moment, voyez-vous, c'est le troisième bouton du sixième figurant à gauche, là-bas, où je peux lire SNCF. » De toute façon, pour faire un mot – qu'il essayait du reste sur ses amis, avec une mimique connue des intimes, la main sur les yeux –, il aurait sacrifié père, mère, femme et, bien entendu, la vérité historique. Il a tourné Louis XIV avec un tricorne Louis XV et Weber ayant suggéré qu'on pouvait dire Güise plutôt que Guise, il a consulté l'Arsenal pour vérifier l'authenticité de cette précision, puis l'a rejetée, sous prétexte qu'il était « un auteur populaire » et que son public n'aurait pas compris cette singularité.

Petit itinéraire de Venise à Jérusalem.

Rome, sans histoire. Les escales ne sont plus ce qu'elles étaient, à l'ère de l'avion. L'aéroport de Los Angeles ou Léonard de Vinci, quelle différence si ce n'est l'inévitable pin parasol et la non moins inévitable petite ferme qui sauve le paysage de l'anonymat. Au Caire, tout de même, ça change. Vétusté des bâtiments, saleté des locaux et difficulté à se défaire des « faquins » de toutes sortes.

Réussi tout de même à trouver un taxi « d'État » qui fait un prix honnête pour me conduire à Dokki. Chauffeur très beau, sympa, trente-six ans, mais je lui en aurais donné dix de moins – ancien militaire qui est « for the peace ». Il m'emmène, après l'hôtel, dans le centre, assez désert à dix heures. Je rentre à pied, en passant par l'ancien palais de Farouk, désert et dont la pelouse est devenue un terrain de foot, pour les ados du coin. Innombrables et tous d'un type très attirant.

1980

Sur la grande place, où la population – exclusivement mâle à cette heure – attend les bus, un type me drague, moche, puis un autre, très gazelle noire. Il me suivra tout le long du chemin, sur le pont interminable qui traverse le Nil et son île; à distance, comme on piste une proie. Un peu inquiet tout de même, et ce n'est pas sans un certain soulagement que j'ai rencontré, montant la garde au milieu du pont, un soldat baïonnette au fusil... Un gosse, en vérité, mais néanmoins...

Quand j'arrive à l'hôtel – il est toujours sur mes traces – il disparaît dans la nuit. Dommage, peut-être.

Le lendemain, journée musulmane. Les souks et les mosquées. Plutôt que des églises, ce sont des îlots de paix au milieu de la foule. Entre le cloître et le jardin des musées, avec tous ces étudiants, posés au hasard un peu partout, et qui lisent ou récitent. A El Azhar, ce grand type en djellaba blanche, prosterné devant un pilier, qu'il avait élu pour Dieu. Jamais mieux compris l'abstraction de cette foi, qui paraît pourtant viscérale et si forte.

Au tombeau du sultan X., superbe mausolée de nacre, de marbre et d'or, dans la chaude lumière des vitraux, je suis seul avec un bizarre guide, qui me prend par le cou pour me faire admirer la coupole, et se frôle à moi dans l'escalier du minaret – d'où l'on a une vue singulière sur la ville : on dirait qu'on a rasé tous les toits des immeubles du centre. En fait, ils se sont écroulés, faute de soins, et l'on a tout laissé en plan, tel quel. Allah y pourvoira.

Le soir, après avoir rejoint ma troupe à l'hôtel Méridien, non sans avoir accompli un périple ahurissant à bord d'un taxi collectif conduit par un fou, comme tous les chauffeurs égyptiens, les Pyramides en son et lumière. Très cucul, avec cependant la surprise d'entendre la voix de Jean Marchat...

Le grand silence du désert entre les Pyramides et Alexandrie.

Une dame sur le bateau : « Je ne croyais pas que le Sphinx était si détérioré. »

Après l'Égypte – surtout Alexandrie, avec ce qui lui reste de fastes fin de siècle –, débarquer en Israël c'est changer de continent en même temps que d'époque. Des autobus qui roulent, une gare maritime en état, des macadams impeccables, des panneaux comme en Amérique et aussi du racisme, pour corser la vraisemblance. Et pas seulement à l'égard des Arabes. La dame ashkénaze qui nous sert de guide – une Roumaine à l'accent indélébile bien qu'elle ait été élevée à Notre-Dame-de-Sion, à Bucarest – parle des sépharades venus de « Nordafrique » comme de sous-développés irrécupérables. A côté de moi, une juive pied-noir contient comme elle peut sa rage.

JOURNAL

Dans Jérusalem dorée, le choc du mont des Oliviers : d'un côté la mer Morte, de l'autre la Méditerranée. Ce n'est pas un pays, c'est un grand domaine assiégé. Quelque chose comme le Far West, du temps des Indiens.

Au mur des Lamentations, précédé d'un parvis qui lui fait la part belle, la superstition l'emporte déjà: les pèlerins, les touristes, glissant des petits papiers dans les interstices des pierres. A quel dieu, sans visage, ces lettres?

Ensuite dans les souks superbes, qui montent jusqu'à la Citadelle, avec Moreau, etc.

Le marchand de vêtements jordanien, avec qui nous discutons pour obtenir le rabais usuel des trois quarts, a quinze frères ou sœurs, qui vivent tous de son échoppe, installée dans l'escalier de la maison – qui leur appartient. Il est déjà allé trois fois aux États-Unis – où il a d'autres frères – et parle parfaitement l'anglais. On lui donnerait quatre sous. Et il les prendrait...

Le grand hôtel vide de Césarée, tenu par un ancien élève du cours Simon. Dans ces endroits vastes et luxueux comme au Portugal, sinistres hors saison.

Hêraklion, c'est déjà le tourisme, à l'occidentale, entre Saint-Tropez et le Mont-Saint-Michel. Sans grand charme, si ce n'est le fort. Quant à Cnossos, recouvert de ciment après avoir été enfoui des millénaires sous la terre, comment s'en faire une idée? Le paysage lui-même n'est pas préservé, les fresques sont fausses; l'esprit n'a pas résisté aux fouilles.

Palerme? De beaux palais en ruine, et là aussi une débauche de béton. Décevant. Mais il est vrai que je n'aime guère les mosaïques, inattaquables à la patine.

P. S. : en Israël, on a créé des étangs artificiels pour élever des carpes, afin de confectionner le plat traditionnel juif... d'Europe centrale. Une image parlante de ce pays « rêvé », sans aucun souci du réel.

Mai. A l'aube (Gaillon)

En faisant mon pipi matinal, dans le jardin, un endroit où la terre est à nu, grattouillée sans doute pendant des heures par ma mère dans son éternel et vain combat contre les orties, me rappelle mon grand-père, qui aimait tant, à cette heure-ci, s'escrimer sous la terrasse de la Colombe pour construire une sorte d'escalier parfaitement inutile et aujourd'hui envahi par les ronces, à peine reconnaissable.

1980

Ce n'est pas l'absurdité de son labeur qui est étonnant, chez l'homme, c'est la constance de son instinct. Il est capable de construire le Parthénon ou l'Empire State Building et il continue de creuser son terrier, comme si les deux évolutions s'ignoraient en lui.

27 mai

Réjean. Un Canadien unijambiste que j'ai rencontré dans le train, et ramené ici. Son accent réjouit tout le monde, son sourire éclatant bien que faux. Mais quand il se couche à dix heures par un soir comme celui-ci, superbe, parce qu'il a honte de ses béquilles – sans l'avouer – et que je songe à ses vingt-cinq ans, j'ai tout de même mal au cœur, un peu.

Fabre-Luce, séché, si c'était possible, mais guère changé, ni sa femme, un peu plus plissée, dans le même appartement somptueux où, me semble-t-il, les tableaux disparaissent, remplacés par de moins bons.
Néanmoins, luxe apparent, immuable – dont je m'étonne. « Oui, dit Fabre-Luce, je sais. Mais j'ai le sentiment d'habiter une forteresse assiégée. J'aurai d'autant moins de peine à la quitter; l'avenir ne me dit rien de bon. »
A propos de forteresse, cet homme tranquille, qui a réussi à se faire mettre en prison par Pétain, puis par de Gaulle, avait été qualifié par Chardonne d'« homme le plus intelligent de France ».
D'où les quolibets de ses gardiens : « Toi, l'homme le plus intelligent de France, tu n'es même pas capable de faire ton lit au carré »...
Sans valet de chambre, c'est difficile.
Après le déjeuner, je m'attarde un instant devant la porte, à causer avec les cousines, sorties en même temps que moi. Quand je repasse devant le jardin, j'aperçois Madame, la jupe relevée, offerte au soleil.

Mai

L'humour noir – involontaire – de Daniel : « Réjean s'est promené toute la journée, il a des ampoules aux mains. »

Les dames qui habitaient ma maison de l'avenue Frochot – les vieilles pies, comme dit ma voisine – notaient sur un cahier les allées et venues des habitants de l'avenue, scribes du péché ou de la luxure. Qui rentre avec qui, et à quelle heure, de jour comme de nuit. Des personnages pour Jouhandeau. Cette voisine, dont la famille réside ici depuis trois générations, a encore sa mère, nonagénaire, née là. Cette dame se souvient qu'en fait elle voyait passer Toulouse-Lautrec, allant à son atelier. Ce nabot barbu lui faisait si peur qu'elle s'enfuyait chaque fois, comme si elle avait eu le diable aux jupons.

Chez Louis Thiéry : un appartement de théâtre, sous les toits d'un vieil immeuble du Marais. Une grande pièce carrée. Des milliers d'objets hétéroclites le long des murs, point de meubles, ou presque, des tomettes au sol. On a tout de suite envie de s'asseoir là, par terre, et d'y vivre, avec les trois chats, et un peu de rêve.

Jacques Brenner a perdu son chien il y a trois mois. Treize ans de vie commune, quatre jours d'agonie. C'est la première fois qu'il m'en parle – car la consigne était de ne pas y faire allusion –, mais les larmes aux yeux.
« Depuis sa mort, je suis insomniaque. Je revois ses derniers moments dès que je ferme les yeux. »
Puis, dans la conversation, il me laisse entendre que la fin de cet animal – un épagneul podagre et hargneux – le rend plus libre d'aller et venir – surtout lui, qui refusait les invitations si Olaf n'était pas prié. Où va-t-il à présent ? Au Père-Lachaise.

Pour faire pendant au *Journal de l'Occupation* de Jouhandeau, je relis celui de Jünger de ces années-là. Tout de même ! Sacha recevant Speidel à déjeuner, et même Morand prenant le thé avec Heller, Rautzen ? etc., ou même invitant Jünger chez Maxim's... Difficile de s'étonner de leurs ennuis à la Libération, même si ce n'était pas pendable. Est-ce qu'une certaine décence n'allait pas de soi ? En revanche, Jünger cite plus de bouquinistes parisiens ou d'antiquaires que d'hommes politiques. Il connaît les vraies valeurs. Mais il ne parvient pas tout à fait à s'abstraire de sa condition d'occupant. Quand il va à La Roche-Guyon, c'est chez Speidel – les La Rochefoucauld sont effacés –, quand il se rend aux Vaux-de-Cernay, il oublie jusqu'à l'existence des Rothschild.

Le seul type bien en juillet 44, c'est Léautaud offrant discrètement à Jünger un abri, « au cas où les Allemands auraient des difficultés en ville ».
Être un héros de la Résistance, c'est bien. Être... c'est mieux.

Ce déjeuner Gould – 10 août 44 ! Moi j'étais à celui du 1er mai 68 ! Les régimes passent, Florence reste. Le mystère de cette femme, traversée par l'histoire et la littérature comme un corps mystique, sans jamais y laisser ni trace ni plume.

Jouhandeau, s'attendant au pire pendant la débâcle, constate cette profonde vérité : « Il n'y a pas de courage triste. » C'est la récompense des catastrophes.

Juin

Par hasard, à l'Alma, je vois passer ce fameux pape, debout dans sa voiture qui roule au pas. Une forme blanche habitée par un beau boxeur aux cheveux de neige. La foule se rue jusqu'à la nonciature toute proche, où il s'engouffre avec sa suite noire et violette. Mais les gens stationnent tout autour, s'accrochent aux grilles, rigolent, hurlent, applaudissent. Et j'ai même vu trois bonnes sœurs scandant « Jean-Paul », sur l'air des lampions, en battant des mains, riant comme des folles. Si Pie XII avait vu ça, lui qui n'apparaissait que de rares fois, à sa fenêtre, si haut, si lointain, si près de Dieu...

La doctrine de celui-ci, pourtant, n'est guère différente. Même plus réactionnaire, aux yeux de l'époque. Mais il se produit pour lui ce qui arrive pour les idoles du rock ou de la chanson américaine : on est fasciné par le rythme et le show. Qui fait jamais attention aux paroles?

Les flics, au bout de trois jours, avaient déjà leur opinion sur le client. J'entends un brigadier qui regarde sa montre et grommelle : « Encore une heure de retard, comme d'habitude ». Avec l'indulgence qu'on a pour les artistes...

3 juin

« Ich sterbe. » Ultime et admirable courtoisie de Tchekhov, rendant l'âme en allemand parce qu'il est en Allemagne? Citation? Snobisme? Hasard d'une agonie? Dernière trouvaille d'un dramaturge de génie? Car enfin, s'il était mort en disant bêtement « je meurs » dans sa langue, qui en parlerait?
Mais Nathalie Sarraute a écrit tout un livre là-dessus...

– Il était maquillé comme un passeport.

Pascal Jardin en est au quatrième volume sur feu son père. Pour s'expliquer, il a cette jolie formule : « Je fais revenir papa. » L'art d'accommoder les restes.

Il est menteur comme une statistique.

JOURNAL

7 juin. Amsterdam

Il est cinq heures. Le débauché rentre, brisé par ses travaux. Mais quelle récompense que cette ville à l'aube, rose sombre sur un ciel bleu pâle et gris. On est dans un Vermeer encore mal éclairé, au fond de quelque musée de province.

Le palais royal, vilaine bâtisse triste – même pas un jardinet – a une petite porte à l'opposé de la façade, une porte si petite qu'elle ne peut servir qu'à la fuite des souverains en cas de révolution. Je comprends que la reine ne veuille pas habiter là, par simple superstition.

– A la vieille église, certaines tombes n'ont que des numéros, admirable humilité. Et d'imaginer le jugement dernier comme un loto...

Quelque chose d'étrange, d'original, d'indépendant dans ce peuple : l'habillement, l'allure, tout dit une personnalité à part, ni comme chez les Belges ou les Allemands. Pourquoi cette différence? Des siècles d'histoire derrière soi, peut-être, qui permettent de ne pas s'arrêter au conformisme, comme les gens très riches remplacent l'élégance du bon faiseur par le chic d'une vieille veste bien râpée.

Vraiment heureux ces trois jours. La jeunesse retrouvée; je n'étais pas transparent, ici. En me promenant vendredi après-midi dans le Vondel Park, je me suis souvenu de ces retours, il y a vingt-quatre ans, sur le porte-bagages du vélo d'Emar. Pneus à demi à plat, qui bringuebalaient sur les briques des rues. Et ce soir, j'ai rencontré Emar dans une boîte! Le visage encore très semblable, en dépit de la calvitie, mais fardé comme une vieille pute – ce qui jurait avec son accoutrement genre macho – et ce visage peinturluré surmontant un estomac énorme complaisamment étalé dans un tee-shirt... Même chose pour un autre garçon, à présent employé au sauna, dont j'ai reconnu le tatouage – un oiseau bleu sur le sein gauche – sur un corps lui aussi doublé de volume. Dire qu'il était danseur il y a dix ans à peine.

Après quoi j'ai passé la soirée avec le charmant Boris, né l'année où j'ai connu Emar...

Récapitulation : un Français... Gérard, la nuit – un coiffeur de Nimègue le lendemain. Boris l'après-midi... et après, Aristote le soir.

1980

Juin

Le serveur du Lucernaire : il n'a lu que *le Voyage au bout de la nuit*, et un vieux roman de science-fiction de Barjavel « quand il était pas encore con ».

Juin

Manuel reçoit en cadeau, offert par Jean-Luc Moreau, un joli petit autoportrait de Sacha Guitry daté de 1911. Il est si heureux que sa joie explose littéralement. Moreau, un peu interloqué par ces démonstrations, lui dit : « Mais je vous l'avais promis. » Et l'autre : « Oui, mais on ne sait jamais ! »

20 juin

Terzieff vient passer une heure ici. Jeune momie avec ces grands yeux verts, qui suffisent à illuminer son visage décharné. Il s'affale sur le canapé, avec ses éternels sacs, dont il tire un ouvre-boîte, une paire de ciseaux, un canif. C'est son nécessaire de tournée, fait une fois pour toutes, et qu'il traîne partout, même à Paris.
Très inquiet, comme moi, par la tournure des événements, nous évoquons ce présent heureux. Comment le savourer davantage ? « En faire déjà un passé », dit Laurent. Et moi, le vivre deux fois plus, avec l'intensité des sursitaires conscients.
Et je pense soudain, en regardant le jardin, au peu que je sais en botanique. Ce sera un grand regret de quitter la terre sans même connaître ma voisine, la flore. Ne pas savoir le nom des plantes ni celui des oiseaux : pire qu'une ignorance, une impolitesse envers la nature.

On me propose un article sur les *Chroniques* de Maupassant. Pourquoi pas ? Quand je m'enquiers d'une date, quelques jours plus tard, j'obtiens une réponse embarrassée, très évasive, « il y a des problèmes, on va voir, il faut attendre »... Encore une embrouille ? Non, mais un concurrent inattendu : Giscard. Il a emporté les volumes à Venise, pour les lire le soir dans son lit, entre deux missives de Brejnev sur l'Afghanistan. Bien sûr, il n'en sortira rien, mais le fait qu'il ait accepté d'y jeter un coup d'œil m'émerveille ; le président de la République, en pleine crise mondiale... Que lisait Daladier le soir à Munich ? M'émerveille, ou juge une société.

JOURNAL

Aux épuisantes « journées » du Conservatoire. Je suis assis à côté de Cournot et de Pascale. J'entends : « Non, tu ne vas pas commencer à interviewer toutes les comédiennes! En tout cas pas celle-là! – Au moins les garçons? – Non. »

Parmi les comédiens nouveaux, Aurélien Recoing, très belle allure frappante. La grosse Bécue, la petite Rétoré, un rouquin dans Néron, surprenant, et Dominique Rémond, d'une force impressionnante.

– Vanité? Certains auteurs se sont rendus à *Apostrophes* en ambulance.

30 juin

Cocardier jusque dans la catastrophe.

Un chef de service chez Renault en 40 : « On peut penser ce qu'on voudra, mais cet exode de la France du Nord vers la France du Sud est un beau succès pour l'industrie automobile française »...

Il aura fallu la pleutre religion catholique pour faire de la curiosité un défaut.

Mamé, ne doutant de rien. « Ma " camériste " m'a quitté ce matin. Brave femme mais insupportable car elle criait sans cesse; tu comprends, elle avait été au service plusieurs années chez une sourde. C'est aussi bien qu'elle soit partie maintenant. De toute façon, en septembre, je ne l'aurais pas reprise »...

19 juillet. Au Beaucet, sur la place de l'Église

A la lueur – très généreuse – du réverbère, j'écris, par une délicieuse fraîcheur; que Paris grelotte sous la pluie ne la rend que plus délicieuse. Il est minuit. Je rentre d'Avignon, où j'ai vu avec Claire un très beau spectacle des Mirabelles. Je suis seul, pour une fois. Le petit Suisse est reparti avec sa barbe et ses yeux mauves, Serge n'est pas là, et Daniel est allé montrer ses nattes africaines dans sa famille. Drôle d'aventure cette coiffure congolaise. Qu'a-t-il voulu essayer, prouver, provoquer? Moi, bien sûr. En partie pour me montrer qu'il est un autre et que l'enfant bouclé rencontré naguère un soir d'un autre juillet n'existe plus. L'histoire se répète. Même chose vécue avec T., il y a quelque dix ans. J'ai compris le message, mais j'aimerais bien que le facteur change de tête. Celle-ci me donne une espèce de frisson d'horreur, comme si je touchais des queues de rat sur sa nuque. Voilà qui ne peut pas arranger nos affaires. S'il vient demain soir, après *Rigoletto*, quelle bobine aura-t-il et comment l'accueillerai-je?

1980

Si bien – de temps en temps – avec moi-même, pourquoi suis-je en train de devenir odieux avec les autres, incapable de dissimuler mon ennui ? Les autres me rasent, leurs histoires m'assomment, s'ils ne sont pas géniaux ou précis. Je ne sais pas, comme Claire, m'intéresser aux êtres, quels qu'ils soient. Pas étonnant que je ne sois point romancier, malgré mes « dons »... Je sens soudain une sorte de pellicule, de cellophane qui m'enveloppe, et que je n'ai pas la volonté de déchirer. Je sens qu'il suffirait de très peu de chose, d'un élan, d'un rien, mais quelque chose me paralyse, et je m'enfonce bêtement dans une morosité monosyllabique, ou dans une mauvaise humeur dissimulée en répliques cyniques, sinon grincheuses. Même chose pour les moments de bonheur, dont je m'étais fait à l'avance une joie. Il suffit qu'il y ait un contretemps au programme, et tout s'enraye. Je me bloque comme une vieille locomotive.

Curieux, cette manie de vivre au futur, et d'en vouloir ensuite à la vie de ne pas ressembler à mes élucubrations, comme si elle devait être ma complice et ma servante.

Bon, je rentre, il y a trop d'« arabis ». Ça aussi, je ne l'avais pas prévu.

Se laisser vivre? Non, vivre avec sa laisse.

21 juillet. Mouton

A l'aéroport, Robert, le chauffeur, m'attend avec un petit carton où il a inscrit MOUTON, d'une écriture malhabile. Un brave paysan girondin, un peu rouge et rond, costumé en domestique. Je monte à côté de lui. Plus commode pour parler. Je le branche sur la première baronne, morte en déportation. Il ne l'a pas connue – il est entré dans la maison en 61 –, mais il en sait long : « Elle est morte au camp parce qu'elle était têtue. Elle ne voulait pas travailler, vous comprenez. Alors les Boches, ils la battaient, ils la traînaient par les cheveux et ils ne lui donnaient rien à manger. Forcément, elle est morte. A force d'être corrigée comme ça. Mais c'est qu'elle était têtue. Ces femmes-là, toujours servies et tout, ça ne sait pas travailler, forcément. » Pas de satisfaction ni de sadisme inconscient dans ces propos, ni dans cette description toute matérielle de l'univers concentrationnaire. Comme si on n'y battait les gens que pour le rendement... Mais tout de même, déshabillez le domestique, vous trouvez le sans-culotte, si j'ose dire. Du reste, si sa femme avait voulu travailler la vigne, Robert serait retourné à la terre. Mais elle n'a pas voulu, et il finira sa vie à Pauillac, dans une petite maison qu'il s'est achetée, et dont il cultive amoureusement le potager.

Il me raconte aussi la réussite du baron, qui ne voulait pas se lancer dans l'aventure de la Bergerie, « mais quand il a vu que son régisseur était prêt à la prendre, il n'a pas voulu se laisser marcher sur les pieds ».

Récit tout à fait confirmé par Philippine, qui magnifie évidemment le rôle de papa, les autres étant réduits au rôle d'intendant.

22 juillet

Curieusement, cet endroit somptueux n'est pas un château. A l'origine, il n'y a que des chais, anciens, superbes – bien que fort retapés –, et une espèce de castel 1880, dit Petit Mouton. Sans les cèdres qui l'entourent, l'enveloppent, on en verrait la hideur. Mais l'allée, devant, donne à l'ensemble quelque chose de grandiose, et le parc, au fond, ouvre des perspectives nobles fermées par un obélisque acheté aux Pereire ruinés.

Pauline a transformé les anciens communs en château, y créant un salon, une bibliothèque, des chambres, le tout meublé comme un musée, où domine le XVIIIe siècle, le plus baroque, parfois chargé à l'excès : meubles peints, dorés, etc. Mais les objets sont de toute beauté, ainsi que les tableaux modernes.

Enfin, construit de toutes pièces, un escalier très versaillais achève de donner à l'ensemble son caractère royal, caprice du maître de maison à qui un journaliste avait demandé de poser devant son perron. N'ayant point de perron, il s'est fait un escalier...

Petit Mouton, au contraire, est meublé dans le style de son époque : lourdes draperies, meubles capitonnés, tapisseries encadrées, et une salle à manger de rêve, rouge foncé entièrement éclairée de carreaux de Delft du XVIIIe.

Au « Musée » – sous nos chambres – défilent chaque jour jusqu'à mille visiteurs!

Hier, c'était « la Batterie ». Une fois l'an, Philippine, marraine de cette clique municipale, reçoit l'aubade dans la cour. Un rôle difficile, et une cérémonie très irréelle. On se croirait au début du siècle, ou en Angleterre.

Avec sa petite moustache 1900, Jacques Sereys fait très prince consort, entouré de ses fils et de sa fille, tandis que son épouse parade, dans une robe bleu blanc rouge. Le petit Julien, surtout, est étonnant : beaucoup plus maniéré que son frère, posant au petit dauphin sérieux. Les gens du village se tiennent respectueusement à distance, avant de se rapprocher, lentement, du buffet. Après quoi nous suivons l'orphéon dans les rues du village, dansant la farandole parmi les vilains. Charmante tradition féodale, soutenue sans doute par quelques milliards de dons à la municipalité. A dîner, un Mouton Rothschild de 1909... Pas meilleur, en vérité, qu'un banal vieux vin de dix à quinze ans.

Ce n'est pas tant cette parenthèse dans un luxe oublié qui

1980

m'étonne que la survivance de pareils privilèges en cette fin du XXe siècle, comme si rien ne s'était produit dans le monde, y compris la persécution nazie. Tout de même, que peut en penser le jeune Cambodgien qui sert à table, lui qui a vécu l'enfer chez lui, il y a moins de trois ans? En tout cas, il ne nous casse pas les assiettes sur la tête, et nous n'avons même pas conscience que ce soit un miracle – fragile.

Après le Mouton 1909, un petit Gruau Larose 1870; on se fait très bien au fabuleux quotidien.

Journée ensoleillée, comme dans les romans. Piscine, café sous les ombrages, à la manière des vacances d'autrefois, puis une longue promenade à pied avec Jacques Sereys jusqu'à Lafite.

En vérité, ce n'est pas très loin, comme si l'on restait sur les mêmes terres – mais la haine du baron Philippe pour le baron Elie en a fait des domaines qui ne se parlent guère. Une femme de chambre nous y reçoit néanmoins. Le château, lui, est beaucoup plus beau que Mouton, avec une vaste terrasse qui donne sur un autre château – et des cheminées de raffineries. Portes-fenêtres, tourelles, c'est très comtesse de Ségur, ainsi que l'ameublement style Napoléon III, surchargé de portraits, de photos de famille, de tapisseries et de bibelots. Je commence à entrevoir ce qu'on appelle le style Rothschild. Ce voisinage est drôle, et la promenade d'un château l'autre, et si proche, ressuscite elle aussi la Bibliothèque rose. Il ne nous manquait plus que la calèche et les crinolines.

Sereys, gentil, affable, parle bien de Strehler, de ses vignes, de théâtre. Et après le dîner, devant le petit Lord Fauntleroy lointain, il est soudain très touchant quand il récite *le Sous-Préfet au champ* et un poème d'Apollinaire, avec une émotion qu'il peut à peine contenir.

28 juillet. Le Beaucet

Bref séjour de Louis Thiéry, gentil, décontracté, parfait monsieur de compagnie toujours disponible, et qu'on dirait sans problème. Si j'étais roi, j'aimerais à l'avoir dans ma cour. Au physique, c'est un enfant de quarante ans, un petit percheron en miniature avec une frange rousse et un sourire de travers qui lui donne l'air canaille. Il a du reste l'attention d'un enfant, souvent, et des jugements instructifs, justes pour la plupart, qui sont ceux d'un être nature.

Une nuit où les nécessités du logement nous font partager la même chambre – et les mêmes lits jumeaux – nous parlons comme des collégiens pendant des heures, évoquant l'amour, les autres, la vie maintenant. Quelque chose d'adolescent chez ces deux quadragénaires qui s'oublient.

Ce qui me frappe le plus, dans ce qu'il me raconte, c'est que pour lui l'amour, le vrai, le grand, parmi beaucoup d'autres, semble-t-il, n'a duré que trois mois tout au plus, et qu'aucun, jamais n'a valu celui-là...

Trois mois, pour une vie! Mais il va dans l'existence l'air heureux, désinvolte, léger, l'image de l'insouciance raisonnable et de l'équilibre sans problème. Un don d'enfance prolongé, ou une profonde sagesse précoce?

31 juillet

Pascal Jardin est mort aujourd'hui. J'ai honte d'avoir écrit cet article si méchant, il y a deux mois, même si Pascal, de son vivant, ne m'épargnait guère, mais le livre n'en reste pas moins très médiocre; je m'en voudrais d'avoir menti par pitié.

6 août

Je suis obsédé par l'âge; je fais une vieillesse nerveuse.

Louis, dès l'enfance, détestait son père; il ne lui a jamais dit « papa ». Toute la gymnastique nécessaire pour être toujours face à lui et n'avoir jamais à l'appeler. Une antipathie si forte qu'il demandait à sa mère :« Dis-moi que ce n'est pas lui, mon père. »

11 août. Dans le train vers Paris

Camille Chardonne est morte le 1er août. Je m'étais promis d'aller la voir cet été... Elle s'extasiait toujours sur mes grands-parents, leur longévité merveilleuse. La voilà qui s'en va, à quatre-vingt-six ans, et Mamé lui survit.
Josette Day – partie, elle aussi – l'appelait la reine Amélie. Elle avait, en effet, cette beauté raide, un peu triste, des femmes de l'ombre, une dignité royale, c'est vrai, qu'illuminait d'un coup un rire de gosse, pouffant derrière sa main. Grande, elle semblait comme embarrassée de son châssis. Pour un peu elle aurait demandé pardon de sa taille et de sa beauté.

Daniel, revenu de Marseille, ses yeux plus vert d'eau que jamais dans un visage doré sur fond noir. Charmant. Sa constance m'émerveille et notre équilibre aussi, qui doit tout à la probité résolue de ses sentiments. Peut-être aussi à son optimisme. Le bonheur n'est pas seulement un état de grâce, c'est une foi.

1980

La visite de Philippine, avant et après Carpentras.
La triste soirée de Lauris, avec Claire, chez les soixante-huitards à la retraite de Vassiliu.
Séjour d'un Allemand rencontré à Amsterdam, de Louis Thiéry, deux fois. D'une Françoise survoltée et d'un T. morose d'être quadragénaire, des deux frères Galey.

15 août. Paris

Crespe : n. f., sorte de baiser qui consiste à explorer la bouche d'un individu avec sa langue (vieilli). Définition et mot rêvés, dont je ris encore en me réveillant.

17 août

Promenade, avec T. et Jitsu, au cimetière Montmartre, dans la section juive. Même les tombeaux des séfarades se distinguent des autres : du noir éclatant, tout neuf, de mauvais goût. Rien ne montre mieux la différence profonde de ces deux branches. L'une, assimilée depuis près de deux siècles, embourgeoisée, décorée, anoblie; l'autre qui veut encore conquérir, épater.
Le tombeau des Deutsch (de la Meurthe), mes lointains cousins. Amusant de voir qu'il leur a suffi d'un demi-siècle pour perdre en route leur parenthèse.

Tous les hommes sont rêveurs, sauf les drogués.

21 août. Argenton

Voici quarante-six ans que je somnole sur un trésor. Homosexuel et demi-juif, quel romancier ne donnerait cher pour posséder ce capital? Moi, je vis cela, bien à mon aise, ou presque, sans en tirer profit ni souci, comme un paysan qui aurait transformé en étable une chapelle romaine.

Bis repetita. Ai-je noté cette reflexion de Yourcenar, il y a quelques semaines : « Le piano de Grace me faisait trop de peine à voir. Je l'ai vendu, et j'ai déjà fait faire une bibliothèque à la place. »

Une rencontre dans un chemin creux, en me promenant. Jeune homme aux yeux bleus, avec un chien-loup. La première fois que cela m'arrive depuis que je viens ici. Il y a vingt ans ou davantage, quelle aventure! Aujourd'hui, bof.

Papa. Odieux en société, trônant, développant des paradoxes réactionnaires absurdes. J'étais venu pour lui : rendez-vous manqué. Cette gêne, cette timidité réciproques. Ma faute, ou la sienne? Avec même, cette fois, une sourde hostilité : me considère, inconsciemment, comme l'allié de ma mère, membre du clan des « capitalistes » déguisés en gauchistes, des Tartufes affairistes...

26 août. Le Beaucet

Seul ici, avec Daniel. Calme et heureux. Mais ce soir, il part, attiré par les larmes de sa sœur : son petit cousin de dix-huit ans est mort.
Noir. Silence.
Hier, curieux dîner raté, avec les irréconciliables du village, qu'on ne réussira décidément pas à remarier.

Septembre

Londres. Trois jours. La catastrophique représentation de *Macbeth*, avec un Peter O'Toole pris de boisson, Kantor, reçus fraîchement. Et puis une nuit délicieusement épuisante avec John B.

Octobre

Mort de Jean-Pierre Millet. Un faire-part classique. Et bien sûr le remords de ne pas lui avoir téléphoné toutes ces dernières années...
Je m'interroge sur cette vie d'un égoïste malheureux, tellement centrée sur lui-même qu'il est sûrement mort de ses petits maux, démesurément grossis. Jamais tout à fait parvenu à l'âge adulte, même septuagénaire, Jean-Pierre a toujours été le petit garçon chéri de son vieux papa, puis le rentier geignard se dorlotant dans la neurasthénie. Était-ce une vie réussie dans l'hédonisme douillet – mises à part les dernières années tristes et solitaires, mais confortables – ou le ratage complet d'une intelligence brillante, détournée des vrais problèmes, paralysée par je ne sais quelle impuissance fondamentale? Beau, riche, heureux en amour souvent, il n'a pas su se supporter vieux, délaissé de tout le monde, et ne voulant plus voir personne. Inviter des gens, tâcher d'être aimable jusqu'à la fin, c'est la leçon. Dure à mettre en pratique. Et puis, qu'en sait-on? Peut-être était-il heureux comme cela, mijotant dans un désespoir bien chaud. Sauf qu'il en est tout de même mort.

1980

Octobre

Ai-je vraiment passé 5 x 50 = 250 x 25 = 6 250 heures de ma vie dans les boîtes ?

Me souvenir de ce gosse de la campagne, joufflu, avec de bons petits yeux et de grosses fesses, entraîné là par un quinquagénaire anguleux, draculien, pitoyable, et qui s'est fait prendre, fasciné, par un Arabe, et un chauve tandis que l'autre, par procuration, jouissait à moins qu'il n'ait même glissé sa queue dans le gluant sillage, traître jusqu'au bout. Le gosse, entre l'extase et le délire, l'ivresse aidant, criait : « Oh ! là là, mais je ne suis pas pédé, moi ! Mais qu'est-ce qu'y font ! Oh ! là là, le samedi soir à Paris, je m'en souviendrai. » Comme ça, pour crâner, pour lui-même, pour préserver sa dignité, alors que le plaisir montait en lui, et le désir, et la honte mêlés.

Rinaldi, encensé par une presse unanime (il prend l'air modeste, toujours maussade : « Cette fois-ci, on en vendra peut-être enfin quinze mille, qui sait... ») Et ce sont, bien sûr, ses lecteurs de *l'Express*. Pour se dédouaner d'avoir ri méchamment de ses éreintements savoureux, ils se persuadent que le romancier a du génie. En tout cas, il n'y a pas de doute, c'est le plus grand écrivain corse vivant.

Bertrand, mon cousin « facho » et bourgeois, nœud papillon, petit costume et raie sur le côté, vient déjeuner, le « bon jour », celui où il y a deux femmes de ménage et un déjeuner normal. Je lui donne du rêve et de la bile pour un bout de temps. Il sera rentré chez lui persuadé que je mène une existence de nabab, dans mon hôtel particulier, entouré d'un faste babylonien. Je lui donne une lettre de Morand qui commence par « Mon cher Galey ». D'ici quelques années, il laissera entendre qu'elle lui était adressée. Et il l'affichera dans son bureau, sous verre. Mais il n'aime Morand que pour ses opinions vichyssoises, et Jünger parce qu'il fut le plus jeune décoré de la croix de fer. Les voies de la postérité sont impénétrables.

3 novembre

Au dîner de la Vocation, petites tables sur un bateau. Je suis installé avec Claire, les Didier Martin, et le lauréat Kircher, une sorte de Dracula lorrain, avec des canines qui pointent et les yeux cachés par des loupes, le cheveu rare déjà, et qui élève des poules pour subvenir à sa littérature. Tous les stigmates de l'écrivain tel qu'on le rêve dans les cauchemars. Cela dit, brave type bien simple et naïf, genre autodidacte provincial, avec son monde et ses fantasmes. Le dîner menaçait d'être rude, quand s'assied un autre péquenot, genre jovial, celui-là. Quarante-cinq ans, la mine réjouie, bavard et légèrement éméché, qui nous parle d'abord de ses mirobolants voyages en Afrique, de ses relations, apparemment étroites, avec divers chefs d'État. Il a même perdu un ministre, ce soir, ce qui l'inquiète un peu, mais pas outre mesure. Tout cela sans aucune forfanterie. Puis le conte de fées prend des proportions stupéfiantes. Il est question d'un château historique en Berry, acheté sans un sou il y a dix-huit mois et déjà remboursé (six cents millions) et de l'existence étrange qu'y mènent ledit Huron (technicien) avec son compère – (le financier). En pyjama à travers les vingt-huit chambres et les douze salons ils guettent au télex les migrations des pétrodollars. Là où ils s'amènent, ils proposent aux États de grands projets, qu'il s'agit de mettre sur pied et de chiffrer en quelques heures, à coup de café. Moyennant quoi les substantiels bénéfices tirés de cette pêche aux harengs leur permettent maintenant d'entretenir sans peine les sept jardiniers légués par la précédente propriétaire, ainsi que les deux femmes de service et le cuisinier chinois.

Et l'autre, le James Bond en sabots, nous raconte son histoire en se bidonnant, sidéré lui-même de traîner ses pantoufles sur des parquets foulés par Louis XV et Marie Stuart. Irrémédiable péquenot candide sous les lambris dorés.

Christine de Rivoyre nous fait drôlement le récit de son accident de cheval, passant à toute allure sur sa jument emballée devant des gens qui la saluaient de la main, avec un sourire légèrement admiratif, se disant : « Tout de même elle se défend encore bien, la vieille », des familles avec des enfants, des promeneurs en voiture, spectacle irréel et comique, ainsi saisi au vol, dans le galop de l'épouvante. Son entrevue avec Faulkner, du temps où elle était au *Monde*, le lendemain de son Nobel. Une nuit entière de beuverie, elle qui ne buvait jamais, et ensuite les affres de l'écriture, car il fallait donner le papier illico. Le plus difficile, bien sûr, c'était de commencer. Longue réflexion, lignes raturées, feuilles déchirées, pour trouver enfin ce début éclatant : « William Faulkner est à Paris. »

7 novembre. Londres

Ian, à la fois paysan et préraphaélite, avec aussi quelque chose d'un « cavalier » de Van Dyck, et beaucoup d'innocence autodidacte. Ses dieux familiers sont Einstein, Schweitzer, Marie Curie et... Simone de Beauvoir. Son mal profond est, dit-il, la « mélancholie ». Mais il est originaire du Lake District; c'est le lieu qui veut ça.

1980

Autres mœurs littéraires.
Rinaldi, hors de lui, et en même temps ravi, se répand à *l'Express* avec cette histoire : « Vu la presse de mon roman, louangeuse du *Pèlerin* à *l'Humanité*, je me suis permis d'envoyer un petit mot à mon éditeur pour lui suggérer qu'il serait peut-être bon de faire un tout petit brin de publicité sur ce modeste ouvrage. » Il m'a répondu, textuellement, que « pour certains livres, la publicité risque de couper la vente »...

Louis Malle : un ancien petit jeune homme, vif, aimable, de bon ton, l'idéal français pour l'exportation, charmeur et brillant, chaleureux, laissant l'impression de la frivolité, même quand il est très sérieux.

17 novembre

Mes deux femmes de ménage se détestent et se jalousent, tout en se faisant bonne figure quand elles se rencontrent. Maria ne rate pas une occasion de vanter en termes hyperboliques l'élégance d'Alicia, incompatible à ses yeux avec sa condition domestique, et signe évident d'un dévergondage qu'elle réprouve, tout en l'enviant secrètement. Quant à l'autre, tout lui est bon pour me prendre à témoin – entre égaux, dès que nous sommes seuls – de l'aberration de cette pauvre Maria, de son accent déplorable, de son côté « plouc », décidément sans remède.

21 novembre

Marcel. Petit brun, avec une morphologie de typique prolétaire : bras minces, avec les biceps durs, cuisses relativement fortes, le reste informe, blanchâtre, fesses plates – sauf quand il les serre, petites pommes de pierre – poitrine creuse, grosses mains, grosse queue. Son histoire, contée avec force « voilatipaque » est singulière, infirmant tous les préjugés. Marié à vingt ans, trois enfants aussitôt, le bonheur parfait pendant quatre ans. « Jamais une dispute, rien. » Puis « *France Dimanche* et toutes leurs conneries » ont tourné la tête de sa femme, qui s'est mise soudain à refuser la pilule, rendue nécessaire par ses vertus prolifiques, affirmant qu'elle va mourir, que son mari veut la tuer, etc. Scènes, dépressions. Un beau jour, il décide de ne plus rentrer à la maison. Divorce. Enfants « placés » par l'Aide sociale... Lui poursuit son travail, tout en habitant l'hôtel. Mais comme sa femme venait faire des scandales sur place, il descend tous les soirs sur Paris. « Les magasins, tout ça... » Il traîne le plus tard possible, jusqu'au dernier train qui le ramène dans sa banlieue. Un soir, un type l'aborde. Il l'envoie balader, rogue. Le lendemain, même heure, même type. Il s'humanise, lui parle. Ils vont prendre un verre, ratant le train, sortent « en boîte », et cela finit au lit mais chastement. Ensuite, le garçon lui propose une chambrette qu'il avait à Paris, gratuitement. Il l'accepte, s'installe. L'autre vient le voir tous les soirs, ils passent les week-ends ensemble. Au bout de six mois seulement, ils couchent. Cela dure cinq ans. Puis l'autre le trompe, il le plaque. Depuis, c'est au petit bonheur la chance, parce qu'il ne peut pas s'empêcher, dès la seconde fois, de tomber amoureux.

Conduite d'échec typique. Dès qu'il y a un écueil, une difficulté, une jalousie à l'horizon, il rompt le contact et rentre pleurer chez lui... Quand ses enfants lui téléphonent pour son anniversaire – pas rancuniers, les gosses – il a la larme à l'œil. « Tu comprends, je suis trop sensible. C'est plus fort que moi. Je suis capable de pleurer tout un dimanche! »

Voilà. Un prolétaire type, travaillant dans une usine, rentrant le soir dans son petit appartement coquet, avec des étoiles de mer, des chopes de bière miniatures et du Galeries Barbès orné de fleurs artificielles, sous l'œil vitreux de la télé. Mais il a hésité à me parler, malgré mon intérêt évident (sans doute parce que c'était manifestement un prolo), parce que j'avais ma casquette à la main. « Tu comprends, ça fait mauvais genre. » Mystère des préjugés, des codes, et de la connerie.

Goethe : seules les choses sont modestes.

Décembre

Aimable, j'invite Marguerite Yourcenar à déjeuner, quand elle sera de retour en France, après son périple anglo-scandinave (qui ne m'a pas valu la moindre carte postale). Et elle, toujours royale : « Ah oui, d'autant que je ne déjeune jamais. » Qu'en déduire? Qu'elle fera une exception pour moi, ou qu'il n'est pas question qu'elle daigne changer ses habitudes?

Bastide, frémissant, puisqu'il s'agit de son livre. D'entrée de jeu : « Tu sais, un auteur aime s'entendre dire que c'est éblouissant, je n'ai jamais rien lu de plus beau. Tu connais la chanson. Alors, tu trouves ça exécrable, je le vois bien, tu ne dis rien, tu as la mine triste, c'est foutu, quoi! »

Et moi, levé à 6 heures pour terminer la lecture de ces six cent cinquante pages, j'ai du mal à me lancer dans le dithyrambe de si bon matin – jouant l'enjoué ravi. Il faudrait que je change de métier, vu mon caractère rabat-joie. Il est difficile de raisonner

1980

avec des romanciers. Ils se dissimulent aussitôt derrière leurs personnages, comme s'ils étaient des êtres réels, des remparts, des fortifications. Impossible de leur faire admettre que ces créatures sont transparentes, et qu'on les voit très bien derrière, faisant les pitres. Les premiers bluffés, sincères, ce sont eux. On entre aussitôt dans l'illogisme total de la convention, il n'y a plus d'entente possible.

Terzieff, autour de quatre œufs durs. Pâle, transparent, les boucles autour de ce long visage exsangue, osseux, émacié, c'est un adolescent ravagé, que son sourire illumine, sauve des années, de la mort. Et qu'il est beau, sur scène, quand il dit du Milosz! Curieux, son dandysme. M'assure qu'il attache aux vêtements une importance que je n'avais pas soupçonnée. Que ses tweeds sont toujours de bonne qualité, même s'ils sont avachis. Et qu'une paire de souliers mal cirés le rend malade, comme une tache impardonnable.

Dans *Sandwich*, dont nous faisons chaque samedi notre pâture, une annonce troublante, à peu près rédigée ainsi : « Toi, l'aviateur d'environ trente ans qui étais dans le bus Roissy-Orly avec un jeune garçon de seize ans, que tu tenais par l'épaule, ça ne pouvait pas être ton fils, et quand tu as vu mon regard, tu l'as serré plus fort, exprès. Votre bonheur m'obsède. Écris-moi. » Un début de roman. L'image initiale est forte, parlante; elle n'a plus qu'à germer.

Et c'est aussi, curieusement, l'attitude de Don Juan quand il voit lui aussi le bonheur des autres. Ce sont les femmes heureuses qui lui font envie...

Mais tout de même, je rêve longtemps à cet « écris-moi ». Quel étrange besoin, quelle bizarre supplication! Et que pourrait dire « l'aviateur » qui ne blesserait pas ce témoin rongé par l'envie? Est-ce un maso?

Décembre

Solde est arrivé. Ne tarde pas à trouver la page acidulée qui me concerne. Juste quant à ma situation « littéraire », et complètement fausse dès qu'il s'agit de moi, homme. Frank, qui ne me connaît guère, me voit comme j'étais à vingt ans, demeuré immuable en mon être (apparent), petite fouine se glissant dans l'ombre de Brenner pour faire son beurre de célébrités, et « assurer mes arrières » avec Chardonne. Quels arrières?

J'aimais et j'admirais Chardonne sans autre idée. Je ne l'ai jamais « utilisé ». Ses lettres dorment ici dans un coin, et mon amitié avec lui m'a plutôt nui qu'autre chose, donnant à mon « personnage » une image de droite dont j'ai eu toutes les peines du monde à me débarrasser. Il a fallu que j'écrive sur le théâtre, dans *Combat*, et que je me bâtisse un nouveau public pour effacer cette réputation, entretenue par mon appartenance à l'équipe de *Arts*, dont les membres étaient tous plus ou moins issus de l'Action française.

Cette note fielleuse – non, même pas, condescendante avec deux gouttes de vitriol dilué – m'énerve et me fait un peu réfléchir, bien sûr. C'est vrai que j'ai regardé « passer les bateaux où je ne monterais jamais ». Paresse? Impuissance? Orgueil de rater mon coup? Frank, à l'instar du monde littéraire en général, me fait penser à cet homme pour qui l'humanité commençait au baron. Pour lui, l'homme de lettres commence au Prix Médicis, et c'est tout. Ce Frank-tireur respecte les décorations, les titres, avec une passion curieuse. Mais Frank passera-t-il à la postérité, tout est là. Fidèle à mon parasitisme bien connu, je me glisserais donc à sa suite dans les temps futurs, plus sûrement que par l'intermédiaire de Simone de Beauvoir, ou même de Chardonne, justement. Il est vrai – toujours ma boussole, mais elle se met sur le nord toute seule, sans que j'y sois pour rien, en dépit des apparences – que je serai peut-être le premier de cette génération à paraître dans La Pléiade, grâce à Yourcenar et *les Yeux ouverts*...

Pourra-t-on plus tard s'intéresser à un Saint-Simon qui n'a rien vu que les cuisines de l'édition et les coulisses de l'histoire? Peut-être pour ce qu'il dit de superbe, sur Montaigne, ou Sartre, ou Flaubert, ou Diderot. Mais tout de même, quel dommage qu'il ne se soit pas saoulé la gueule chez des gens plus intéressants que ces plumitifs vaseux ou ces mondains sans pittoresque. Tant de talent qui erre à la recherche d'un sujet...

Ce que Frank ne sait pas, c'est que je lui dois ma carrière... Si, un jour de septembre 59, il n'avait pas reculé devant l'obstacle – à savoir un article sur je ne sais plus quel roman de Sagan, qu'il avait promis à Le Marchand et n'a pas eu le courage d'écrire, faute de pouvoir en dire le bien qu'il n'en pensait pas, ou faute de n'oser pas en dire le mal qu'il en pensait sans doute, je n'aurais pas été contraint, moi, chétif, de le remplacer au pied levé dans cette tâche, cette semaine-là, puis la suivante, et ainsi de suite, jusqu'à ce que l'habitude en fût prise...

Auteur pour écrivains exclusivement, Frank vit dans un monde irréel où les lecteurs ont un visage. Ils s'appellent Piatier, Revel, Brenner, Poirot-Delpech, Rinaldi, d'Ormesson ou moi. L'extraordinaire humilité de ce Montaigne, mort d'inquiétude à l'idée de ce qu'Annette Colin-Simard va penser des *Essais*...

Déjeuner avec Dufreigne. Un peu constipé, avec un gentil sourire, et un certain orgueil contrarié derrière. On sent que ça grince quelque part. Monté à Paris grâce à Regina, son copain de *Nice-Matin*. A connu Rinaldi là-bas, quand il gagnait sa croûte comme chroniqueur judiciaire. Il signait alors Ange-Marie R.

1980

L'enfer, c'est les autres. Sartre était-il polygame?

Tout à l'heure Daniel me dit qu'il a connu avec moi des moments d'enthousiasme qu'il n'avait jamais connus avant de me rencontrer. Après six ans, ce genre d'aveux émerveille. Je n'aurai pas tout raté.

Le succès des *Yeux ouverts* provoque des réactions curieuses, instructives. D'abord, un peu protecteur, on me dit :
Démeron, par exemple : « J'ai écrit deux lignes sur votre bouquin, dans ma sélection des prix, cela peut servir. » Je remercie poliment, ajoutant que le livre se vend très bien. « Ah! oui, et vous en êtes à combien? – Je ne sais pas, trente à quarante mille. » Et aussitôt devant ces chiffres inattendus, l'aigreur. « Cela va vous faire une belle pincée! » A peine s'il ne regrette pas ses lignes, alors que si vraiment il ne croyait pas au succès de mon livre, il aurait dû au contraire écrire tout un article pour en vanter les mérites... Comptez sur les amis! Le seul, vraiment fair-play, aura été le plus imprévisible : Nourissier. Et encore aurai-je dû batailler avec Duquesne, qui voulait attendre la venue de Yourcenar pour l'en faire parler dans *le Point*, alors qu'elle sortira un autre livre à ce moment-là, et qu'on ne pourra plus parler du mien. Ou plutôt du nôtre, puisque c'est lui le directeur de la collection...
Coup de téléphone à Yourcenar, chez le monsieur bizarre chez qui elle réside, dans le Marais. Un jeune homme américain qui lui sert de factotum – est-ce l'ami du maître de maison? – me la passe. Voix dolente. Elle joue la Traviata – très fatiguée par ses deux premières journées parisiennes, à l'entendre plus pénibles que ses trois mois de randonnées anglo-scandinaves. Elle compte rester ici jusqu'au 30 janvier environ, histoire de « participer une fois aux travaux du dictionnaire pour qu'on ne puisse pas dire qu'elle n'y est jamais allée ». Entre-temps elle se rendra chez Giscard – lundi prochain – puis chez les Rothschild, à Mouton. N'a pas l'air très contente de savoir 1) que je le sais, 2) que j'y suis déjà allé. « Philippe est un vieil ami, il est malade, j'y vais pour lui »... Tu parles!
A l'idée de venir prendre un repas ici, voire une tasse de thé, peu d'enthousiasme. Traverser Paris lui semble plus difficile que traverser l'Atlantique, même si on lui envoie un chauffeur. Quant au livre, pas un mot. Ou juste un « C'est votre livre ». Mais il marche très bien. « A Bruxelles, j'ai dû en signer trois cents! » Avec, au fond, comme une aigreur. Du tableau de Foujita que je lui ai offert, pas un mot non plus. Mais elle a dû en recevoir tant et tant. C'est pardonnable. Une femme épuisée, lassée, curieusement agacée par ce tintoin, jouant la lointaine. Mais je sais par ailleurs ses dîners, ses sorties, ses rencontres. Qui croire! De Caillois, « entre nous », elle me dit que c'est un destin dispersé, sans épine

dorsale, un ratage complet. Quoique faible, la voix garde son calme débit, sa sérénité sèche, livresque. Elle s'écoute seulement « pour ne pas aller faire un petit tour à l'hôpital comme la dernière fois ».

Et pendant ce temps-là, tout le monde s'imagine que nous sommes à tu et à toi, me demande de ses nouvelles, etc.

Ce matin, coup de théâtre. Cette fois c'est Pivot qui m'appelle, très embêté. Yourcenar ne veut plus ni de moi, ni même parler de mon livre (l'ironie, c'est moi qui ai suscité, non sans peine, cette émission, et elle m'avait répondu, royale : « Oui, Pivot, il faut bien y passer, c'est un mal nécessaire »). Elle dit que c'est « mon » livre, qu'elle n'y est pour rien, que cette émission doit lui être consacrée à elle seule et non à la littérature annexe.

Neuvéglise après. Tout le monde sans voix devant ce reniement. Je suis le seul à m'en amuser. Mais je ne le montre pas : cette émission, je ne m'y voyais pas bien, en position fausse. En revanche, cela m'ennuie, évidemment, pour le livre. Mais c'est toujours passionnant de découvrir la petitesse des plus grands. A moins qu'on ne lui ait monté la tête contre moi – ce Dumay? Comment expliquer cela sinon par une sorte de réflexe de jalousie, comme si je lui ravissais une part d'elle-même ? Toutes ces publicités disant : « le meilleur portrait, la voix inimitable. » etc., ont dû lui porter sur les nerfs. Ou alors c'est son image qu'elle ne supporte plus. En tout cas, je trouve cela drôle. Et aussi, bien sûr, d'exiger qu'elle me le dise elle-même. Pour mon seul plaisir.

23 décembre

Après avoir consulté Nourissier sur la conduite à tenir, j'écris un petit mot sec à Yourcenar pour la contraindre à se découvrir. Cela ne tarde pas. Dès le lendemain matin, coup de téléphone, auquel je me garde de répondre, bien sûr. Je veux qu'elle écrive. Dans l'après-midi, c'est Chancel (!) qui se manifeste, sans doute en Monsieur Bons Offices. Je me garde également de répondre. La suite à demain. Mais, entre-temps j'organise ma campagne anti-Gallimard, qui a toutes les apparences du vrai, comme dans un roman policier. La lettre au Centurion exigeant un tirage limité à cinq mille, l'étranglement d'un succès extérieur à la maison, le plaisir d'avoir un plateau d'*Apostrophes* exclusivement Gallimard, et la colère de ne pouvoir placer le Chancel à leur catalogue à cause de moi. Les indices sont écrasants même s'ils n'y sont pour rien et qu'il ne s'agit que d'un caprice de vedette, ulcérée par la moindre ombre à son tableau.

1980

26 décembre. Gaillon

A un déjeuner, chez la vieille Jeanine Delpech, deux autres dames d'âge qui viennent à la rencontre de mon adolescence : Odette Joyeux avec sa choucroute clairsemée sur la tête, telle quelle depuis quarante ans, même coiffure, mêmes mimiques, mêmes vêtements à fanfreluche, antique jeune fille d'avant-guerre devenue grand-mère, et Michel Davet, la George Sand des romans bleus muée par le temps en douairière effacée, timide et bon genre sous son astrakan râpé du dimanche – car les romans sentimentaux se vendent mal, à présent. Ces deux dames, en 49, se trouvaient à Rome, chez mes parents : l'une jouait la sœur aînée des filles Poliakoff – Odile Versois, Olga, et Marina, une Marina de onze ans, irrésistible – dans un film tiré d'une nouvelle de l'autre. Ce n'était d'ailleurs pas leur première rencontre : sous l'Occupation, Odette Joyeux avait été la vedette de *Douce*, également tourné d'après un ouvrage de Michel Davet, et par extraordinaire je possède une photo qui me représente, avec mon père, sur le tournage de ce film à Versailles. Il m'y avait emmené dieu sait pourquoi, et je revois clairement Debucourt en Napoléon III, avec ses moustaches effilées, dont la raideur m'intriguait beaucoup. Quant à Jeanine, elle fut la première femme d'un cousin de ma mère, lequel par la suite devait épouser en troisièmes noces, je crois, une cousine de Joxe chez qui je l'ai retrouvée. Dieu est un feuilletoniste. Ces dames, je dois dire, avaient tout à fait oublié l'épisode romain, peu glorieux ; *Orage d'été* ne fut pas un succès, et ce fut même, pour mon père, un cauchemar : metteur en scène incapable, dialoguistes se succédant à la chaîne, capitaux en fuite et tracas de toutes sortes, y compris les dissensions inévitables entre les actrices quand l'atmosphère n'est pas au beau fixe – Gaby Morlay, en particulier, qui interprétait la mère, ne pouvait pas souffrir sa « fille » : elle l'appelait Joyette Odieux, soutenue dans sa haine par des libations nombreuses. Son arrivée, je me souviens, avait été précédée par des caisses et des caisses de champagne, carburant indispensable à ce véhicule de luxe. Cette particularité m'emplissait de respect, comme si le talent ne pouvait aller sans ces bizarreries sacrées, signe manifeste de son élection. Pour moi, c'était le kérosène du génie.

Après un voyage effroyable, sous une tempête de neige, au volant d'une voiture empruntée dont je ne sais pas faire fonctionner l'essuie-glace, j'arrive enfin chez Démeron, pour le dîner, vers 21 h 30 (un retard heureux, du reste, car les canettes au chou sont encore dures comme du chien : si j'étais arrivé à l'heure, on les aurait mangées crues). Là, du beau linge : Françoise Mallet-Joris et

JOURNAL

Marie-Paule Belle, et Bernard de Fallois, ainsi qu'un couple (dont le mari doit être l'adjoint de BdF) et le séduisant petit ami de Démeron, d'une agréable blondeur. Françoise joue la châtelaine rustique, ne parlant que de ses taupes et de ses loirs, à la fois mère et mari de Marie-Paule, dont elle affecte de redouter sans cesse les écarts de conduite et les espiègleries imprévisibles, comme s'il s'agissait d'un enfant mal élevé dont elle serait l'institutrice responsable. Vieux réflexe de mère de famille, peut-être. Et Marie-Paule entre dans le jeu, installée pour de bon dans son rôle d'enfant prodige, malgré les années qui passent – sans laisser trop de traces pour l'instant, il faut le reconnaître. Même Françoise se défend bien, aujourd'hui coiffée sagement, avec des nattes blondes serrées en chignon sur la nuque. Quand elle veut charmer, elle y réussit. Mais il lui faut faire un effort pour sortir de la léthargie embrumée où elle flotte; alors elle se lance dans une anecdote, avec une fougue disproportionnée, ou sur une idée, qu'elle défend comme une cause sacrée, en pasionaria. Puis, réveillée, elle revient à un ton plus apaisé, se donnant le loisir d'une ironie assez fine dans sa description des gens, des circonstances, ou d'elle-même. Elle est là dans son meilleur.

Fallois, vieux renard déplumé, morose, dont le sourire seul a gardé quelque chose de singulièrement juvénile, coquin, moqueur.

27 décembre

Trouvé chez le brocanteur du moulin – qui fabrique son électricité lui-même – quelques livres, dont un volume de Drumont, *le Testament d'un antisémite*. Pour lui, le juif, c'est essentiellement Rothschild – la fortune des – ou du – Rothschild français, Drumont l'évalue en 1891 à neuf cent quatre-vingt-sept tonnes d'or, soit, au cours du lingot, environ quatre-vingt-dix milliards d'anciens francs – et quelques autres richissimes, ou Arthur Meyer, directeur du *Gaulois*, et monarchiste. Le prolétariat juif, connaît pas. En vérité, son combat est bizarrement plus social que raciste.

Après avoir cru que la droite cléricale l'aiderait à se débarrasser des youtres honnis, assassins du Christ Roi, il s'est aperçu que les intérêts de la haute bourgeoisie et ceux des riches banquiers juifs sont si mêlés qu'il ne peut rien espérer de ce parti. Au contraire, ils sont unis dans leur affectation de tolérance religieuse, unis contre la gauche anticléricale, où les juifs révolutionnaires ne manquent pas non plus, à commencer par Marx, Blum, Lassalle, Rosa Luxemburg.

Si l'on combat le clergé, on combat aussi les rabbins. Décidément, les contradictions juives ou antisémites ne datent pas d'hier. Et Drumont, déçu, se tourne avec espoir vers « un homme du peuple, un chef socialiste, qui aura refusé d'imiter ses camarades et de se laisser subventionner, comme eux, par la synagogue et reprendra notre campagne. Il groupera autour de lui ces millions d'êtres réveillés, instruits par nous, ces spoliés de toutes les classes, ces petits commerçants ruinés par les Grands Magasins, ces ouvriers de la ville et des champs, écrasés sous tous les monopoles, auxquels nous avons montré où était l'ennemi... »

Cet « homme du peuple, ce chef socialiste » viendra, en effet, quarante ans plus tard (nous sommes en 1891). Simple erreur géographique, ce ne sera pas un Français, et il aura pour prénom Adolf.

Autre bouquin : une histoire de la Commune, racontée par un témoin, journaliste plutôt bourgeois, un certain Philibert Audebrand. Intéressante parce que dégagée de toute légende (publié en 1871), la relation est livrée telle quelle, dans la fraîcheur de l'émotion, et de la trouille. Au fond, c'est Mai 68, exactement, un mai qui aurait tourné mal, ou bien, selon le point de vue, c'est-à-dire qui aurait fait couler le sang. Tout démarre par le massacre de ces deux généraux, qui creuse le fossé entre communards et versaillais. Sans cette « bavure », on pouvait encore tout arranger. Ensuite, il y a la menace d'une sanction, la fuite en avant. Et partout, comme en mai, la gabegie dans les deux camps, les illusions et l'incroyable attentisme de la majorité déjà silencieuse, terrée chez elle, dans les beaux quartiers, où curieusement personne n'est jamais allé l'inquiéter. Seule mesure sociale, décrétée, sans spoliation directe, rien qu'un manque à gagner : le moratoire des loyers, pour six mois. Et de cette pâle copie de 93, au bout de deux ou trois ans, de deux ou trois mois, que reste-t-il? Quelques monuments calcinés, vite reconstruits ou abattus, dix ou vingt mille morts, oubliés, autant de proscrits, et la vie a repris comme avant, comme si de rien n'était, sans faire avancer d'un pouce la justice sociale ni même le régime : il s'en est fallu d'un cheveu qu'on ne rétablisse au contraire la monarchie!

L'auteur, tout de même sensible à la misère, propose en conclusion « la grande émigration du paupérisme français vers les pays du soleil : prenez des prolétaires par milliers et faites d'eux des riches en en faisant des colons... Changez les ouvriers en cultivateurs ».

Et qui aurait fait tourner les machines et marcher les ateliers, ça, le brave homme n'y songe pas, comme si les vérités lui tombaient du ciel...

Une belle histoire, dans ce livre. Celle de l'« Américain » Cluseret, né à Sèvres. Devenu général de la Commune, le premier obus qu'il fait tirer tombe sur le cimetière du village et défonce le caveau de sa famille.

JOURNAL

En allant chercher le lait – c'est la dernière ferme du village qui ait des vaches – Mme Anquetin me parle de ses parents, morts dans les années cinquante. Durs à la tâche, et usés tôt, vers soixante ans et quelques. Ils tenaient la ferme du grand-père paternel. Des gens qui n'allaient jamais à Paris. Elle-même, née vers 1920, n'y est allée que vers l'âge de treize ou quatorze ans pour la première fois. « Mais on ne ratait pas la foire aux oignons de Mantes, ni la Saint-Martin à Pontoise. »

Son frère, plus évolué, se rendait une fois l'an au Concours agricole. Malheureusement il est mort, en captivité, de maladie, pendant la guerre. Sombre période pour elle. Plus de frère, plus de chevaux, réquisitionnés par l'armée. Il a fallu se mettre à la charrue pour remplacer l'un et les autres.

« Quand mon frère est parti, on ne se doutait pas; c'était bien triste tout de même. Mais quand mon père a dû conduire son cheval à Meulan, un cheval de treize ans qu'il avait acheté à la foire de Neubourg à six mois, je crois bien que c'est la seule fois que j'ai vu mon père pleurer! »

Lui, prisonnier également, a passé cinq ans en Poméranie, après avoir fait deux ans de service, un an de rappel et un an de guerre, soit neuf ans de malheur! Et encore n'était-ce pas fini! Parti à pied du camp, libéré par les Russes, il s'est retrouvé à Benberg en Pologne, d'où les Soviétiques les ont embarqués pour Odessa. Là, après des semaines, un cargo anglais les a menés aux Dardanelles, puis un autre à Alexandrie faire du charbon, et de là, enfin, à Marseille. Voilà un homme qui n'aime plus les voyages.

30 décembre. Gaillon

A Paris, où je suis rentré deux jours. Alain Finkielkraut vient déjeuner. J'attendais un intello en blouson râpé, poil hirsute et barbe de trois jours, c'est un bon élève de Sciences po qui arrive, chemise bleue, pull jaune, pantalon marron et veste de sport grise, de bonne qualité. L'œil est bleu, rieur, les cheveux mi-longs, le visage long, avec des traits fins corsés par une mâchoire forte et une bouche dessinée, large, gourmande, de garçon qui ne dédaigne pas les joies de ce monde.

L'intellectuel pas desséché. Du reste, par miracle ce Saint-Cloudien, ancien élève de Barthes aux Hautes Études, n'est pas licencié de philosophie. Juste, si l'on peut dire, agrégé de lettres. Ex-mao, ex-gauchiste, encore un peu rocardien, il n'a jamais été en carte nulle part, et se démarque un peu de tout le monde dans ses opinions sémito-réformistes, qui heurtent la gauche parce que trop « sionistes » et la droite, parce que trop favorables néanmoins à la gauche... Il vit tout de même dans un monde conventionnel où

1980

l'univers est borné par *le Monde, l'Obs, Libé* et – éventuellement – *l'Express*. Mais là encore ce Cancer se sent brimé par Jean Daniel, Revel, Todd et même July, comme si ses exigences d'absolu étaient une conduite d'échec – un rien talmudiques car, pour rejoindre la judaïté perdue, il se plonge dans le Talmud, livre où, dit-il, « le touche ce mélange de la plus haute spéculation avec le matériel le plus quotidien ». Pas croyant – quel juif l'est vraiment? – ni pratiquant, il respecte cependant toujours Roshashana et Yom Kippour, passées entre papa qui a fait les camps, et maman, émigrée (de Pologne?) après guerre. Croyant, du reste, comment l'eût-il été? Son père, après l'expérience nazie, a perdu toute foi en Dieu.

Lui, dans sa quête, est un passéiste modéré, très pessimiste sur l'avenir d'Israël qui risque d'être détruit un jour par une guerre civile entre juifs, à laquelle ils ne résisteront pas.

Aime Kundera – et Philip Roth, qu'il va aller voir à Londres, prochainement.

Trente et un ans, toutes ses dents, mais dans son sourire quelque chose d'espiègle qui fait passer l'ambition. L'intelligence est encore incertaine d'elle-même, prête à s'étonner, à brûler, à se surprendre? Sa jeunesse n'est pas dominée, heureusement. Et le monde qui sera à ses pieds, sans qu'il en ait la tête enflée, c'est une variété intéressante. A suivre.

31 décembre

Coup de fil à mon Metternich particulier, sur la conduite à tenir, après avoir enfin reçu la lettre de Yourcenar, annonçant que « c'est bien simple et qu'on a beaucoup parlé des *Yeux ouverts*, qu'il ne sera pas trop d'une heure, chez Pivot, pour s'étendre sur Mishima et d'Ormesson, exclusivement »...

Il m'apprend qu'il tient de Boisdeffre, qui lui-même le tiendrait de Mme Lilar, qu'elle aurait dit regretter cet ouvrage, et surtout de l'avoir fait avec moi, « à cause de mes mœurs »! Rigolo.

1981

10 janvier

Causerie dans une librairie, à Strasbourg. Le matin, à la radio locale, et à la télévision. Dans le studio, trois projecteurs, deux chaises, et sur une troisième, le cameraman, avec son appareil sur l'épaule...
Mais tous ces gens, plutôt gentils, font leur travail très sérieusement, les informations ressemblent à celles de Paris, réduites au niveau de la région. On se sent dans un ailleurs étrange, d'où seraient exclues toutes les grandes catastrophes, les drames se réduisant à un incendie, une explosion, un accident. La vraie vie, en fait.

En Chine, dans les abattoirs porcins très perfectionnés : « La seule chose que nous n'utilisons pas, ce sont les cris. »

Je continue à trouver étouffante cette cathédrale rose (dont les parties refaites tirent sur le bonbon vitaminé de mon enfance, couleur pâte dentifrice), sauf la nuit. Éclairées, arcatures, absidioles, ogives prennent une soudaine transparence magique, à laquelle les architectes anciens n'avaient pourtant pas songé. Comme si la lumière artificielle nous restituait la seule vérité des monuments: l'épure.

20 janvier

Déjeuner pour le Prix Dominique, avec Lecat, ministre (jusqu'à la semaine prochaine) de la Culture. Agréable voyageur de commerce, qui connaît bien son monde et sait y faire, avec un sourire sympa, des idées floues, et un air d'envelopper le vide

propre aux hommes politiques. C'est Le Poulain qui tient la vedette, jouant son numéro du réac persécuté par le clan de gauche (Boutté, Kerbrat, etc.). Ne sont élus au sociétariat que ceux qui pensent bien, ne jouent que ceux qui ont fait le bon choix, etc.
« Et en plus ils ont du talent », dit-il, ulcéré. Tout cela en me tutoyant, dans la chaleur communicative du banquet. Dans la mise en scène de *Tartuffe*, peaufinée par Roussillon, après l'avoir fait jouer Orgon, aux deux premiers actes, de dos, ou derrière un rideau, on en arrive à la scène d'Elmire.
On le glisse sous la table, et Le Poulain, ulcéré, propose de disparaître ensuite dans le trou du souffleur... Héhé, dit l'autre, tenté...
Il y a toujours eu des clans à la Comédie, mais quand Meyer et Bretty se traitaient de tous les noms, ils laissaient leurs querelles au vestiaire pour jouer ensemble. A présent, la moitié de la troupe ne joue jamais tandis que l'autre se pavane.

Bien sûr, on parle – surtout avec Gautier – de Yourcenar, encore et toujours. Le reflux engloutit tout. Ces messieurs du Quai Conti sont défrisés, surpris d'avoir élu une femme de marbre qui leur fait l'œil de verre. Surtout depuis qu'elle est entre les mains d'une coterie de mauvais aloi qui lui a tourné la tête. Pareil son de cloche chez Chancel, où je passe ce matin, à l'aube. *Radioscopie* honorable. Son talent : une certaine chaleur magnétique, tonique pour quiconque s'abandonne à ses soins. C'est une bonne infirmière pour intellectuels, avec tous nos bobos.

Avoriaz

Tout Paris en après-skis, sous une neige drue. Agréable dîner avec Molinaro, sensible, frémissant, pointu : un tendre pudique, sans illusions excessives sur son talent.
Larère, grand commis lucide, qui commence à envisager sereinement le changement de régime.
Anne Gaillard, terreur radiophonique un temps, qui est en réalité une petite femme-enfant boulotte, toute de rose vêtue, et Hélène de Turckheim, curieuse de vulgarité méditerranéenne malgré son nom aristo et drôle : une nature. Aussi Sabatier et Conchon, drôle de couple inséparable, mitonnant des calembours lamentables, type : Blondin n'est pas là, pour cause d'absinthéisme.
Régine Deforges, ancienne pensionnaire des Oiseaux – de province –, mariée au petit-fils de Mauriac, si russe, si Aliocha avec ses yeux bleus mi-clos. Bizarrerie de ces alliances très Colette, quoique revues par un mauvais romancier de feuilleton.

1981

1er février

Bien entendu, le seul événement historique auquel j'assiste, j'attends huit jours pour le noter. Car ce fut un véritable show que cette réception, tout à fait insolite. Rien d'une réception académique : quelque chose comme une intronisation du Tastevin, ou le jubilé de la reine Victoria. Grande houppelande de velours noir, avec un col blanc et un châle, également blanc, sur la tête, l'entrée de Marguerite est assez stupéfiante.

Un sacre, au son du tambour. Une tertiaire de saint François, suivie d'un prêtre (le R. P. Carré), ou une vieille impératrice jugée en Haute Cour par tous ces bizarres magistrats à queue verte. Avec leur allure d'insectes, cela donnait aussi l'impression d'une mystérieuse frairie, comme si cette grosse termite, fécondée par ces insectes vibrionnant autour d'elle, allait pondre des œufs, sous l'œil du couple présidentiel, impassible sur ses fauteuils Louis XV.

Après quoi le lourd paquet, dans ses velours, se propulse jusqu'à une petite table, sous l'estrade du bureau directorial et commence à lire son beau – mais long – discours sur Caillois, où il est question des diamants, mais ce ne doit pas être volontaire...

D'Ormesson, bronzé, est plus bref, et plus gai. Mais tout semble léger après elle. Et lui plus que d'autres.

A la fin, la salle entière se lève pour applaudir. Sauf les Giscard, qui se prennent pour des souverains.

Dehors, une escouade de gardes à cheval, sabre au clair, salue le départ de la voiture présidentielle, suivie de celles des ministres. Sur le trottoir, je rencontre Barokas et nous partons ensemble à pied, moi poussant ma mob. Nous voyons s'éloigner un étrange personnage : favoris blancs, calotte d'astrakan, manteau de cocher. Une sorte de koulak sorti d'une gravure du XIXe siècle : c'est Philippe de Rothschild.

Journée limpide, à Gaillon, seul. Coquette, la nature fait semblant de dormir, caressée par un soleil de presque printemps, encore trop timide pour oser la réveiller. Mais on sent que la comédie ne va pas durer, moment si éphémère, si merveilleux.

Sous le pont de Meulan, en lettres énormes : « SCANDALE ! Encore 20 millions de Français qui travaillent. »

26 février

Bastide m'emmène dans un restaurant, presque vide, rue Saint-Benoît. On parle – de son roman, bien sûr, compromis entre *la Tempête* et *Tristan* – et aussi de Joxe. Bastide très inquiet, très surpris de nos relations. « La dernière personne que j'aurais pu désigner comme ton ami. » Il le craint beaucoup – « un marxiste pur et dur » – et le considère comme une sorte de Saint-Just (antirocardien) qui veut tout casser. Le voit bien ministre de l'Intérieur, le Beria du régime (moi, je l'ai trouvé curieusement inchangé, grand chat blond, félin paisible, qui aime en moi sa jeunesse, et moi en lui le souvenir de la seule amitié pure de ma vie).

Gracq. Un petit immeuble tout étroit, à côté de la fontaine des Quatre-Saisons. Au cinquième, par un bel escalier ancien, à pans de bois. Un appartement de deux pièces, tout étroit, décoré dans le goût des années cinquante. Le salon est étroit, en longueur, peint à la crème anglaise. Quelques jolis dessins – Derain, La Tisnaye!, un portrait par Bellmer. Bien propre, avec une cravate et une veste (qu'il a changée contre une douillette d'intérieur en pilou bordeaux dès que j'ai eu le dos tourné; il m'a ouvert la porte ainsi, car j'avais oublié mon écharpe), il a quelque chose d'un vieil enfant sage, un communiant de soixante-dix ans qui a bien dessiné sa raie dans sa chevelure clairsemée. Rose, frais, avec sa loupe à la joue, mauve, grosse comme une noisette.

« L'histoire et la géographie, disciplines absolues, dit-il : c'est le temps et l'espace. »

Mars. Baden-Baden

Des faubourgs ternes qui débouchent sur une gravure romantique, style néoclassique à colonnes dans un parc à l'anglaise. Gerhardt Heller, quasiment paralysé sur son fauteuil, est un grand septuagénaire plutôt frais, rose, et même robuste. Le regard bleu, agrandi par les loupes de ses lunettes, accentue son innocence un peu boy-scout.

Des bibliothèques bien rangées, jusqu'au plafond, imposent un climat paisible, studieux. Une image de sérénité.

Peu de choses nouvelles (par rapport à son livre) dans ce qu'il me dit, sinon, au détour d'une phrase, la révélation d'un Brasillach homosexuel. De toute façon, il y en eut beaucoup dans ce fameux voyage. Jouhandeau, Fraigneau, Abel Bonnard... Quant à lui-même, Heller, difficile de savoir. Mais ces immenses promenades nocturnes dans Paris pendant quatre ans étaient peut-être moins candides qu'il ne veut le dire.

Comment allez-vous? Clamsi-clamsa.

Mamé, quatre-vingt-dix-huit ans passés. « Tu comprends, cette pauvre Mme Herzog, c'est très triste, elle ne peut plus marcher, elle ne sort plus du tout. Elle a cent ans! »

1981

8 mars

Heller. Parlant de Jouhandeau, pendant le fameux voyage : « Avec lui, il fallait toujours se défendre des assauts... »

Chardonne, après avoir partagé le wagon-lit de Ramon Fernandez : « C'est effroyable ; il dort avec une violence espagnole. »

Et Fraigneau, couchant dans la chambre d'Abel Bonnard, à Berlin, a la surprise de le voir en chemise de nuit à jabot de soie...

Le génie de Claire. Allant chez les Nourissier, elle a l'idée d'apporter un os pour le chien et de lui refiler en douce quelques rogatons du repas. Émerveillés par cette sympathie canine, inattendue, les maîtres de maison sont aussitôt domestiqués, alors qu'un seau de caviar les eût à peine impressionnés.

18 mars

Mme Cezan a une belle-sœur – quatre-vingt-quinze ans – qui l'accueille, ravie : « Ma petite (l'autre n'a que quatre-vingt-deux printemps), nous sommes parées pour l'éternité. J'ai commandé des messes pour nous deux jusqu'en 2000. Cela m'a coûté neuf mille francs, mais ça valait la peine. » Tête de l'autre, qui attend l'héritage.

La même, allant porter pour la énième fois son manuscrit chez un éditeur : « Madame, lui dit le monsieur qui la reçoit, après avoir vaguement scruté l'ouvrage, dans l'antichambre, je vais vous demander un petit moment. – Très bien, répond Mme Cezan. Dans ce cas, je m'assois. – Non, reprend le monsieur, vous ne m'avez pas très bien compris. Il me faut un mois, un mois et demi pour trouver le temps de lire votre ouvrage. – Ah! très bien, dans ces conditions, je me relève. »

Catherine Paysan. Elle habite une petite maison basse, rue du Soleil, à Belleville. Un tout petit immeuble, coincé entre des buildings. Un bout de province d'avant-guerre oublié en plein XXIe siècle. L'intérieur est aussi hors du temps. Un vase en cuivre, genre obus, avec des fleurs artificielles, un petit service à liqueur façon fraise, des napperons, des chromos. Elle est à la fois touchante et drôle, dans son naturel légèrement cabotin, racontant sa Sarthe et sa Suisse avec un accent roulant, rocailleux. Aussi savoureux que ses rillettes, faites à la maison, à petit feu, sur une cuisinière à bois.

Lui, chauve, rond, bonhomme, très averti du théâtre, je ne sais pourquoi. Et aussi, à déjeuner Marie Dubois, très peu star, blonde et gentille : même un peu terne, sans que ce soit un défaut.

Du mauvais Proust. Hélène Rochas, sorte d'Odette, est une petite fille de la campagne, montée à Paris vers 1930, pour être danseuse. Mignonne, elle séduit Rochas, petit couturier savoyard, qui en fait son mannequin vedette. Quand il meurt, il lui laisse une fortune colossale, et elle n'a que trente ans. Elle épouse Bernheim – l'homme qui a ramassé dans la corbeille à papier du Général et vendu l'original du discours du 18 Juin –, puis s'amourache à cinquante ans d'un superbe garçon de vingt ans son cadet, qui l'aime passionnément. Un de ces ménages modèles qui faisait l'admiration de la jet-society et voilà que l'an dernier Kim découvre, à quarante-deux ans, l'homosexualité...

Gredy, semblable à lui-même à soixante ans, à peine un peu flapi. Son élégance à évoquer, rapidement les drames de sa vie, dont la mort de sa mère et celle de son petit ami américain, après vingt-cinq ans de passion à éclipses. Un joli moment, quand il raconte les voyages de nuit, de Blois à son château normand, acheté l'année qui a précédé la mort de son copain Bill. Sa dernière joie. Et ce qui lui en reste : le souvenir des soirées dans la maison vide, avec des sandwiches enveloppés dans du papier huilé et rangés dans des boîtes en fer.

Avril

Pour qui vous prenez-vous?
Pour moi-même, et c'est déjà trop...

Entendu, dans le couloir du sauna : « Au revoir, et au plaisir. »

25 avril. New York

Arrivé ici depuis deux jours, sous la pluie. Et ce matin le printemps explose d'un coup. Le parc des cloîtres est tout rose et vert tendre, au-dessus des falaises de l'Hudson, et l'insolite clocher roman en paraît soudain moins dépaysé dans son exil.
Ici, à part la petite coffee-shop provinciale de West Central Park où j'avais mes habitudes, peu de changements. Même dans les facilités de l'endroit, qui m'émerveillent toujours quand je débarque. Mais le miracle que j'en attends à chaque fois doit me donner un certain sex-appeal qui s'efface peu à peu. Ce voyage, cependant, sera marqué par la présence du petit Paul, aperçu dans l'ascenseur dès l'arrivée, avec ses hauts-de-chausse de danseur et

1981

son maillot noir, le dessinant mieux que s'il était nu. Une heure après, à la cafétéria, c'est lui qui vient à ma table, avec cette assurance que donne la beauté multipliée par la jeunesse. Même si mon emploi du temps en est un peu bouleversé, nous ne nous sommes guère quittés du week-end. Sans doute mélancolique et difficile à vivre à la longue – qui ne l'est? –, il est jusqu'à présent un délice, comme un grand poulain souriant et blond, doux au toucher, flexible, avec de tendres ruades.

Notre différence d'âge m'amène à le traiter un peu comme un gigolo, et il entre dans le jeu, mais il est triste, ce soir, je le vois bien. Oh, juste pour un soir, et encore, pour le dîner...

Me suis tout de même échappé la nuit dernière. Une escapade au Mainschaft, avec son décor d'enfer toujours aussi putride, où des splendeurs se mêlent aux pires épaves en slip, tout nus, quand ils ne sont pas bardés de chaînes, de cuirs ou de cagoules – le dernier chic. L'un d'eux, attaché par un collier de chien dans un couloir, portant sur la poitrine un écriteau: SLAVE, et, dans l'orifice correspondant à la bouche, telle une pipe, il tenait un tuyau terminé par un entonnoir où l'on pouvait lire URINAL...

Rêve de cette nuit. J'ai deux cartes de crédit. L'une à mon nom. L'autre à celle de mon âme.

Croisé une Portoricaine enceinte jusqu'aux yeux qui portait un tee-shirt flottant où l'on pouvait lire, en énormes lettres rouges: « *I am not fat I am pregnant.* »

26 avril

Entendu à Union Square, une femme, genre hippie, qui insultait une espèce de clochard ahuri: « *You don't even know me and you call me mother fucker and you kick me.* »

C'est tellement plus naturel quand on se connaît.

A la générale de Woody Allen, le côté province de ces gens, assez habillés, à 6 h 30... Le seul pays où l'on voit, aux entractes des premières, des passants avec des appareils photos, venus pour faire la chasse aux vedettes. Tandis que j'attendais le petit, une espèce de fou se rue sur moi: « *Did you see Mia?* » Mia?

Mia Farrow, naturellement. Sur ma réponse négative, il me prie de « l'excuser une minute » et disparaît dans la foule.

Paul! En une semaine, tout le parcours d'un roman 1900, l'ascension à épisodes d'une « horizontale »... Mais comment lui en vouloir: il est joli, il n'a pas un sou, il faut vivre, et la danse, qu'il pratique avec une formidable conscience, interdit toute autre occupation. M'en tire par une paire de souliers blancs, les miens, qu'il désire sauvagement, alors que mon corps ne lui dit déjà plus rien...

Louis, témoin intermittent, observe tout cela d'un œil narquois.

Après la catastrophe Zizi Jeanmaire, dont le Cancan s'effondre au bout de deux jours, malgré les millions engloutis dans l'aventure. La pauvre, si squelettique en scène qu'on lui voit les côtes de derrière, et serrée dans des fourreaux noirs qui la réduisent à rien, un corbeau décharné, avec des jambes encore belles, comme si elles appartenaient à une autre. Beaucoup de spectacles. D'abord Elizabeth Taylor, en scène pour la première fois, et que les gens viennent voir en foule comme si c'était une apparition de la Sainte Vierge, alors qu'elle n'a été jusque-là qu'une légendaire image immatérielle, et puis Lauren Bacall, toujours délicieuse malgré ses cinquante et quelques années. *Chorus Line*, qui me déçoit un peu. *Amadeus* avec l'étonnant Mozart punk, la vedette du *Rocky Horror Show*, une pièce de Sam Ford très bien jouée par le jeune Thomas, et Gertrude Stein, au fin fond du Bronx.

9 mai. Lyon

Dans la rue piétonne, une pauvresse caricaturale, fichu, petit manteau râpé, canne blanche, jambes à escarres, bouche édentée, cheveux filasses, chante un psaume triomphal : « Je crois en toi, maître de la nature, semant partout la vie et la fécondité, Dieu tout-puissant, je crois à ta grandeur, je crois en ta bonté. »

Elle alterne avec des rengaines de bastringue ou de Damia, avec une vraie science du chant, qu'on devine encore sous la voix éraillée. Sans doute une professionnelle, jadis, dans les music-halls d'avant-guerre... Bientôt arrive un autre aveugle, un ventru débraillé avec un okarina. Son jules. Il ramasse la recette en bougonnant : « Tout ça, c'est les pouilleux à Marchais, des petits salauds, des ordures! » Il soupçonne je ne sais quels voyous de faucher les sous de sa femme. Puis ils s'en vont bras dessus bras dessous, sinistres, déchirants.

11 mai. Le Beaucet

Dans la fenêtre de ma chambre, petite, carrée, s'encadre un charmant paysage de colline, aujourd'hui très vert, surmonté d'un ciel nuagé tumultueux qu'illumine le couchant, un ciel XIXe siècle. Un ciel peut-il être XIXe siècle? Et pourtant c'est cela, très précisément.

1981

Ces élections, plus ou moins prévisibles, me troublent, un peu. Non pas que je craigne tant l'avenir socialiste - qu'ai-je à perdre? et puis je ne suis pas contre la justice sociale, si on me l'impose... - mais seulement parce que cette victoire des jeunes me repousse d'un coup dans la génération des parents. Tout naturellement en 56, j'étais mendésiste - ce qui ne m'empêchait pas d'être snob comme une allumette - et je n'ai pas hésité à voter non à de Gaulle en 58. En 68, encore, un instant, j'ai cru à un possible où j'aurais trouvé ma place, bien que ce fût déjà tardif, à trente-quatre ans. Mais aujourd'hui, je me sens privé de cette fête, incapable d'y croire. Rayé. Hors du coup. Je me demande tout de même pourquoi j'ai mal dormi...

Deux ou trois jours avant le fatidique 10 mai, rencontré au bureau de tabac, près de chez Claire : Joxe et Valérie. Ils montent prendre un verre. Sur l'issue, il est très prudent, soucieux surtout de ne pas vendre la peau de Giscard avant terme.
Le débat, il ne l'a pas vu en direct. Était à La Cerisaie. Nous évoquons l'avenir, et j'émets l'idée, qui m'amuse, de voir Edmonde à l'hôtel de Lassay, après Lucie Faure...
« Ah! bon, parce que moi, tu ne m'y vois pas!
- Mais Defferre, tout de même, l'âge, l'expérience.
- Bon, bon, très bien. » Il prend l'air pincé. Le joue, bien sûr. Mais pas tant que cela.
Enfin ce sera tout de même drôle de tutoyer un ministre ou deux, d'embrasser une présidente...
Ce qui n'empêchera pas, sans doute, des lendemains qui déchantent.

J'aime bien aller en Amérique. J'y suis en rupture de blanc.

Gaillon

Passé ce pluvieux dimanche à lire le tome 6 du journal de Claude Mauriac, y recherchant des détails sur son père. J'y retrouve - comparant les dates - la même difficulté que moi, jusqu'à mon âge, environ, à communiquer avec lui, à oser franchir la pudeur. Mais, pour Claude, s'y ajoutaient, bien sûr, tant d'autres complexes, compliqués d'une admiration sans doute castratrice.
Son immense naïveté à parler de lui - Claude -, de ses articles, de ses livres, gloussant au moindre compliment. Et pourtant, quelle modestie, néanmoins : il sait qu'il n'est qu'un appareil enregistreur ultraperfectionné. Jamais le coup d'œil, ni le coup de patte du portraitiste. Il a le tort de s'intéresser aux idées, comme si elles pouvaient avoir la moindre importance. Ne comptent, pour le souvenir, que les mots parfois et les images, les instantanés, qui bloquent la vie, comme les cendres du Vésuve ou la glace.

Tout à l'heure – pour parler vanité –, maman me montre un papier de moi sur Noël Devaulx qu'elle a découpé. Ma gêne, éprouvée déjà à New York, l'autre jour, quand Simone Dupuis me disait qu'elle aussi découpait mes papiers. Aussitôt, je parle d'autre chose. Manque de simplicité ou sentiment de mon indignité? Plus profondément, si les autres me prennent au sérieux, il faudrait que j'y croie moi aussi, et toute ma vie est à recommencer.

22 mai

Françoise Verny rencontre Debray.
« Alors, vous allez entrer au gouvernement!
– Moi? Oh! non! Je serai le penseur du régime. »

Enthoven : « Tout autour de moi, je n'entends que la polka des mandibules. »

23 mai. Marseille

Nous sommes une cinquantaine à être descendus ici, aux frais de la nouvelle princesse, pour assister à l'inauguration du théâtre de la Criée. Mais la politique éclipse totalement une très médiocre représentation de *Scapin* dont Maréchal a fait une pavane opiacée, dans un écrasant décor monumental inspiré de Puget.
Alors que la représentation a déjà commencé, l'entrée de Gaston Defferre, avec flashes, télévision et toute une meute de journalistes, provoque un tonnerre d'applaudissements, et un petit trouble en scène. Il faut attendre que le tout frais ministre de l'Intérieur aille s'asseoir, entre Edmonde et... le cardinal archevêque, merveilleux symbole de cette gauche équivoque, si soucieuse d'être rassurante. Après quoi, la première réplique de l'impromptu (hélas) composé par Maréchal, c'est à peu près : « L'exactitude est la politesse des comédiens»... Rires.
Toute la soirée – et la réception qui suit dans les Arsenaux – est placée sous le signe du bizarre : deux régimes se côtoient, se font des courbettes, sans savoir précisément qui s'en va, qui reste, tant le double jeu est la chose du monde la mieux partagée. Pierre-Jean Rémy, directeur des théâtres du ministère qui tombe, serre la pince d'un Jack Lang rayonnant, amené par Glam spécial vers minuit, mais pas du tout ministre encore : pull bleu et tignasse emmêlée, alors que Monique a déjà l'uniforme, avec tailleur et jabot. Edmonde, sublime d'élégance dans un Cardin de velours noir, embrasse l'ancienne attachée de presse de Michel Guy, tout

1981

émue d'avoir été invitée par un Maréchal reconnaissant – et il peut l'être –, tandis que Faivre d'Arcier, nommé par l'ancien État, mais socialiste, représente à merveille le monde hybride où nous allons vivre.

Moi, j'ai emporté le récent bouquin d'Edmonde, sorti la semaine qui a précédé le second tour, et je m'interroge sur le sens de sa dédicace : « A M.G., qui ne s'étonnera pas de cette brusque envie de retour en Sicile... par les temps d'aujourd'hui. » Croyait-elle à la victoire ?

A Joxe, ministre de l'Industrie, j'envoie le télégramme suivant : « Avec toi, je suis sûr qu'elle ne sera plus coupable. » Je crains même que la vertu n'y règne un peu durement...

25 mai. Paris

Nourissier donne au *Figaro* la liste des bouquins dont il compte parler dans ses chroniques prochaines; parmi eux, celui d'Edmonde. Et spontanément, on lui propose deux pages couleurs...

1er juin

Dominique Aury raconte les démêlés d'Arland avec Marguerite, sa secrétaire à la *NRF*. Les hurlements étaient fréquents. Celle-ci disait : « Dans cette revue, il n'y a que des écrivains sinistres et de la pornographie. » Dominique lui explique en riant : « Le sinistre, c'est vous, et la pornographie, c'est moi, évidemment. – Et vous trouvez ça normal? » dit Arland, furieux.

Paulhan, chaque matin, s'installait à sa table, et faisait ses enveloppes. Puis il écrivait ses lettres. Souvent la même lettre, plus ou moins « personnalisée », mais sur le même thème (comme le faisait Chardonne). Parfois le destinataire était choisi un peu au hasard. Ainsi Marthe de Fels, recevant une dissertation philosophique qu'elle était incapable de comprendre. Dominique jure qu'il ne songeait pas à la publication (du reste, il s'est perdu beaucoup de lettres), mais comment la croire?

9 juin. Amsterdam

Près de la gare, en travaux, c'est vraiment sous les pavés la plage : le sable de la dune originelle, avec ses petites herbes qui ont repoussé. Émouvante cette nature, si proche, si opiniâtre. Un peu inquiétante aussi, comme une menace partout présente que ces petites blessures du sol soudain révèlent.

A Haarlem, au petit musée Frans Hals, le choc devant *les Régentes*. Un tableau torché, plus proche du combat que de la peinture, comme si le vieil artiste avait voulu dire son fait à la vie avant de la quitter, la montrant telle qu'elle est sur sa fin, hideuse, rapace, haïssable. Les malheureuses paient sa vengeance, mais quelle toile! A ce degré, tous les chefs-d'œuvre se ressemblent : c'est le moment où les grands peintres oublient leurs trucs, leur « manière », pour n'être plus qu'un homme qui se bat avec sa rage : le Goya des massacres, le Rembrandt des terribles sages, ou Nicolas de Staël, ou Van Gogh, avant leur suicide.

A propos de suicide, ici, le drame fait recette.

Il y a, pour vingt-deux florins, un circuit Anne Frank-Van Gogh...

Comme l'an dernier, j'ai des soirées très actives, ici, d'autant que mon séjour correspond avec un «Treffen». Il n'y a décidément que dans cette ville que l'aube m'accueille si souvent, et qu'on m'y prend pour la jeunesse que je ne suis plus. Mais passé l'éphémère frénésie des premiers soirs, je me retrouve moi-même, blasé? Et un peu malade aussi.

Tout cela n'a aucun intérêt.

J'oublierai Simon, le brave prof si bien rangé un peu vieille fille, malgré sa virile apparence, le petit Indonésien excité, les tendres moustachus du L L. et du Fargo... Mais découverte de la Citizen's Compagny. Ça, je devrais m'en souvenir.

Récapitulation de mai-juin : New York – Lyon – Le Beaucet – Londres – Marseille – Strasbourg – et maintenant Amsterdam. Janick Jossin m'appelle le comte Potocki. Pourtant je vois si peu de chose, dans ces voyages. Des hôtels, des théâtres, des culs. Guère plus.

En catastrophe, l'autre jour, Benoin me demande de venir voir la pièce qu'il a mise en scène à Saint-Étienne, d'après les bulles de Lauzier. Un bel effort sur des textes qui ne les soutiennent pas toujours, mais enfin...

A l'arrivée à Satolas, personne pour me chercher. J'attends, j'attends... Puis j'avise une jeune femme, très peinte, qui elle aussi semblait attendre, avec une croissante impatience. Ce fard, cet énervement, je me dis : c'est elle. Je m'approche: « Est-ce moi que vous attendez? » Et elle, hors de ses gonds, soudain, probablement ulcérée du lapin que son bonhomme lui a posé, me jette un « Ah, non alors! » à rendre quiconque modeste... Ça m'a fait rire toute la soirée.

1981

3 juillet. Vienne

Avec David et Daniel, quelques jours, enfin, d'évasion pure, sans théâtre, sans raison, pour la simple curiosité. Munich d'abord. Plus plaisante ville que je ne l'aurais cru, avec cette Résidence peinte à l'aquarelle, ce petit air de royauté d'opérette, et quelques tableaux merveilleux, surtout les Klee de la villa Lehnbach, les Kandinsky, et quelques peintres 1900 excellents, plus un Knopple sublime et de beaux impressionnistes français à la nouvelle pinacothèque.

Nymphenburg, mélange de rococo bourgeois et d'architecture italienne dans un parc à la Versailles. Le plus charmant est le pavillon de chasse. Tout cela un peu démesuré, pour ce petit royaume, et en même temps, humain, familial, gentiment désuet.

Ensuite les châteaux de Louis II. Surprise et déception. Grande allure de Neu-Schwanstein la nuit, sous les projecteurs : Hollywood en vrai, avec aussi quelque chose d'un immeuble de Passy en faux gothique déporté sur un éperon rocheux des Alpes... Mais en visitant l'intérieur avec des files de braves gens du troisième âge qui s'extasient sur le travail ou s'inquiètent du ménage à faire, la déception de voir tout, absolument tout, laid, lourd, ni médiéval ni moderne, pesant amalgame wagnérien du pire goût. Seules à sauver, la chambre à coucher, d'un flamboyant touchant au délire, et la salle de concerts, sauvée par ses proportions.

Hohenschwangau – nous dormons juste en dessous – n'est jamais qu'une grande villa Walter Scott, sans la recherche à l'anglaise. Mais là, comme à Nymphenburg, il y a quelque chose de « cosy », très familial. On devine une famille en vacances.

Wies. Perfection baroque. L'idée que Zimmermann se faisait de l'entrée du paradis, porte cochère dans les nuages, me paraît l'une des plus surréalistes images qu'on ait jamais peintes. Et si naïve en même temps, si pure dans ce grand charivari bleu et rose sur fond blanc : une religion si gaie, si propre, que les ménagères bavaroises n'ont jamais dû s'étonner qu'il y eût au ciel cette porte, fermée comme il se doit dans une maison bien tenue.

A propos des ménagères, quatre vieilles dames soufflaient sur un banc, à Wies. Toujours les voyages du troisième âge. L'une d'elles, affublée d'une perruque, s'est endormie, la tête sur la poitrine. Les trois autres se lèvent sur la pointe des pieds, puis se mettent à crier pour réveiller la quatrième. Elles hurlent, sans résultat. Dure d'oreille, profondément endormie, ou morte? Voilà le point de départ (ou d'arrivée) d'une nouvelle, d'un roman, si j'écrivais.

Vienne, pour l'instant, me déçoit. La Hofburg est d'une lourdeur sans rémission, les appartements impériaux (au deuxième, le reste est loué à des sociétés!) une suite de salons Napoléon III sans style et même sans grandeur (rien à voir avec Prague et son Hradchin). Des nouveaux riches, qui n'aiment que le blanc et or, et le brocart lie-de-vin, toujours le même, à croire qu'ils ont eu un prix sur la quantité.

Dans la chaleur étouffante, les guinguettes de Grinzing sont bienvenues, même si l'on a la curieuse impression d'être à Montmartre hors les murs. Seule émotion, pour aujourd'hui : les dessins d'Egon Schiele à l'Albertina. Un Toulouse-Lautrec morbide, plus fort que Klimt, son maître.

Navré, en général, par le piètre état des monuments. Par exemple le Palais Liechtenstein, dont le parc a été loti, fourgué à une foire par des fonctionnaires irresponsables.

4 juillet

Schönbrunn, charmante maison de campagne italienne, d'un jaune inattendu. Royale, mais dans les plaines russes, ou dans un parc à l'anglaise, ou sur les bords de la Brenta ce pouvait être aussi bien la demeure d'un prince ou d'un duc. Pas en rapport avec la puissance autrichienne du xviiie siècle. Mais les palais en ville sont superbes, quand l'œil s'habitue à les isoler du reste.

Encore des Klimt sublimes, et des Schiele, au Belvédère. Superbe aussi le salon, qui donne sur ce jardin de gravure, comme celui du Palais Liechtenstein qui, lui, donne sur des terrains vagues.

La fête du vin dans un village aux environs de Vienne, près de Baden. Dîner à Heiligkrenz. Un couvent magnifique.

7 juillet

Paris, au retour : déjeuner de fin de règne, à Antenne 2, avec le président démissionnaire, son cabinet et son conseil d'administration. Fausse gaieté désinvolte. Larère plus gris que jamais, Grangé-Cabane primesautier, etc. Tous ces gens sans grande inquiétude en vérité. On les réintègre « dans leur corps d'origine », comme des génies qui regagneraient leur flacon. Il n'en va pas de même pour les malheureux qui ne sont pas fonctionnaires.

1981

Elkabbach, par exemple, ou Bassi, ou Mougeotte, compromis avec le régime précédent, mais qui n'ont point de Conseil d'État ni de Cour des comptes pour les héberger par temps froid. Elkabbach, par exemple, a été proprement « démissionné » par le comité d'administration qui l'avait nommé. Vu de l'extérieur, cela paraît une vilenie basse, comme si ces messieurs-dames étaient prêts à tout pour plaire au nouveau pouvoir. En vérité, ils rendent service au démissionné, qui obtient ainsi des indemnités substantielles. Sinon, le futur président de la chaîne se garderait bien de mettre fin à ses fonctions : il l'enverrait en province, ou dans quelque placard, ce qui obligerait ledit Elkabbach à démissionner... sans solde.

Tout cela me rappelle, en comédie, le petit drame vécu par mon père en 44 qui fut aussi pour certains, moins irréprochables que lui, une vraie tragédie, avec prison à la clé, indignité nationale, etc.
Certains, du reste, en rêvent, qui se croient à la fois en 68, en 45 et en 1793! Sandier, par exemple, qui réclame à cor et à cri « la tête » de tous les metteurs en scène à la mode (ceux qu'il a encensés naguère), qu'il qualifie d'« enfants chéris de la bourgeoisie », ou au mieux d'« alibis scandaleux ». Mesguisch, Bourdet, Maréchal, Lavaudant, à la guillotine! Allons au peuple et mettons à leur place les Benedetto, les Renata Scout, les agit-prop de tout poil qui, eux, ne sont pas de décadents esthètes, voués à l'échafaud... Même les communistes bon teint écoutent ce langage avec stupéfaction. Moi pas; je m'amuse...

15 juillet. Le Beaucet

Samedi dernier, dans la matinée, le festival me téléphone pour savoir si je veux assister à la réception intime de Mitterrand, qui passe quelques heures en Avignon le soir même. Daniel va chercher nos laissez-passer. Nous sommes à l'hôtel de Mons à l'heure dite, sur notre trente et un, mais sans cravate. Toute la presse est là, de droite à gauche, avec de subtiles nuances dans la vêture, du jean et gilet sans manche de *Libération* au costume d'été avec foulard de soie de *l'Observateur*.
Le président arrive accompagné de ses deux « maîtres Jack »: Ralite avec sa tête de reître médiéval et Lang tout de rose vêtu... Madame suit, en petite robe blanc et noir, chaperonnée par Mme Lang. Le couple se partage le pouvoir... Mais aussi Edmonde et Defferre, grands féodaux voisins venus accueillir le suzerain, et Duffaut, le maire, vieille musaraigne chauve. Edmonde, au passage, me présente au président. Manifestement, mon nom ne dit rien à ce monsieur affable et distant, un vague sourire ironique aux lèvres minces, mais l'œil vif, perçant, légèrement bigle, m'a-t-il semblé.

Un petit saurien en costume beige. Il continue son tour, ses poignées de main, ses miniconversations, puis atteint le cercle des journalistes où je me trouve. Lecat me présente à nouveau. Sourire, connivence. Entre-temps, sans doute, la fiche lui est revenue à la mémoire, où l'*Express*, accolé à mon nom, lui ouvre l'esprit. En dédommagement de son silence de la première fois, il m'honore de quelques phrases : « Il me semble que nous avons été en correspondance, à propos de Chardonne » (jamais écrit, mais enfin... c'est lui qui a répondu poliment à mon envoi des *Yeux ouverts*, avec quelques lignes manuscrites. Je le lui rappelle). Puis, ne sachant plus très bien quoi dire (et toujours pensant à Chardonne, et à Yourcenar, peut-être) : « Il me semble que nous partageons souvent les mêmes goûts littéraires... » Dit d'un ton plein de sous-entendus, à l'Aragon. Tout autour, on s'étonne de cet aparté. Moi aussi. Me voici dans les faveurs du prince, en apparence, alors que nous ne nous connaissons pas le moins du monde, et que je ne partage pas du tout ses idées. Mais en sept ans, je n'ai jamais rencontré Giscard en privé. Drôle.

Plus tard, au Palais, une réception, beaucoup plus achalandée, avec les « personnalités culturelles » de la région : Sabatier, Lacouture, etc., y compris Navarre, qui réussit à se glisser à la table présidentielle, entre Madame et Jack Lang. En face de lui, Mnouchkine, Maréchal, Bourdet, Edmonde. L'art officiel?

Mesguich. Le profil de conventionnel, type commissaire de la République, souligné par une tenue d'Incroyable, avec mi-bottes et pantalons collants. L'œil est de feu, le sourire à la fois sournois, contraint et moqueur, et une infinie prétention qui cache sans doute pas mal de doutes profonds.

Très jeune, en somme. Dès qu'il parle, c'est la pythie sur son trépied. Il déconne avec un superbe brio, enchaînant les idées à mesure que les mots lui viennent, se perdent, sans s'arrêter à ces détails, dans les méandres de son flot de paroles, d'images, d'abstraction, pour aboutir, le plus souvent, et au petit bonheur, à une chute en contradiction avec ses prémisses. Mais comme personne n'a pu suivre son raisonnement – pas même lui –, on écoute, baba... Mais si d'aventure on l'interrompt par quelque menue remarque, le voilà tout ébaubi, tiré de son rêve vaticinatoire, le bec ouvert, incapable de rabouter les fils de son raisonnement, dont il a lui-même oublié les délirantes fantaisies.

Voilà un joli produit de la mode, qui fait illusion au point d'occuper, après Vilar, la cour d'honneur du Palais des Papes.

Jours difficiles, avec un Daniel à cran, rendant souvent désagréable l'atmosphère au point que les autres – Barokas, Thiéry 1 et 2, et le charmant Umberto, ainsi que Claire parfois – finissent par s'en apercevoir. La crise passe, non sans soubresauts. Mutation malaisée, ou signes avant-coureurs d'une cassure à venir? J'attends, sans pouvoir faire grand-chose pour l'aider, sinon me taire, arrondir les angles et subir son charme aussi bien que sa mauvaise humeur.

27 juillet

Gascar: « La poésie, c'est une mémoire sans souvenirs. Posséder un savoir dont on ne peut donner la preuve. »

Mamé, qui commence à radoter – excusable, à quatre-vingt-dix-neuf ans bientôt! Puissé-je lui ressembler, moi qui dis déjà sans cesse un mot pour un autre... –, me rappelle, chaque fois que je la vois, les accents déchirants que j'avais, paraît-il, quand elle me ramenait chez ma grand-mère Bechmann, lorsque c'était son tour de m'héberger. « Mamé, Mamé, garde-moi, je serai bien sage! » Et la pauvre, en me remettant entre les mains d'une bonne indifférente, s'en retournait en larmes... Au téléphone, encore hier, elle me dit avoir rêvé cette scène la veille (à moins qu'elle n'ait tout simplement cette impression, dans l'état de semi-veille où elle est parfois, sans doute, alors qu'il s'agit d'une obsession, d'un disque rayé tournant toujours sur le même sillon dans sa vieille tête).

Et moi, je ne me rappelle rien. A peine si je n'ai pas, au contraire, un certain faible, dans mon souvenir, pour ces périodes passées chez Mimi, où la chère était exquise, les domestiques nombreux, le luxe évident. Comme si le snobisme avait enseveli mon premier mouvement. Et Mamé aura peut-être en guise de dernière heure consciente cette vision de mes pleurnicheries de gosse, insignifiant caprice d'enfant gâté.

29 juillet

Remonté à Paris, pour aller à Caracas. Chargé de dollars, vacciné contre la fièvre jaune, etc. Au bureau d'Air France, j'apprends que je dois payer moi-même mon billet! Renseignements pris, les Vénézuéliens ont annulé toutes les invitations des critiques français, notre ministre de la Culture n'ayant pas honoré la sienne... Adieu l'Amazonie. Mais je rentre au Beaucet, plutôt content.

Entendu, rue Henri-Monnier, un gros monsieur entre deux âges qui monte avec une pute, un habitué, sans doute: « Aujourd'hui, j'ai bien mangé, exprès pour toi. »

JOURNAL

9 août

Quarante-sept ans. J'ai dit l'autre jour tapis pour talon et appartement pour appétit. Déjà menacé par le ramollissement cérébral.

Éloge de l'ouvrier par le docteur Véron – en 1856. « Le jeune ouvrier qui ne s'adonne point à l'ivrognerie représente la force, la souplesse élégante, la facile liberté de mouvements et d'allure; sa chevelure est abondante; sa tête est bien attachée sur ses épaules. Le développement de ses membres lui vient surtout du volume que prennent les muscles. Ses dents, ce premier appareil digestif, sont saines, épaisses, profondément enracinées, et sont même pour l'ouvrier une arme dangereuse et puissante. Sa poitrine est large; ses muscles pectoraux saillants; les parois du ventre ne sont point épaissies par du tissu cellulaire, ni distendues par des épiploons surchargés de graisse; la colonne vertébrale jouit d'une grande flexibilité, et les muscles nombreux qui s'y insèrent sont volumineux et d'une grande puissance. Combien de jeunes riches ressemblent peu à ces athlètes du travail! »
Diagnostic ou inconscient épithalame?

13 août

Mme Cezan, quatre-vingts ans, infatigable, intarissable. « Un conseil, cher ami, un conseil. A qui m'adresser pour publier un petit livre de confidences que m'a faites Valentine Tessier? En vérité, ce petit ouvrage dort dans un tiroir depuis quelque temps – une femme charmante, cette Valentine. Si russe! Un vrai samovar. Mais écervelée en diable, imprécise. Elle a mis des mois à corriger tout cela, j'ai fini par l'oublier. Vous comprenez, elle n'avait aucune mémoire. Idéal pour écrire un livre de souvenirs : j'ai consulté tous les témoins. Elle n'a eu qu'à dire amen : enfin, bref, elle est morte aujourd'hui, la pauvrette. C'est le moment où jamais, vous ne croyez pas? Mais il faut que je me dépêche, que je coure, et je viens de me fracasser la main. Oh, une bagatelle, dans la porte d'un taxi, parce que je voulais faire changer ma carte d'identité. Enfin la renouveler parce que je l'ai perdue... comme ma tête. Et sans carte, on ne peut rien faire! Pour voter, ce fut toute une comédie. On me demande mon nom. Je dis Sérille. Ah non, ça, c'est le nom de votre mari. On ne sait plus comment on s'appelle, à la fin. Enfin j'abrège : j'ai la main handicapée. Mais cela va mieux. Je ne dis pas que je pourrais vous jouer une rhapsodie de Liszt, une valse lente de Chopin, je ne dis pas. Car je ne suis pas mauvaise pianiste, vous savez. J'avais même envisagé cette carrière, toute jeunette. Maman m'amène chez Vincent d'Indy. Je lui joue mes petits morceaux. Il hoche la tête... " Pas mal, pas mal. Elle est musicienne, il n'y a pas de doute. Mais vous avez vu ses poignets? " " Eh bien, quoi? " dit ma mère.... Elle n'avait jamais remarqué, la chérie, que j'ai les attaches les plus fines de Paris. D'ailleurs un ami de Raymond, un jour, le lui avait dit : " Sais-tu que ta femme a les plus jolies chevilles de la capitale? " Il est agacé, Raymond, mais il me l'a répété, un soir, sur l'oreiller. Qu'est-ce que je vous dis là! Je deviens égrillarde, ma parole! Vous voyez bien, je perds la tête. D'ailleurs j'ai aussi perdu mon ticket orange. Je grimpe dans les autobus au culot, en brandissant ma carte, cachant d'un doigt ganté ma photographie, qui date de 1925, et je passe. Si l'on me dit quelque chose, je jouerai les follettes : " Avec mes mauvais yeux, vous savez... Comment, le ticket n'y est pas? Eh bien il sera tombé... " On respecte les vieilles dames. D'ailleurs, je vais me faire teindre, en rouge, ou en blond. J'en ai assez qu'on m'arrête tout le temps dans la rue en me disant : madame, vous qui devez habiter le quartier depuis longtemps, indiquez-moi la direction du Luxembourg. Fini de faire l'agent de police. Et pour qu'on me reconnaisse tout de même, j'enverrai des cartes de visite, comme pour les changements d'adresse. Mais je parle, je parle, je suis incorrigible. Vous allez me détester. Je vous embrasse. Adieu. »

16 août. Gaillon

En confiance parce que nous sommes seuls, T. et moi, maman évoque un incident de mon adolescence auquel elle attache une grande importance, accident qui se rattache aux obsessions de Mamé, dont je parlais l'autre jour ici. A maman aussi, elle répète qu'elle pleurait comme une Madeleine à chaque fois qu'elle m'emmenait chez Mimi – mon autre grand-mère. Maman n'est pas loin de l'accuser d'avoir souhaité sa mort au sana pour m'avoir mieux à elle toute seule... De là, elle dit sa défiance, sa crainte de me voir revenu baptisé, faisant mes prières, etc., et avoue un incident que j'ignorais. De mèche avec mon père – et sans prévenir maman, qui l'aimait beaucoup –, elle a fait renvoyer ma bonne, quand j'avais douze-treize ans, parce qu'elle avait lu une lettre enflammée que celle-ci m'écrivait. A maman, elle a raconté que la bonne devait aller soigner sa grand-mère malade. Maman est persuadée que ce limogeage intempestif m'a traumatisé pour la vie – car il est vrai que je couchais avec la jolie « Tatam ». Curieusement, tout cela s'est effacé de ma mémoire, et je pense que l'analyse de ma mère est fausse. Si je me suis ensuite tourné vers les garçons, ce n'est pas à cause de cette rupture provoquée, mais par ignorance sexuelle. Ne sachant rien de ces choses –

même en ayant commis l'acte de chair avec la charmante – j'étais une proie désignée pour le premier pédéraste venu. Et quand je vois mes photographies à seize ans, je ne m'en étonne guère. Je voudrais lui dire qu'elle se rassure, que c'était sans doute dans les astres, ou la nature, mais nous ne parlons jamais de ces choses que par pudiques allusions très très détournées : tout est sous-entendu, mais rien n'est jamais dit.

Août

« Belles pages » : en typographie, celles qui sont blanches.

Octobre. Dans le train de Nancy

Rien noté depuis un mois et demi. Par paresse, bêtise. Le vertigineux entraînement de la flemme.

Il aurait pourtant fallu noter les noces d'or de Mona à La Colombe, occasion d'une réunion de famille nombreuse sous l'immense marronnier, en présence de la très doyenne ancêtre, qui entre ces jours-ci, vaillamment, dans sa centième année! Le même âge que Chardonne, que Giraudoux... Elle était superbe, avec ses cheveux blancs en crinière, et le lendemain, en cape noire et capeline, « déguisée en veuve pour la messe », dit ma mère.

La reconstruction de la façade nord du Beaucet fut aussi un moment un peu excitant. Et puis quoi? Que reste-t-il d'un mois? Un déjeuner avec Ehni, devenu missionnaire du mont Athos (je l'ai revu l'autre soir à Strasbourg, sans barbe, et toujours fulminant).
Nos bisbilles avec Janick – à oublier. Mes problèmes trinitaires, plus graves. Une nuit d'orgie en compagnie du copain de Daniel, irascible (Daniel est imprévisible – et adorable, tout de même).

Revu Francfort, cette foire folle, gigantesque frairie d'éditeurs, où j'ai tâché de faire le démarcheur pour Youyou. Puis Strasbourg, et ce triste Nancy, sous le signe des ringards américains.

Dans le train. Un grand jeune homme, brun, très beau – quoique déjà menacé d'un début de calvitie – me fait face, à trois rangs devant. Par la glace du plafond, je peux l'observer à loisir. Or il a le coup de foudre pour un autre garçon, superbe, qui ne s'aperçoit même pas du béguin qu'il a fait, continuant de blaguer avec ses copains. L'autre descendra, rien ne sera conclu, bien sûr. Mais le regard du désir, quelle merveille. Et le bref sourire qui nous lie, complices, avant qu'il descende lui-même à la station suivante.

10 novembre

L'autre jour, cette grosse dame d'une soixantaine d'années assise à côté de moi, au Café du Commerce à Nancy, couverte de bijoux, bâfrant seule du rognon sauté, avec la satisfaction vulgaire d'une BOF, fortune faite. Haïssable. Mais sur son poignet, sans gêne, sans ostentation, entre deux bracelets, son numéro d'immatriculation d'ancienne déportée.

Curieux week-end, avec la venue de Gerd, revu pour la première fois depuis dix-sept ans. Mais à peine l'avais-je vu, alors. En fait, nos souvenirs communs remontent à vingt-sept ans. Lui, devenu d'ange blond une espèce de junker chauve. Me traite encore en petit jeune homme rigolo, presque en enfant. C'est insupportable. Et en le regardant, je m'imagine... Par là-dessus, à cinq heures du matin, débarque l'étrange couple Denise-Maud, mi-clochards, mi-hippies. Partis la veille du Beaucet, ils ont attendu quinze heures qu'une voiture les emmène vers le sud, direction Venise. De guerre lasse, les voici, après une nuit de voyage à bord d'un camion de choux. Ils n'ont pas osé rentrer, de peur du ridicule. Légèrement effrayé à l'idée de les avoir là toute une semaine, je les expédie par le train le soir même. N'achetez jamais de maison de campagne!

18 novembre

Michel Mohrt, rencontré dans la rue, cherche quelque chose d'aimable à me dire : « Je lis toujours vos articles. Ils sont marqués au coin du bon sens. » Des compliments dont on se passerait. Comment la chose du monde la mieux partagée ferait-elle plaisir? M'aurait-il dit : « Toujours aussi cinglé » que j'eusse été ravi...

22 novembre

Conséquence inattendue de la nationalisation des banques : Anka Muhlstein me raconte que son oncle Elie – de Rothschild – a récemment retrouvé dans une caisse, qu'il a fallu enlever des caves de la rue Laffitte, le testament de Victor Hugo... Le destin de cette famille – les Rothschild – est le fruit d'une opération hasardeuse. Si Nathan, l'Anglais, avait misé sur de mauvais placements, il n'aurait pas pu servir à l'électeur de Hesse les dividendes de ses capitaux – qu'il croyait placés à la papa en rentes d'État – et il serait peut-être allé en prison pour indélicatesse, au lieu de faire grâce à ce riche mais pusillanime souverain des bénéfices colossaux qui auront fondé la fortune familiale.

Dîner chez la comtesse Brandolini, avec Almira, Jean Laffon, les petits La Baume et deux autres.

Dans une cour de la rue du Cherche-Midi, un petit hôtel XVIIIe siècle, meublé avec le goût excessif et merveilleux des Italiens, surchargé de couleurs, d'or, d'objets de toutes sortes. La salle à manger, superbe, tapissée de cachemire, et une vaisselle armoriée sublime, servie par des domestiques noirs ou bronzés, assez familiers, en vérité, malgré les vestes blanches. Elle, petite, cheveux relevés pour donner du volume à un mince visage, à la soixantaine – j'imagine – très aidée par la chirurgie et les soins de beauté. Elle vit sans trop ouvrir la bouche, mais elle est très vive, pépiante, battant de l'œil gentiment, avec tous les tics de la dame du monde adulée... Un fond de sécheresse là-dessous, semble-t-il.

Histoire de ce monde-là. Elle téléphone à Françoise Giroud. C'est Grall qui lui répond : « Comment allez-vous, cher ami ? – Mal. – Ah ? qu'est-ce qu'il y a ? – J'ai un cancer de la gorge. » Et la malheureuse, décontenancée, balbutie, et finit par dire : « Ça se guérit très bien. » « Je ne crois pas », dit l'autre, sinistre, et on le comprend.

Mais la mort, chez les gens « bien », est une chose dont on ne doit pas parler : c'est personnel. C'est mal élevé.

Avec Daniel, ces jours-ci, ce soir surtout, le malaise de ne pouvoir nous rejoindre, par ma faute. Comme un mur de verre entre lui et moi, ou plutôt entre lui et mon corps, car mon esprit, lui, ma raison, mon cœur franchissent cet écran invisible sans peine. Le corps ne sait pas, et empoisonne tout le reste. Impression, avec lui, de me dédoubler, et que j'agis contre ma volonté, paralysé, me regardant sans pouvoir m'aider. Schizophrénie passionnelle.

23 novembre

Pour mémoire. Ce corps gracile, très doux, serré contre moi dans le noir, au B.H. Une tendresse infinie, un désespoir de noyé qui s'accroche, à la fois complice et si étranger, si seul parmi ses fantasmes. Un gosse – au toucher – tout au fond du malheur, et dont les baisers frénétiques sont des hurlements qui n'osent pas dire leur cri.

1981

24 novembre

Déjeuner « dramatique », ici, avec Berger, Mercedes et Antonine, pour la convaincre de retaper son bouquin. Comme c'est « une grande dame », elle accepte, sans pleurer comme l'autre jour. Vaillante, elle raconte que ce genre d'échec lui est toujours favorable à terme. Ainsi c'est parce qu'elle a raté sa thèse sur Rabelais que son professeur lui a conseillé de chercher les réminiscences rabelaisiennes en Acadie, à travers un folklore qu'elle a découvert à cette occasion. Et toute son œuvre, « sagouine » et autre, en est issue.

1er décembre

Bruxelles, pour voir *Wings*, avec Francine Blistin. Une petite blonde, expressive, un peu vulgaire, la quarantaine. Avec un arrière-fond comique, très Boulevard. Et pourtant, malgré l'âge, et la personne, si éloignée de Mrs. Stilson, elle réussit à bâtir un être crédible, souvent déchirant. Aidée par le beau travail d'Adrien Brin, il est vrai.

2 décembre

Voilà. Première nuit seul, ici. Daniel rue Labat. Pas pu, pas su le retenir. Pas voulu? La volupté morose d'entrer dans ma vieillesse avec un peu d'avance, les yeux ouverts, comme dirait l'autre. Sept ans, pour une parenthèse, c'est convenable. Pour un amour, c'est rien du tout. Un grand fossé de cavalcade, de désordre, dont je ne me rappellerai que les moments heureux. Curieux comme on n'est jamais pessimiste que pour l'avenir. Vais-je reprendre avec T. ma vie de vieilles filles mortes? Enverrai-je tout promener? Plus envie de rien arranger ici. Pour qui? Pour quoi? Le travail, seul, vaudra un peu la peine. La première chose qu'a faite Daniel : se laisser pousser la moustache. Rêver à cela. Comme s'il devenait moi, m'ayant quitté.

Est-ce mon gâtisme? Je suis incapable de reconstituer son raisonnement. Je ne sais pas, vraiment plus, pour quel motif il part. Freud me dirait... Mais Freud ne m'a jamais rien dit que je n'aie su, sans le savoir. Pourtant ce désastre est entièrement de ma faute. Je n'ai pas réussi à déchirer le petit voile si léger, l'inhibition impalpable qui m'interdisait d'agir avec lui selon mon cœur, et le sien, je crois. Je suis certain qu'il suffisait d'un déclic, et tout était possible, mais je ne l'ai pas trouvé, ou pas assez cherché parce qu'en même temps, au fond de moi, je n'avais pas souhaité une nouvelle aventure, quand Daniel est entré dans ma vie, par effraction. Ce qui ne m'a pas empêché de tout faire à l'époque pour lui faciliter la tâche. Mais je ne regrette rien. Enrichi par ces années de désordre. Curieusement plus détaché, des choses, des gens. Je n'en sors pas différent. Indifférent.

Simone Dupuis. Si convenable, et attendrissante, dans sa jolie robe de lainage à palmettes. La femme rêvée du PDG bon genre, avec un petit rien de Bovary qui la distinguerait de la bourgeoise ordinaire. Seulement, rien de cela chez elle. Elle a plaqué mari et l'establishment pour gagner sa croûte seule dans le journalisme et s'est maquée avec un jeune homme qui pourrait être son fils. Râblé, avec un beau visage sensuel – surtout les lèvres, épaisses, et des yeux d'un bleu gauloise étonnant –, il est malheureusement beaucoup trop court sur pattes. Suis étonné qu'il parle de la danse en professionnel, et encore plus quand je crois comprendre que Simone l'a découvert... à la Grande Eugène! Romanesque... Il me raconte que le travelo qui incarnait – merveilleusement – Piaf chez Michou est mort de la gangrène, à force de se piquer dans les doigts de pieds pour qu'on ne voie pas de trace le soir, sur ses bras nus, au spectacle...

Romanesque aussi le destin de Mme Rochas (suite): Kim parti, elle songerait à épouser Niarchos...

Au ministère de la Culture, séance solennelle pour la « photo de famille » des vingt-six directeurs de centres dramatiques (dont vingt-trois ont été nommés par Michel Guy). Lang préside, flanqué d'Abirached, grandi de son importance toute neuve, et resté néanmoins charmant quand il l'oublie.

Cela donne par exemple un dialogue inattendu :
« N'est-ce pas, Jack, j'ai raison?
– Mais oui, Robert, tu as toujours raison. »
Et Abi de conclure, soudain officiel :
« Monsieur le ministre m'honore de sa confiance. »
Tout cela burlesque, et sympa. Avec une certaine gêne de ces messieurs, Bourdet, Planchon and Co, à qui l'on demande de ne pas tous travailler dans le génie, ce que le précédent régime n'aurait jamais osé demander : on aurait crié au scandale...

Punaisée sur un fauteuil Louis XV, dans un coin, la minuscule Monique Lang observe la scène, œil, juge, épouse et maîtresse impitoyable de ce ministre marionnette. Un ménage qui fait rêver.

Au Prix de la Ville de Paris, Pierre Bas, conseiller RPR, préside la réunion. Un gros Raminagrobis satisfait. On parle carrière et lui évoque à ce propos la loi des séries. Aussitôt, on pense à mai dernier, puis à juin, triste souvenir pour ce membre de la nouvelle opposition... Pas du tout : « J'ai d'abord été élu maire, puis conseiller général, puis député, puis conseiller de Paris, puis président de la commission, etc. Je savais que la série m'amènerait au plus haut. C'est une loi. »

Jacques Kraemer, il y a quelques années, présente à Metz une pièce sur les juifs pendant la guerre, devant un public jeune, local, populaire. A l'entrée, des personnages arborent l'étoile jaune. La salle applaudit, ravie : V'là les shérifs !

18 décembre

Yourcenar, revue pour la première fois depuis la brouille. A son hôtel, rue de l'Université. Pas changée, si ce n'est les cheveux taillés net sur la nuque, à la Gertrude Stein, et son ordinaire accoutrement bizarre, avec un pantalon informe, une blouse très chichi à bouillonnés et un gilet de valet de chambre, à rayures grises et noires, le tout agrémenté d'une petite cape noire de chez Saint-Laurent... Notre thé est très « mondain » sans aller au fond de rien : les derniers prix d'Académie (elle a préféré Castillo, pour ses qualités « modernes »), l'Angleterre où elle vient de passer quelques semaines, à Salisbury, Stonehenge, Tintagel (?), Amsterdam, la Frise et ses réserves d'oiseaux, les oasis du Maroc, la petite vie à Northeastharbour, et bien sûr son travail. Accablée, dit-elle, par ses besognes : La Pléiade à corriger, ainsi que *Comme l'eau qui coule*. Et puis la préparation de son prochain voyage au Japon, où elle compte passer six mois. *Quoi ? L'Eternité*, troisième tome de ses Mémoires, elle n'en a écrit que le début, mais elle préfère laisser reposer. « Si dur de parler de soi, quand on est un cas, semble-t-il, particulier. »

Pourquoi réécrire ces mondes anciens au lieu d'en inventer d'autres ? « Parce que mes personnages ne me quittent jamais. Je me contente de les regarder vivre dans une circonstance différente en les enrichissant de mon expérience présente. »

Dans *les Yeux ouverts*, elle continue à regretter de s'être exagérément « déshabillée ». Comme je proteste un peu, c'est loin du strip-tease : « Je suis très décolletée. » Ce qui l'inquiète, l'énerve, c'est d'avoir été surprise par les circonstances, et d'avoir ainsi baissé sa garde à son insu. « En Hollande, à la télévision, on m'a fait lire les dernières pages, sur la mort : j'étais très embarrassée. » Mais elle les a tout de même lues...

Sur la fin, quelques minutes émues sur la mort de Grace. Comme s'émeuvent les monuments. Une petite buée vite sèche.

Déjeuner avec Janick, Hardy et Lacarrière. La conversation tourne autour de la Grèce, bien sûr. Hérodote est sa Yourcenar. Très érudit, mais près des hommes, avec une simplicité superbe.

Depuis 47, il pratique ce pays, où il se serait installé si la femme (grecque) qu'il avait choisie – et emmenée chez lui à Patmos – n'avait trop souffert de l'opprobre et des malédictions familiales. Le Grec, si accueillant à l'étranger, n'est pas moins xénophobe que les autres. Dans son village de basse Bourgogne, au contraire, il est chez lui. Il habite la maison de son grand-père. On l'y a connu tout petit. Et quelques apparitions à la télévision l'ont transformé en vedette. Une maison qu'il a retrouvée à trente ans, à peu près.

Descendu à la gare de Vermenton, il a fait la route à pied. Arrivant au village, il demande son chemin à un passant, qui lui dit : « Tu ne serais pas un Lacarrière ? – Si, pourquoi ? – Je te voyais venir. Tu marches comme ton père et ton grand-père. »

Visage rouge brique sous la tignasse poivre et sel, l'œil bleu ciel, c'est un gros bébé bacchique. On lui verrait bien des pampres autour de la tête et quelques feuillages sur son confortable petit bedon, moulé dans un pull beige. L'image, plutôt rare, d'une sérénité réjouie.

Ces gens qui me demandent si « j'écris pour moi » ! Tous des Marie-Chantal interrogeant un galérien : « Et le dimanche, vous ramez ? »

Un peu plus pâlot, le poil gris mais dru, la barbe offensive, le nez altier, l'œil qui rit, Pierre B. ne change guère depuis vingt-cinq ans que je le connais. C'est un plaisir de voir comme il aime régner.

31 décembre. Londres

J'écoute Barbara – que Jack savait par cœur. Je l'ai découverte sur le plateau de télé où elle passait pour la première fois, comme moi. C'était en 1958. Elle est une légende...

Et Simon Gray, hier, avec sa bonne bouille ronde, où brille l'œil, me demande aussi quelles pièces j'ai écrites. Pinter, lui, en 58, faisait jouer *l'Anniversaire*, dans la plus complète incompréhension. Autre légende, que je viens poliment interroger.

Ainsi file une vie, comme la maille d'un bas.

Mais tout à l'heure, avant que les foules d'Anglais avinés – abiérés ? – n'investissent le quartier, je suis passé, près de Shaftsbury Avenue, chez un photographe tchèque, auteur de superbes clichés de Pinter. Un minuscule appartement au quatrième étage. Deux pièces et une cuisine où s'entassent, m'a-t-il semblé, quatre ou six personnes. Une fille dort sur un divan. Une autre femme, brunette, cheveux serrés, souriante, sert d'interprète. Le photographe a une sublime tête de Christ, cheveux longs, ondulés, une barbe, des yeux bleus, un Aliocha de Prague, exilé depuis un an. Son père, signataire de la Charte 77, est en prison, sa mère là-bas survit. L'anglais, il refuse de l'apprendre. Il ne renonce pas à la résistance, à la lutte. Il correspond encore chaque semaine avec sa famille par des moyens secrets. Jamais il n'aura le repos. Et ceux chez qui il habite, espèce de plaque tournante tchèque, sont partis depuis douze ans, et semblent arrivés d'hier: gravures représentant Prague, *Rude Pravo* sur la table... Du courage? «Non, dit la femme, il y a des pays, comme ça, où il faut lutter. Ce n'est pas du courage, c'est l'habitude.» C'est comme ça. Pas de rébellion, ni d'amertume: un grand vide résolu, pour la vie, peut-être. Alors nos petits vague à l'âme...

Simon Gray, l'autre jour, me raconte la mort atroce du charmant Goodman, à Los Angeles. Il déjeune dans un grand hôtel, avec Warren Beatty et une autre star. Pris d'un soudain mal de tête, il s'éclipse aux toilettes, s'y évanouit à moitié. Les autres, ne le voyant pas revenir, s'en vont, croyant qu'il est parti. Les employés de l'hôtel essaient de le faire sortir, persuadé qu'il est ivre mort. Au lieu d'appeler une ambulance, ils alertent les flics, qui l'embarquent sans ménagement, et le coffrent au violon. Il mourra sans soins, dans la nuit, c'était un infarctus! et on l'aurait sauvé sans peine si on ne l'avait pas pris pour un pochard. Kafka au naturel.

Lettre à D. (non envoyée).
«Le plus dur, c'est le matin, moins de défense, probablement. Je ne comprends rien du tout. Je ne sais plus pourquoi tu es parti, j'essaie de reconstituer le raisonnement; en vain. C'est si curieux d'être plaqué par quelqu'un qui vous aime, et qu'on aime. Vécu, l'absurde est encore plus insupportable que la douleur ou la trahison: à quoi se raccrocher? Je me sens bizarrement coupable de ton départ – et je le suis, par faiblesse, par abandon, par jet de l'éponge – et je te vois dans ta petite boutique comme un exilé misérable et frigorifié, alors qu'il y a – peut-être – un peu de soulagement dans ce que tu ressens: la satisfaction de la décision prise. Moi, une fois de plus, je subis la volonté adverse. Avec pour consolation le pessimisme enfin justifié. Mais de quoi cela console-t-il? Tout cela est tellement bête, et banal, en dépit des circonstances qui ne le sont pas. Les sept ans fatidiques sont écoulés, et la loi commune s'applique à nous aussi, voilà tout. Essayons de vivre cela, de nous en accommoder. Enfin, nous... moi. Je pense au contraire que pour toi la vraie vie commence. Adulte. Mais pourquoi ne l'avoir pas tentée à mes côtés? Il est vrai que je ne suis pas seul... Casse-tête, casse-cœur. Casse-cou. Je suis tout cassé. Ta vieille poupée rhumatisante.

M.

P.S.: La terre continue de tourner: Mme Cezan vient de me téléphoner...»

1982

12 janvier. Paris

Mœurs de Corrèze, racontées par Mamé, entrée depuis peu dans sa centième année. Jadis, les mariages se faisaient par relations. On organisait une rencontre, histoire de voir un peu. Rien n'était dit. Mais le lendemain, si le garçon, ou la fille n'avait pas plu, on déposait un balai devant la porte. Clair! L'expression était passée en proverbe : « on lui a mis le balai », il a été refusé.

A 2 heures du matin, en rentrant de quelque débauche triste, je passe m'acheter un sandwich place Pigalle. J'y suis hélé par le petit R., le petit ami de Chéreau aux temps héroïques. Encore du charme malgré les maxillaires qui se sont éloignés, mais déjà une épave, tandis que l'autre vole sur les cimes wagnériennes. Aucune amertume de R., du reste. Il pointe au chômage, comme tous les comédiens, il lorgne les Arabes, gigolo sur le retour qui voudrait bien se payer un extra. Mais la fumette et la bouteille feront l'affaire, à défaut d'amour. Ces deux destins : du Zola. Ou du Guy des Cars.

Week-end à Villeurbanne et Saint-Étienne avec Daniel. Retrouvé à Lyon, comme autrefois. Tendresse. Vérité. Le Pinson, introuvable boîte de nuit, disparue depuis dix ans.

Ambrose Bierce : « Un avortement réussi : la femme est morte. »

13 janvier

Petit voyage à Reims par moins dix. L'autoroute traverse la Sibérie. La ville a le silence des rêves, les voitures y roulent au ralenti comme dans les films, et la cathédrale éclairée se détache sur un ciel de coton gris, ton sur ton. Quelques difficultés à trouver la Comédie. J'arrive à la seconde près, pour le lever du rideau. Façon de parler, il n'y a pas de rideau. Joli décor évocateur, fidèle aux indications. Bohringer, petit dur prolo, très convaincant dans le rôle de Poulet. De la force, du ton : avec lui les mots claquent, bien vulgaire comme il le fallait. La petite Brigitte est juste, mais il lui manque dix centimètres, dix kilos et dix ans pour être le personnage. Quant au ravissant Laurent Malet, sous sa perruque blonde, ce n'est pas la découverte de la décennie. N'est pas Marguerite Gautier qui veut.

Du beau monde, venu pour Romans, qui entretient avec la pièce des rapports étranges. S'il l'a dirigée ainsi tout à contre-emploi, je me demande ce qui l'attire dans ce bon gros mélo, presque parodique, aux effets énormes, à la sexualité agressive. Sa fascination ressemble à celle que pourrait éprouver une dame du monde pour un conducteur de poids lourds. Une dame du monde qui essaierait tout de même de l'habiller chez Cardin pour le rendre présentable dans son milieu. Ah! les metteurs en scène modernes!

Justement, Chéreau est là, visage taillé au coutelas, tout en creux, avec des yeux tristes de bovidé, qui saillent au fond des orbites et une bouche élastique, mince, mouvante. Des arêtes, des méplats : un portrait par Egon Schiele. Moins mal à l'aise que jadis, avec ce sourire de garnement qui survit chez la star, il me raconte ses démêlés avec Nanterre. Nommé, il n'a pas encore accepté! Il veut mettre toute l'équipe actuelle à la porte – il a ses gens, ses menuisiers, sa clientèle – et construire autour des ateliers, des salles de répétition, une école. La place ne manque pas : on a créé de toutes pièces autour un immense jardin public vallonné, avec la terre tirée du trou des Halles. Mais la ville et l'État se font tirer l'oreille pour les milliards. Je le regarde. Je pense à R., grignotant son sandwich, vieux minet quasiment clochard, tel que je l'ai vu hier. La vie s'amuse à ces rapprochements romanesques.

Déjeuner avec Vrigny, la pépiante Evelyne Schlumberger, la sœur de Robert Mallet, toute en fourrure, Jean-Luc Moreau, Minou toujours mignon et impassible comme une figure du musée Grévin, et Roger Gouze, aimable, gentil, pas puant du tout, bien qu'il soit maintenant le « beaufre » du président. Néanmoins, dans les allusions prétendument rigolotes de Roger – « Il faut que je te parle! Alors ma légion d'Honneur, ça vient? » – le jeu est déjà un peu vicié. Car il l'aura, sa croix, un de ces jours, le cher Roger. Quant à Gouze, il part pour le Honduras, où il représentera la France et François au couronnement de je ne sais quel président, de gauche, bien entendu. Les bons morceaux changent de gueule, mais le népotisme a encore de beaux jours.

1982

15 janvier

Aujourd'hui déjeuner chez Privat. A trois dans la cuisine. Rien de plus charmant. A tour de rôle, B.P. nous reçoit les uns après les autres, afin d'atténuer le choc de son départ chez Lattès. Pour une fois, il se déboutonne un peu, à la fois triste et cinglant. Verny-Raspoutine en prend pour son grade, et Berger et même J.-Claude, ce qui m'attriste, car il m'a paru, hier, très sincèrement désolé de ce départ. En somme, un malentendu de neuf mois, envenimé chaque jour sans qu'on s'en aperçoive. Il aurait suffi de peu de chose pour que cela s'arrangeât. Mais Bernard a eu l'impression d'être tenu à l'écart. De la difficulté de vivre à côté du pouvoir, quand on l'a quitté. On ne l'a plus, mais il vous reste sur l'estomac.

Après quoi, sous la hotte bleue, on parle du fabuleux Bernard Grasset, de son chauffeur, des scènes perpétuelles et de la folie – pas douce – du «patron». Il faudrait en faire un livre...

18 janvier. Avoriaz

Curieuse impression, dès le début, de participer à une manifestation très «ancien régime». Bien que la plupart des invités du «train fantastique» fussent de gauche, ce genre de festivités publicitaires restent liées aux périodes fastes de la consommation triomphante. Torches à la gare d'Austerlitz, portées par des valets Renaissance, badauds agglutinés, orchestre, alcools, vedettes. Tout cela n'est pas très démocratique. D'ailleurs nous n'étions pas plutôt partis que le train s'arrête soudain dans la campagne enneigée : une manifestation des habitants de Malesherbes, à qui l'on veut supprimer la ligne de chemin de fer. Atmosphère de siège à la rigolade, augmentée par l'éclairage plutôt lugubre des vieux wagons-salons, survivants de l'Orient-Express des belles années. Ensuite, dans un des hangars de la gare, nous avons droit à une espèce de banquet costumé, vaste foire organisée par Mario Franceschi, avant de gagner enfin les sleeping-cars.

Sur le quai, tombé dans les bras de Marina Vlady. Après trente ans, elle me reconnaît du premier coup, et moi, la première idée qui me vient : «Comme tu as grandi!» Elle se souvient de Rome, en 49, avec la passion qu'on a pour l'enfance, ou plutôt d'extraordinaires grandes vacances, à la veille de cette vie de star, commencée si jeune. L'être radieux qu'elle était à onze ans! Une espèce d'ange espiègle, devenue cette grande femme épanouie, ronde, avec son bel œil russe, d'un bleu superbe. Et pourtant, que de catastrophes, avec un fils drogué à mort, un mari mort soudain, et sa sœur, elle aussi partie. Elle sourit, elle boit du vin blanc, elle nous montre les photos de ses enfants (déjà des hommes, dont elle est fière comme si c'étaient des amants), elle a quelque chose de sain, de brut. Une force qui va, d'une fraîcheur étrange dans ce milieu d'artifice.

Dîner avec Navarre, notre compagnon sur les pistes l'après-midi, en compagnie de Gael de la Porte du Theil, promoteur de la station, la femme, un peu bête, d'un comédien de boulevard et la patronne des Dromonts, Arlette, elle aussi singulière dans la société où elle a fait son trou; on dirait une mère de famille convenable, d'une simplicité intacte, naturelle, alors qu'elle vit avec le beau Bill, expert en vins mais peut-être pas si loin du mauvais garçon, après avoir tout quitté pour un moniteur de ski (qui s'est tué peu après).

Au cours de nos promenades, Navarre s'éveille de temps en temps pour parler de lui, ou si nous rencontrons quelques célébrités, heureusement nombreuses ces jours-ci dans ces montagnes. Quel atout que l'amour de soi! La vie tourne rond sur un axe, et passe sur le reste du monde comme un rouleau compresseur.

A la radio; Q : « Qu'a dit Jules César en franchissant le Rubicon? » R : « Sésame, ouvre-toi. »

22 janvier

Burlesque dîner pour le Prix du livre fantastique. Beaucoup de « beau monde », très hétéroclite, allant de Valérie Anne Giscard d'Estaing à César, en passant par Michel Audiard, Pascale Audret, Mme Vaneck Boutron, la nouvelle Mme Scherrer et, côté littérature, Sabatier, Conchon, Navarre et le lauréat Hubert Monteilhet. Une espèce de géant plutôt prolo, quelque mineur du Nord étalant sa cinquantaine hâbleuse, son estomac moulé dans un pull-over trop étroit, avec une grosse bouille de voyageur de commerce mâtiné Devos. Il s'installe à côté de Leprince-Ringuet, et ce pachyderme bavard se met à lui détailler, avec une passion frénétique, ses problèmes de style. « Veiller à ne pas mettre des mots en " *en* ", en " *un* " et en " *ou* " dans la même phrase, c'est un casse-tête. Vous me direz que c'est une maniaquerie de vieille fille, mais c'est ça, la littérature, etc. »

L'autre écoute, dodelinant du chef; il est physicien et le style, ce n'est pas son fort, semble-t-il.

Puis l'autre, intarissable, se lance dans une diatribe éperdue sur les correcteurs qui n'existent plus, les fautes de français des écrivains, des journalistes, et sur la syntaxe « auquel » personne ne fait plus attention. « A laquelle », reprend l'autre, soudain vengeur.

Et il devient tout rouge, le brave académicien, mais ravi. Pour un homme qui « jouit à lire une grammaire », c'était évidemment l'occasion rêvée de le moucher!

3 février. Lille

Toujours en retard d'un ou deux métros pour noter ce qui roule. J'aurais voulu fixer le souvenir d'un déjeuner avec Sabatier, avant de quitter Avoriaz. On y parlait poésie, bien sûr – c'était le but – mais il s'y était aussi un peu livré, avec cet art qui est le sien, cette adresse de bon gros sympathique à glisser des demi-vérités dans d'apparentes plaisanteries. Sur ses livres et son talent, par exemple, qu'il feint de juger « à leur juste valeur » sans qu'on sache jamais clairement à quel niveau réel il la place. Les faux modestes, race dangereuse. Ils tendent ce piège pour mieux vous en vouloir. Attention aux chausse-trapes de la vanité camouflée.

Après les Alpes, et un bref séjour glacé au Beaucet, où la maison prend forme, je vais voir *la Vie de Galilée*, à Marseille, où le soleil brille, brille, brille.

Dîner avec Evie Casadesus, sa fille, son gendre Maréchal et Daniel, le petit Maréchal (qui joue dans la pièce) et tombe tellement de sommeil qu'on l'expédie au lit.

Un Maréchal révélant tout à fait ses faiblesses. Sur Galilée, il ne sait pratiquement rien, dirait-on, même pas la date de sa mort. Il ne s'intéresse qu'au personnage de la pièce, à l'exclusion des autres du reste, faisant graviter autour de lui seul une œuvre pourtant riche et multiforme, et qui contient une des plus belles scènes du théâtre contemporain : le vestissement du pape. Chez lui, elle est ratée, plate, moins précise, du point de vue liturgique, et il y tient beaucoup : « Vous savez, moi, j'ai fait mes études chez les jèses. Toutes mes études. J'en ai gardé un très bon souvenir. Des tas de camarades de la haute, qui sont devenus PDG de la soie ou du charbon, c'est drôle, hein? Mais il y avait des curetons très bien. Certains avec qui je suis resté en relation. Et c'est dans une salle de patronage que j'ai commencé, à Lyon »...

(J'ai appris, par la suite, que son gosse, lui aussi, allait « chez les jèses » de Marseille.) Et le bon Maréchal, mi-rigolard mi-respectueux, n'était pas peu fier de me dire que l'archevêque avait assisté à la première de *Galilée*. Rigolo, ce lien de l'Église avec le théâtre d'aujourd'hui. Vitez et ses airs de Raminagrobis, Planchon, ex-séminariste, Sandier aussi...

Le soir. Rentré par avion – dîner « officiel » place Beauvau.

Sur la tablette du train, écrit au stylo à bille :

JOURNAL

Napoléon un soir de caprice
D'une putain fit une impératrice
A l'armée on est moins exigeant
D'un con on fait un adjudant

Signé : un bleu-bite, depuis cent soixante-cinq jours dans la gueule des rampouilles.

Les désirs sont désordre.

Contraste – *Figaro*, 3 février 1982

messes et anniversaires

Pour le septième anniversaire du rappel à DIEU du

docteur
CLÉMENT-MAROT

commandeur de la Légion d'honneur, ancien déporté résistant du Camp de Neuengamme, « mort pour la France ». Sa femme, Eliane Clément-Marot, demande à tous ceux qui sont restés fidèles à son souvenir et qui l'ont aimé, de s'unir à elle par la prière et l'amitié. Elle sera sur sa tombe au cimetière du Montparnasse, où les prières seront dites par le Père Jean Le Pihan, le samedi 6 février, à 15 heures précises, entrée principale, 3, boulevard Edgar-Quinet, 75014 Paris. Drapeaux, décorations.

Pour le vingtième anniversaire de la mort de la maréchale

PÉTAIN

une pieuse pensée est demandée à ceux qui sont restés fidèles à son souvenir et qui l'ont aimée.

« Tu sais, le type que j'ai levé samedi dernier, eh bien il était sourd-muet! Vachement intelligent, il lisait sur les lèvres et tout, et puis au lit, le pied. J'aurais bien aimé le revoir, mais je n'ai pas osé lui demander son numéro de téléphone. »

« L'autre soir, dit un brave chtimi, au BH, la cave était bombée, et ils marchaient tous au pompers. »

Ce n'est pas très beau, l'intérieur du ministère de l'Intérieur. On dirait un grand hôtel 1880, avec de vilains marbres en fromage de tête, et le salon me paraît meublé de bric et de broc, avec des meubles « de style » mélangés à du confortable bourgeois comme on en voit dans les grands magasins, canapés velours et fauteuils assortis, éperdument conventionnels.

L'assemblée est très hétéroclite. Les invités de Grasset – et ceux des Defferre, que nous ne connaissons guère : les Jospin, les Qui-

1982

lès, etc. En commun, tout de même, Debray, Guimard, Pivot, les Bazin, Lanoux, etc. Madame prépare son élection.

Mitterrand arrive un peu tard : on avait, paraît-il, oublié sa femme rue de Bièvre, et la pauvre attendait... Il fait le tour de chacun, très royal. Tout petit. Sa pâleur me frappe : il est diaphane comme un cadavre qu'on aurait tiré de sa boîte, mais vivant, alerte, disert, présent. J'ai droit, comme d'ordinaire, à une petite phrase sur Chardonne, et ce sera pratiquement tout, car le dîner est à plusieurs tables, et je ne suis pas à la sienne. Moi, j'hérite de Mme Lanoux, Russe passée de fleur, qui pépie des confidences sur ses enfants (illégitimes) et de Totote (aussi présentée à Mitterrand... par Edmonde) qui me parle un peu de sa jeunesse à New York, de son père, se disant beaucoup moins Rothschild que Muhlstein. Un joli lapsus d'Edmonde, hôtesse : « Jean-François Josselin, du *Nouvel Observatoire*. » Malheureusement, ce n'était pas à Mitterrand qu'elle parlait.

D'un poète malade – lu dans le Sabatier : « Mon corps est triste à pourrir. »

26 février. Venise, en train (du retour)

Retrouvé Daniel vendredi matin, au Bauer. Une chambre sinistre, très 1930, avec d'immenses plafonds, des meubles laqués noirs. Un luxe mussolinien, conservé tel quel, dans son mauvais goût. Le plaisir de le voir là, devant la porte, quand il a frappé, encore si jeune, tout à sa joie, avec l'amour dans ses yeux. Pourquoi faut-il que ce soit moi, toujours, qui m'impatiente, incapable de supporter longtemps l'être-à-deux, non plus que la solitude, abîmant à chaque fois le climat, et le sachant. Il est vrai que Daniel, changeant comme un ciel breton, n'est pas commode à vivre, mais tout de même...

Pendant six jours, un monde hors du monde que ce carnaval, où la foule s'écrase sur la place Saint-Marc et ailleurs, livrée au narcissisme collectif qu'autorisent les masques et les déguisements. Le défoulement de jadis est devenu abstraction : se regarder suffit. Et se faire regarder, par l'intermédiaire sécurisant d'un objectif photographique – marquis à banta, gitanes, putains, mickeys, fourmis, arlequins, polichinelles, tous des travestis-objets, et ravis de l'être.

Peu de choses intéressantes au théâtre : l'art dramatique napolitain, surtout représenté cette année, paraît désuet.

Le premier jour, par hasard, je bute sur une montagne de châles et de couvertures : Yourcenar qui sort de l'hôtel. Curieuse attitude, comme prise en faute de me dire bonjour, sous l'œil de son sbire américain, qu'elle ne me présente pas. Échangeons quelques mots sur son voyage en Égypte qu'elle termine à Venise, puis le tas de lainages s'éloigne, majestueuse baba russe, à petits pas. Réceptions diverses - chez le directeur du *Gazzetine* (Bergame) en l'honneur des Lang. Monique est « la Lang » pour les Italiens.

Beau palais, superbe buffet. Une autre chez Mme Ruben de Cirven dans un palais au salon baroque peint, très bas de plafond, superbe. Y rencontre Francisco Smareldo déguisé en Peggy Guggenheim, assez hallucinant. Le revoyons, grâce à la diligente Koko, pour prendre un verre au Harry's Bar. Un dandy gigolo comme il ne s'en trouve plus guère en France, disert, cultivé, médisant; l'homme de compagnie par excellence.

La Gencer à la Fenice, ruine de cantatrice, qu'on dirait peinte par Goya. Récital pénible; on souffre pour cette pauvre vieille, voûtée, accrochée à son art comme on mord la corde de rappel, en cas de chute.

Le lendemain, l'exquise mise en scène de Strehler pour *l'Enlèvement au sérail*, si parfaitement adéquate au lieu, avec, dans les loges, des loups, des tricornes, des perruques, des plumes.

Ce matin, visite avec Paquin, Koko, Dispot, Daniel et l'aimable Pasquale, chez Mme Giol, qui habite l'un des plus beaux palais du monde, sur le Grand Canal, puis de l'Academia. Tout est exquis. Note un peintre maniériste du début du siècle, un sosie de Tiepolo, 1900 miniature : Moro. Le luxe, ici, est encore sans complexe, ancestral, arrêté dans le temps, comme le décor.

Dans le train
Le contrôleur du wagon-lit est un jeune homme, grand, beau sourire, prestance, sérieux, manifestement « au-dessus de sa condition ». Il ne tarde pas à me confier qu'il fait une maîtrise de lettres, entre deux voyages, sur un manuscrit en bas-latin, l'*Ortus deliciosus*, pondu par une abbesse alsacienne du XIIe siècle. Nous parlons un peu des études, des livres, etc. Il semble savoir que je m'intéresse aux lettres, moi aussi, et me regarde comme une midinette une couturière arrivée. « Vous voyagez beaucoup? Vous amassez des renseignements, des impressions?... » Je finis par comprendre son intérêt : sur mon passeport que je lui ai remis, ma profession : homme de lettres. Il me voit en dilettante. Genre Morand ou Vaudoyer, hantant les sleepings de l'Orient-Express, errant de Venise à Grenade pour nourrir mes « œuvres ». Telle est encore, chez un jeune homme naïf, l'image de l'écrivain en 1982.

14 mars (à Limoges)

« J'ai quarante-sept ans », déclare d'emblée Josiane Horville, alors qu'on ne demande rien à cette petite femme souriante, l'œil

1982

très présent derrière les loupes de ses lunettes, la mâchoire carrée, faite pour broyer le squelette de l'adversaire. « Oui, j'ai un caractère entier, mais je suis fidèle. Certains de mes collaborateurs sont avec moi depuis dix-sept ans, d'autres depuis dix, six, sept. C'est pour ça que je ne pouvais garder personne de l'ancienne équipe, à l'Athénée »... Net, définitif. Le saccage a dû être sec. Mais l'« ancienne équipe », que je connais bien, continue à déjeuner au même restaurant, près du théâtre (les indemnités de Pierre Bergé ont dû être généreuses). La situation est curieuse pour moi, comme si je retrouvais des collaborateurs mis à pied, au lendemain de la Libération et moi déjeunant avec le nouveau patron gaulliste. Les maîtres changent, mais la crémerie reste. Et déjà, comme pour Danielle Cattand il y a seulement six mois, la patronne dit à Josiane : « Et pour madame, une coupe de champagne, comme d'habitude ? »

Donc Josiane. Fille d'officier supérieur – un médecin-général – élevée à Limoges, elle tient de cet enfant de troupe sorti du rang son autorité toute militaire. A seize ans, elle entre au conservatoire (local) et monte à Paris très vite. Joue *l'Ile des chiens* en tournée, avec Cuny, Clech et d'autres. « C'est là que j'ai compris la vanité de la vie d'actrice. Les femmes, entièrement soucieuses de leur apparence, incapables d'avoir une vie sentimentale comblée et cachant leur âge comme un péché originel. Songez qu'Yvonne, un jour, m'a arraché son passeport des mains pour que je ne voie pas sa date de naissance ! Moi j'ai quarante-sept ans ; je le dis. Revenue en France, j'étais déjà décidée à quitter ce métier, où j'aurais d'ailleurs réussi trop facilement. C'est alors qu'on m'apprend que j'ai été sélectionnée pour être speakerine à Radio-Tunis. C'était avant l'indépendance. Je suis ravie, d'autant que je venais de me marier, avec un comédien – je ne sais plus où je l'avais rencontré, ni pourquoi je l'avais épousé –, et que je voulais déjà m'en débarrasser. J'arrive là-bas, ignorante, toute jeunette, blonde... Naturellement, une petite vedette immédiatement. Je ne savais rien de rien. Mais un jour j'ai rencontré là mon mari, mon second mari, qui l'est toujours. C'était un Memmi. Des minotiers richissimes, à qui l'on a tout pris, bien qu'il nous reste encore une maison à Hammamet... Découverte du monde juif, de la haute bourgeoisie d'ailleurs. Mais au retour, moi, je voulais travailler. Je suis devenue administratrice d'Aubervilliers, pas de Beaubourg. Et voilà. En somme, je connais bien tous les milieux : les militaires, les militants et la grande bourgeoisie. La petite, non, je n'en sais rien. Et les comédiens, bien entendu. De l'autorité, on dit que j'en ai. En tout cas de l'indépendance - mon père m'avait mise à Saint-Denis, j'y suis restée huit jours. Je lui ai téléphoné, en PCV : « Ou tu m'enlèves de là ou je viole le jardinier demain matin, et le scandale sera inévitable. » Car les hommes, moi, je n'en ai jamais eu peur. C'est peut-être ça, ma force. Dans l'armée, même une fille vit entourée

d'hommes. Tenez, petite jeune fille, déjà, j'étais élevée avec des hommes : les ordonnances de mon père. Je les trouvais superbes. Si j'avais eu l'âge... Mais heureusement, c'était avant la guerre, j'avais dix ans »...
Et maintenant quarante-sept, farceuse?

Onanisme : péché en Suisse.

Ma grand-mère vient déjeuner, avec Claire, chez moi.
« Moi, madame, depuis un certain temps, je me fiche de tout. Je me laisse vivre »...
A cent ans bientôt, je trouve élégante cette roue libre, sans la moindre angoisse apparente d'une fin prochaine.

Au cimetière, pour voir la tombe de mon arrière-grand-père Nadalet, que je n'ai pas trouvée, bien entendu, les gardiens ne travaillant pas le dimanche. Longue errance dans cette immensité sinistre, granit et ciment, presque sans arbres. Un îlot lointain, à trois bons kilomètres de la gare. Quel calvaire ce devait être que les visites sur la tombe, aux escales, à Limoges, car il fallait y changer de train, pour aller de Saint-Girons à Argenton, et on en profitait pour faire du jardinage chez les morts, mais comme il n'était pas question de prendre un taxi – sauf catastrophe – on y montait à pied, harassé du voyage, loques humaines congestionnées, hagardes, haïssant les défunts, l'au-delà, mais conscients d'accomplir un devoir, d'autant plus méritoire qu'il était pénible. Curieux, ce cimetière où je vais à l'aventure, d'y rencontrer soudain, gigantesque, le carré des tombes Haviland, à la mesure de leur importance sociale et de leur taille, très américaine, disait Chardonne. Pas de monument : des dalles; trois fois grandeur nature, car les noms sont inscrits en caractères d'affiche. Même un enfant a droit à ce traitement, proportionné à ses dix ans, une tombe normale, en somme, tout de même à côté des autres – Gargantua mort en bas âge. Beaucoup d'enfants, du reste, parmi ces gisants, signalés souvent par de jolies plaques peintes, en porcelaine de Limoges, évidemment. Une matière bien fragile, qui résiste mal au gel, à l'usure des pluies. Je suis tenté d'en ramasser une qui traîne par terre, et puis non : ce serait une manière d'assassinat. Si j'emporte ce bout d'assiette, la veuve Dubois ou le brave Emile Machin n'auront jamais existé.
Sur une tombe : « Ici reposent, sur les cendres de J.-B. Gérard, leur grand-père, et de Marguerite Coiffé, leur grand-mère, Martin Gérard, âgé de 4 mois 1/2, décédé le 30 mars 1862, et Pierre Émile Gérard, âgé de 27 ans, décédé le 11 octobre 1862. » Sur les cendres de leur grand-père, encore chaudes, peut-être, singulier berceau, douillet. Rassurant.

1982

Ailleurs, dort « Marie Martinaud, dite la Nounou, décédée le 14 septembre 1920, à l'âge de soixante-dix-sept ans ». Le paternalisme jusqu'à la mort. Toute une époque.

Galerie Mollien, au Louvre, Pierre Bergé reçoit, en tant que président du Syndicat de la couture. Flanqué d'Edmonde, Dieu sait pourquoi. Elle est devenue la maîtresse de la maison France. Cohue très mêlée, où Yves Navarre côtoie la baronne de Rothschild – pas rancunière avec le nouveau régime – Charlotte Aillaud, des mannequins, Jacques Fauvet suivi de Philippe Boucher, Colette Godard, Koko et Pasquale, Banier avec qui j'ai une longue conversation sur l'art de conseiller les auteurs, Mme Grès, strictement enturbannée, charmante petite dame qui a la vérité spontanée des grands, etc. Arrivée des ministres, Lang, Dreyfus, plus Mme Mitterrand, discours, puis longue promenade parmi ces gens. Lang, un peu perdu dans ce monde qu'il connaît sans doute mal, me fait fête comme à un vieux copain. A quoi servent toutes ces inaugurations? La vie politique serait-elle une longue perte de temps? Car je retrouve les mêmes le lendemain matin au Salon du livre, au Grand Palais. Après le petit déjeuner offert par *l'Express*, on se bouscule dans un stand étroit, le gratin de l'édition plus Chancel, Signoret et quelques autres. Curieuse, Signoret, elle aussi d'une franchise qui dénonce sa qualité, avec, derrière le faubourien, l'agressivité, le spectaculaire, quelque chose de bourgeois, très profondément caché. Chacun va dans sa petite guérite attendre le président. Une heure, quasiment, que je meuble en causant avec Piatier, tout émoustillée de son voyage aux Indes pour lancer je ne sais quel bouquin, qu'elle « a eu l'honnêteté de trouver bon », et avec Catherine Clément, chacun se tenait sur son quant-à-soi, et soudain nous nous parlons. Glace brisée. On était deux timides. Elle me présente René Sieffert, le traducteur de Murasaki Shikibu, celui que Yourcenar critique sauvagement dans *les Yeux ouverts* pour son style ampoulé. Or, dit Sieffert, ce style est un essai, au début, sur trois pages. N'aurait-elle pas lu au-delà? Il me conseille de lire Tanizaki, d'après lui le vrai grand Japonais, très supérieur à Kawabata, et surtout à Mishima. Modeste d'allure, très professeur (d'allure), costume sans couleur, lunettes (il est aveugle d'un œil depuis l'an dernier, un herpès). Cet homme devient passionnant dès qu'il parle de sa spécialité, en artisan. Et en spécialiste, féroce pour les fausses valeurs, particulièrement répandues dans un domaine hermétique et mal connu des Français, qui n'ont même pas un dictionnaire franco-japonais!

Arrive enfin Mitterrand et sa suite. Sourire de porcelaine figé dans ce visage de cire : un automate où seuls vivent les yeux, qui n'ont pas été revus par Séguéla. Une fois encore frappé par cette peau parcheminée où le sang ne circule pas, ce teint de Lazare. Néanmoins, il fait les gestes qu'il faut, serre les mains, échange quelques mots avec Marie Cardinal toute rougissante, et à moi – toujours la case Chardonne – me dit : « Il faudrait que nous dînions ensemble pour évoquer nos admirations communes. » Paroles absurdes dans cette bouche présidentielle qui fonctionne en automate, semble-t-il. Je me vois au bistro avec mon pote François, racontant des histoires sur le vieux Jacquot...

Ici Gérard Bonal, qui vient d'écrire un joli petit livre sur sa grand-mère, sous prétexte de raconter Colette, et Jeanne Champion, toujours vive, vivante, vraie, avec un rien de cabotinage qui l'aide à surmonter sa solitude et ses angoisses.

27 mars

Daniel est parti hier pour son grand tour. Excité, ravi, et triste d'y partir seul, ce qui me touche. Les cheveux courts, son blouson blanc, son blue-jean. Il avait l'air d'un gosse. Il est un gosse!

Navarre, l'air accablé : « Ah! depuis Avoriaz, je me traîne. Des ennuis de santé dont j'émerge à peine. Que veux-tu, je paie. Je paie ces deux années atroces. Le Goncourt s'est accompagné de tant de vilenies, de haine, de coups bas que j'ai regretté de l'avoir eu. Et *Biographie*, j'espérais qu'au moins, cette fois, on me comprendrait, et c'est toujours pareil. Même pire. On m'ignore. On ne comprend rien à ce que j'écris. »

30 mars

C'est la maison qui veut ça. Un matin, on sonne : une dame qui cherche un décor 1900. C'est Francine Gaillard-Risler, assistant Molinaro, pour le compte de Christine Gouze-Renal... Le lendemain, mon arbre intéresse un type de la télé pour faire tourner Edwige Feuillère...
Et ce soir, paraît un ange botticellien, coiffé d'un feutre noir posé sur ses boucles blondes, tombant sur les épaules, vêtu d'une salopette blanche, et suivi d'une fille bon genre. « Je suis jardinier », dit-il avec un sourire auquel on ne résiste pas et un drôle d'accent. Je les invite à prendre le thé, laissé tiède par Molinaro. Il est israélien, sabra pur sang, ashkénaze plus aryen d'apparence que l'eussent rêvé les nazis...
A la salle des ventes, ce commissaire cabotin qui manie son marteau en banderillero, penché vers le public à 45 degrés, les deux bras tendus comme s'il allait plonger sur la bête ou attaquer la *9e Symphonie*. Et cette façon inimitable d'allonger les syllabes avec délectation. Cent, cent cinquante, deu-eux cents, deux cent cinquante.

1982

Patrick, l'idéal prolo, noiraud bouclé, athlétique, bandant, et qui ne rêve, en fait, que de poser sa crinière sur mon épaule pour oublier dans la pire sentimentalité les horizons sans romantisme de son Noisy-le-Sec natal. Comme il a découvert « ça » depuis pas longtemps, je pressens que cette conversion (relativement) tardive – il doit avoir dans les vingt-deux ou vingt-trois ans – lui a rendu une sorte de virginité première, qu'il n'aurait jamais retrouvée avec les filles. C'est pour lui la nouvelle donne et merveilleuse : « Moi, les mecs, je peux les avoir tous. Je n'ai qu'à sourire. » Sa conclusion est morose néanmoins : « Tous des cons. » Machisme résiduel ou lucidité précoce ?

Avril

Hier j'aurais pu tuer ma mère. Pour je ne sais quelle obscure raison, je montais l'escalier de Gaillon derrière elle, une brique à la main. J'ai senti en moi comme une irrésistible envie de l'assommer, et c'est plutôt l'idée de ne pas pouvoir expliquer mon geste qui m'a retenu. Aucune pitié. Une bête aveugle, inexplicable, m'habitait, l'espace de dix secondes. De quel inconscient cela peut-il bien venir ? Plus tard, après le dîner, j'ai eu des remords, parce que je me sentais déconnecté, incapable d'entretenir une conversation. Je répondais vaguement, ayant envie de me retirer chez moi pour lire. Aussi, avant de rentrer à Paris, je repasse lui dire bonsoir, et je me débrouille pour lui confier que nous sommes une drôle de famille trop pudique, barricadée sur son quant-à-soi. Elle me répond avec un sourire qu'elle déteste les comédies comme sa sœur, le genre « mon petit chéri ».

Sapritch, tête réduite sous un turban de femme de ménage, sans fume-cigarette ni falbalas : une petite chose inquiète, presque une petite fille, déguisée en vieille Turque. Mais c'est une vedette. Dans la rue, les gens se retournent, et « mon » Alice, ou plutôt Alicia, la femme de ménage, est tout émue.

Vendredi Saint

Banier, chez lui. Il est rentré au bercail de la rue Servandoni, agrandi de l'ancien appartement de Théo Léger, dont Jacques Grange a fait une petite merveille à l'anglaise, avec de lourds tissus dans les rouges très chauds, des cachemires, une alcôve, des livres. Partout des photos d'écrivains, dont Virginia Woolf et Beckett, que Banier a beaucoup fréquenté à Tanger. Étrange assemblage, mais François-Marie est un collectionneur d'écrivains ou de célébrités, dont son journal se nourrit et sa vie aussi, sans doute, au point de le stériliser complètement. Sur des petits carnets noirs en moleskine comme ceux de Jouhandeau, il note et entasse le tout dans une belle mallette à secrets, fermée par un chiffre, comme un coffre-fort. Il tient sa vie sous clé et de ce bagage, tel le vase d'Aladin, peuvent surgir à tout moment les génies du XXe siècle finissant : s'il n'écrivait pas, il pourrait être, lui aussi, comme Grange, un décorateur en renom, ou un publiciste, ou une vedette de cinéma. Il a cette aura, ce magnétisme qui attire le succès. « Car, tu comprends, les gens sans intérêt, je ne peux pas, je ne peux pas les voir. » En ce moment, succédant à Beckett, à Lili Brik, à Marie-Laure, à Aragon, c'est Nathalie Sarraute qu'il pratique assidûment, éperdu d'admiration comme il l'est toujours. Être élu par lui est une distinction qui suppose de toute façon le génie. Il paraît préoccupé de savoir quels sont les jeunes gens qui vont lui succéder dans le rôle d'enfant prodige, s'inscrivant lui-même dans la lignée Cocteau-Nimier-Radiguet. Sans doute a-t-il besoin de fleurs fraîches pour son herbier, ou pour son portefeuille de photographies, car il aime aussi jouer au portraitiste, au reporter. Curieux, cet intérêt tous azimuts pour les célébrités, alors qu'il ne s'intéresse à personne, en vérité. Pas même à lui quoi qu'on pense. Il écrit, il gratte, avec une application d'enfant, il se considère, de l'extérieur, comme un personnage – tel que les autres le voient –, mais son narcissisme reste un rôle de plus. Le vrai François-Marie existe-t-il? C'est peut-être l'homme d'affaires mystérieux qui dit gagner beaucoup d'argent sans révéler comment, ou l'enfant terrible des Barzaï en perpétuelle bisbille avec sa famille, ou l'amant du petit X., pygmalion d'une ombre aimable. Il ne va pas rester lourd de tout cela. Ou peut-être un chef-d'œuvre.

« Tu comprends, les Noailles m'ont fait perdre dix ans de ma vie. Aragon m'a fait perdre dix ans de ma vie, Cardin aussi, Lili Brik au moins cinq, et j'ai trente-quatre ans! »

Problème : à quel âge Banier a-t-il commencé sa vendange?

Petite aventure comme il ne devrait plus guère m'en arriver. Échange de regards dans un bar, parmi des dizaines de visages, ces yeux bleus qui me fixent, un bel enfant blond à longs cheveux raides qui me sourit. Jorg est allemand, il a vingt-trois ans, il habite Berlin, il roule ses cigarettes lui-même, et prend la vie telle qu'elle vient, avec la gentillesse animale du bonheur. La nuit nous fut tendre. On a les enchantements du Vendredi Saint qu'on peut.

Mardi de Pâques

A Chérence, Nathalie Sarraute habite une petite maison qu'elle dit « grise ». Comme elles le sont toutes, j'erre un bon moment

1982

dans le pays avant de la trouver. Quand j'ouvre le portail, je sais que c'est là : par la fenêtre d'une minuscule pièce, une ancienne cave, sans doute, en entrant, à gauche, je vois des pages couvertes de sa grande écriture raturée. Le salon – pièce à vivre – est au premier, charmant, clair, sans apprêt. De gros fauteuils, une petite table et des chaises, une cheminée, et la vue sur un verger en pente douce, très vert. Dans un coin, l'évier d'origine, dont on se sert encore pour le thé. Tout de suite on m'entraîne voir « le point de vue ». Longue marche sur des chemins cahoteux, où j'ai toujours peur de voir Nathalie tomber, petite silhouette engoncée dans une canadienne et pantalon. Derrière, suit le mari, fragile échalas romantique mais vermoulu, très grand genre, sous son chapeau de Sherlock Holmes. Sa canne l'étaye. Il sourit sans cesse, aimable, distant. Un peu ailleurs, déjà.

Pendant que nous marchons, elle me raconte le coup de foudre pour le village, en 1949, ses démêlés avec un baron allemand, seigneur du lieu, qui avait installé une porcherie à cent mètres de chez elle, ses luttes et démarches pour faire classer le site. Ce ne doit pas être une voisine commode.

A la maison, tandis que le mari s'efforce de faire bouillir de l'eau et rôtir des toasts, succession de catastrophes domestiques : il verse le thé à côté des verres (à la russe) où nous le buvons, sauf Nathalie, parce qu'en Russie, seuls les hommes boivent dans des verres; il laisse brûler le gâteau, etc. Elle se plaint que sa matinée n'ait pas été bonne. « Tout est plat, plat, plat. Je n'arrive pas à créer la moindre petite colline pour varier un peu le paysage. » Et elle ne peut plus travailler comme autrefois, quand elle traçait un livre d'une seule lancée, pour le peaufiner ensuite, le redistribuer, le ciseler. A présent, puisque ce sont des souvenirs d'*Enfance* – ce sera le titre – elle œuvre comme une tapisserie : chaque morceau, indépendant du reste, en somme, doit être terminé, parfait, définitif avant qu'elle poursuive. « J'en suis à la page 183 – elle me donne un mal, celle-là! – mais je peux mourir demain, ce seront des fragments posthumes convenables. » Cette *Enfance* doit s'arrêter à douze ans. « Au-delà, j'étais adulte, et je ne veux rien raconter de ma vie. Je ne peux pas. Imaginez, par exemple, que je doive décrire une des choses qui m'ont le plus déchirée, la mort de mon père, par exemple. Vous me voyez "faire de l'art" avec ça! Je sais bien comment on écrit. On choisit ses laines, ses couleurs, on assortit les teintes. Ah! non, ce serait ignoble. Je ne suis pas Simone de Beauvoir! » Car elle ne la tient pas en grande estime, surtout à cause de cette mégalomanie souveraine, royale, qui lui fait croire qu'être dans ses livres est la récompense suprême. Sa haine semble remonter à une humiliation lointaine, quand elle était encore une romancière attendant d'être publiée dans la *NRF*. Personne, en somme. A table, avec elle, survient Genet. Beauvoir ne songe même pas à la présenter, puisqu'elle n'est rien. Il a fallu que Genet, lui, se présente... Attitude caractéristique de ce personnage boursouflé. Sartre, au contraire, a toujours été correct, et protecteur, même quand le Nouveau Roman les a éloignés. En vérité, ils ne se voyaient plus depuis 47. Pendant l'Occupation, elle avait fait partie du petit groupe de cinq personnes, présidées par Sartre, qui se réunissait à l'hôtel Louisiane, histoire de préparer – dès 42 ou 43! – la France d'après la guerre. Sartre, à l'époque, aurait voulu être le grand réformateur politique de l'avenir, prêt à laisser pour cela toute autre ambition. Mais Nathalie, renseignée par une amie, souligne le danger de se réunir dans un hôtel, lieu de prédilection des indics, et suggère que les réunions se fassent chez elle. Approbation générale. Surviennent les vacances. Au retour, plus rien. La lutte clandestine n'a pas résisté à l'été. Sartre et Beauvoir avaient sans doute réfléchi aux dangers, ou changé d'ambition. Ses brouilles sont nombreuses – y compris avec les gens du Nouveau Roman – car sa susceptibilité, son sens de l'absolu en font, elle le sait, une partenaire difficile. « Mes enfants vous le diraient. Je crois toujours que tout est perfectible, y compris les êtres – et les livres. Avec eux – les enfants – j'étais une mère insupportable à cause de ça, et avec eux, les livres, je ne peux pas les relire, car j'aurais envie de les refaire. Il n'y a que le visage, hélas, qui ne se refasse pas. Depuis trente-sept ans, j'avais une glace épatante, où mon image ne changeait pas, parce que ma vue baissait à mesure que j'avançais en âge. Nous étions très contentes l'une de l'autre. Et puis on m'a obligée à porter des verres de contact, et je me suis vue, ce qui s'appelle vue. Une vieille horreur! Ce n'est pas moi, ce ne peut pas être moi. C'est comme les photos : toujours trop belles ou trop épouvantables, jamais moi. »

Avec ses partenaires des Éditions de Minuit, donc, les rivalités n'ont pas tardé, ni les vacheries en douce. Ainsi, à une réunion sorbonnarde sur Joyce présidée par Butor, celui-ci se débrouille pour parler de Nathalie Sarraute, grand écrivain « qui pourrait être ma mère et n'a pas hésité à se joindre à nous », etc. Pendant toute la séance, elle médite hors d'elle, pour déclarer à la fin qu'elle est fière de pouvoir être la mère de Butor, « car il est évidemment plus honorable d'appartenir à l'avant-garde avec ses fils qu'avec ses parents ». Simon n'est pas mieux loti d'ailleurs, depuis *la Route des Flandres* elle le trouve illisible autant que Butor. Mais lui s'est fâché pour des histoires de préséance, entretenues avec ravissement par Robbe-Grillet, toujours ravi de semer la zizanie, afin de mieux régner. Avec lui, en revanche, impossible de se brouiller, tant il est farceur. Ainsi, au début, au moment de la parution de *la Jalousie*, une dame lui dit, devant Nathalie, qu'elle a moins aimé ce livre-là que *les Gommes*. « Ah, dit Robbe-Grillet, eh bien ce n'est pas l'avis de tout le monde. D'ailleurs, Hippolyte, directeur de l'école Normale supérieure, va faire son cours de cette année sur mon roman. » Tête de la dame, et de Nathalie, verte de... jalousie. Dès que l'interlocutrice a le dos tourné, il avoue avoir tout inventé. « Je n'allais tout de même pas me laisser marcher sur les pieds par cette idiote ! »

Elle est drôle, dans sa paranoïa contradictoire. Elle affirme écrire « dans l'absolu », récusant toute forme de comparaison ou d'échelle pour le talent, mais chaque article compte, et l'idée qu'un autre pourrait être mieux traité qu'elle la met en fureur. Céline, peut-être, pourrait s'aligner. C'est à peu près tout. L'idée que Robbe-Grillet ou dieu sait qui pourrait avoir plus de place qu'elle dans le *Lagarde et Michard* la rend malade. « Écoute, Raymond, tu vas aller voir à la librairie Gallimard, le bouquin de ces Largorce et Michaud. Si ce qu'on dit de moi est décent, tu l'achètes, sinon, tu ne m'en parles pas ! »

« Travailler toute une vie, tous les matins d'une vie, et voir son œuvre exécutée en une page, ah ! non ! c'est trop injuste ! » Elle devient toute rouge, ses yeux noirs brûlent. Elle voit déjà tous ses livres au pilon, la catastrophe définitive, le cataclysme. Il n'empêche qu'elle sera au boulot demain matin, dans sa cave, avec « le noir derrière elle », close sur sa tâche, enfin seule au monde, et heureuse, et souffrant, mais unique...

Avril 1982

Mesure du temps.
Jadis, on menait le monde avec des grands discours ; aujourd'hui, on le gouverne à coup de « petites phrases ».

Question que se pose le chat Mimile me contemplant chaque matin dans mon bain : « Comment fait-il pour se transformer en poisson ? »

Un conte sur la masturbation – décidément, cela m'obsède – on pourrait l'appeler : « la fée main ».

Terzieff, autour d'un œuf dur et de trois raisins secs (les olives sont pour le soir, exclusivement), quelques fils blancs dans sa belle tignasse, et cette jeunesse ligneuse : une racine, qui ne vieillit pas. Du reste, curieusement, Laurent est assez ravi de son corps christique (j'ai toujours rêvé d'un tableau vivant où il serait Jésus sur la croix, sec comme un Christ catalan). Il relève sa chemise et me montre comme il peut remuer à volonté ses entrailles dans son ventre concave, tels les plus savants des adeptes du yoga.

Nous parlons surtout du passé, de son itinéraire politique, communiste inscrit puis compagnon de plus en plus lointain, jusqu'en 79 environ. Je m'étonne que la Hongrie, puis la Tchécoslovaquie ne l'aient pas détourné du Parti, lui, homme de justice. « Mais, répond-il, en 56, fraîchement converti, je n'aurais pas songé à quitter le Parti au moment où se déchaînait une véritable hystérie contre lui. Quant à l'invasion soviétique de 68, le Parti l'a condamnée »...

Même lui entre dans ce système de mauvaise bonne foi qui fait écran à l'évidence. Car il est sincère, alors qu'il ne pouvait pas ne pas sentir le pur formalisme opportuniste de cette condamnation. Puis nous parlons, longuement, de Pasolini, qu'il a connu jadis, écrivain, poète expansif, généreux, charmeur, puis cinéaste, fermé, hautain, clos sur lui-même, célèbre ne parlant plus que pour faire des numéros politiques, exprimant la position officielle de l'illustre Pasolini... Il se rappelle, jeune, sa force de petit râblé sec, qui gagnait toujours au bras de fer contre les malabars musculeux des films en péplum à la buvette de Cinecittà, et ses retours pitoyables, couvert d'ecchymoses le lendemain de ses équipées nocturnes dans les banlieues, où il l'a même entraîné à sa suite, un soir, avec un Jean-Claude Brialy pas rassuré du tout.

Il aimait ce danger, qu'il provoquait. Ses relations louches, ce goût des trafics, du recel, pour se faire adopter du milieu. Difficile, après cela, d'entrer tout à fait dans le mythe de la victime expiatoire, tombée sous les coups déguisés des fascistes ennemis. « Mais je ne suis pas nécrophage, dit Laurent, et je n'ai jamais voulu répondre aux questions, après sa mort. »

Déjeuner Thevenon, Mayaud. Saint Jean-Baptiste est là, qui peint la salle à manger, radieuse apparition. Même eux restent saisis, comme si le modèle de Michel-Ange – corrigé par Botticelli et filmé par Pasolini – était soudain sorti de son cadre pour prendre le café.

Après le travail, il fait sa petite pose-joint, très cool. Nous parlons de la vie sociale en Israël, et des raisons pour lesquelles beaucoup de jeunes émigrent. « Israël, c'est petit, et puis tu comprends, là-bas, on fait pas l'argent; toujours juifs avec juifs »...

Dans le roman de Fernandez sur Pasolini – auquel il s'identifie – on retrouve un voyage en Allemagne (pendant la guerre) symétrique de celui qu'a fait son père avec Chardonne et Jouhandeau. Freud aurait son mot à dire. Ailleurs, du reste, il baptise Ramon un des « ragazzi » qui couchottent avec P.P.P... Lui qui en appelle sans cesse à la psychanalyse, en est-il conscient?

Mai

Comité de lecture du Français. Plus de dames que d'habitude. Depuis qu'elles ne sont plus reléguées au bas de l'affiche – comme c'était l'usage jusqu'à cette année – les sociétaires femmes s'émancipent. On nous lit une adaptation gongoriste de *La vie est un*

1982

songe et je provoque la révolution en disant tout haut ce que chacun pense : que c'est, tel quel, inaudible et injouable. Finalement, on vote « à correction », procédure dont j'ignorais l'existence et qu'on me ressort avec réticence des statuts. Pour une fois que ce comité aura servi à quelque chose. Je suggère également qu'une autre fois les metteurs en scène viennent exposer leurs intentions.

A propos de refus, Denise Gence raconte une séance du temps d'Escande, où il avait fallu annoncer à je ne sais quel vieux que son œuvre ne serait pas acceptée. Il attendait la sentence, comme il est d'usage, dans le beau bureau tapissé de l'administrateur. Alors Escande, qui avait toujours le geste emphatique, ouvre la porte, tend les bras au pauvre homme et lui dit, théâtral : « Ah! cher ami, rien n'est joué! »

Toja, inquiet pour son avenir, prêt à toutes les concessions, tous les appuis pour rester en place, comme un bon élève dérouté par l'injustice inexplicable des professeurs, qui lui mettraient 8 quand il mérite 18. Sa faute : avoir signé en faveur de Giscard. Sa chance : idem. On ne voudra pas avoir l'air de régler un compte politique. C'est du moins ce que je lui dis, pour le rassurer. Mais je ne suis pas sûr d'y croire tant que ça!

15 mai. Dans le TGV

Pautrat. L'œil est très bleu, rieur, dans un visage charnu, sensuel, cerné de cheveux noirs frisés. Blue-jean, une vieille veste de cuir, rien du prof de philo à Normale qu'il est, avec Derrida et Althusser (évidemment absent pour l'instant). L'exercice de l'intelligence pure, pratiqué par un virtuose de l'expression orale est toujours un spectacle fascinant. D'autant que je sens entre nous une sorte de courant de sympathie qui porte l'attention. Je me laisse même aller – c'est rare – à parler un peu de moi, de mon père. A l'origine, j'avais souhaité que Pautrat me parle de son travail sur *Faust* avec Gruber. Je n'en tire pas grand-chose de plus qu'un grand sourire et cette définition simple et sibylline : « C'est un ami. On se réunit deux trois heures, on parle. Je jette des idées, comme ça. Et la merveille : deux ou trois mois plus tard, je les retrouve, transposées à la scène. Ce doit être mon don pédagogique. »

Cet animal connaît l'existence des *Vitamines du vinaigre*, et me fait remarquer que c'est, jour pour jour, le vingt-quatrième anniversaire de sa parution. Horreur! Aussitôt, bien sûr, la conversation dérive sur l'impuissance, la mienne, et aussi la sienne : ou plutôt nos fuites parallèles dans le théâtre, et aussi, pour moi, le journalisme, pour lui le professorat, idéaux alibis à des créations personnelles. A trente-huit ans, le problème se pose – moins qu'à quarante-huit, mais déjà fortement –, et c'est pour cette raison qu'il veut se débarrasser de toutes ses activités annexes. Mais il analyse si lucidement sa ruse en face de l'œuvre à faire, son art de l'esquive ou de la jouissance immédiate – alors que l'écrivain se contente d'engranger sans jouir – et son flirt complaisant avec la mauvaise conscience, que j'ai l'impression – sinistre – de m'entendre raconter par un autre, et plus brillant que moi, par-dessus le marché.

Oui, l'intelligence. Si proche de la folie, quand elle s'embarque dans la création démente d'un système philosophique, œuvre insane, ou d'un roman, désespérante entreprise désespérée. Pas étonnant qu'Althusser ait tué sa femme : le geste n'est pas plus fou que d'écrire... C'est sans doute parce que nous ne sommes pas assez dingues – ni assez égocentristes – que ni Pautrat ni moi...

On se console comme on peut.

Du reste, qui n'est fou pour les autres? Un jeune Japonais venu déjeuner dans le jardin (avec Koko, le beau Pasqual, Magda, J. Marie et un baryton), sorte de poupée pâle impassible, murmure dans un anglais improbable et charmant (« *I came to join my sweet-heart!* ») qu'il ne comprend pas notre « *body language* ». Il veut dire, bien sûr, nos gestes, nos mimiques, nos intonations, qui lui paraissent aux limites de l'hystérie perpétuelle. Il ne comprend pas non plus le principe de la conversation particulière à une tablée comme la nôtre : « Au Japon, quand deux personnes parlent, les autres se taisent. » Asiatique sans le savoir, Mme Verdurin aimait aussi la « conversation générale ». « Allons, allons! Pas d'apartés! » disait-elle, à peu près, après avoir frappé dans ses mains comme une institutrice en colère.

A part ça, le drame, par une broutille, bien sûr. Œdipe. Mais la cassure me paraît grave, cette fois. D'ailleurs la fêlure était déjà si profonde que c'est tout juste une inévitable confirmation. Néanmoins, sur le moment, ça fait mal. Et ça soulage aussi, je l'avoue. Seulement, c'est après que viennent les douleurs, comme chez les amputés.

16 mai. Le Beaucet

Passé la quarantaine, tout homme est un embusqué. Si son visage paraît jeune encore, un vieillard se cache à l'intérieur; s'il est déjà ravagé, un enfant sommeille sous les rides.

17 mai

Conversation avec Mamé.

« Je passe à la télévision cet après-midi, vers deux heures, sur la

1982

troisième chaîne. – Ah bon, je vais te regarder. – Tu te rappelleras. – Quoi? – Que tu dois me regarder. – Où ça? – A la télévision. – Ah oui, quelle chaîne? – La troisième, à deux heures, juste après le déjeuner. Tu es sûre de t'en souvenir? – Oui, mais rappelle-le-moi. – Troisième chaîne, deux heures. – Bien... je te regarderai. Ça me fera plaisir.»

Mais je suis sûr qu'elle aura oublié. Rien ne s'imprime plus. Du reste, moi aussi, j'ai oublié de me regarder, sur la troisième chaîne, à deux heures.

Ces trous de mémoire n'empêchent pas Mamé, toujours féroce avec sa fille, de garder l'esprit de repartie. Simone, l'ayant asticotée pour qu'elle se couche d'une certaine façon et pas d'une autre, elle lui crie, quand elle part : « Si par hasard tu pensais à une autre position, téléphone-moi!» Raconté par mon père, qui rigole.

Depuis vendredi soir, je pense sans cesse à Daniel, à notre histoire déjà vieille de huit ans, et pas une fois, c'est curieux, je n'ai rêvé de lui. Qu'en déduire?

26 mai

Dans l'avion entre Nîmes et Paris, retour d'Alès, où je suis allé voir *Noël au front*, et du Beaucet, où j'ai passé la nuit et discuté – ferme – avec Alain, mon maçon, qui se prend soudain pour Viollet-le-Duc.

Il faudrait – aurait fallu – noter mon petit voyage au Luxembourg, curieuse parenthèse. Hors du temps, ce grand-duché, où l'on paie indifféremment ses cigarettes à l'effigie de l'un ou l'autre beau-frère – Jean ayant droit à la petite monnaie, Beaudoin aux pièces blanches – où le palais (*sic*), sans même un parc, jouxte la Chambre des députés, où la gare se déguise en cathédrale et le moindre bâtiment en ministère... Si l'Europe entière était ainsi faite de principautés mignonnes, avec des duchesses de Nevers mariées à des rois de Bourges ou des dauphins de Grenoble (comme la fille de la grande-duchesse qui a épousé l'héritier du Liechtenstein!) on l'aurait unie dans le sang – sans en faire couler.

Ensuite Berlin, quatre jours, chez Jorg et Klaus. Berlin, vingt-sept ans après! Une ville plus complètement à l'écart du vieux monde que si elle se trouvait au large de New York. Surgi de son bunker écroulé, Hitler aurait la surprise de découvrir une cité-jardin sur les terrains vagues et les ruines – encore existantes parfois après quarante ans bientôt, certaines aménagées en cafés sordides pour hippies-clochards –; une Cinquième Avenue façon Kurfurstendam?, un Sarcelles colossal sur l'emplacement de l'Alexander Platz; et la troisième ville turque, après Constantinople et Ankara. Maintenue (je dirais même entretenue) artificiellement dans cette ville-vitrine, la jeunesse continue de cultiver dans l'irréalisme des idéaux soixante-huitards favorisés par son isolement. Contestataires, squatters, homos agressifs à l'américaine, drogués, on dirait que l'Occident délègue sa décadente liberté aux portes de l'Est. Ferment de révolte qui essaimera, ou symbole d'une future défaite? Si proche de la tyrannie totalitaire et du militarisme – Un uniforme pour deux civils à l'Est - même quand ils promènent leurs lardons le dimanche dans des poussettes, on s'attend à voir le bébé en costume vert, lui aussi. Ces jeunes gens sont pacifistes avec la même sérénité que des marginaux des Cévennes. Du reste, ils ne franchissent pratiquement jamais le mur pour voir comment on vit de l'autre côté. Et dieu sait si ce passage est instructif! Labyrinthe, hargne, sévérité, c'est Kafka dès qu'on sort du métro à Friedrichstrasse, avec des couloirs lugubres, des flics, une atmosphère carcérale. *Lasciate ogni speranza...*

30 mai. Munich

Ici, c'est tout le contraire. De la guerre, il ne reste plus rien. Palais, églises, immeubles, tout est reconstruit, ou rebâti, et la ville entière respire l'aisance, le contentement de soi. Seuls les soldats américains, nombreux, quoique en civil, témoignent du passé, mais il est presque impossible de les distinguer des jeunes autochtones, tout à fait américanisés. Il faut qu'ils soient nègres pour qu'on les reconnaisse.

Je suis au soleil dans un parc, où les oiseaux chantent, en slip sur les paquerettes. Que demander de plus, sinon vingt ans de moins?

12 juin. Gaillon

Un déjeuner à Paris, avec Mme Jacob passionnante quand elle parle de la peinture, Christine de Rivoyre et Jeanne Champion, toujours drôle quand elle fait son numéro (sur le parking et ses dangers).

La mort et les obsèques de l'oncle Jacques, à la fois sinistres et burlesques pour nous, avec une situation de Labiche en plein cauchemar, et ma grand-mère, au milieu de tout ce monde, à La Colombe, recevant comme si c'était une fête, un peu égarée tout de même : « Tu les connais, toi, tous ces gens? Qu'est-ce que tu veux, je ne suis plus maîtresse chez moi! » Mais à d'autres moments, elle se souvient, et fond en sanglots tragiques : « Oh, mon Jacques, mon Jacques ! »

Arrivée de mon frère et de sa femme égyptienne qui s'installent à la maison, où l'atmosphère n'en reste pas moins tendue.

18 juin

Réception Laurent, dans la maison toute fleurie, soudain d'une surprenante somptuosité. Une soixantaine de personnes grignotent les petits fours, contentes de se revoir, et de constater sur les autres les ravages des années. Toujours le temps retrouvé avec aussi quelques découvertes, comme les filles Ricardoni – côté Galey – et les filles d'Yvette – côté Bechmann – très jolies, et d'Alice.

Francine, qui n'a pas changé, et Marie-Claire Izard, également très semblable à elle-même depuis tant de saisons passées. Le lendemain, hasard des retrouvailles, c'est sa sœur que je revois, chez Daphné ex-Vaudoyer, toujours aussi sentencieuse et convenue, mais devenue en plus provinciale et satisfaite (il s'agit de Michèle, pas de Daphné) ainsi que les Joxe, les enfants Doublet, et le fils de Mimi Blaque-Belair.

Michèle est assise à ma gauche, et à la droite de Pierre. Je l'entends lui susurrer : « Vous savez, quand je viens à Paris, j'habite chez ma mère, et elle m'a dit, sachant que je dînais avec vous, de vous demander si, à votre avis, Mitterrand serait intéressé par le dossier de l'affaire de l'Observatoire, car vous savez que mon père était son avocat. » J'en connais un qui va jubiler en annonçant la nouvelle à son président. Il lui demanderait même une audience exceptionnelle s'il ne le voyait pas deux fois par semaine. J'en connais un autre qui acceptera vraisemblablement la proposition, et une autre qui va recevoir, par porteur spécial, et en échange du paquet, une belle gerbe de roses...

Et voilà comment, pour se rendre intéressante à un dîner en ville, on contribue à falsifier l'histoire, car si le dossier contient des pièces révélatrices ou inconnues, elles disparaîtront par enchantement en fumée dans une cheminée de l'Élysée. Marrant d'être le témoin, tout à fait involontaire, d'un secret d'État... Pierre, en pleine forme, me paraît déjà de l'autre côté du miroir. Le pouvoir sécrète une sorte d'écran protecteur qui vous isole du réel. Sautant d'une voiture officielle à une autre, le président Joxe n'a plus le temps ni la possibilité de tâter le pouls de l'opinion. Du reste, son air satisfait, alors que tout croule, en est la preuve évidente.

Le TGV. Une ligne droite dans la France profonde. Aucune de ces scories qui se sont accumulées le long des voies depuis cent ans, hôtel Terminus minable, passages à niveau, hangars, etc., qui rendent souvent si tristes les paysages vus du train... Ici, on croirait traverser le Moyen Age en pullman.

Sous mes yeux, à la place voisine, de la belle viande bronzée. Deux frères, presque jumeaux, à l'image de Lattès, à vingt ans. Entre le pied-noir et le sabra (peut-être les deux) et si évidemment niçois ou marseillais. Ils s'aiment, complices, heureux. Dans dix ans, deux poussahs ne pensant qu'au fric, avec des ventres et du cul.

21 juin

Pour la première fois de ma vie à l'Élysée, plus amusé qu'intimidé. En vérité, c'est burlesque dès l'aubette, où des fonctionnaires pointilleux vérifient les listes d'invitations, assistés d'une « physionomiste » qui a du mal à mettre un nom sur mon visage. Comme je parle avec Marie-Paule Belle, elle cherche du côté du show-biz... La cocasserie vient de ce que Françoise Mallet-Joris est décorée comme Sapritch (qui m'a invité) et tous les amis de Françoise me sont familiers (Jean-Claude Fasquelle, Verny, Nourissier, Mme Lilar, etc.). De qui suis-je l'élu? Petite énigme, petit jeu qui m'amuse – et je maintiens bien entendu le mystère, d'autant qu'il y a là, pour Raymond Jean, tout le Seuil au complet, dont Bastide, qui se demande aussi ce que je fais là.

En attendant le président, on baguenaude dans un salon étouffant, on se raconte des petites histoires, on regarde le luxe très Napoléon III de la salle réservée aux conférences de presse (Nourissier en profite pour caser une anecdote : à Menerbes il a reçu des gens à dîner et la bonne lui aurait dit à la fin : « Ce monsieur Galey est plus sympathique à Paris qu'ici. » Qui a-t-elle pris pour moi? Navarre. S'il le savait!)

Un huissier vient enfin appeler « messieurs et madame les récipiendaires ». Cinq personnes s'avancent, Jean Prouvé, costume bleu pétrole et pataugas, adorable vieux monsieur, l'air d'un adolescent de quatre-vingts ans, le cacochyme Charles Bassompierre, une voix de la radio d'antan à qui je n'avais jamais imaginé de figure. Raymond Jean, romancier, marseillais, qui doit surtout d'être là à ses amitiés defferriennes et à son appartenance – distendue – au PC, et la fringante Alice, robe violet et noir, camélia sur l'épaule, très star, dont la croix est un héritage laissé par Sandier, via Jack Lang.

Le président arrive, fait son petit speech sur chacun puis s'affaire sur les boutonnières : « Jean Prouvé, nous vous faisons commandeur de la légion d'Honneur », etc. L'accolade est un vrai baiser sur la joue. En tout cas les épidermes se touchent, graisseux attouchement dans ce sauna. Puis on passe dans la salle du buffet, où Mitterrand, en meilleure forme que cet hiver, va de groupe en groupe, heureux comme un collégien à l'heure de la récréation. Ces « littérateurs » ou artistes l'amusent plus que les politiques, en vérité.

On se croirait à une noce, dans une salle de mairie où il y aurait plusieurs mariages. Qui est ami de qui? (du reste, il y aura un incident : Claude Mauriac quitte la place, parce qu'il a vu Roger Peyrefitte). Mitterrand, lui, n'hésite pas : « De qui êtes-vous l'invité? » me dit-il. Comme Alice est près de moi, je dis la vérité, tout en ajoutant que la littérature et le théâtre étant mes deux pays, je n'ai rien que des amis. Sauf Roger Peyrefitte, évidemment...

Sourire du président, qui feint de soupirer: « Faudrait-il ne jamais inviter les critiques à l'Élysée? Mais alors je n'inviterais plus personne! » Conversation badine sur le style. Tout en n'ayant aucune prétention à être un écrivain, il avoue qu'il soigne son expression, et qu'il n'est pas insensible aux « petites vanités d'auteur »...

Après, souper dans l'île Saint-Louis, Sapritch, ses gigs, Rigaud (!) et le pianiste Varsano. En face de nous, Mme Pompidou, flanquée de deux pages en extase, éblouis comme s'ils avaient invité la Sainte Vierge à dîner. La boucle présidentielle est bouclée. Au retour, à pied, parmi les flonflons, car c'est à Paris la « nuit de la musique » imaginée par Jack Lang. Tout à l'heure, à l'Élysée, Monique m'a dit : « Que voulez-vous, il est incorrigible! Il veut recommencer Nancy à Paris! » Nous épiloguons sur les bizarreries de l'existence, qui nous auront fait nous rencontrer, nous, hommes d'âge et sérieux, aux frais d'un artiste que nous n'avions jamais vu et, en l'honneur d'une autre, dont nous n'aurions pas davantage soupçonné qu'elle fût amie de l'un comme de l'autre.

Juillet. Le Beaucet

Encore de ces situations infernales, dont Daniel a le secret. Il invite le gentil Jacques, pour le parquer dans une chambre lointaine, sans jamais lui rendre visite. Jacques, à bon droit, fait la tête, Françoise aussi, parce qu'elle ne supporte pas plus la solitude que la concurrence, Daniel parce que ça l'amuse, moi parce que cela me fatigue, et Barokas, venu brièvement, parce qu'il se voudrait seul ici...

Déjeuner Sabatier à Paris, avec les Privat. Ici, chez eux, avec P.A. Boutang et Combescot, entre la ballerine et le zombie, sans choisir.

Mal renseigné, je félicite Bastide d'avoir été nommé ambassadeur. Je me crois spirituel d'ajouter : « Maintenant je pourrai t'écrire : aux bons soins de M. de Gobineau, Stockholm. » Fausse nouvelle : c'est au Danemark qu'il est en poste. Si je n'avais pas voulu faire le malin, il n'aurait jamais deviné ma gaffe, à présent irréparable.

28 juillet

Déjeuner Marcabru et Gali, plus Nerson et Patrick, plus Kossi, plus Louis (qui fait la cuisine), plus Françoise, plus Claire qui ne peut caser son numéro, parce que nous parlons tous boutique théâtre. Sandier est un peu en trop entre nous, plus présent que s'il avait été là, avec ses foucades, ses injustices complices, sa générosité. Marcabru, avec son visage de petit garçon plissé, avec une barbe incongrue, et Gali, plus drôle que je ne l'aurais cru, racontant ses courses avec les vedettes, aux environs de la place des Vosges, en particulier avec Seyrig, vêtue en clocharde spectaculaire, avec des trench-coats d'homme, des chaussettes de laine, un fichu, et qu'elle n'a reconnue qu'à son inimitable façon de demander « deux pamplemoches et une livre de cherises montmorenchy ». Girardot, elle, ne semble pas faire son marché rue Saint-Antoine, mais Claude Winter toujours de noir vêtue, et Jean-Claude Brialy, à qui elle doit la considération de son boucher depuis le jour où il lui a cédé son tour : « Servez donc Mme Marcabru »... Claire, qui veut toujours être dans le coup, appelle Marcabru Pierre, ignorant qu'il se nomme en réalité Bertrand, et parle de Gilles, alors que tous ses intimes l'appelaient par son vrai prénom, Georges...

Nerson, de plus en plus Napoléon vers 1810, malgré ses trente ans, et P. avec son air d'Hitlerjugend prolongé qui cache un gentil jeune homme...

Louis, ingénument, raconte une belle histoire. Un de ses patrons, dans une boîte de publicité, le fascinait par son autorité, et l'autre l'avait à la bonne. Un jour, dans un hôtel, il lui fait le coup de la chambre commune, lui offre sa succession future, à condition, bien sûr, qu'il y mette du sien... Fuite et déception du candide jeune homme. Quelques mois plus tard, Louis fait une exposition. Le monsieur est le premier à s'y rendre, fait le tour de la galerie, et lui souhaite sèchement bonne chance sans rien acheter, tout en annonçant la visite de son neveu. Lequel, en effet, vient, regarde, s'informe des prix, et s'en repart avec cinq toiles... Peut-on être plus discret, plus généreux dans la rupture, et moins rancunier ?

1982

5 août

Espace-temps.
Autrefois, les vacances, c'était l'éternité dans une maison immense. A présent, la maison me paraît menue; j'ai grandi. Mais pourquoi le temps s'est-il aussi raccourci? A cinquante ans – bientôt – la minute pèse double et le compteur s'affole.

Vendredi 13! Paris

Cette fois, comme dans les romans-photos, un bel Américain me choisit, dieu sait pourquoi, et passe avec moi, ici, une nuit – enfin une partie de nuit – qui me rajeunit de dix ou vingt ans. Attendons la suite.
Longue telefonata de Rinaldi, qui ne veut pas accepter un petit chat « parce qu'il ne veut plus aimer », après avoir perdu le sien. « Je suis une veuve corse », celles qui ne se remarient pas! Pour sa « collection de vieillards », il souhaite rencontrer Gaxotte, après Benoist-Méchin et Jünger. Histoire de se faire les dents sur de vieux os, sans doute. Cette amertume jouée de l'homme revenu de tout est insupportable. Pas très différente après tout de celle de Navarre, toujours au trente-sixième dessous. Mais l'un joue les méconnus et l'autre l'incompris; lequel est le plus orgueilleux?

Dîner chez Thiéry, avec T. Il nous fait entendre un disque de Zarah Leander en français, sublime. Et Marguerite Deval en comique troupière! Kossi n'est pas là. Il manque. Sa petite présence noire irradie, et tout le village, au Beaucet, en était subjugué. Dans quinze ans, il y aura néanmoins des gens pour le regarder de travers dans le métro.

Août, vers le 20. Paris

Visite à Kelly, dans son atelier du passage Saint-Sébastien. Une ruelle échappée des *Misérables*, avec des échoppes d'artisans intactes depuis le XIXe, des pavés à la Carné, presque un décor de cinéma, du reste déjà menacé tout autour par des immeubles modernes. Kelly habite au fond d'une cour. Un escalier de bois crasseux. C'est au premier: une enfilade de pièces bancales, ouvertes sur l'autre côté de la maison, telles qu'elle a dû les trouver il y a dix ans. S'y amoncellent des réserves de papier – car elle tire elle-même ses eaux-fortes – une presse à bras en fonte, un vaste lit, quelques meubles bancroches, un canapé louis-philippard, une grande table pour préparer ses couleurs et au sol des planches de parquet presque violettes, qu'on retrouve dans toutes les toiles. Car l'atelier, pour Kelly, n'est pas l'espace neutre de l'artiste, c'est son lieu, son décor, presque son univers sans cesse transformé, d'une toile à l'autre. Elle agit comme le metteur en scène de ses rêveries, un vaste rêve à épisodes, qui aurait pour cadre le même décor sans cesse transformé, au gré de ses humeurs, du hasard, de la lumière, tenue à distance par du papier calque et des rideaux.

Et toujours – sauf une fois – quelque part une présence féminine pesante ou floue, à l'image du va-et-vient des obsessions. Un seul portrait d'homme : c'est une folle, manifestement. Curieuse Kelly, frange et chignon serré, l'œil bleu, dessous, a la douceur froide des mystiques, le regard tourné vers l'intérieur. Cette Irlandaise d'Albi, drôle de mélange, s'est voulue peintre depuis l'enfance, douée pour le dessin, au point d'en être souvent embarrassée. Ses esquisses, ses croquis, véritables photographies sentimentales, fixent l'instant, l'émotion, ou le souvenir qu'elle en garde. Puis le tableau, lentement, s'édifie, avec ses garde-fous en regard, ces échantillons de la couleur intérieure qu'elle désire traduire. Non pas essais ou brouillons : tests, témoins. Son sourire, sa voix, tout est chez elle d'une tendresse inébranlable. Mais le feu couve là-dessous, et des langueurs terribles, baudelairiennes que seuls révèlent ces tableaux, d'une impudeur secrète, tonitruante. Le silence de ce lieu, silence de cocon, silence de refuge, qu'on retrouve sur la toile. C'est à peine si l'on ose parler en les regardant, comme si l'on dérangeait une intimité surprise.

Valse-hésitation burlesque, à propos d'une interview de René Char, qui n'aura peut-être jamais lieu. Premier acte : Odile Cail demande à Janick si *l'Express...*, etc. Deuxième acte : j'appelle Odile, dis mon accord, et commence à me plonger dans *Fureur et Mystère*. (On y trouve cette merveille : « Le poème est toujours marié à quelqu'un. ») Troisième acte : faute d'Odile, son beau-frère, Galperine, peintre et employé au Crédit agricole d'Avignon, sert de truchement. Char serait « dans la montagne », à méditer; impossible de le joindre. Quatrième acte : Galperine, à son tour, disparaît, non sans avoir vivement incité Janick à descendre elle-même. Et toujours pas de rendez-vous. Cinquième acte : énervé, j'appelle le deuxième contact, la conservatrice du musée qu'on va consacrer à Char; il n'est pas du tout dans la montagne. Simplement, il a cru, ayant reçu une lettre signée Jossin, qu'on voulait lui refiler un sous-fifre. De plus il déteste les visites, et puis il est très fatigué par la préparation de sa Pléiade, et puis... zut! Saint-John Perse était moins difficile à joindre. Char aura-t-il le Nobel?

Dîner avec une Koko survoltée par son projet de « cité des théâtres ». Elle a besoin d'une oreille et d'une plume, pour rédiger sa déclaration d'intention. Pour l'instant, elle s'occupe de son comité de patronage, une liste d'au moins cent personnes. Inutile de préciser que je n'y suis pas.

Hier, lisant une description de fleur dans un livre, tandis que je tiens la pharmacie où Daniel travaille, en face de la maison, le temps qu'il confectionne je ne sais quelle mixture à la cave, je pense à Bagatelle, où nous devions aller, puis, soudain à une vie de dilettante puis à Théo Léger, image un peu mythique de ce farniente intelligent, témoin secret, et même un peu, ou tout à fait mystérieux, de son époque, à la fois plésiosaure bourgeois et poète d'avant-garde. Un personnage de roman idéal, qu'il faudrait faire naître vers 1925, avec des souvenirs d'une génération plus vieux que les miens, pivot d'une immense fresque d'un monde mort, ou moribond, non plus pour s'en souvenir, comme Proust, mais pour le sauver, à la veille du grand déluge.

24 août

Longue après-midi, délicieuse. Après un déjeuner tardif, avec Sfika et Daniel, dans les entrailles de la maison, je vais aux nouvelles chez Grasset. Le départ de Françoise Verny a mis tout le petit monde de l'édition et de la gazette en révolution, dieu sait pourquoi. Quand un conseiller de Dassault ou de Félix Potin s'en va, on ne fait pas tant d'histoires. Et même si c'est un journaliste de grand poids, on reste plus discret. Ce privilège de l'édition, commerce semblable à un autre, est assez inexplicable; l'intérêt des braves gens, leur vieux respect sacré des écrivains, s'est reporté sur ceux qui les publient, considérés comme des accoucheurs miraculeux. Et pour ce miracle, Verny, passée chez Gallimard, s'y entend mieux que d'autres. A l'en croire, elle a « découvert » tout le monde, de BHL à Clavel (c'est moi qui l'ai amené; l'un des rares...) en passant par Françoise Mallet-Joris, la seule qui la suive (pour l'instant) dans sa transhumance... Mais le bon public gobe tout cela, gogo, au point qu'on me demande ce matin : « Alors, Grasset, qu'est-ce que ça va devenir? » Quand un ministre donne sa démission, le gouvernement ne tombe pas pour autant, que je sache. En vérité, ce qu'on aime, c'est l'« événement ». Fût-il une trahison, du bluff ou le fruit d'une évidente mauvaise foi. Si Verny s'en va, c'est tout simplement parce qu'elle n'a pas pu réaliser ses ambitions, et aussi, sans doute, parce que Gallimard lui a fait des propositions intéressantes. Cela prouve également que Gallimard ne va pas très bien, puisqu'il lui faut engager du monde... Mais je n'ai lu cela nulle part... Des révélations, mais jamais de vérités.

Donc, au bureau. Où je rencontre Christiane Rochefort, entre deux portes. Elle s'est ratatinée, mais le regard reste vif, la dent dure – elle en a contre Rinaldi, en particulier! –, et se dit méconnue, toujours furieuse de se vendre. « Cela dure depuis *le Repos du guerrier*, que ces crétins ont pris pour un roman d'amour. » Bienheureuse erreur tout de même !

Comme il fait un temps doux, de printemps plutôt, ou d'automne déjà, je décide de rentrer à pied. Un petit voyage hors du temps, dans un Paris qui n'a guère bougé depuis le XIXe siècle. Une promenade qu'aurait pu faire Baudelaire, s'il était allé voir le même jour Sainte-Beuve et la Présidente (ma voisine de l'avenue). Par la rue de Seine, les quais, le Louvre, le Palais-Royal, puis les Galeries, les Variétés, le passage Verdeau, la rue Notre-Dame-de-Lorette... Peu de voitures, un silence merveilleux, le plaisir de marcher. En passant devant chez Colette, je l'imagine, dans sa petite voiture, épiant les oiseaux de sa fenêtre. Moi, je peux encore marcher, privilège dont il faudrait remercier Dieu à chaque pas. Rue de la Banque, une affiche du comte de Paris, donnant son avis sur le « changement ». Oui, le XIXe siècle !

L'autre soir, brève rencontre, un peu poussée tout de même – « quand il n'y a pas pénétration, j'appelle ça flirter », dit-il – avec « le cuisinier de Dalida ». Vu d'en-dessous, sa musculature évoquait ces Michel-Ange inaccessibles plantés sur les tombeaux. Mais moi je caressais ce marbre chaud, tendre, et lui, modeste, accueillait mes compliments en seigneur incognito : « Oh, ce n'est rien. Je fais un peu de gymnastique. » Où va se nicher le snobisme.

Ensuite, un pompier m'en fait un autre.

Iphigénie, morte pour du vent.

Si je me relis, mon écriture a changé, rapide, griffue. Celle qu'il faut avoir, sans doute, quand on veut écrire une œuvre, le fil de la plume ne devant pas gêner celui de la pensée, alors que les articles de littérature, au contraire, s'écrivent avec une lenteur cauteleuse, sans avancer jamais un mot qui ne soit le bon, le juste, l'unique, sinon il vous reviendrait à la figure comme un boomerang, dès la semaine suivante. Le texte part : plus de correction possible. Pas d'épreuve ni de réflexion. Le saut dans l'inconnu, et le définitif. Ce n'est ni un métier, ni un art, le journalisme : du trapèze volant. Qui rate son coup s'écrase.

26 août

Vente historique et broutilles littéraires.

Dans le bouquin de Sipriot sur Montherlant, il est dit que celui-ci est né au 11 bis, avenue de Villars – en 1895 et non 1896 comme cet affabulateur l'a toujours prétendu. Preuve à l'appui : le fac-similé de son acte de baptême à Saint-François-Xavier. Dési-

1982

reux de savoir à quoi ressemble la maison, j'envoie ma mère regarder, car dans ce même immeuble, toujours d'après Sipriot, serait aussi né Aragon, rencontre amusante. Or le 11 bis n'existe pas! Et n'a jamais existé puisque les constructions de l'avenue de Villars sont antérieures à 1893. L'explication du mystère, je la trouve dans les entretiens d'Aragon avec Dominique Arban : « On avait loué un autre appartement, affaire de brouiller les cartes à mon sujet : c'était avenue de Villars, au 11 bis, disait-on, pour ne pas dire au 13, cela porte malheur. Ma famille avait repris l'appartement des parents de H. de M... »

Mais, autre surprise, Aragon n'est pas né avenue de Villars. Je lis dans Pierre Daix : « L'enfant naît le 3 octobre 1897 à Paris XVIe. » Puis il disparaît treize mois en Bretagne chez une nourrice, on le cache. La famille – drôle de famille sans homme – n'a donc dû s'installer avenue de Villars qu'en 1898 – ou un peu après pour accueillir l'enfant, puisque les voisins, rue Vaneau, avaient bien su que le gosse illégitime n'était pas le fils de sa grand-mère... Et dès l'été 99, ils partaient pour l'avenue Carnot. Passage éclair, et ruine d'une légende.

Autre solution. L'enfant étant déclaré de père et de mère inconnus, l'adresse du lieu de sa naissance sera de fantaisie, et le père a le bras long. Donc choix de la mairie du XVIe pour égarer davantage les soupçons. Donc Aragon a pu naître rue Vaneau. Allez savoir!

Autre énigme, drôle. En 75, Daix, qui ne peut l'ignorer, ne donne jamais le nom du père d'Aragon. Et plus loin, à propos de l'oncle Édouard : « Il est alors l'employé d'un homme qui est le tuteur officiel du petit Louis. C'est à ce titre que cet homme a figuré sur l'état signalétique des services du médecin auxiliaire Louis Aragon, état du 28 janvier 1919, de l'écriture d'Aragon. » Or cet état est reproduit p. 34 dans le livre d'Hubert Juin, et on y lit très distinctement : « Tuteur Louis Andrieux »... Mais dans cet ouvrage, qui est de 1960, pas la moindre allusion à la bâtardise!...

Tant de palinodies, quatre-vingts ans après, pour ne rien avouer qu'à demi. Le mentir-vrai!

9 septembre

Une semaine au Beaucet, mouvementée! La pétition que je fais signer aux habitants du village, pour nous opposer à la transformation de la cure en gîte rural, provoque une explosion xénophobe au conseil municipal, « outré du procédé d'avoir *(sic)* fait signer des personnes étrangères ». A l'heure du Marché commun, il ne fait pas bon être allemand dans le Vaucluse! Même pas le droit de signer une lettre! Néanmoins, le conseil réfléchit. Cela seul importe.

Inauguration du musée Char, à L'Isle. Curieux public d'artistes, à cheveux flottants, avec écharpe et pipe, et des poétesses improbables, fagotées à la Belle Ferronnière. Là-dedans, Lang et Mme, à peine descendus de l'avion d'Athènes où ils avaient accompagné Mitterrand, et divers officiels sont aussi incongrus que Char lui-même, énorme monolithe tombé de sa lune dans ce palais Louis XVI. A moi, il ne dit qu'une phrase : « Nous nous sommes manqués. » Le moins qu'on puisse dire. Le plus étrange moment, ce fut celui du discours ministériel, prononcé, ou plutôt improvisé par Jack Lang à coup de clair de lune et de Parthénon, faisant presque de ce monument muet, qui le dominait d'une tête, de cette statue de commandeur le chantre du socialisme. L'autre : pas un mot. Ni hostile, ni paralysé d'émotion; ailleurs. Et sans cesse on avait l'impression d'assister à l'enterrement de Char, en sa présence.

12 septembre

Seul, je fais un petit tour dans le quartier, histoire de relever mes compteurs d'impressions. Rue Germain-Pilon, le SAMU bloque la rue : un refroidi. Devant La Nuit, une femme s'évanouit, attroupement (il n'y a plus guère de monde dans ce café qui servait jadis de vitrine au bordel de Mme Madeleine. Comment vit-elle à présent? Mais vit-elle encore?). Au Soleil Levant, très désert lui aussi, un vieux travelo, dont je me souviens vaguement, chez Mme Arthur, il y a trente ans. Les ans lui ont sculpté un visage de retraité des chemins de fer, mais fardé, avec de longs cheveux filasses qui lui pendent dans le dos, le buste, volumineux, sanglé dans un corset de concierge. La tête alourdie de bajoues est devenue singulièrement disproportionnée, massive; un portrait-charge. Et toujours l'œil coquin sous le fard, déchirante complicité de qui ne peut plus être complice de personne.

Non loin, au cinéma porno-gay le Pig-All, des homos, furtifs, se glissent dans un long couloir sinistre au bout duquel des images les attendent. Peut-être aussi quelques mains, qui sait! Au coin de la rue Pigalle, sous la Nouvelle Eve, les deux putes antiques font le tapin, héroïquement. Des gosses de quinze ans, seize au plus, les abordent.

« Tu es de Paris? demande celle qui ressemble à Marion. – Non, de Gonesse. – Ah! la banlieue, alors non, je ne prends pas », dit-elle, snob. Et prudente. Les pauvres, pourtant, ne feraient de mal à personne, mais à quels débuts vont-ils échapper? Ils s'éloignent, et les vieilles en chœur, presque attendries, leur crient : « Au revoir, les enfants. » Après quoi, l'autre, perruque et accent à la Dufilho, hèle un passant : « Tu veux faire l'amour avec nous? Trois cents francs les deux. » Comme les salades, en fin de marché.

1982

Michel, charmant petit étudiant haïtien, qui s'exprime « comme un livre », dans un français idéal, que personne n'a jamais parlé. « On nous a dit : châtiez votre langage et vous serez considérés. J'arrive ici, tout le monde rigole. » Tout ceci presque chanté, avec les airs créoles.

Sur le boulevard de Rochechouart, passe un punk, avec une crête de ptérodactyle sur son crâne rasé. Un Noir le croise, le regarde, me regarde, hoche la tête puis fait un signe avec son doigt sur le front oubliant qu'il est lui-même coiffé d'une casquette jaune canari sans fond, d'où sortent une centaine de petites nattes afro...

13 septembre

Chez les Barrault, à déjeuner, avec Dumur, Artur, Maréchal, Mignon, et plus tard Terzieff. Ce mariage tardif d'une troupe exsangue – et lourde, cent personnes! – avec ce gros mangeur de subventions a quelque chose de l'union d'un ogre avec des petits Poucets cacochymes. Mais Marcel joue néanmoins les petits garçons devant le vieux maître, qu'il appelle Jean-Louis; il le tutoie long comme le bras. D'ailleurs le vieux maître est assez ficelle pour se défendre, et sa simplicité bonhomme est agréable. Il aime toujours les pires histoires et me dit avec un gros rire : « Sais-tu qui est le gynécologue d'Alice Sapritch? C'est Haroun Tazieff. » On parle, tout de même, de Claudel, qui allait à la messe « pour s'apaiser ». Son célèbre mot de la fin « je n'ai pas peur » prouve à mon avis qu'il ne croyait pas à la vie éternelle. « Ni au Jugement dernier », ajoute Barrault, astucieux.

Madeleine, dissimulée derrière des lunettes noires minuscules, n'est plus qu'un menu tas de smocks où sourit un dentier. Quand elle se lève, elle s'appuie sur une ombrelle, histoire de n'avoir pas de canne, mais la pauvre boite, boite, et elle a beau faire tourner l'ombrelle comme un accessoire de théâtre destiné à compléter le personnage, c'est dur à jouer au naturel avec la désinvolture d'une coquette en scène. Incapable désormais de se mouvoir sur un plateau, la voilà condamnée à donner *les Beaux Jours* jusqu'à ce que mort s'ensuive. « Une pièce, dit Barrault, pour laquelle nous avions prévu dix représentations au maximum. »

Arrive Terzieff. Un cadavre dans un costume. Plus de joues. Le nez pincé, la nuque raide, saillante. Ce crétin de Dumur se jette sur lui avec des airs apitoyés, insupportable. J'essaie au contraire de parler d'autre chose, et surtout pas de sa plèvre – si ce n'est pour les détails cliniques – et encore moins de nourriture. Il s'anime du reste, reprend couleur, et n'est pas plus mal qu'il y a dix ans, lors d'une crise atroce dont je me souviens bien. Une mauvaise santé de fer, comme dit Artur. Il a répété jusqu'à la veille d'entrer en clinique, au début d'août. Dix jours après, il commençait les répétitions... Mais c'est peut-être pour lui la seule façon de se soigner. N'empêche que le Palais de glace, ces jours-ci, tient de l'hospice et de l'hôpital. Avec un infirmier jovial qui s'appellerait Maréchal, prêt à vous embarquer tout le monde à la morgue en sifflotant.

Septembre

Contemporains : fatigués pour *mon* âge.

Un dimanche à 2 h 30, j'entraîne T., Louis et Kossi au Casino de Paris, pour assister à un gala d'anniversaire de Radio Montmartre. Une assistance proche du troisième âge, qu'on dirait venue des environs d'Angoulême, et un plateau sublime de kitsch ringard, avec des stars que je croyais mortes depuis longtemps, comme Lucienne Boyer. On la hisse sur la scène, pauvre débris, toute racornie : un vieux bouledogue nain, avec le regard bleu qui survit, et un charmant sourire d'enfant perdue. Il y a si longtemps qu'elle ne s'est pas trouvée sur une scène, la malheureuse. Et la voilà qui chante, oui, chante vraiment, avec les inflexions d'il y a trente ans ou davantage, son illustre *Parlez-moi d'amour*, les larmes aux yeux et toute la salle avec elle. Merveilleux. Autre surprise, Lucette Raillat, la môme aux boutons, encore très dynamique et drôle, et surtout, prodigieux spectacle, Yvette Horner. Vêtue d'un pyjama rose bonbon bordé de strass, de la même teinte que les plis de son accordéon, on dirait un Goya, masque usé de fée Carabosse surmonté d'une énorme tignasse noire. La bouche est carrée, terrifiante, mauvaise et, quand elle sourit, il en sort deux grandes dents de méchant loup, un menton fuyant qu'elle n'arrive plus à poser sur son instrument, tant elle s'est racornie, et de petits yeux durs, fardés, qu'elle essaie de glisser dans les coins d'un air aguichant. Qui n'a pas vu cette maja cacochyme jouant *Vevette-Musette* ne sait pas ce qu'est le bonheur du music-hall!

Au BH, par acquit de mauvaise conscience. Et bien sûr, comme je n'avais envie de rien, je rencontre un Paul superbe, avec qui l'étincelle jaillit aussitôt, et un Roger – coiffeur, bien sûr – qui aurait bien terminé la nuit en ma compagnie, si j'avais eu le temps! Et voilà!

Lu sur un mur des Grands Boulevards : « Maintenant qu'on est heureux, si on inventait le fric? »

Chez Ader, je vais chercher le catalogue de la vente Voilier (les

1982

lettres de Valéry). A la réception, Camille S de R! Curieuse société, où le travail fait aussi partie du standing. Et combien de clients se douteront que cette charmante petite jeune fille qui rougit quand on lui parle est l'une des plus grosses héritières de France?

Ce pourrait être aussi le début d'un roman 1900, version moderne de la Cendrillon qui était en réalité princesse – version *Confidences* plutôt – ou champ de manœuvre idéal pour un godelureau ambitieux qui saurait séduire la donzelle en feignant de tout ignorer. A qui pourrais-je vendre le tuyau?

Dans le *Gai Pied*. Une petite annonce s'adressant aux « exhibitionnistes ». Mais elle se termine par : « discrétion assurée ».

22 septembre. Milan, minuit

Au dernier étage de l'hôtel, ma fenêtre donne en plein sur le bas-côté du Duomo. Je vois ces longues chandelles de pierre, face à moi, on dirait de grandes bougies qui ont coulé : une cathédrale de suif, ou un géant gâteau de première communion, en sucre filé. En bas, sur la place, dans le vacarme des boîtes de bière que les ragazzi utilisent en guise de ballon, une centaine de jeunes gens désœuvrés assis en rang d'oignon le long des marches du parvis, hirondelles frileuses, épaule contre épaule, attendent je ne sais quelle migration.

26 septembre. Belgrade. Dans le jardin public où l'on drague – mais pas à cette heure-ci

Longues balades à travers cette ville, réputée laide et sans intérêt. Tout y est gris poussière, c'est vrai, de la crasse déposée sur des crépis de ciment sinistres. La trace de quelque éruption volcanique apportée par le vent. On pense aussi aux cités ouvrières près des cimenteries. Mais ce poussier cache des surprises charmantes. Derrière chaque immeuble, dans le centre, on découvre des cours pleines de verdure, certes à mi-chemin du terrain vague et du dépôt d'ordures, souvent. Mais jolies, émouvantes comme les jardinets des gardes-barrières. Alors que les bâtiments sur la rue ont la prétention bourgeoise – ou plutôt avaient, vu l'état de décrépitude plus qu'avancée, irréparable: plus de carreaux aux portes, grilles défoncées, pans de murs à nu, tuyaux, rajouts divers et jamais la moindre réparation depuis l'assassinat du roi Alexandre –, les annexes sont constituées de petites maisons sans étage, avec des toits de tuile en queue d'aronde : presque des fermes. Comme s'il subsistait, masquée par les rues modernes, une ancienne cité du XIXe, rurale encore, besogneuse, entre le taudis et la chaumière, et du reste habitée par des femmes en noir, des gitans, des pauvres gens à la Zola, façon slave. Disons à la Gogol, car tout ce petit monde misérable (mais pas malheureux, parmi ses arbustes, ses fleurs en pots, ses roses trémières) paraît sortir d'un temps très ancien. Inattendu, insoupçonnable.

A les considérer de plus près, les immeubles ne manquent pas d'intérêt non plus : c'est le kitsch 1900-1920, avec un luxe ahurissant de volutes, de colonnes, de frises, ou des pans coupés hardis. Le tout, hélas, recouvert de cette glu blafarde, qui s'écaille et vieillit si mal que dans dix ans, à ce train-là, il n'en restera plus que d'informes carcasses. Pour l'architecture privée, le capitalisme a du bon.

A part ces étonnantes masures qui font de Belgrade une sorte de ville fantôme, les « monuments » officiels sont énormes et hideux, du Parlement à la cathédrale. Au musée, pauvret, des étudiants mélancoliques gardent des tableaux affreux dans d'immenses salles de marbre. Beaucoup de peintres impressionnistes français célèbres, mais les toiles sont médiocres, à moins que ce ne soient – était-ce moins cher? – des œuvres de jeunesse, quand Toulouse-Lautrec faisait du Bouguereau, Van Gogh du Daumier raté et Kandinsky des paysages archipompiers. Un beau pastel de Pissarro, toutefois, le portrait de Gauguin, rougeaud, les cheveux courts encore, surprenant, et des esquisses de Degas avec des notations touchantes : visage rose de sueur, oreille transparente, liséré or-vert sur les cheveux.

Hier soir, ce grand jeune homme qui m'aborde (en anglais). En cinq minutes, il a eu le temps de me dire qu'il était étudiant en médecine, qu'il avait vingt-deux ans, que son sexe avait vingt-deux centimètres de long, qu'il était bisexuel, que sa tante était mariée avec un lord du côté de Manchester, et qu'il voulait coucher avec moi, à condition que j'aie une voiture, un appartement, etc. En même temps il a réussi à se montrer suffisant, vaniteux, menteur, snob, tout en ajoutant, soudain effrayé de ces aveux, qu'il était saoul. De temps à autre, dans le silence, on entendait exploser les bogues des marrons sur le macadam, comme des coups de fusil.

Petit métier : un vieil homme attend le chaland près d'une antique bascule à poids, comme on en voyait jadis dans les pharmacies. La bizarrerie : il s'est installé sur un trottoir en pente, ce qui le contraint à bâtir sous sa machine un échafaudage compliqué. Quelle mystérieuse raison peut bien l'avoir poussé?

J'aime bien ce peuple de percherons en blue-jeans qui passe son temps à se faire de viriles papouilles comme les Italiens. Question : comment la police – si stricte d'après mon étudiant en médecine – reconnaît-elle les homosexuels?

1982

Ahmed, râblé, avec de très beaux yeux bleus – le poil noir –, natif de Sarajevo.
« Tu es musulman? (en anglais). – Non, je suis communiste. »
Il habite l'hôtel parce qu'il était venu voir sa fiancée, et s'est disputé avec elle. Ma chance!

La putain et l'enfant, seuls à sourire, seuls à vous regarder droit dans les yeux.

Un gosse de Split, joli, le corps doré, la bouche gourmande : la frénésie des sevrés.

28 septembre. Paris

Dîner chez Foune, avec les Thomas Ferenczi, les Joxe et la petite Cohen-Solal. Pierre m'étonne toujours par ses convictions socialistes, volontiers revanchardes, triomphalistes (sa fonction exige sans doute qu'il s'en persuade : qu'est-ce qu'un général défaitiste?). Il nous explique son retard par la présence de députés socialistes espagnols, venus prendre à Paris des leçons de majorité... puisqu'ils s'apprêtent à la conquérir chez eux. Ses bons sentiments l'amènent à travestir la vérité, et à soutenir des points de vue absurdes. Ainsi, à propos de l'impact des images télévisées, seules responsables à mon avis du retournement actuel d'opinion en Israël, et en Amérique dans la communauté juive où l'on a mal supporté la vue des cadavres de Palestiniens égorgés, il maintient que la télévision est sans importance, et que le succès de Mitterrand tient à la seule vertu de son programme. Comme si les gens, au contraire, n'avaient pas voté parce que le visage, la voix, les intonations de Giscard leur étaient devenus insupportables, autant que l'affaire des diamants et ses erreurs politiques... De là, on en vient à parler du passé et il raconte, on s'y serait cru, la mort de Staline, ou plutôt la cérémonie funèbre, qu'il a vue en 53 avec Beria et les autres au garde-à-vous autour du corps, tandis que quatre cents violonistes jouaient en sourdine et au ralenti un concerto de Beethoven devant une rangée impeccable de soldats.

Amusant aussi – sans qu'il cite de noms – le récit de son voyage à Moscou, il y a dix ans, avec je ne sais quelle délégation parlementaire destinée en vérité à préparer une visite de Mitterrand. Une suite de rencontres clandestines avec des officiels, de plus en plus importants, jusqu'à un final petit déjeuner, à 7 heures du matin, devant une table de cinq mètres couverte de caviar et de vodka avec un interlocuteur impassible en face de lui, séparé par deux paires de traducteurs... Comme il part la semaine prochaine, je vois les petites cervelles industrieuses de Mamy et de Ferenczi, travaillant à découvrir quel peut être le vrai mobile de ce déplacement... La politique n'est qu'une suite de petits secrets, qui deviennent si vite de pauvres évidences, dès qu'on les connaît.

A part ça, cordial, toujours, amical, même. La complicité subsiste, et chaque fois nous rajeunit de vingt ou trente ans. Je vois même s'écrire l'histoire. Comme dans ce bouquin, paru chez nous, où l'on prétend qu'il faisait du patin à roulettes dans les couloirs de l'ambassade, à Moscou, alors qu'il avait déjà dix-neuf ans!

Dans le Bottin de 1936: Stein (miss Gertrude) 24 r. de Fleurus.

On est tout étonné de plaire encore, on se rengorge, on prend cela pour soi, et l'on vous dit un beau matin: « Moi, j'aime les vieux. »

Ici, Braudeau, dont j'apprécie assez la sensibilité, la politesse, le talent de styliste étrange, et aussi le côté vieil enfant aux yeux battus, comme un adolescent qui se masturberait à jet continu sous la table. Avec lui Rouart, nouvellement élu au jury de l'Interallié. Sa préoccupation : ne pas se couper néanmoins la voie triomphale vers les grands prix. Son innocente façon d'avouer sans l'avouer qu'il sait bien les dessous de ces élections – comme de ces prix – et leur vanité, et l'aimable petite magouille que cela suppose. Mais il a le charme pour le dire, et l'honnêteté – rare – de ne pas jouer à l'incorruptible. Il est à l'aise dans son sourire, sa vivacité, sa gourmandise à vivre.

Pourquoi n'écrivez-vous pas? Parce que je ne suis pas malade.

Mamé.
« Le 19, déclare-t-elle, c'est mon anniversaire (grande première. Jamais elle n'avait révélé sa date de naissance; efface les repères). – Quel âge auras-tu? – Ça, je ne sais pas. – Tu auras cent ans. – Déjà! »

Plus tard :
« Alors je vais avoir un siècle, tu te rends compte! » C'est le mot qui l'impressionne.
Ce qui fonctionne chez elle, ce sont les préjugés anciens, ou le raisonnement le plus terre à terre, mais avec une verdeur étonnante.
Simone : « J'ai vu hier des manteaux en solde au Bon Marché, mais il n'y avait pas ce que je voulais. »
Mamé : « Tu aurais dû en prendre un tout de même. Tu l'aurais changé la semaine prochaine. »

Et la mauvaise foi.
Si on lui propose de lui acheter une loupe pour l'aider à lire : « Ce que vous voulez, c'est me prouver que je suis aveugle. »

1982

Ou bien :
« Tu peux parler avec la concierge quand tu t'ennuies. Elle passe te voir toutes les deux heures. – Parler avec une domestique! Quel plaisir! »

Vivre : 100 à l'heure dans le brouillard à petits pas.

Un Noir, en face de moi (dans le TGV) lit *Autant en emporte le vent*. A qui peut-il bien s'identifier?

15 octobre. Brême

Une cité factice, où l'hôtel de ville, la place du marché, le Munt, soigneusement rebâtis à l'identique, ont l'air de bibelots noyés dans le béton. Mais dans les quartiers moins centraux, il reste quelques grosses maisons d'armateurs du XIXe siècle qui donnent une idée de l'ancienne opulence. En particulier celle où est installé l'institut français, où le directeur, un ancien théâtreux reconverti, très militaire d'allure, avec barbe courte, poil court, mâchoire carrée, épaules carrées – mais une douceur presque féminine dans le regard –, me reçoit très gentiment, autour d'un superbe plateau de fromages français arrivés la veille par avion! Il n'est en poste que depuis un mois et demi, après avoir séjourné quatre ans au Zaïre. Il n'en est pas encore tout à fait revenu, en réalité; et l'appartement immense et vide n'a pour tout meuble que des idoles africaines et un canapé rouge. Fasciné par ce pays, il a surtout retiré de son temps là-bas le sentiment d'une différence irréductible, avant trois ou quatre générations au moins. L'an dernier, dans la brousse, il a vu brûler sur un bûcher un sorcier considéré comme maléfique par sa tribu... Un homme qui avait tenté de voler sa femme a été lynché au commissariat par les policiers... Sauter du Moyen Age à nos jours en trois générations, il faudrait que chacune d'elles vive cent ans, comme ma grand-mère.

Mais n'oublions pas que le dernier homosexuel a été brûlé sous Louis XV, et la dernière sorcière sous Louis XIV.

Plus tard, dans le parc, je rencontre un garçon à lunettes, assez beau, qui m'emmène dans sa voiture. Dans la conversation, nous en venons à parler des soldats américains, dont le camp n'est pas loin. « Peuh, dit-il, tous des femelles. » La défense de l'Europe me paraît bien compromise.

18 octobre. Le Beaucet

François, mon voisin, a trouvé de vieux journaux dans une malle. Écœurants.

Le Matin, 11 septembre 40. « Les questions raciales sont d'actualité. La France essaie de secouer le joug des juifs mais il ne faut pas cependant que nos lecteurs confondent, dans un même esprit, leurs sentiments pour certains " réfugiés politiques " que notre pays a recueillis. C'est ainsi que, contrairement à ce qu'on a pu dire ou croire, les Arméniens ne sont pas juifs, et que, bien mieux, il n'y a jamais eu de juifs parmi eux, leur race et leur religion leur interdisant tout commerce d'idées avec eux. »

Le Figaro, septembre 44. Mauriac fait semblant de regretter l'exclusion du pauvre vieil Abel Hermant, « Iphigénie octogénaire sacrifiée jeudi dernier devant le portrait du cardinal de Richelieu » – mais il réclame tranquillement la tête de Maurras...

M. André Castelot, journaliste au journal pro-nazi *la Gerbe*, vient d'être arrêté – ce qui lui aura sans doute coûté par la suite l'Académie.

1947 – Le premier Prix Sainte-Beuve est attribué à un « inconnu » pour *Heureux les pacifiques* – Abellio, condamné à mort par contumace. La boucle est vite bouclée.

19 octobre

Coup de fil à Mamé. (Cent ans aujourd'hui!)
« Oui, aujourd'hui, je n'ai plus d'âge! »
Toute la famille autour d'elle, attendant je ne sais quel sénateur qui vient lui faire son compliment.
« J'aimerais mieux vingt ans de moins, et pas de visite! »

22 octobre

Cette nuit, il s'appelait Romain. Près de se déplumer déjà, mais solide sur ses chevilles lourdes, avec encore la marque des fossettes de l'enfance, et un sourire adolescent, espiègle, dans un visage d'homme fait. Il a un bel accent du Midi, des idées arrêtées, des opinions monarchistes, et du goût pour la drogue peut-être parce qu'il a l'air si sain, si sûr, si Bélier. Très détaché, il ne joue pas le jeu social, mais il n'y met aucune affectation contestataire. Un choix : l'indifférence. Se suffire à soi-même. Fonder son bonheur sur l'égoïsme sympathique et la solitude bien comprise. Le couple, il l'a connu, quinze ans, mais reconnaît volontiers qu'il fallait à l'autre des trésors d'indulgence. En le quittant, moi :
« Tu ne sais même pas mon nom. – Ça m'est complètement égal. Tu m'as plu sans nom. »

1982

Parce que Marchais est en voyage à Pékin, on « prolonge » le pauvre Aragon mourant. Hier, il s'est réveillé de son coma. Il aurait murmuré : « Je fais ce que je peux. » Pour survivre, ou pour mourir?

Jacques Nerson donne une mauvaise critique d'*Amadeus*. Il reçoit une lettre de lecteur : « Monsieur, vous n'aimez pas Mozart! »

29 octobre

Samedi dernier, allant à Gaillon, j'ai failli me tuer. Un avertissement sans frais du ciel. Croyez-vous que j'en sois plus sage? Aussitôt j'oublie, et je continue mon existence comme si je ne savais pas que c'est un sursis. Mais si je laissais tout tomber pour méditer le temps qui me reste à vivre, c'est là que je serais fou. Je mourrais d'ennui. L'homme n'est pas fait pour regarder l'avenir en face.

5 novembre

Sapritch : « Tu comprends, mon chéri, c'est très beau le culturel, mais avec des rigolos comme Savary le " turel " disparaît. Et moi je suis payée des clopinettes sous prétexte de faire dans le populaire. Car les salles sont combles, ils hurlent comme des dingues, et on peut faire n'importe quoi, ils sont contents. Mais pour moi, ce sont des entrées de cirque, tu comprends, mon chéri, pas du théâtre. Maintenant, je rêve d'une belle pièce dans une vraie salle, oui, une vraie pièce, tu vois, mon chéri; je rentre en scène, je jacte pendant une heure, c'est l'entracte, je reviens, avec une nouvelle robe, je parle encore une heure, et on applaudit... »

« Mais si, tu écriras », répétait François Mauriac à son fils Claude. Comme un alcoolique sans illusion dirait au sien : « Tu boiras »...

Novembre 1932 (mais tout de même!). Claude, dix-neuf ans, écrit dans son journal : « Papa, à qui je demandais hier la permission de lire *A l'ombre des jeunes filles en fleurs,* me dit : " Pose la question à ton confesseur. " »

Autre cocasserie. Le jour de son élection à l'Académie française, François, comblé, déclare : « Cela me rappelle ma première communion. »

JOURNAL

7 novembre. Montpellier

Je soupe après le spectacle avec Sapritch, Savary, sa femme, Gotlieb, Lob, Solé (le dessinateur) et Lederman, imprésario de Coluche et autres orchestres du Splendid.

Gotlieb et Lob, moustachus, noirauds, la quarantaine passée largement, l'air d'un couple de plombiers sympas. Ce qui ne les empêche pas de pinailler sur le moindre mot de leur texte, comme si *Superdupont* était une pièce de Claudel. Venus à la BD par le dessin plutôt que par la littérature, on s'en doute. Mais, dit Gotlieb, à demi sérieux, «j'ai adapté *les Misérables*», convaincu d'avoir ainsi contribué à la culture de ses lecteurs. En vérité, il faudrait employer un autre mot. «Voyeurs», peut-être. Les haïku d'une bulle sont le maximum d'abstraction qu'ils puissent absorber d'un coup. Même chose pour le public de Savary, qui a déjà la gueule fendue en achetant son billet. Son adhésion relève de la mystique plutôt que du théâtre; et Sapritch est la vedette idéale pour ce genre de spectacle «sous-culturel» (comme il y a un lumpenprolétariat). Elle est pour les gens une «apparence télévisuelle» beaucoup plus qu'une comédienne, un mythe moderne. Zitrone aurait fait l'affaire aussi bien, dans le rôle titre. Une mama turque en Marianne, un pépé russe en Dupont. Vive l'internationale poujadiste!

15 novembre

Goncourt de Dominique Fernandez – tout de même un peu inattendu –, et Renaudot miraculeux de Châteaureynaud. Après avoir planché tout l'après-midi sur l'œuvre de Fernandez – Rinaldi, ulcéré, ayant déclaré forfait parce que lui n'a pas eu le Goncourt il y a deux ans pour *l'Empire* –, je passe un moment chez Grasset, où la faune habituelle s'écrase.

Dominique est un habile admirable. Adroit aussi, ce livre à la gloire de la pédérastie, mais qui finit mal, donc rassure le bon bourgeois, qui se sent libéral autant que justifié.

Une civilisation joliment s'étiole ici. Mais cela peut durer longtemps...

Quant à Châteaureynaud, avec sa tignasse rousse, sa gueule d'animal, il a quelque chose de sauvage, de pur, d'innocent. Une fraîcheur dans cette confiture de compromissions.

Dîner chez Foune ensuite, avec Orsenna. Son rire silencieux, la bouche ouverte, enjoué comme celui de Mme Verdurin, ses inventions, sa drôlerie. Que fait-il dans un ministère? Mais il sait être sérieux, soudain, pour évoquer le triste sort des normaliens sans emploi. L'élite n'a pas plus de débouchés que les autres, coincée entre sa science d'un autre âge et l'impossibilité de s'en servir. Et le régime socialiste n'a qu'une idée : élargir l'entonnoir, sans desserrer le goulot...

Ma cinquantaine : vague à l'âge et retour d'âme.

20 novembre

A Bordeaux, je trouve en arrivant à l'hôtel un mot de mon père. Mamé au plus mal. Depuis une quinzaine de jours, elle déclinait beaucoup, et Simone l'avait prise chez elle. Elle se trouve à présent dans une sorte de pré-agonie, pratiquement inconsciente déjà. Mon séjour à Bordeaux avec Daniel en est pour la seconde fois assombri (la précédente, c'était la mort de Jack). Triste, mais comme si elle avait déjà franchi le seuil. C'est sur moi-même que je m'attendris, et encore, à peine. Je songe simplement qu'il y a cinquante-deux ans, je n'étais pas né et que la vie, en somme, réserve quelques surprises et de bons moments, si je vis aussi longtemps qu'elle. Et si je songe à l'influence énorme qu'elle eut sur moi, je me dis aussi que je peux être encore utile à quelqu'un, ou à quelque chose. Mais il vaudrait tout de même mieux ne pas traîner : c'est si court, un demi-siècle.

Suis-je indifférent, égoïste, monstrueux ? Plutôt une espèce de paralysie sentimentale. Ou un dédoublement. Je me vois sur le point de souffrir, ce qui évacue la souffrance : je ne ressens plus rien. Ou alors si profond que ma surface n'en est même pas troublée.

21 novembre

La mentonnière la réduit à rien : un petit visage de Chinoise, comme toujours rajeuni de beaucoup par la mort. Ferme, sans rides ou presque. Seules les mains, noueuses, déformées, sont d'un squelette, déjà. Si petite, sous cette couverture à carreaux rouges et bleus, d'une offensante gaieté. Elle était née le 19 octobre 1882, au Moyen Age de la IIIe, dans une famille fraîchement sortie de sa glèbe : une génération à peine, puisque le grand-père n'avait appris à lire qu'en 1850, je crois, quand il était zouave pontifical, envoyé à Rome par le prince-président pour défendre le pape. D'elle je tiens tous ces préjugés solides, que je trouve toujours en moi si je gratte un peu : le goût d'une société immuable et bourgeoise, respectant les nobles, les rois, méprisant les petits, « le peuple », disait-elle. Une anecdote que je ne connaissais pas la dépeint dans son inconsciente dureté. En 14, le frère de la petite bonne est tué au front. Elle arrive en larmes chez Mamé pour le lui annoncer. Et Mamé émue, peut-être, mais royale, et ne voulant pas se commettre, dit à sa fille Simone, sept ans : « Embrasse-la. »

Élevée dans un monde qui croyait à la pérennité des valeurs, et qui ne concevait l'élévation sociale que par le travail acharné, le mérite récompensé, l'économie ou l'intelligence, à condition qu'elle soit sanctionnée, mesurée par des diplômes, elle s'est toujours tenue à ces cadres stricts, ce qui lui donnait, dans la vie, une assurance inestimable, en même temps qu'une raideur symbolisée par sa façon de se tenir, sans s'appuyer jamais au dossier des fauteuils. Un corset moral. Avec cela, sans doute, une absence totale de foi religieuse, mais allant à la messe par devoir de classe, et pour l'exemple. Dure pour tous, cassante, définitive, sans indulgence aucune, sauf pour moi, qui ne la méritais pas – qui ne la méritais pas... voilà bien son enseignement, indéracinable, qui ressort une fois de plus.

Explication du « déjà ». Elle s'était fixé comme but d'arriver à cent ans. Quand on lui a demandé vers octobre : « Sais-tu quel âge tu vas avoir ? » elle a répondu, curieusement : « Je ne sais pas. Je ne sais pas du tout ! » Défense inconsciente. Après, lorsqu'on lui a dit : « Tu vas avoir cent ans », elle a répondu : « Déjà » comme si on lui avait signifié son terme – et sa condamnation. Un mois plus tard, elle était morte.

25 novembre. Retour de Saint-Girons

Hier soir, longue promenade à travers la ville avec mon père, qui fait le tour de ses souvenirs d'enfance, et de jeunesse, depuis l'église reconstruite par son arrière-grand-père, jusqu'à la Maison du peuple, bâtie par lui en 38 (et aujourd'hui convertie en caserne de pompiers) en passant par les multiples cafés ou demeures des copains disparus. Un moment précieux comme une passation de mémoire, avec cet homme déjà vieilli, alourdi, rapetissé, mais solide encore, rêveur et d'une charmante pudeur, difficile à vaincre. Je n'ai jamais su le mettre en confiance, mais un soir comme celui-là aide beaucoup. Au dîner, tous les deux, à l'hôtel, il est très confiant, et me raconte beaucoup d'histoires. Y compris *le Banquet* de Platon, à sa manière, qui devient une sorte de court métrage burlesque, animé par un Socrate provocateur ayant cherché sa ciguë.

Ce matin, messe évidemment sinistre dans cette église glaciale et vide, où seuls quelques vieux survivants à béret basque sont venus, alertés par *la Dépêche*. Des vieux Gascons qui ont surtout connu bon-papa, et que ma grand-mère tenait en piètre estime. Des gens qu'elle n'aurait sans doute pas souhaités à son enterrement, non plus qu'elle n'aurait apprécié les simagrées de son petit-gendre, prenant les choses en main comme s'il n'était pas dans cette famille une pièce rapportée de fraîche date. Et aussi un représentant des Galey de Cap de Sour!

Au cimetière, furieux de voir qu'on va encore lui faire lire la dernière prière devant la tombe, je demande à le faire, un peu sèchement. (Il paraît qu'on n'avait pas osé me le proposer, « parce que je ne suis pas croyant ». Et alors?) La gorge nouée, je lis cette évocation dernière avec une espèce de cabotinage intérieur. Mais je sais bien que cela aura été le seul moment de véritable émotion au long de cette cérémonie froide. Après quoi on glisse, non sans peine, le cercueil dans le caveau, tête-bêche à côté de celui de son époux. Les voilà seuls dans ce trou, si loin de tous, en attendant la « réduction ».

Déjeuner Yves Simon-Châteaureynaud-Pudlowski et... Mira Trailovitch (qui revient le soir, avec Koko, Khaznadar, Françoise Grund et deux autres personnes). Pétulante, elle tient le crachoir, féminine géante. Elle est drôle surtout quand elle raconte l'envers de Tito, son phénoménal mauvais goût de nouveau riche, avec des valets en livrée apportant des plats genre pièce montée, par exemple une galère dont les rames étaient des écrevisses et la coque un poisson. Son penchant pour les farces-attrapes, verres baveurs et autres poils à gratter, dont ses ministres devaient s'accommoder, feignant de ne rien remarquer.

Avec sa femme, ce fut longtemps le grand amour, jusqu'à ce qu'il la répudie soudain, pour de mystérieuses raisons, qui ne semblent pas politiques. Aussitôt tous les livres à la gloire de leur amour ont disparu des librairies par enchantement, et Jovanka par la même occasion. A présent, elle vit dans une villa cossue des beaux quartiers, avec chauffeur et garde du corps. Elle pèse cent dix kilos, s'empiffre de sucreries, et résiste aux Américains, qui lui ont offert un million de dollars pour ses Mémoires.

Bien que dignitaire du régime – surtout par l'intermédiaire de son mari, membre du Parti (elle est d'ailleurs couverte de décorations), elle ne cache pas son mépris pour des gens qui ne sont pas nés comme elle à l'ombre des Obrinovitch, et sa « grande-mère », dame d'honneur de la reine Natalie, revient souvent dans la conversation. Mais sans morgue aucune. Son côté naturellement bégum, avec soudain des accès de gaieté, de vérité, charmants. Ce ton (à la Popesco tout de même), pour raconter qu'elle a annoncé sous les bombes l'armistice de mai 45, et ensuite, à la radio la rupture Tito-Staline, moments historiques vécus avec sérénité, dit-elle, « et maintenant on se fait du souci pour savoir qui va ou ne va pas venir à Nancy! »

JOURNAL

Berlin

Longue promenade dans un terrain vague, le long du mur, tandis que les pétards explosent à jet continu pour fêter le nouvel an, comme c'est l'usage ici. On pourrait tuer les vopos et passer le mur, aujourd'hui; sans que personne entende les coups de feu... Sur les petites estrades que l'on a construites pour regarder « de l'autre côté », on est étonné par l'aspect dérisoire de tout cela. Il suffirait de vingt personnes décidées pour franchir immédiatement cet obstacle dont un cambrioleur débutant viendrait à bout en un rien de temps. Un mur moral, en somme, à la jointure de ces deux mondes. De même qu'on a du mal à comprendre que la foule, voyant passer des prisonniers, encadrés par quelques soldats, ne les ait pas délivrés : la passivité est la force principale des dictatures, et sans le savoir nous sommes *déjà* conquis. Les Russes n'ont qu'à pousser le mur...

Beau décor pour enterrer mélancoliquement cette année. De la boue, de la glace, toujours des ruines, vieilles de bientôt quarante ans, presque mon âge, du gris, du noir, du froid. Un ciel bas comme l'avenir.

En vérité, le « monde libre », qui peut du reste se rendre en face comme il veut, vient contempler sa peur et l'Est s'offre au regard, indifférent. Qu'aurait-il à craindre, lui? Mais il se mêle une secrète fascination malsaine à cette curiosité. Il suffit que deux motocyclistes là-bas s'arrêtent aux abords de la zone interdite pour que les gens s'agglutinent sur la plate-forme. On ne sait jamais. Peut-être l'un d'eux va-t-il tenter la traversée du Rubicon? Et la petite foule, muette, attend sans se l'avouer que le gibier saute sous les rafales. Découverte de *Salomé*, de Dieter Hencker. Soudain, quelque chose se déchire en moi, et la beauté s'impose comme une évidence.

1983

2 janvier

Toujours dans mon humeur picturale visite à la Nationale Galerie prussienne. Peu de toiles, mais de première qualité. De jolis Menzel intimistes, des Böcklin superbes – dont la fameuse *Ile des morts*, profonde et noire comme un rêve merveilleusement maléfique – et pas mal de français impressionnistes, ou même pas, comme la superbe *Vague* de Courbet, un *Don Quichotte* de Daumier – et surtout l'un des plus beaux Bonnard qui soit : *la Famille Terrasse au jardin*, de 1896.

Dans les tons ocre et blond, sur quoi ressortent les taches vert acide d'un feuillage, la disposition est superbe, de part et d'autre d'une ligne oblique de gauche à droite et de bas en haut, avec au centre la mère de famille, raide, carrée, solide. Un petit sac à carreaux. D'un côté les enfants qui jouent, de l'autre le père qui travaille sous un petit abri ajouré, et au fond, surgissant du bosquet, l'aïeul, tout de noir vêtu, à la fois protecteur et un peu inquiétant.

La douceur, la paix de cette immense toile, presque sans relief, et cependant si profonde. Un miracle en soi, qui donne envie de se mettre à genoux, et de prier le Dieu génie.

6 janvier

Place Beauvau, dans la grande salle du ministère, qui paraît déserte, malgré la présence d'une centaine de personnes, dont une belle armée de flics en civil, venus souhaiter la bonne année à leur « patron ». Le mélange est difficile avec les amis de Maréchal, invités par Edmonde, superbe dans un ensemble noir à col bouillonné, une petite fraise très Clouet. Entre Catherine de Médicis et Mary Stuart. Avec sa gueule élastique, fendue sur un sourire,

JOURNAL

Maréchal virevolte et papillonne entre les Petit, séchés, raidis par l'âge comme des mannequins de grands magasins super-chics, figures de cire qui observent leur fille, d'un œil noir, comme acéré. Nous autres, les journalistes, bizarrement déplacés dans ce petit fourre-tout, où voisinent, dieu sait pourquoi, Reichenbach et le général de Bénouville, rose vieux poupon au regard bleu pervenche, avec la voix perchée de son maître Dassault, et quelque chose de tendre, d'urbain, de civilisé; témoin d'un autre monde, clopinant avec sa canne sur le parquet d'un palais envahi par les barbares.

Séminaire. Drôle de nom pour ces chastes casernes.

9 janvier

Tournier, dont on va jouer *le Roi des aulnes* au théâtre. Il ne sait rien du projet, ne veut pas s'en mêler. Il a toujours des déboires quand il s'en mêle. Aussi, à présent, il adapte ses *Rois mages* pour les enfants, mais on ne veut pas qu'il leur explique la sodomie. Il est indigné. « Tuer à la mitraillette, ça, on peut. Mais ouvrir sa braguette, pas question! »
Je lui dis que j'ai vu l'autre jour un barman, dans le TGV, qui était plongé dans *les Météores*, et avait lu tous ses romans. « Oui, je plais aux humbles. J'aime cela. Un de mes amis a rencontré une dame-pipi plongée dans *Vendredi*. Il s'en est étonné, et elle lui a dit, vertement : " Est-ce qu'il y a une littérature spéciale pour les dames de lavabo? " La réponse m'a ravi. Je lui ai envoyé ma photo dédicacée. »

Les funérailles d'Aragon. Vues d'en bas, au pied du bizarre tumulus herbu qui orne (?) l'immeuble du PC construit par Niemeyer, on avait l'impression qu'on allait inhumer là ce vieux chef gaulois, au terme d'une cérémonie païenne, aux rites inconnus, dont Marchais était le grand-prêtre onctueux.

Raffali, toujours disert, amène, la gueule fendue d'amabilité, mais le sourire un peu carnassier tout de même. Au moins sarcastique; il sait voir le comique des choses. Ainsi, les Lang, en vacances près de Calvi cet été. Indigène affable, et vieil ami, Bernard les chaperonne et les promène dans la région. Et un soir de confidence, Monique lui dit, avec son habituelle spontanéité gavroche, assez attendrissante, au fond : « Nous sommes ravis d'être ministre. »

Entendu, au café : « Moi j'aime saint Augustin, saint François d'Assise et Saint-Exupéry. »

1983

Février

Tournier, après avoir vu le film à lui consacré : « Vous n'imaginez pas comme j'ai souffert. Ce vieux bonhomme qui parade. Insupportable. Un film sur moi quand j'avais douze ans, alors là, oui, des heures, avec plaisir. Mais cette caricature... »

Ce journal, je ne sais pourquoi, jouit d'une curieuse existence mythologique parmi certains amis qui ne l'ont pourtant jamais lu, et pour cause. Une excuse qu'ils me trouvent, sans doute, afin de s'expliquer à eux-mêmes mon inexplicable infécondité.

10 février

Comité de lecture au Français, très bizarre ce matin. Toja laisse la place à Vincent, et n'assiste pas à la lecture d'une pièce qui ne sera pas donnée sous son règne. Mais Vincent, n'étant pas encore administrateur en titre, n'ose pas s'asseoir dans le fauteuil et c'est Descrières qui préside. Enfin qui ronfle, souvent, mais est-ce du sommeil ou de la tactique ? Car il y a manifestement de la résistance dans la maison à recevoir cette pièce d'Audureau, oratorio poético-claudélo-giralducien qui ne plaira guère aux abonnés du mardi.

Pourquoi ce jeune homme s'est-il entiché de ce long magma onirique, un peu vieillot ? Mystère. Sentant le peu d'enthousiasme, il précise : « C'est une pièce nocturne. Il faut la lire le soir sous l'abat-jour. » Déconcertant. Mais il m'étonne encore plus quand il annonce qu'il veut promouvoir la « nouvelle comédie », lui, le si sérieux, le sec, avec sa boule sévère, sa moustache triste, son humour peu évident.

La raison qu'il donne : « Il le faut, nous ne sommes pas dans une société très rose. » Rires.

Et comment expliquer l'absence de l'auteur, pour une fois qu'il est vivant ? On nous fait entendre que ce modeste bibliothécaire est un « personnage ». Serait-il ridicule, monstrueux, minable ?

Pendant cette heure et demie, longuette, j'essaie de jouer aux devinettes. Simon Eine prend l'air pénétré, Pralon, le menton sur les mains, est l'image de la perplexité. Boutté, son bel œil pâle fixé sur le lointain, durcit les maxillaires, incorruptible procureur d'on ne sait quel tribunal (seules les facéties de son basset Victor lui arrachent un sourire et humanisent son regard). Pour passer le temps, il dessine des pingouins. Kerbrat se dissout dans la mollesse de ses traits, pensif. Aumont, impénétrable, se cache la tête dans les mains, comme un homme accablé par la douleur. Françoise Seigner garde toujours au coin de la bouche un petit sourire goguenard, mais que signifie-t-il ?

Nourissier, que je connais mieux – donc c'est plus facile –, se lignifie d'ennui derrière sa barbe et ses lunettes. Gence, toujours pimpante, finaude, n'exprime aucune émotion apparente. Poirot-Delpech paraît marmoréen mais sculpté dans de la belle viande, fumée, et moi, dans la glace, de quoi ai-je l'air ? Un vieux jeune homme très fatigué.

Seul Dancourt, dans son cadre doré, semble se divertir un peu. Rondouillard et pointu cependant, sous sa perruque à la Saint-Simon, il tient sa plume du bout des doigts, comme une fléchette. Va-t-elle atterrir sur le manuscrit d'Audureau ? Hélas non, et Vincent continue de lire, de lire, se léchant les babines de cette confiture de mots.

Sous prétexte d'un train à prendre, Descrières s'éclipse dès la lecture terminée, nous donnant rendez-vous mardi prochain pour la discussion finale. Cela sent le coup fourré, sûrement prémédité, histoire d'arrêter une attitude et de travailler entre-temps les membres du comité, sans doute. Le cher Vincent a l'air tout contrit, comme un enfant à qui l'on a retiré son jouet. Dans sa candeur d'ambitieux comblé, il n'avait pas songé à cette résistance passive, première peau de banane, sans doute, sur un chemin tapissé d'épluchures. Il en devient soudain sympathique, vulnérable. Il a son âge.

Propos d'auteur – cité par Gence :
La seule réflexion de Montherlant, voyant *Port-Royal* pour la première fois : « Mademoiselle Conte, il faut que vous ayez les ongles noirs. »

15 février

Avec Blain, Tournier, son petit chapeau de chasseur tout mou sur la tête. Sa soixantaine est vraiment juvénile, surtout le sourire, qui reste d'un loup adolescent. Un philosophe. C'est un philosophe mal guéri. A chaque rencontre, il me parle de son agrégation ratée. Mais les deux camarades de sa promotion qui l'ont réussie ne sont pas frais : François Chatelet, avec sa tête de prophète antique déjà décati, qui respire avec un trou dans la poitrine, et Gilles Deleuze, lui aussi bien fatigué. De lui, il raconte la jeunesse, curieuse, sous l'Occupation. Deleuze avait ce frère aîné, saint-cyrien, chéri par sa famille, résistant. Humilié et malheureux d'être si peu prisé par les siens, il prenait systématiquement le contrepied de son frère, qualifié par lui de brute obtuse. Il lisait donc avec affectation *Je suis Partout,* et tenait sur la collaboration des propos aberrants. Même quand son frère se fait arrêter, il vitu-

1983

père : « Ça lui fera les pieds à ce petit con », etc. Puis le frère meurt, fusillé. Brutal effondrement de son monde. Toutes ses théories sur les Allemands, si corrects et si sûrs, sont réduites à néant, et pour jamais le voilà seul, avec l'invincible fantôme d'un martyr! Pour revenir à Tournier, il faut dire que cette agrégation ratée est une bénédiction. Sans cela, ni *Vendredi*, ni *le Roi des aulnes*. Encore a-t-il mis presque vingt ans à se décider, après un premier essai manqué, un premier *Roi des aulnes* de cinq cents pages, qui s'arrêtait à la déclaration de guerre.

Il ne regrette d'ailleurs pas tellement de n'avoir pas embrassé cette carrière universitaire : « J'avais fait des études de philosophie, mais je rêvais d'être professeur de sixième... »

A Choisel, il est une figure populaire, à peine un peu bizarre, et même légèrement suspecte « parce qu'il passe à la télévision ». Mais – peut-être grâce à l'ignorance où l'on est de ses livres – tous les gosses du village passent leur temps chez lui : sa porte est toujours ouverte.

Il a même hébergé pendant quinze ans un enfant, Laurent, son filleul. Un jour, il voit arriver une femme affolée, sortant de l'église voisine : « Vous ne voudriez pas nous dépanner? On avait choisi un parrain pour notre petit sixième, il n'est pas venu, alors si vous voulez bien le remplacer... » Il y va, renonce pour Laurent à Satan, ses pompes, ses œuvres, et rend visite ensuite aux parents, famille misérable d'ivrognes chargés de marmaille. Il a pris le petit chez lui vers quatre ans, et l'a gardé jusqu'à ce qu'il se marie. Sans aucun résultat pédagogique, puisqu'il est à présent mécanicien dans une usine d'automobiles des environs... Il semble à peine marri de l'aventure. Il y a chez lui un curieux fond d'indifférence amusée, avec derrière, en dessous, une sorte de feu intérieur mais en veilleuse, pour son chauffage personnel. Et celui de son œuvre, qu'il couve et administre en allant une ou deux fois par mois faire des conférences un peu partout, dans des universités, des lycées, des écoles, des conférences... sur Tournier. Résultat : *Vendredi* en est à huit cent mille en livre de poche – sans compter l'édition spéciale pour les enfants...

Mots de Bloy cités par Tournier, qui le connaît par cœur : « Quiconque a un franc me doit cinquante centimes. » Et quand il tapait le monde : « Mon ingratitude vous étonnera. »

« Qui paie votre déjeuner chez Drouant? – Drouant, et il s'y retrouve! Pour soixante couverts par an, il se fait cinquante millions de publicité. »

Février

Devant l'assistance ébahie, Jean-Pierre Vincent déclare : « Moi, je suis malin. »

Boulanger, dans sa superbe demeure Louis XIII de Senlis. On y entre par une petite ruelle hors du temps. Une porte ouvragée qui donne directement sur le palier de la terrasse. Côté jardin, on voit des vergers, des toits.

A gauche, un salon à hautes fenêtres très grand siècle. A droite, à mi-étage, une chambre. Même chose en dessous et en dessus. L'escalier, royal, est la colonne vertébrale de cette maison, bien calée sur son contrebas.

Chemise de laine et gueule réjouie de merle replet, rubicond, il fait toujours plaisir à voir, à entendre, raconteur généreux qui bouffonne et joue à merveille sa comédie. Il la surjoue même un peu, avec des mimiques appuyées, des chutes de ton, des contrastes, avec mines entendues, tragiques, catastrophées, folâtres, burlesques, pleins et déliés de sa conversation.

Sur l'Académie, son péché mignon, il est intarissable. Vues par lui, les visites deviennent des expéditions romanesques chez les ducs, une heure sur la lune à chaque fois.

Feu Lévis-Mirepoix devient un attachant vieillard perdu, solitaire dans son antre lugubre, où la concierge monte voir de temps en temps s'il n'est pas mort. Avant d'habiter la rue Daru, il résidait dans un hôtel de famille, rue de Berri, vendu comme tant d'autres aux promoteurs. Un matin, muni d'une pelle et d'un sac de plastique, il se rend là-bas pour chercher un peu de terre, souvenir de son jardin, des jours anciens. Mais les ouvriers – portugais – le découvrent et le détrompent. C'est du remblai déversé à la tonne sur le chantier. Et, pour ce vieux monsieur si convenable, on s'est tué à creuser deux mètres plus bas pour lui rapporter un seau de la « vraie » terre. Exemple, pour Boulanger, de la fraternité humaine, au-delà des classes...

25 février

Petit saut à Toulouse, pour voir *la Cuisine,* avec Wesker... L'âge venant, il se fait replet, et le poil qui s'échappe toujours de sa chemise ouverte grisonne et blanchit. Bouche petite, mâchoire de lapin, œil oriental et taille moyenne, on ne fait pas moins britannique. L'assimilation du fils d'émigré – « Je ne me sens jamais si anglais qu'à l'étranger », dit-il – reste peu apparente. Il a l'orgueil de ce qu'il fait, sans exagération. Il se sait un bon écrivain de théâtre, pas le premier, mais sans acrimonie aucune à l'égard des autres, tel Pinter, qu'il défend sincèrement. Un fond d'innocence, de candeur même. La bonne volonté protestante plaquée sur la sémite espérance des justes. Ce qui ne l'empêche pas d'être pratique, un brin tatillon. Honnête, en somme, vraie rareté.

1983

5 mars. Nice

Changé d'hôtel. D'ici, l'Albert-Ier donnant sur les jardins Masséna, je vois les palmiers que Nietzsche pouvait contempler de sa fenêtre, quand il émergeait de ses songes frissonnants. Au-delà, Casino, baie des Anges et marina, c'est Miami. Les aigrefins du bâtiment ont fait main basse sur la Côte. Je pense à Florence Gould, morte à Cannes, il y a trois jours, dans son palais 1926. Étonné qu'elle eût quatre-vingt-sept ans. Derrière ses hublots, ses fards, sa rondeur veloutée, on ne lui donnait pas d'âge, et je ne l'ai jamais vue vieillir en trente ans, toujours dans le même tailleur noir strict – pour se mincir –, souriante, agitant ses petites mains potelées, baguées, les lèvres toujours soigneusement faites au pinceau, rouge carmin. Elle collectionnait les gens à ses déjeuners comme les tableaux, les œuvres d'art, les manuscrits en sa maison, elle trônait au milieu, souveraine. On aurait pu la croire même indifférente au cœur de ces richesses, mais elle était soudain capable d'évoquer un petit coin dans une toile de Renoir, un trait de caractère chez un convive qui prouvaient le contraire. Une espèce d'attention à distance laissait deviner une petite fille inconnue cachée dans la dame adulée, quelqu'un d'attachant derrière la façade poudrée, sous les paroles, où l'accent américain et une certaine difficulté à s'exprimer, propre aux alcooliques, faisaient un pâteux mélange, typique et singulier.

Hier soir, en rentrant fort tard, accompagné de Jean-Marie G. avec qui j'avais soupé après *l'Idiot,* nous rencontrons un Arabe très convenable, mais les mains bandées, et marchant avec une seule chaussure : sur l'autre pied, une socquette rouge vif. Il a été agressé dans le jardin, emmené à l'hôpital, etc. Il cherche, avec nous car il a peur, sa seconde chaussure. En vain, on s'en doute. Ulcéré, il a l'intention d'acheter une machette, qu'il promènera toujours sur lui dans un sac. « Au premier mot de travers, je frappe, vlan! Nous, les Arabes, ce n'est pas comme vous. La mort ne nous fait pas peur. C'est écrit, voilà tout. » La mort des autres aussi, bien entendu. Lumineuse explication des sauvageries moyen-orientales...

Bizarrerie de cette scène. Trois hommes, à quatre heures du matin, jouant à cache-cache avec une grolle évanouie.

Mars. Le Beaucet

Conversation de potaches avec Bernard Barokas, après le dîner. Nous ne refaisons pas le monde. Au contraire, nous nous interrogeons gravement sur nos raisons d'y être. Pour lui, c'est le *carpe diem* absolu, refus total d'envisager d'autre avenir. Moi, tout à l'inverse, je n'ai jamais pu vivre le présent sans le placer aussitôt dans une perspective, pour l'empoisonner. J'ai bien du mal à défendre mon existence de fourmi devant cette cigale. Cette jeune cigale. Mais les fourmis vieillissent mieux. Vieillir, c'est s'appauvrir chaque jour en force, en intelligence, en futur. Un peu d'argent de côté adoucira cette misère. Sa superbe indifférence au jeu social suppose la chance, l'optimisme, la foi en l'homme secourable et bon. Mais il suffit d'entrer dans la danse pour connaître les coups de pied, les crocs-en-jambe : plus de foi, plus rien qu'un pessimisme au noir de fumée. Le pacifiste, le non-violent, c'est bon en période de guerre froide. Dès que ça chauffe... Plus grave : les raisons de vivre. Pour lui : se prolonger, par des enfants, seul moyen d'œuvrer. Pour moi: l'illusion qu'on peut servir à quelque chose en travaillant de son mieux, petit rouage dans le grand mécanisme. Idée probablement stupide et naïve.

Alors quoi? Sauter en marche?

22 mars

A Dijon, ce raccourci municipal :
Place Danton. Conventionnel. Organisateur de la défense nationale en 1792. Mort sur l'échafaud en 1793.

23 mars

Socrate avait tout pour réussir. Réussir une religion, j'entends. Il avait ses disciples, ses évangélistes (Platon, Xénophon), son saint Paul (Aristote) et même son Judas en la personne d'Aristophane. Il a eu sa doctrine, sa légende, son martyre. Ne lui aura manqué, somme toute, que le sang d'un beau supplice.

Jusqu'à minuit j'hésite à me rendre au Bal du Palace. Puis un coup d'œil dans la glace me décide à rester. A la foire aux vanités, mieux vaut être tireur que cible.

Janick me demande quelques lignes de salut pour la vieille Germaine Beaumont, éteinte à quatre-vingt-douze ans. Je le ferai, comme ça. Je n'en suis guère plus ému que par la mort de Lanoux, ce soir. Le seul que j'enterrerai sans doute ainsi avec une vraie douleur, ce sera Laurent Terzieff. En me reprochant de l'avoir tant aimé, et si peu connu.

1983

24 mars

Germaine Beaumont, commentant il y a quelques années le prix de Régis Debray et l'élection simultanée de Florence Delay et Diane de Margerie au jury Femina : « Une belle journée : un fils à maman et deux filles à papa ! »

Mon voisin, dans le train, parle de ses trois filles successives, trois déceptions, à l'évidence. « Ah, vous savez, quand on ne voit pas le zizi, ça vous reste là. »

27 mars. Le Beaucet

Les mesures d'austérité financières, draconiennes, et qui vont puiser dans nos poches des milliards sous forme d'emprunt forcé, suscitent moins de protestations que la limitation à deux mille francs par an des allocations en devises pour les voyages à l'étranger. On va jusqu'à évoquer le viol des accords d'Helsinki ! On vous prend des millions, soit. On vous empêche d'en dépenser ; un scandale ! En vérité, la politique n'est que psychologie ; les faits n'y comptent pour rien. Mais est-ce une erreur du gouvernement ou une habileté suprême ? L'indignation à propos d'une babiole va faire passer la médecine, comme une claque sur la fesse avant la piqûre, vieux truc d'infirmière, surprend le patient et lui fait oublier sa douleur.

Lettre à François-Régis Bastide :
« J'ai pensé à toi, ces jours-ci. A cause de Léon Bloy, et de sa femme danoise. Il a passé plusieurs mois chez les Molbach, y traînant sa moustache et sa misère furibarde. Céline après Bloy, qu'est-ce qui attire nos réprouvés dans ce calme pays ? Le lait, peut-être, contrepoison du fiel...

« Mais tu ne m'as pas quitté, cette semaine. A Montfort-l'Amaury, tu m'accompagnais aux funérailles de la vieille Germaine Beaumont, morte là-bas après quatre-vingt-douze ans d'allègre vitriol. C'était une méchante Carabosse qu'on ne pouvait se défendre d'aimer. Folle et inventive merveilleusement, sauf dans ses romans à l'eau de rose (à l'exception des deux derniers). Quelle vie, pourtant, pleine de mystères et de bizarreries ! Elle était, je crois, la fille adultérine du directeur du *Matin*, que sa mère, Annie de Pène, plaqua pour se mettre en ménage avec Mme Colette. Comme toutes les grandes lesbiennes de la Belle Époque, ces dames avaient des hommes dans leur existence, mais brièvement, simples reproducteurs passagers qui ont engendré d'autres saphiques : Germaine pour Annie, et Bel-Gazou pour Colette. " Colette, qui m'a posé une étoile au front ", disait la défunte. Ah! qu'en termes galants...

« Du temps où j'habitais chez mes parents, boulevard des Invalides, je la rencontrais souvent, aux alentours du métro. Elle me disait à chaque fois – j'étais jeune alors : " Où allez-vous, de ce pas léger d'elfe? " Clopinante, voûtée, énergique petit tas sous un chapeau noir, elle s'engouffrait dans les profondeurs, et j'imaginais toujours que ces souterrains la conduisaient directement à Montfort, où elle habitait un sublime hôtel en ruine, pur Louis XVI. Une merveille délabrée dont elle a fait don à la ville, si bien qu'aux obsèques c'était le maire qui faisait office de famille et recevait les condoléances. Beaucoup de gens du bourg, qui sans doute appréciaient cette voisine, une véritable institution locale depuis un demi-siècle. Claude Gallimard, bien sûr, avec sa tête sinistre, faite pour les enterrements. Ces dames du Femina, la duchesse en tête, immuable sous ses cheveux roussâtres, éternellement royale et frigide (Germaine la détestait : " C'est un lémure ", disait-elle), Dominique Aury, Mme Massip, ridée comme une reinette, Diane de Margerie, plus pékinois que jamais. Mais je n'ai point vu Rinaldi, ni Vrigny, qui lui doivent tout, ni aucun autre prix Femina, sauf Dhôtel, effroyable Janus : côté gauche, un petit vieillard à chicot, classique; côté droit, la gueule brûlée par le cobalt, l'œil comme fondu, soudé, aveugle, bien sûr; un masque mortuaire en plâtre sur lequel on aurait fait tomber par mégarde de l'acide chlorhydrique.

« Tout cela étrange, irréel, dans ce décor d'Ile-de-France préservé, hors du temps, si désuet, si joli par un matin frais.

« Pauvre Germaine, Armand Lanoux lui a volé sa mort. On n'aura parlé que de lui, bien sûr. Entre un couvert au Goncourt et une chaise au Femina, qui hésiterait?

« Finissons la gazette sur un ton plus gai. Tu auras su, je pense, le vaudevillesque aller-retour de Jean-Marc Roberts, quittant le Seuil pour Grasset le lundi, et revenant rue Jacob deux jours plus tard, comme on rentre chez papa-maman après une fugue. Ce prodigue est encore un enfant. Il a voulu suivre la mode, mais n'est pas Verny qui veut. Tiens, je l'ai vue, l'autre jour, à une réception en l'honneur du roucoulant Bianciotti, rue Sébastien-Bottin. Toujours l'air d'une cantatrice en savates, quoique en pleine forme, et m'embrassant avec une tendresse qu'elle n'eût jamais eue rue des Saints-Pères. Il est vrai qu'il était déjà dans les six heures : le moment où elle déborde d'affection. Le roi de la fête, auréolé par ses tirages de best-seller érotique, c'était bien entendu Sollers, enivré lui aussi d'encens et de vanité. J'avais l'impression de visiter je ne sais quelle ambassade soviétique, et d'y rencontrer Burgess et Mac Lean. Mais ce n'est pas à un vieux singe comme toi et moi que je vais apprendre ces grimaces...

1983

Écris. Et sois érotique!

27 mars

J'ai toujours été surpris, en bon monothéiste (bien qu'athée!), par la hiérarchie des dieux dans l'Antiquité. De Zeus à tous les petits cultes régionaux, il y avait un curieux *cursus honorum,* avec des hauts et des chutes, des modes, des oublis, des engouements (comme il y en eut pour les saints dans la religion catholique). Mais je vois ces variations se reproduire dans l'exaltation républicaine des martyrs héroïques. Il y a des valeurs qui montent, d'autres qui baissent. Clemenceau, par exemple, recevant souvent son lot de fleurs, au Rond-Point. A présent, on dirait que Mitterrand a lancé son saint patron : les visiteurs officiels vont s'incliner devant la tombe de Jean Moulin..., tandis que le mont Valérien ne fait plus recette.

Jules Renard, vu par Sartre (dans ses *Carnets*) : « Il se taisait par écrit. » Mais cette pénétration superbe de son art est contredite par tout le reste : « Il n'était pas très intelligent et pas du tout profond. »
Il parle aussi de ses « efforts maladroits »... Il va même jusqu'à évoquer son impuissance. Oui, mais une impuissance créatrice. De lui naîtront à l'infini d'autres petits Renard, quand Sartre, tout Nobel qu'il fût, aura rejoint Malraux et tant d'autres « grands » au rancart de la grande littérature enfin dégonflée.
Bête, Jules Renard?

Avril

Une veuve Mishima, qui l'aurait cru? Elle existe, pourtant, petite personne pâle et potelée, aux lèvres épaisses, l'œil dur sous la fente asiatique, et pour nous singulière avec ses ongles vert pomme, des bijoux de mauvais goût, une robe à drapés, prétentieuse, couleur chair. Elle est flanquée d'un Japonais chenu, très urbain, qui « exploite » l'œuvre du feu mari. Le Mishima estate, sans doute – fort attentif aux cinéastes et gens de théâtre français. Un méthodique, qui me fait passer un véritable examen pour tirer profit des renseignements susceptibles de lui être utiles. Autour de ces vedettes, diverses personnes hétéroclites, rassemblées par les Brunhoff dans leur deux-pièces à la crasseuse chaleur : tout est un peu sale, défraîchi, poussiéreux, mais habité, accueillant, fraternel. Mme Vve Picon parle beaucoup, mais elle est sympa, grande gueule blond roussâtre sur une robe de soie noire, avec une vaste mâchoire et des grains de beauté. Elle est limousine – du Dorat –

et fut longtemps prof d'histoire, « parce qu'il n'y a pas de copies à corriger ». Elle a suivi son époux dans divers postes à l'étranger, en particulier à Florence, où enseignait aussi Revel : cela donnait Ricard et Picon, au grand amusement de la colonie.

Jacqueline de Guitaud, encore belle, avec de l'éclat, du brio. Très féodale, elle ne manque pas de caser sa famille dans la conversation, par Saint-Simon, Voltaire ou Mme de Sévigné interposés. Féodale, c'est ainsi que la définit Roland Leroy, éminent stendhalien mais aussi directeur de *l'Humanité* qui ne dédaigne pas de fréquenter chez elle, avec Jacques Laurent...

Du reste, c'est elle aussi qui avait emmené les Pompidou en vacances à l'auberge que tenait dans les environs la mère de Leroy. Plus silencieux, souriant, le profil en pente, cheveux relevés, front à 45 degrés, nez dans le prolongement – un peu le profil du marquis de Sade vu par Man Ray –, avec de jolis yeux et un sourire vaguement oriental.

Après un déjeuner avec la charmante Muriel Beyer, marseillaise, agrégée à vingt-deux ans (elle en a trente) qui a pris en main le service de presse de Flammarion – avant était au *Provençal,* puis au service extérieur de Defferre –, petite conférence minable à la FNAC sur Raymond Guérin, qui me permet de rencontrer Jacques Cellard. Blanc de poil, bleu de l'œil, rouge de peau, avec des traits fins, une belle tignasse, c'est le vieux professeur tel qu'on le rêve, un enfant de soixante ans, perdu dans ses fiches. En fait, il a tout plaqué depuis plusieurs années pour vivre à la campagne, où il concocte des plaquettes savantes – il est linguiste – et des dictionnaires divers, dont un d'argot. Il en parle avec un rien de honte, comme s'il avait commis un Gérard de Villiers par esprit de lucre... Son idée : la linguistique est une arme défensive pour résister aux différentes dialectiques de la propagande. Un contrepoison imparable qui permet de déceler le venin caché dans le discours. Tant il est vrai que les guerres, aujourd'hui, sont de paroles. Heureusement.

Même attitude, en somme, chez Catherine Clément, quand elle affirme (y croit-elle?) qu'il faut lutter par la culture contre les régimes totalitaires...

La fonction crée l'ardeur. Elle paraît tant enivrée par ses nouvelles responsabilités importantes, son passeport diplomatique, ses discussions avec les officiels soviétiques, ses conseils d'administration pleins d'ambassadeurs, etc. Curieux destin que celui de cette ambitieuse, bourgeoise demi-juive, venue au communisme par l'aide aux Algériens, mariée à dix-huit ans, agrégée de philo (et normalienne, et reçue première) à vingt ans (après avoir accouché deux mois plus tôt), brillante universitaire venue au journalisme par Even et Baby, au *Monde* – communisme oblige –, puis passée de là au *Matin,* et du *Matin* au ministère des Affaires extérieures, via quelques ouvrages aussi divers, passant d'un pamphlet anti-Freud à un roman-feuilleton, façon *Mille et Une Nuits*... A la fois brillante, assez belle – enfin, charmeuse, et soigneusement maquillée, aimant aguicher – et très naïve au fond. Mais que me trouve-t-elle, je me le demande? A quoi puis-je lui servir? Comme beaucoup de gens à qui les choses réussissent, il n'est pas sûr, après tout, qu'elle ait tout sacrifié pour parvenir... Alors ce serait de la sympathie? Les peaux de vache détestées m'ont souvent à la bonne, je ne sais pas pourquoi. Sans doute parce que je m'en fiche, ou parce que je suis inconscient. Ça les repose.

Fin avril. Londres

Bref séjour avec Daniel. La course aux puces et aux théâtres, un beau coucher de soleil sur la Tamise, une visite à Cambridge, un petit nègre à lunettes, pustuleux, qui dort sur le palier. On se dispute, on est heureux tout de même. Un peu de sexe là-dessus, ce serait le bonheur parfait.

8 mai. Buenos Aires

Après deux jours de travail à la chaîne, pour raconter Londres et prévoir Nancy, quinze heures de voyage pour arriver ici, via Rio. (Irréel de cette escale vers cinq ou six heures du matin, où toutes les boutiques de l'aéroport sont ouvertes, et les beaux jeunes gens de toutes les couleurs à leur poste, sanglés dans leurs jolis pantalons beiges moulants. Seul signe de l'heure matinale : ils bâillent en comptant la monnaie, en dollars, évidemment.) Arrivée à neuf heures – heure locale – dans un aéroport désert, ici, gardé par des militaires en armes. Le frère d'Ariel Goldenberg est heureusement venu me chercher, correspondant parfaitement à la description faite par son frère : un vieil étudiant en jean. Il est sympathique, sa voiture sans âge, sa maison modeste et chaude, sa femme affectueuse – mais c'est l'abraço traditionnel. Mon premier maté suçoté avec une paille en aluminium. Ici, à l'hôtel enfin découvert, je retrouve Evie Casadesus, qui me donne un peu de monnaie locale – la première fois que je suis millionnaire – puis un verre avec Claire Duhamel, retrouvée par hasard. Elle est maintenant attachée – il faudrait plutôt dire détachée culturelle à Santiago; elle est ici en voisine.

Avec la femme – argentine – du directeur de l'Alliance française, on goûte et compare les deux dictatures : l'argentine et la chilienne. Cette dernière, franche et directe, avouant placidement sa nature. Celle d'ici, en totale déliquescence, après les Malouines. Craignant déjà pour leur peau, les militaires ont « offert » au peuple des élections, comme une diversion. C'est pour septembre, je crois. Mais ils ne rendront le pouvoir qu'en janvier prochain, histoire de négocier leur départ au mieux avec les vainqueurs. On donne les péronistes, une fois de plus, victorieux.

Partout des affiches, et de vieux bouquins poussiéreux sur Evita, comme au bon vieux temps des années cinquante... L'irréel de cette situation, alors qu'il existe un parti radical, qui pourrait prendre la relève, mais n'ose pas. Du reste, on n'exclut pas pour la fin de l'année un nouveau golpe, de militaires plus jeunes. En tout cas la place de Mai semble bien calme, avec son vilain palais rose, comme un vieux casino défraîchi. Beaucoup d'animation dans les rues, où les candidats éventuels racolent le passant pour avoir les signatures nécessaires. Ça discute avec véhémence sur le trottoir. Et jusque chez les marchands de journaux on trouve des bouquins sur les folles de mai ou sur les Malouines – y compris un recueil de témoignages de jeunes soldats, accablant pour le régime, paraît-il. On fait également grand cas du bouquin d'un Français sur l'Amérique, Rouquier, véritable bible des intellectuels locaux, qui se délectent, moroses et ravis, de leurs contradictions, de leur singularité.

Déjeuner chez le conseiller culturel. Claire Duhamel et lui se lamentent : personne ne veut leur envoyer de monde, sous prétexte qu'il ne faut pas œuvrer pour les fascistes, mais les pauvres gens du cru, qui ont déjà bien des malheurs, doivent-ils être punis pour autant?

Certes, le pouvoir récupère tout, mais les consommateurs, aussi. Tout est prétexte à allusions, à psychodrames, à manifestations : ainsi, hier soir, *Gianni Schichi*, au théâtre Colon, a donné lieu à des manifestations inattendues. Et ce printemps, pendant deux mois, le cycle du Teatro abierto – les acteurs, les auteurs ont abandonné leurs cachets, les places coûtent une misère –, qui aura été l'occasion de faire de l'opposition en vase clos, gardé à la porte par un policier débonnaire. Exutoire toléré ou faiblesse? Signe surtout d'un régime qui a baissé les bras, en attendant le pire, installé dans son inflation galopante, sa vétusté (les voitures!) et une certaine indifférence joyeuse d'insulaires malgré eux oubliés du monde, avec encore pas mal de beaux restes de leur fortune ancienne. Il n'y avait qu'à voir les visons branlants qui essayaient hier soir de suivre el Caballiero solo, avec un Maréchal ramant au milieu d'une troupe plus qu'imprécise. L'ancien régime – l'ancien monde. L'avant-monde, même.

Sous ma fenêtre (ultra-moderne) pousse un arbre géant, une sorte de baobab avec des racines aussi larges que lui, ondoyants reptiles qui serpentent sur le gazon, monstrueuses, énormes, torturées. Un arbre qui poussait là bien avant Bolivar et San Martin, peut-être même avant les Espagnols, tout seul en plein milieu de la pampa. La sauvagerie dans le bitume, ça réconforte, curieusement. Buenos Aires : un XVIe arrondissement déporté dans la pampa.

1983

Montevideo, drôle de ville. Nice en décrépit et soigneusement massacré par des HLM plantées n'importe où, parmi des ruines et des terrains vagues. De la vieille ville coloniale, peu de vestiges. Montevideo n'est qu'une longue avenue pleine de sacs et de chaussures, prolongée au diable, par des quartiers élégants, genre Côte d'azur. C'est ici, bien entendu, que réside M. l'ambassadeur. Et M. l'ambassadeur, à ma grande surprise, n'est autre que Boisdeffre! Rondouillard et chauve, le menton fuyant sous la dent longue, il joue les excellences avec la pontifiante suffisance de l'emploi : c'est un plaisir de l'entendre dire au téléphone, dans un espagnol qui vaut l'anglais de Marguerite Yourcenar : « Aqui el ambassador de Francia. »

Il m'a convié à un petit dîner intime – et rapide, il faut être au théâtre à 8 h 30, mais sa voracité légendaire s'accommode de cette célérité au lance-pierre – avec l'attaché culturel et son épouse. Détail imprévu, ledit attaché, genre beau gosse d'une trentaine et plus, fête son anniversaire de mariage. Le couple célèbre rituellement l'événement en noir – ce qui met tout de suite à l'aise! – et ce soir M. le conseiller a dangereusement forcé sur la bouteille. Il est même ivre mort, avouons-le, incapable de finir ses phrases, lançant des attaques et des apostrophes qui s'achèvent dans une sorte de pâteuse bouillie, sous l'œil ironique et manifestement ravi de sa femme; elle semble même savourer avec provocation la cocasserie de la situation. Et tandis qu'il se lance dans de périlleuses tirades embarrassées, vantant le socialisme, la Chine, dont il vient (et où sa femme, m'a-t-on dit depuis, a récolté un petit Chinois non prévu, d'où le deuil qui sied à l'anniversaire), le bon Boisdeffre affecte de prendre les choses comme si de rien n'était, tentant de planter sur les borborygmes de son attaché des développements filandreux et satisfaits dont il a le secret.

La conversation devient amusante quand il se met à plancher sur le courage : « En tant qu'ambassadeur, je me suis souvent demandé ce que j'aurais fait si j'avais été au Chili, par exemple, au moment de la crise. Le devoir exige de secourir les persécutés, mais la carrière en pâtit. Les malheureux X., qui ont entretenu chez eux des dizaines de personnes pendant des mois, eh bien ce sont des gens qui ont dérangé : et on ne leur a su aucun gré de leur action. Au contraire, M. X. n'a plus jamais eu de poste. Le rôle d'un ambassadeur est-il de prendre parti? Pilate, en vérité, ne serait-il pas le modèle du diplomate? »

Cher Boisdeffre, qui avale couleuvre sur couleuvre. Flanqué de conseillers affichant leurs opinions socialistes, avec un esprit de fronde multiplié par sa bonhomie poupine, ce pauvre homme est le dernier sursaut du régime précédent : nommé entre les deux tours, en mai 81! Depuis trois jours, il vient de subir l'inspection de l'ambassadeur itinérant de Mitterrand, Blanca, personnage intelligent et autoritaire qui sème la terreur dans la carrière, avec sans doute un soupçon de sadisme. Et le poste de Vienne, qu'on lui avait promis comme un bâton de maréchal avant sa retraite, c'est au chef de cabinet de Jean-Pierre Cot qu'on vient de l'attribuer in extremis. Après son retentissant échec à l'Académie, cela fait beaucoup de déboires, mais il ne désarme pas. Il va refaire son *Histoire de la littérature*, rajeunie de vingt ans, et me rappelle à cette occasion combien il est magnanime de me recevoir, car je l'avais éreinté en 1960. Je l'avais totalement oublié mais lui s'en souvient, mot à mot. Sa méthode de travail – car il est seul pour cette entreprise gigantesque et vaine – tient de la statistique : pour les écrivains qu'il ne connaît pas, il se fait envoyer un livre au hasard par les éditeurs, et procède par sondage. C'est dire le sérieux de sa démarche. D'ailleurs, pour ne pas perdre tout à fait son temps, il attendait de moi des éclaircissements sur les nouveaux venus, une liste comparative, un petit profit. Même le Quai d'Orsay ne change pas les hommes de lettres...

A l'arrivée, au Brésil, le voyageur est invité à pousser sur le bouton. Selon l'intensité du geste, on fouille ses bagages ou on le laisse passer...

Surprises de Sao Paulo. Rencontré une rue Benjamin-Constant (ministre brésilien) et une église Sao Judas.

Les nuances, expliquées par le petit Edgard. *Claro* (moi), *moreno* (lui). Sa mère *mulata* et les *creolos* vraiment noirs. Et lui, sans être raciste le moins du monde, ne coucherait pour rien au monde avec un *creolo*!

Faire l'amour : *transare* – entre le va-et-vient et le repas (en italien, *pranzare*), et la transe par là-dessus.

Dès l'abord, à Sao Paulo – il est vrai que c'était un samedi soir – l'impression sur la Praça da Republica, de pénétrer dans un Douanier Rousseau. Feuillages étranges, lacs, oiseaux bizarres et, là-dedans, un formidable grouillement humain – mâle uniquement et noir en majorité. Pigalle pour hommes, mais avec la splendeur, et la gentillesse des tropiques. Je n'ai d'ailleurs pas résisté à l'invite de Marcos, qui, pour cinq mille cruzeiros, m'a fait visiter sa chambrette misérable ornée d'une toilette en marbre qui rappelait irrésistiblement une table de morgue. En dépit du décor, ce fut un moment délicieux, sans aucune gêne, et plein d'une tendresse inattendue – en plus de la volupté, attendue celle-ci.

Plus tard, le spectacle de la rue, elle aussi fourmillante de splendeurs de toutes les couleurs, laissant loin derrière la prétendue libération sexuelle à l'américaine. Ici, on touche à l'explosion totale, sous le regard extraordinairement débonnaire, amusé, naturel, disons, des passants. L'idée puritaine du péché, absente au point de vous donner le vertige.

Et ce sera comme cela tout au long, dans tous les parcs, ou dans les boîtes (*boates*!), facile, évident, presque immédiat. Une seule gêne : les inévitables hôtels de passe – la police et les portiers sont tatillons - où il a fallu emmener Eugenio et sa belle barbe noire (un Blanc pour une fois), Edgard et sa naïveté, à qui mon plus beau cadeau ne pouvait être que mon adresse. Et Luiz – autre Blanc – qui ne résiste pas au désir malgré la présence de son copain dans la pièce à côté. Assez pour le sexe.

Le dimanche japonais, avec le meilleur déjeuner de ma vie, d'un étal à l'autre, dans l'odeur de l'huile chaude et la fumée des viandes sur la braise. Une parenthèse orientale dans ce monde américain.

Le marché aux Puces – aux prix délirants – sous le musée ultramoderne, où les tableaux semblent suspendus dans le vide. Quelques beaux impressionnistes, dont certains doivent être faux mais tant pis. Des Toulouse-Lautrec surtout, un beau Vuillard, portrait de la Bibesco, et quelques Renoir sublimes.

Sao Paulo me fait penser, avec ses viaducs, ses souterrains, ses autoroutes en pleine ville, ses raidillons, ses escaliers, ses gratte-ciel, aux villes imaginaires et futuristes telles que les imaginait Robida il y a cent ans. Un curieux mélange d'ultramoderne et de vieillot, hors du monde. Une ville? Non des dizaines, rassemblées anarchiquement sur un terrain mal fait pour cela, tout en collines et ravines.

Un monde en soi – une douzaine de millions d'hommes – qu'il faudrait explorer longtemps pour saisir toutes les subtiles différences entre les avenues à l'américaine et les favelas lointaines, avec les infinis degrés intermédiaires.

Rapports formels sans intérêt avec le conseiller culturel – genre prof –, et les personnes rassemblées chez lui, dont l'extravagante Ruth Escobar, aux dents fausses mais néanmoins longues, qui est un peu la Mercouri du lieu, mi-suffragette mi-ministresse de la Culture locale; la petite critique pincée Zavotto et le magistral Magali, les deux pontes de l'endroit. Au centre culturel, copie curieusement souterraine de Beaubourg, le charmant, désinvolte, dilettante Marcello Kahey, ancien soixante-huitard reconverti dans l'establishment (les rapports tendres, presque ambigus, qu'il entretient avec son personnel mâle, sidérant, et eux aussi naturels, flattant la croupe de son garde à tout faire, alors qu'il n'y a sans doute en lui rien d'équivoque. Le naturel, toujours le naturel).

Déjeuner aussi avec l'attaché de presse du consulat, un ancien journaliste du *Figaro* et de l'éphémère *J'informe*. Plus équivoque, celui-là, mais nous effleurons les sujets brûlants par la bande, sans jamais franchir la tangente qui rendrait nos propos moins sibyllins. Le dialogue en devient vite assez drôle, presque un jeu car nous connaissons les cartes... D'ailleurs, le soir, à la terne représentation des *Mousquetaires,* il me présente un beau Brésilien au sourire éclatant qui... Aussi, à la réception, une dame française bon genre jouant à l'affranchie et bavant sur Noureev, ce malotru « qui ne pensait qu'à draguer », comme je le comprends! Et quand elle me propose de m'organiser une petite soirée impromptue avec des « amis amusants », je fuis, éperdu...

Ici, à Rio, à première vue, déception. Il n'y a pas, comme à Sao Paulo, une immense agglomération mais plusieurs, distinctes. Une ville, une vraie, et au diable un Cannes ou un Miami qui s'étend infiniment le long des plages, sans caractère propre, cossu, luxueux, international et peuplé uniquement de maîtres nageurs bronzés qui font du jogging à longueur de journée. Tout ce que je déteste. Mais, peu à peu, quand on s'aperçoit que ces merveilles sont néanmoins accessibles, on commence à trouver l'endroit plus agréable, malgré le cadre – et le petit Fernando a tôt fait de me réconcilier tout à fait avec les lieux – (l'intermède étrange de ce bain de vapeur éclairé a giorno... Faut-il être fier de son corps, ou inconscient pour en venir là!).

La surprise, quand on a levé un petit nègre en slip de bain, qui pourrait aussi bien descendre des favelas, comment savoir? de l'entendre vous répondre : « Mon père? Il est industriel et moi je veux être avocat. » L'avocat des pauvres, ajoute ce fils de bourgeois... Mais il a vingt ans, et va encore au lycée, me semble-t-il. L'âge des illusions.

Le soir, en l'honneur du roi d'Espagne, un somptueux défilé – interminable – des écoles de samba, avec grand concours de foule. Au retour, dans l'autobus, je me fais enlever par un grand beau type du Minas Gerais. Impossible, à l'allure, à la relative propreté de son manteau, de sa vêture, de penser qu'il couche sur la plage, sans domicile, sans argent, ni rien. A l'hôtel de passe, franchement dégueulasse, il ne tient pas tout à fait ses promesses... Il s'appelait Trezio – orphelin dans une famille de cinq frères. Un conte misérabiliste pour attendrir le client? Gentil tout de même.

Ingénu Fernando. Tu couches avec des filles? *Muito.* Et avec des « rapaz »? *Muito tan bien.* Alors tu es un peu homosexuel tout de même? Oui, mais homosexuel actif. L'honneur est sauf. Et hier, avant de venir me voir, il a dit à ses parents qu'il avait rendez-vous avec une fille pour baiser. Son père lui a donné cinq mille cr. pour payer la chambre... Ce soir, nous nous disons des adieux déchirants, puis dans la rue, un petit ciao soudain, et il s'en va de son pas d'animal dansant. Le rêve est passé.

Lamartine, ici, est auteur de musique légère, genre Francis Lopez.

1983

Un Cannes assiégé par les barbares, tel est Rio. Tourné vers la mer, deux millions de maîtres nageurs, jouissant d'un luxe inouï... Jeunesse dorée, c'est le cas de le dire, voitures, joie de vivre. Et derrière, veillant dans leurs favelas, le tiers monde affamé, qu'on feint d'ignorer.

A Niteroy, perdue dans un faubourg, une ravissante villa 1900, presque en ruine, dans son petit jardin abandonné. Au-dessus de la porte, en lettres gothiques, « Mon rêve ».

5 juin. Gaillon

Daniel m'appelle en larmes : sa sœur est morte à l'instant. Arrêt du cœur en accouchant par césarienne. Elle n'a pas supporté l'anesthésie. Atroce. Suis très ému qu'il m'ait appelé moi, aussitôt. M'associant à sa vie, à son malheur.

9 juin

Toute une nuit d'angoisse, à peiner sur un article que je détruis à mesure. Au matin, hébété, je constate qu'il n'en reste plus qu'un petit tas de ruines inutilisables. Il va falloir tout recommencer. Quand je pense aux gens qui parlent de l'acquis, de l'expérience; pour moi, c'est à chaque fois plus difficile.

Après être passé à *l'Express*, pour « faire attendre », je rentre ici dans un état second, le cœur me point, mes os craquent; j'ai cent ans.

Pour passer le temps – non, je dois en parler tout à l'heure au Masque – je lis le *Journal* de Julien Green : quatre-vingts ans, lui, et des vrais. Quelle santé, l'animal! Il voyage, il écrit, il vit comme si de rien n'était, superbement égal à lui-même; s'il n'y avait pas la date et l'année, on pourrait croire qu'il a quarante ans de moins.

Il a des révoltes désarmantes de vieille demoiselle. Celle-ci par exemple : « Lecture du livre passionnant de Troyat sur la Grande Catherine. La gloutomanie sexuelle de cette grosse Allemande est sans limites... Sexagénaire, obèse, édentée, elle aurait dû à cet âge mettre le holà à sa gourmandise. Il lui fallait sans cesse de la chair fraîche et de la meilleure qualité »... Du second choix, il pardonnerait! Ses voyages me font penser aux miens, que j'ai tant de mal à raconter. Je revois, au retour, ma voisine. Si sèche, et même un peu désagréable, mais passionnante quand elle me racontait son étrange métier : aller dans les Andes observer les étoiles. Le ciel y est plus pur qu'ailleurs, paraît-il. Elle me disait, se fondant sur des observations savantes qui me dépassent, des histoires d'ondes que l'on capte, sa certitude de l'existence d'autres vies, dans d'autres galaxies. Et nous parlions de cela entre ciel et terre, à dix mille mètres d'altitude, comme deux clients installés à la terrasse du Café du Commerce de Romorantin...

Vanitas vanitatum. Le 24 mai 80, Julien Green note : « Tourmenté cette nuit par le temps que j'aurai perdu en cette vie, et cela en me livrant aux occupations frivoles, lectures inutiles, spectacles. » Et le 28, que fait-il? Il relit le livre d'un certain Dunaway... sur lui-même.

La propriété, c'est le vol. Mais le vol, à présent, c'est de l'appropriation « indue ». Allez vous y retrouver.

Le prix des Critiques, cette année, attire beaucoup de monde. D'abord parce que le cocktail, sur ma suggestion, a lieu au Pont-Royal, plus intime que l'immense caveau du Meurice, et plus proche des maisons d'édition. Ensuite, parce que François George, mon candidat, a quelques fans dans la presse, et que son petit éditeur, Balland, a fait un effort. Enfin, parce que c'est le premier prix donné depuis la mort de Florence, et toutes les vieilles hirondelles mondaines de ses dîners se sont rassemblées pour un dernier salut au picotin perdu. « Chouette, dit Mme G. la bouche pleine, retrouvant ses habitudes, je vais téléphoner à ma fille que je ne dînerai pas ce soir. »
Mais la réunion tourne vite au burlesque, dès qu'arrive le lauréat, petit joufflu pâlot, vêtu d'un costume d'été beigeasse. Très à l'aise, faisant de l'esprit, il se met à discourir... la braguette ouverte. Effet comique un peu ancien, qui fait toujours pouffer les foules. Après quoi, il tend son chèque à une vieille dame, chapeautée, voilettée de rose pâle : Mme Leprince-Ringuet, présidente de l'association Alexandre Ginzburg, qui aide les relégués soviétiques condamnés à l'exil intérieur. Et elle y va, elle aussi, de son speech coquinet, branlant du chef. Ensuite, le cocktail, encore un peu, les papotantes s'empiffrent, ça discutaille et ça se goberge. Mais soudain une antiquité couleur berlingot se dresse et hurle qu'on oublie la pauvre Florence, et qu'elle réclame une minute de silence. Bravo Germaine, crient les autres pleureuses, ravies du guignol! Fait néanmoins la connaissance de Ferney à cette occasion, trente et un ans, beau, grand, sain, heureux de vivre et d'une astucieuse intelligence, je suis sous le charme, d'autant que nous avons des points communs. Le lycée Chateaubriand à Rome et Buffon à Paris, où il fut prof – et moi élève, hélas à des époques très éloignées l'une de l'autre. Un intellectuel qui dégage de la sensualité, quoi de plus merveilleux? Un seul détail, que je note chez ce béni des dieux : il se ronge les ongles. Je le questionne : « Vous ne pouvez pas tout savoir. » Gardons-lui son mystère.

1983

26 juin. Paris

Rêve : j'ai rendez-vous avec Tournier dans une sorte de réception. Nous nous écartons de la foule – dans un escalier montant, à vis, très large – et je commence à l'interroger sur sa vie, son œuvre, essayant de lui tirer quelques renseignements originaux. Il prend l'air accablé de celui qui pense intensément, s'éloigne un peu de moi, médite longtemps, rejoint par un disciple, puis revient sur ses pas et me dit, pénétré : « Je pense que le mieux est de vous reporter à ma bulle » (avec le titre en latin que je ne me rappelle pas). Tournier pape : ça lui plairait.

27 juin

Les « auteurs » d'Avignon défilent ici les uns après les autres. Amusante galerie d'individus, toujours un peu interloqués par les lieux. Le premier, J.C. Buchard, le plus jeune des six. Un grand jeune homme blond, au mince et long nez tordu, de beaux yeux bleus, chemisette, pantalon large, très mode. Se dit BCBG comme on les faisait dans ma jeunesse.
Dandy. Ce qui m'épate, c'est sa facilité d'élocution impeccable malgré le débit précipité : voici un garçon qui a du vocabulaire. Des naïvetés charmantes pour laisser entendre qu'il est « de bonne famille », élevé chez les pères, et déjà très international. Vit dans un monde de musique, d'opéra, de formes, très époque. Me laisse entendre avec insistance qu'il fut homosexuel de quinze à dix-sept ans – il vit depuis avec une femme – et qu'il n'a pas tout à fait renoncé. Drôle, vibrant, intense, sincère. Finalement assez touchant, intéressant, intriguant. Et cette merveilleuse volonté de réussir, d'être quelqu'un, à l'âge où tout est possible. Jourdheuil a dix ans de plus, comme son compère, Peyret. Lui, rond, un rien balourd, le regard seul présent derrière des petites lunettes oblongues, est un soixante-huitard rangé des barricades. Déjà entré dans l'histoire du théâtre, comme compagnon de Vincent aux temps héroïques. Son sectarisme – calmé –, sa « militance », comme il dit, s'est enrobée de graisse, et les classiques : Montaigne, Cervantès, bientôt Spinoza, lui servent de paravent pour s'oublier. L'autre, vif au contraire, caustique, assez brillant, est, lui, un professeur dévoyé, qui porte sur l'université un regard ironique et ricaneur qui me ravit. Il voit le ridicule de ses confrères mandarinisés, et raconte le cas d'un autre, déjà très atteint par la maladie, qui s'est présenté dans la section lettres de Caen, comme « président à vie »!... Ubuesque. Aujourd'hui, Vittoz, autre ancien gamin, proche de la quarantaine. Très jeune regard bleu, dans un

visage d'adolescent empâté, avec des boucles. Depuis vingt ans, il écrit un ouvrage sans cesse recommencé et relit la Bible chaque soir. Ame fascinée de Mesguich, il est son fournisseur de collages en même temps que son adaptateur, et pratique le métier de dramaturge à l'opéra de Bruxelles. Humble, en fait, détaché, avec de soudaines révoltes. Et le mari – qui le croirait? – de la plus jolie actrice qui soit: Nathalie Nell. Tout cela pour prendre date. A relire dans dix ans.

8 juillet. Le Beaucet

Dîner chez les Nourissier, à Menerbes, avec Françoise Lebert, les Angrémy, des parents américains de Totote et un fils de François avec son épouse enceinte. Fr. affecte de trouver sa « bicoque » sans intérêt, d'une laideur insigne, ne lui reconnaissant qu'une qualité : être bien placée, face à la chaîne du Lubéron. En réalité, une très belle demeure, vaste, agréable.

Avec P.-J. Rémy, son attitude est curieuse : il se veut complice de ses aventures – avec la jolie Sophie aux beaux yeux bleus –, et je l'entends écouter ses confidences, comme s'il vivait par procuration des amours auxquelles il a renoncé. C'est lui-même, jeune (encore), écrivain ambitieux rêvant de gloire, de décorations, d'ambassades.

La conversation vient sur Boisdeffre, ami d'adolescence de F.N. Il lui a appris à nager quand il avait quinze ans, ayant découvert qu'il était étrangement insubmersible. Dès qu'on le jetait à l'eau, il flottait, mais sur le dos. La difficulté consistait à le retourner pour qu'il puisse avancer... Le cher Pierre ne pardonnait pas à sa mère Boisdeffre d'avoir épousé un M. Néraud, employé de la SNCF. Avec le vouvoiement qui convient dans les grandes familles, il traitait son père avec une insolence étonnante, affectant de ne parler qu'avec sa mère, et disant à F. : quand on pense que les filles du maréchal Mac-Mahon ont toutes épousé des ducs!... Quant au fameux ancêtre général, célèbre pour son intransigeance pendant l'Affaire, il paraît qu'il a reçu de Dreyfus des lettres très affectueuses, expédiées de l'île du Diable. Nourissier en a lu plusieurs, que Boisdeffre garde jalousement de par lui. Secret d'État, ou souci de préserver l'honneur familial? Ce serait pourtant un joli pavé dans la mare dreyfusarde...

A propos de Goncourt, François m'apprend que les membres de l'Académie sont toujours assis à la même place autour de la table. Pour peu que le voisin soit sinistre ou sente mauvais, c'est vingt ans de calvaire. Sans oublier les réflexions funèbres des anciens du type : « Quand je vous vois, là, je pense toujours à ce pauvre Untel, votre prédécesseur, qui... » On comprend Descaves qui s'était

1983

brouillé avec ses confrères et se faisait servir à part sur une petite table, face à la fenêtre, tournant ostensiblement le dos à la compagnie : quinze ans au coin, quelle constance !

Barrère à déjeuner, avec son assistant Bernard Rideau. L'air béat avec lequel ils écoutent ce que je leur dis sur le théâtre, des banalités insignes pourtant. La grande force de cette époque c'est la prétendue spécialisation : sous le paquet d'emballage qui change, chacun refile la même marchandise avariée, mais personne n'ose ouvrir les paquets...

L'épître et l'évangile. La cour et le jardin. La gauche et la droite, le bâbord et le tribord. Je suis sûr qu'un de nos essayistes habiles trouverait un rapport évident entre l'épître, la cour, la gauche et le bâbord.

Dans la marine, plutôt réac, les officiers – moyen mnémotechnique – apprennent bien que « tout ce qui est bas est à gauche ».

« La mer et le cul de ma femme, mes deux infinis. » Michelet.

21 juillet. Avignon

Petite séance « informelle » provoquée par Vincent, dans un salon de l'hôtel d'Europe. Je trouve ce joli monde assemblé autour d'un guéridon; une réunion de province après le déjeuner chez un notaire de bon ton.

Se trouvent là les trois grâces – Heliot, Pascaud, Thébaud –, flanquées de maman Godard et de Brigitte Salino. Plus Costaz, Bertomœuf et moi. Pas la crème, en somme. Les stars sont absentes. Ni Cournot, ni Thibaudat, ni Jamet (ah, j'oubliais Léonardini, qui était là). Choix ou crainte ? Comment savoir ? Je prends la conversation en marche. Vincent – 1,68 m hors tonte, un joli petit cul de singe déjà, et une moustache noire de CRS BCBG, l'œil impérieux, inquiet, sombre, la bouche mobile sur des dents blanches à faire peur – expose ses problèmes avec les soixante-dix comédiens français, évidemment plus durs à mener que les dix de Strasbourg. « Je ne suis pas un patron-gauleiter, type Stein. Ça oui, ça non... mais je ne serai pas non plus un polochon. – Moi, dis-je perfidement, je me demande comment vous allez vous entendre avec Marco Behar (*rires*). – Ah, dit-il justement, sans sourciller, il prend sa retraite en septembre. » Symbolique. Avec Boutté, il lui aura fallu trois ou quatre rencontres de sept heures pour comprendre qu'ils ne parlaient pas le même langage. Avec Le Poulain, on a frôlé la rupture. Avec Aumont, il faut calmer ce stakhanoviste afin qu'il *progresse*. Son mot. Un peu prof, le gars. Très même. Il a beau parler de son besoin de rire pendant le travail, on ne va pas rigoler tous les jours. Il veut rendre à ces « malheureux » – car ils le sont, d'après lui – le sens de la troupe, son dada. Sur le tas de ces « acteurs magnifiques » que leur personnalité isole, il y en a selon lui dix à reconvertir, à consoler, à sortir des placards – telle Paule Noelle, accusée par ses prédécesseurs de « n'avoir pas su prendre le tournant de la modernité » – et dix autres à virer (sans doute pour faire de la place aux « strasbourgeois »).

Avec la critique, il voudrait établir des rapports normaux, plus confiants – tu parles! – afin que les médias donnent plus de place au théâtre, et que les journalistes fassent les articles moins personnels, moins impressionnistes. Il nous cite en exemple la presse italienne, et allemande, bien entendu. Il voudrait que certains d'entre nous suivent un projet du commencement à la fin (une idée de Catherine Clément) et compte faire un tour des rédactions pour convaincre les directions, le cher homme.

Évoquant sa venue au Français sous Toja, il raconte qu'on lui avait d'abord proposé de mettre en scène *le Diable et le bon Dieu*. Mais il affirme s'être arrêté à la page 52...

Je risque : « Vous n'avez pas fait les études suffisantes pour aller au-delà? » L'œil est soudain sombre! Puis vient le rire, de convention pure. A l'entendre, sur le théâtre repose le destin de la civilisation.

Je m'étonne un peu de cet orgueil inouï. « Il faut croire à ce qu'on fait! » Sec, définitif. Pas de doute (apparent). « Je ne suis pas autoritaire, je suis " volontariste "... »

Être administrateur du Français, à quarante ans, ne l'effraie pas? Il élude. L'establishment ne semble pas lui faire peur. Il est vrai qu'il a commencé très jeune, et que le temps lui a duré. Mais tout de même, que va-t-il mordre ensuite, avec ces dents-là? Le ministère de la Culture, la présidence de la République? Après tout Reagan, lui aussi, vient du spectacle.

25 juillet. Le Beaucet

Ruben – et beaucoup d'autres. Je baise tout le temps, ces jours-ci; poussé par mon désir d'énerver Françoise avec mes « rendez-vous » extérieurs. Ces périodes de frai – drôle de mot par temps de canicule – m'étonnent toujours, comme si j'avais soudain vingt ans de moins, et l'insouciance d'alors. Et c'est vrai que je suis soudain un autre, et beau.

7 août

Et encore deux – d'un coup – dont le somptueux moustachu (qui a voulu partager) et m'a refilé ensuite des cartes pour la boîte qu'il tient dans les environs. Pas de petits profits. L'autre, gras plutôt que musclé, peut-être teint, ne nous méritait pas.

A Orange, un *Turandot* bariolé avec de beaux chanteurs puissants, mais sans génie.

Panne d'essence – quatre kilomètres à pied – une autre campagne, soudain, peuplée, diverse, inquiétante, hostile, avec des chiens qui aboient et des paysans hargneux : d'où vient ce chemineau, un « estranger », de la mauvaise graine. Cela se lit dans leurs regards méfiants, que l'automobile efface au point qu'on les oublie. A 5 à l'heure, une autre France surgit : l'ancienne, qu'on ne savait plus voir.

Et enfin Ahmed, le « turc » de Louis aux yeux d'almée. Gentil, câlin, un vrai faiseur dans la mythomanie des humbles.
Tangerois, étudiant la sociologie à Aix « pour aider les pauvres ».

Longue, longue promenade avec Claire encore boiteuse et T., jusqu'à Barbarenque et retour, par le Fraichamp. Elle en profite pour nous raconter sa vie, très romanesque à l'ancienne, ses quatre maris en dix ans : un feuilleton d'avant-guerre. Et ce n'est pas fini. Sa gouaille spontanée pour le dire, avec ce don qu'elle a de se mettre en scène en dérision, tout en voyant le juste ridicule des autres, leur vérité saisie d'un mot. Ce ton d'humour rigolard, légèrement vulgaire, son côté gavroche de la communale.

10 août

Dîner chez Lipp avec Sapritch : « Tu comprends, chéri, j'en ai marre de voir des cons tous les soirs! » En beauté, cheveux sur les épaules, beaucoup moins laide à soixante ans qu'à quarante. Presque du charme, si elle se maquillait moins théâtre. Tout le repas, elle bave sur les copains, de Galabru à Silvia Monfort – s'efforçant de me traiter en homme du métier, en mentor, et aussi en oreille complaisante, que je suis. Son autosatisfaction frénétique – je gagne bien ma vie, je suis connue, on parle de moi tout les jours dans un journal ou un autre – cache une intense angoisse. Et quand elle parle de ses hésitations sentimentales : j'hésite entre un petit de vingt-sept ans qui veut coucher avec moi tout de suite, et un monsieur sérieux de cinquante-sept, rencontré chez Maxim's récemment. Son cinéma devient touchant. Enfin!

Passe Laurent Terzieff, qui boit une bière avec nous, parle d'Artaud, de Blin, de Milosz et s'envole, telle une ombre. Seul reste à table son sourire venu d'ailleurs.

Puis surgissent Jean-Pierre Aumont, bronzé, encore superbe, presque octogénaire, avec Darès qui est ravi de s'être offert la Comédie des Champs-Élysées et le Studio en plus du théâtre Antoine de la belle-mère... Trois générations de comédiens.

J'attaque mon second demi-siècle, mais celui-ci ne se laissera pas faire comme le premier.

Au charmant petit musée de Carpentras – 2 francs l'entrée, donnant également droit à la visite du musée lapidaire et de je ne sais quelle chapelle – peu de tableaux intéressants, si ce n'est un prétendu Cézanne, insoupçonnable. Et une curiosité : *l'Abbé de Rancé* par Mignard commandé, dit-on, par Saint-Simon. L'artiste aurait exécuté sa toile de mémoire (bien sûr) après quelques entrevues fortuites : on n'osait demander au trappiste de poser, occupation trop frivole pour ce religieux rigoriste. Un portrait volé, un peintre espion.

19 août. Paris

Daniel, séfarade, parle de sa sœur à tout bout de phrase, comme pour exorciser cette mort. Du ton le plus simple : elle doit rester vivante, en plein soleil. Moi, ashkénaze, plus habitué aux liquidations collectives, je tais les disparitions : sujet tabou. Mauvaise éducation que d'en parler. Nuit et brouillard.

Comment m'expliquer à moi-même cette frénésie nymphomaniaque de ces dernières semaines? Et qui se poursuit de plus belle à Paris? Sentiment de la dernière chance à perpétuité, comme si ma carte d'entrée au club du sexe allait m'être retirée d'un moment à l'autre. J'ai même l'impression d'être déjà un tricheur, un resquilleur, qu'on n'a pas encore découvert : d'où ces bouchées doubles. Ou alors c'est un suicide au Sida. En tout cas, c'est bizarre, et embarrassant. Mon énergie s'y pompe, si j'ose dire, mon sommeil s'y perd et je ne sais plus ce qu'étaient mes longues rêveries de jadis au long des rues. Je n'ai plus le temps! Il faut baiser, baiser. Mais, jadis, il est vrai, pas besoin de me rendre sur les lieux de drague. Il suffisait de se promener au hasard. Toute minute était grosse d'aventure et d'espérance.

(Entendu à la radio dans un vieil enregistrement d'il y a quinze ans.)
Berl : « Cet amour de Swann, Proust le traite comme une typhoïde. »

Avant de vendre leurs livres, j'apprends que Didier Decoin

« me doit beaucoup » – dieu sait pourquoi –, et que Charles Trenet, qui m'« admire », est mon lecteur « assidu ».

Je n'avais gardé leurs bouquins que pour ces appréciations flatteuses. Autant les noter. J'y gagne six francs.

25 août

René – vingt-cinq ans – noir jais. Un peu intimidé – comptable et méticuleux dans son ménage. Baiseur consciencieux. Un fonctionnaire du sexe. Avec soudain quelques fantaisies dans l'érotisme oral – non, pas celui-là, celui du vocabulaire, bien plus intéressant qu'un pompier, même original.

Elle a encore toute sa tête.
Ça ne fait pas lourd.

Je suis une machine, tristement « programmée ». Ayant à donner un article sur le charmant Jean-Louis Ezine, critique venu tard au roman, je médite un début autour de la sempiternelle question qu'on me pose si souvent : « Et pour vous, qu'est-ce que vous écrivez ? » Puis m'aperçois que j'ai déjà brodé sur ce thème à propos de Jean-Didier Wolfromm, il y a quelques années, presque dans les mêmes termes. Gâtisme? Non : mécanique. Je crois réfléchir, alors que j'appuie sur une touche à la réponse toute prête. Je n'existe pas : ce sont les chromosomes qui parlent à ma place. Là où il y a des gènes, il n'y a pas de pensée.

25 août. Instantané

Au coin de la rue de Babylone et du boulevard Raspail. Un superbe jeune juif américain, très typé, athlétique, en T-shirt, poussant à tire-d'aile, sur des patins à roulettes, la petite voiture de sa grand-mère sans âge, recroquevillée, chenue, mais avec des lunettes-papillon; tout de même... Harold et Maud au naturel.

26 août. (Rue de Rochechouart)

Pour la sainte Natacha, je vais dîner à Chérence [1], où les deux vieux m'attendent, adorables et fragiles comme un couple de conte de fées dans sa chaumière. Lui souriant, lunaire, une espèce d'elfe à la retraite qu'on s'attend sans cesse à voir casser, comme s'il était en verre filé, et elle, plus solide, plus masculine, avec son beau visage encore bronzé des vacances à Chypre, encadré de ses

---
1. Chez Nathalie Sarraute *(NDE)*.

blancs cheveux raides, l'œil sombre, presque oriental, surprenant de noirceur et de vivacité derrière la loupe de ses lunettes.

Pour une fois, elle n'est indignée par rien. Au contraire, elle rit de joie à l'idée de retourner bientôt à New York pour y jouer un impromptu de Virginia Woolf, en compagnie de Ionesco et de Jean-Paul Aron déguisé en reine Victoria! (Tout cela sous l'égide du ministère de la Culture...) Elle y sera un « butler » stylé, et connaît déjà son rôle par cœur. L'idée de faire la pige à Madeleine Renaud sa contemporaine – quatre-vingt-quatre ans l'année prochaine toutes les deux – la remplit d'enthousiasme. Elle récite ses répliques tout en essayant de faire fonctionner son four pour réchauffer le koulibiak que j'ai apporté. Fébrile, elle consulte le mode d'emploi jauni qu'elle a retrouvé, s'affole, se trompe, tourne tous les boutons à l'envers et cela ne tarde pas à sentir le brûlé. Après beaucoup.d'efforts, nous nous installons enfin dans la salle à manger.

Nous parlons bien sûr d'*Enfance*, reçu par la presse unanime comme un chef-d'œuvre. « Je m'attendais à ce qu'ils disent : ça y est, elle se range, elle y vient, elle écrit comme tout le monde, mais ils ont été parfaits. Sauf cette pauvre Piatier. Élogieux, pourtant, son papier! Oui, mais la fin! Elle a osé terminer en regrettant que l'Académie ne m'ait pas choisie plutôt que Yourcenar! Moi, choisie par cette bande de vieillards, à l'exception d'un ou deux. Et pourquoi " à la place de Yourcenar "? Qu'y a-t-il de commun entre elle et moi, sinon le sexe féminin? Quand j'ai lu cela, j'ai failli avoir un infarctus. Je n'ai rien contre Yourcenar. Son discours était très bien, ses livres sont de bonne tenue, et elle dit des tas de choses intéressantes. Mais enfin elle n'a rien inventé. On ne doit pas admirer une femme remarquable parce qu'elle est femme, mais parce qu'elle est remarquable. Et j'ai beau être de tout cœur avec les féministes, il faut bien reconnaître qu'elles n'ont jamais rien inventé, rien innové. Et pour que Robbe-Grillet avoue que j'étais la première à découvrir les tropismes et le nouveau roman, il aura fallu que j'attende d'être octogénaire! Les hommes sont incorrigibles. Quand je n'ai plus eu d'existence sexuelle pour eux, je me suis sentie soulagée. Vous vous rendez compte que l'autre jour, mon voisin du dessus a dit à Claude, qui était penchée pour ouvrir la porte : " Vous avez un joli petit cul, madame! " A une quinquagénaire, journaliste au *Monde*! Moi, il me dit : " Bonjour, génie ", avec la nuance de mépris que vous devinez. Même dans le groupe de Minuit, ils m'ont toujours tenue pour une quantité négligeable. Sur la fameuse photo qu'on reproduit toujours, vous verrez, on ne se parle pas. Je suis en quarantaine. D'ailleurs, Beckett, par exemple, c'est un sale type. Je ne lui parle pas. Vous avez vu ce qu'il a fait dire à cette fille dans le livre qu'elle écrit sur lui? " Pendant la guerre, je me suis réfugié chez Mme Sarraute, une demi-juive, amie de Sartre, qui m'a logé avec son père dans une mansarde!" Moi qui lui avais donné notre chambre. Et l'idée de le loger avec mon père, alors qu'il a passé la guerre en Suisse. Vous imaginez ça, mettre mon père avec cet inconnu? Et d'un sans-gêne! Le matin, à l'heure du petit déjeuner, il traversait la cuisine avec son pot de chambre fumant pour aller le vider au fond du jardin! En plus, sa femme nous a pris tous nos tickets et elle est partie avec le lapin hebdomadaire que le fermier d'à côté nous vendait au marché noir. Mais maintenant c'est écrit, il n'y a rien à faire. Cela devient véridique. Demi-juive, aussi. Je me suis longtemps demandé pourquoi il disait ça. J'ai fini par comprendre : dans cette maison, il y avait ma mère. A force de fréquenter les Russes blancs de Paris, elle avait fini par oublier complètement qu'elle était juive d'origine. Ça lui a permis de traverser toute l'Occupation sans un brin de souci. Moi, du reste, c'est seulement à ce moment-là que je me suis aperçue que j'étais juive. Mon père n'y attachait aucune importance : il était révolutionnaire et libre penseur. Il trouvait d'ailleurs que la religion chrétienne était en progrès sur la religion juive. Même le nom de Tcherniak n'était pas caractéristique. Cela signifie brouillon, en russe, et de nombreux Soviétiques portent ce nom-là. Néanmoins, je ne me suis jamais dite russe, parce que, sur mon passeport, on aurait marqué "juive". C'est intolérable. Mais combien de siècles de honte a-t-il fallu pour qu'on affecte ainsi d'oublier totalement ses origines, et les pogroms et tout le reste! Moi non plus, dans *Enfance*, je n'avais pas du tout parlé de ça, parce que, effectivement, cela ne comptait pas. J'ai rajouté quelque chose à la fin, pour ne pas avoir l'air de le faire exprès. C'est là que mon double m'a bien servie. Le livre est né de ce double, vous savez. Pendant que je réfléchissais à ce bouquin, je me suis dit : "Non, tout de même, tu ne vas pas faire ça, tu ne vas pas prendre ta retraite, raconter tes souvenirs comme les autres." Je me le suis vraiment dit, et je l'ai noté. Du coup, le livre était commencé, il n'y avait plus qu'à continuer le dialogue. »

Moi, je lui avoue que j'avais imaginé son mari dans le rôle du confident, mais je me trompais. Bien que celui-ci ait toujours été son premier lecteur et son fanatique supporter depuis soixante ans. « Au début, personne n'y croyait, bien sûr – sauf lui. Mes trois premiers livres n'ont eu aucun écho, et presque aucun lecteur, environ quatre cents... Un article de Sartre, dont on parle toujours, mais rien d'autre. Et aussi une lettre de Max Jacob. Et par la suite, ça n'a pas été beaucoup plus brillant. Un papier d'Erval dans *Combat*, un autre de Claude Roy, et le silence, le silence... Ah! être comme Joyce, un objet de snobisme! Songez qu'aux États-Unis on vend ses œuvres complètes avec les bibliothèques neuves. Mais Raymond m'a été d'une aide magnifique. Notre premier différend littéraire, nous l'avons eu cette semaine. Je lui lis des morceaux des *Mémoires d'outre-tombe* qui m'émerveillent et il me répond que Chateaubriand l'énerve, qu'il se gobe et qu'il lui préfère Saint-

JOURNAL

Simon et Michelet! C'est dramatique! Nous qui nous nous sommes rencontrés sur les bancs de l'École de droit, il y a soixante ans! Il m'avait demandé de lui prêter mes cahiers de notes parce qu'il avait été malade. Plus tard, nous avons découvert que nous avions eu des enfances parallèles. Moi, j'entendais mon père qui disait : " Il faut que j'aille faire une partie d'échecs avec Trotski. " Et lui, dont la mère était aussi une juive russe révolutionnaire, il jouait aux pieds de Lénine dans le parc Montsouris. On était faits l'un pour l'autre, mais il n'aime pas Chateaubriand! »

27 août

Une anecdote de Nathalie pour éclairer le caractère spontané des Slaves : « J'ai une cousine à Moscou que j'ai rencontrée pour la première fois vers dix-neuf ans. Je ne suis retournée en Russie que vingt ans plus tard, je lui rends visite, et la voilà qui fond en larmes. " Qu'est-ce qui t'arrive? – C'est de te voir. Tu as tellement changé! " »

Lune? L'autre, dit le Soleil.

30 août

Rouzière me téléphone pour me proposer une pièce écrite et interprétée par un jeune travelo juif américain qui est également l'auteur de l'adaptation new-yorkaise de *la Cage aux folles*. La pièce l'intéresse, mais l'adaptation l'a laissé pantois : l'assurance, la force, la vigueur résolue des couplets, « quand on voit le personnage, avant l'entracte, qui jette sa perruque et chante : *Aïamouataïam* ça fait quelque chose! »

Symbolique : la péripatéticienne de service aujourd'hui, sous ma fenêtre, porte à la hauteur du sexe une ravissante et minuscule bourse rose bonbon.

On refait la façade du Narcisse. Sous l'enseigne déposée par terre, on découvre l'ancienne, où l'on peut lire : La Nouvelle Athènes.
Et en sous-titre : *Large backroom.*
Les temps changent; le vocabulaire aussi.

Sapritch : « Tu comprends, chéri, chéri, je cherche une pièce qui soit du Bergman sans caméra. »

1983

3 septembre. Deauville

Dans une pizzeria minable où j'échoue pour dîner, les deux filles Gallimard qui résument la famille : l'une est le portrait de sa mère, et l'autre une version féminine de papa, avec plus de chien. Ces dames, dont l'héritage ira chercher dans le milliard pour chacune, mangent des spaghetti à l'eau et réclament la note, avec le détail. Ah! l'Auvergne!

Et moi, qui ne leur cède en rien sur le chapitre de l'avarice, je me prélasse au Normandy, dont le luxe 1900 convient si bien à mon passéisme, mais ce n'est pas moi qui paie... Dans ces manifestations artistico-mondaines, ma cinquantaine est payante : je commence à posséder un sacré capital de « connaissances ». Les « bonjour Matthieu » fusent de partout, à la gare je rencontre André Lorant – pas vu depuis 1956! puis Milorad Moscovitch, pas vu depuis 1968, mais toujours aussi blond, un peu artificiel. C'est François Périer, qui nous fait gentiment le taxi avec la baronne de Turckheim rencontrée dans le train. Et je passe sur tous les confrères, les acteurs et autres qui me saluent eux aussi. Malheureusement ce n'est pas moi qui suis populaire : c'est mon prénom qui est facile à retenir.

4 septembre. Deauville

Un de ces dîners de gala par petites tables, où Hélène de Turckheim a la gentillesse de m'emmener. Comme nous arrivons tard, on nous met en cure-dents avec Wilson, sa femme, Dabadie et Mme, ainsi que Bouteiller et Artur.

Bien entendu, nous avons droit à des histoires de théâtre – et la conversation vient sur Pierre Brasseur. C'est Georges Wilson qui raconte – un peu interminablement – mais avec beaucoup de talent. Il s'agit de la reprise du *Diable et le bon Dieu*, par Périer. Il n'avait mis qu'une condition : que Brasseur, créateur du rôle, ne voie jamais la représentation. Condition difficile, bien que Wilson, directeur du TNP et metteur en scène, ait réuni son staff pour leur interdire l'entrée de Brasseur. Néanmoins, un jour, il voit Périer liquéfié : Brasseur est dans la salle...

A l'entracte, Pierre, qui s'était échappé de la clinique de désintoxication où on le séquestrait, vient trouver Wilson dans sa loge.

« Comment trouves-tu la pièce, etc., Bof... Beuh... tu n'as rien à boire? – Non, rien. »

Il fouille partout, ne trouve rien.

Georges, pas un poil de sec, n'a qu'une idée : que Brasseur ne rencontre pas Périer. Il lui pose la question : « Tu n'as pas vu Périer? »

JOURNAL

Et l'autre : « Périer? Je ne l'ai même pas vu sur scène! »

Après l'entracte, la pièce reprend et Périer vasouille complètement; il n'est plus que trucs et balbutiements. Il avait bu deux whiskies bien tassés pour se donner du courage. Une représentation de cauchemar, pendant laquelle Wilson était obligé de chercher en coulisse des baquets d'eau fraîche pour désaltérer le malheureux Goetz...

Artur, lui, a un autre souvenir sur Brasseur, avec lequel il a joué *Kean* en tournée. Un jour, au Portugal, à la suite d'un quiproquo sur le jour de relâche, Pierre est ivre mort le soir de la représentation. Pendant tout le premier acte, Artur doit faire les questions et les réponses tout seul. « Vous allez me répondre que... », etc. Au second acte, après piqûre et alcool et café, Brasseur a repris ses esprits, mais Artur ne le savait pas. Il continue le même jeu (il interprétait le rôle du prince de Galles). Et soudain, Brasseur, énervé, gueule avec fureur : « Vous me faites chier, altesse! » Et il se met à jouer, comme jamais...

Quant à Wilson, il a pas mal travaillé avec Sartre, qui le recevait chez lui. C'était l'époque où il travaillait sur Flaubert. Un jour, un coup de vent, toutes les feuilles s'envolent. Une heure pour les remettre dans l'ordre. Après ces séances, Sartre lui faisait des œufs au plat, la seule chose qu'il savait faire. Il avait une demande à lui soumettre : une scène de liaison entre les deux femmes qui comptent dans la vie de Goetz. « Impossible, dit Sartre, j'avais deux femmes dans ma vie; je ne voulais pas qu'elles se rencontrent. » De temps en temps, pendant ces rencontres, Sartre disparaissait. Muni d'un cabas, il allait faire des courses pour sa mère.

Autre histoire, sur Arletty. Elle jouait dans une pièce que Wilson mettait en scène. « Elle n'a jamais su mon nom. Je jouais le rôle de Pat, elle m'appelait Pat et, pendant les répétitions, elle me disait simplement Monsieur Pat... »

Le génie de Madeleine Renaud. Artur assiste à la pièce de Duras, *Des après-midi entiers dans les arbres*. Elle lui demande ce qu'il en pense. « Eh bien, dit-il, vous êtes formidable, Bulle Ogier aussi et la troisième femme. – Oui, mais Jean-Pierre Aumont? – Vous êtes épatantes toutes les trois. – Oui, mais Jean-Pierre? – Enfin, je trouve que les femmes sont merveilleuses. – Oui, mais Jean-Pierre? »

Silence.

Et Madeleine, souveraine : « Il n'est pas gênant? »

Autre histoire de la petite Madeleine. Elle visite le théâtre antique d'Orange où Jean-Louis Barrault doit mettre en scène je ne

sais quoi. La seule chose qui la choque, c'est l'Auguste en marbre qui domine la scène depuis deux mille ans.
« Il n'y a pas moyen d'enlever ça ? – Ah non, madame, dit le maire, il est là depuis toujours. – Dommage, ça va gêner mon Jean-Louis ! »
Dabadie, le beau Dabadie à la crinière d'argent, flatteur, raconte à son tour une représentation de *Macbeth* en Avignon, où Wilson jouait le roi. Noiret et Darras jouaient, eux, les messagers, venus annoncer à Macbeth la mort de ses enfants. Wilson était si expressif dans son désespoir que les deux autres sortaient de scène en larmes.
« Et sans une réplique ! » dit Dabadie. Un temps. Puis Wilson, pas mécontent de lui : « Si, j'avais une réplique. »

Wilson, à présent, ramène ses cheveux rouges et rares sur le haut du crâne : deux petites cornes qui lui donnent l'air d'un vieux faune bonasse.

Septembre

Je lis les lettres de Sartre au Castor. Près de neuf cents pages. Quand ces gens-là prenaient-ils le temps de vivre ? D'ailleurs, il ne vit pas. Toutes ses lettres sont remplies d'histoires rapportées, de conversations entendues, d'instantanés. Il est toujours dans la position de l'observateur, n'agissant presque jamais. Il va de son hôtel à la Coupole ou la Closerie, chez les uns, chez les autres pour les taper, et rien d'autre, si ce n'est de petits baisouillages avec Zagoulitch et compagnie. Pas de passion autre que celle de l'humanité bizarre qu'il fréquente et fixe comme si c'était le centre du monde. Mais, à part Dullin, qu'il ne juge pas à sa valeur, Nizan, très absent de cette correspondance, ses sujets d'observation sont des inconnus, souvent médiocres. Bien vus, certes, avec une étrange boulimie à les peindre. Que de papier noirci. Il n'avait sans doute pas le temps de faire court, lui non plus.

Chardonne, qu'on venait interroger sur je ne sais quoi : « Je ne réponds qu'aux questions que *je* me pose. »

7 septembre. Rotterdam

Venu voir *The Civil War*, très beau spectacle de Wilson (Bob, cette fois) où l'on retrouve tous les fantasmes du *Regard*, assaisonnés de bizarreries locales hollandaises – des tulipes, la reine Wilhelmine, etc. – et d'une certaine mégalomanie surréaliste intéressante. Après la représentation – devant un orchestre assez clairsemé – il réunit les acteurs et leur communique ses impressions (c'est la seconde publique).

Rien que des précisions d'ordre physique : ici, plus vite, là moins fort, un peu plus haut, etc.

Autre problème, assez joyeux : on discute (en anglais) de ce qu'il faudra traduire en français pour la tournée parisienne. Longue méditation de Bob Wilson qui conclut : « On verra ça demain. De toute façon, quand ils auront compris qu'il n'y a pas d'histoire... »

Après des palabres interminables, nous aboutissons dans un restaurant mexicain des environs où j'ai bien du mal à créer le climat de confiance nécessaire. D'autant que, jusque-là, c'est à peine s'il m'a regardé. Il ne sait d'ailleurs pas le moins du monde qui je suis. Mais cette indifférence totale (bien que je sois assis en face de lui, à table, tandis qu'il fait le plan de sa journée du lendemain avec son administrateur) me permet de bien l'observer. Un grand jeune homme – malgré ses quarante ans passés –, cheveux courts avec un nez droit, fin, une bouche pas très belle, et des yeux bleus, un peu relevés vers les tempes, derrière de petites lunettes rondes minables : l'air d'un professeur de province américain, en direct du Middlewest. Ou plutôt du Sud, puisqu'il est texan. La conversation s'engage très mal. J'ai le malheur de lui parler d'argent, des sommes phénoménales que coûte le spectacle. Il croit que je lui demande ce qu'il gagne, s'insurge, se plaint d'être persécuté par ces histoires d'argent – « money, money, vous n'avez tous que ce mot à la bouche ! » – et siffle, colère sèche, que c'est très « rude » et insupportable... J'oblique rapidement sur un autre sujet, et il se calme, un peu honteux de cette brusque agression. Je lui fais raconter ses débuts, avec cette étrange vieille dame dont il a donné le nom à sa Fondation : Byrd Hoffman. C'était une octogénaire aux cheveux rouges, qui faisait encore le poirier dans son studio quand il l'a connue. Un scandale vivant, dans cette petite ville de province. Une ancienne danseuse de « vaudeville » qui avait dû faire tous les burlesques de New York avant d'atterrir dans ce trou, Dieu sait pourquoi.

Elle enseignait aux handicapés les disciplines corporelles, et aux footballeurs la souplesse... A lui, qui fut bègue jusqu'à dix-sept ans, elle a quasiment appris à parler, par la méthode Coué : tu peux parler sans bégayer. De là, après des études commerciales puis d'architecture, ce goût qu'il a gardé d'éduquer lui aussi les handicapés. Son côté boy-scout, évident. Qui fait son charme. Car il n'est pas du tout un esthète. Au contraire, une espèce de primitif, qui n'a pas lu grand-chose, ne va guère au cinéma, et ne connaît du théâtre que les quelques mises en scène auxquelles il a assisté en Europe, au cours de ses voyages, par politesse envers les gens qui l'accueillaient.

Célèbre en Europe – du jour au lendemain à Nancy –, il reste pratiquement inconnu pour les Anglo-Saxons. Seule une certaine frange de la jet society le soutient, par snobisme. Mais il a déjà coûté fort cher à toutes ces dames du monde – auxquelles il sait faire la cour quand il faut –, d'où ses difficultés à réunir les sommes dont il a besoin. Il prétend que son rêve serait un lieu à lui, subventionné, mais cela n'existe pas aux États-Unis. Il n'a donc que son atelier à New York, avec deux ou trois employés à plein temps. Lui passe sa vie dans les hôtels et les avions, payant de sa personne en faisant des spectacles à lui tout seul pour régler ses dettes (la location du Metropolitan à ses frais, par exemple) ou en vendant ses dessins à des collectionneurs qui n'ont jamais vu le moindre spectacle de lui. On sait son nom, il en profite. Très américain, tout cela. Mais on sent qu'il s'en fiche assez. Il vit dans son monde, surgi de l'enfance, et comme tous les grands créateurs il refait inlassablement le même spectacle en croyant se renouveler. Un solitaire, définitivement.

14 septembre

Chez Dominique avec Françoise Mallet-Joris, que je suis allé chercher chez elle, dans son nouvel appartement de la rue du Montparnasse. Sans intérêt, mais il donne sur les calmes jardins de Stanislas. Elle est tondue à ras comme un petit garçon, avec une minuscule mèche décolorée sur le front, et deux minuscules boucles à l'oreille gauche. Un drôle de visage, une sorte de collégien fatigué, assez attendrissant. Et ses grâces habituelles surprennent encore plus de la part de ce petit bout d'être à la tête réduite.

15 septembre

La naissance des idées, vue par Sartre en 1926 : « On sent tout d'un coup un gonflement, comme une bulle. »
Malraux l'agace parce qu'il lui ressemble trop : « Un saint Jean-Baptiste dont je serais le Jésus. »
Sa conception des hostilités : « Si la guerre est courte, j'aurai le temps de finir mon roman. Si elle est longue, je commencerai le second volume. »
Fabuleux bosseur. Il est vrai qu'il n'y a aucun mérite, puisque, dit-il, « ça m'amuse formidablement de travailler ». (Extraits des *Lettres au Castor*.)

Littérature : une autopsy.

JOURNAL

23 septembre. A Gaillon, par un jour (presque) d'été

Marcel Schneider, aperçu dans la rue. A pied. Cherchant un taxi. « Tu ne sais pas conduire? – Je ne sais rien faire. Même pas le ménage. Quand je suis obligé de passer un chiffon sur les meubles, je fonds en larmes. A la campagne, il m'arrive tout de même de faire la vaisselle, de temps en temps. Je me console en me disant que sainte Thérèse d'Avila la faisait aussi. »

24 septembre

J'ouvre *la Paille et le Grain* au hasard, à la date du 27 mai 1973. Je lis : « J'ai rêvé un moment à ceux des mois de mai de ma propre vie dont j'ai gardé le souvenir. Aucun qui n'ait sa déchirure. La drôle de guerre qui, un 10 mai, cessa de rire... »
Oui, un 10 mai. Déjà. En 81 ce fut Giscard qui pleura.

Ailleurs, sur Pompidou (mort) : « On ne rachète pas par des vertus privées le passif d'une vie publique. » De son vivant, Mitterrand lira ce genre de jugement à son endroit en 88, s'il dure jusque-là.

1ᵉʳ octobre. Berlin

Je regarde longuement à Dahlem *le Jugement dernier* du Frère Angélique. Ce tableau, qui appartient au Tonton Fesch, passe pour être aussi le dernier du peintre. Sa vision de l'Enfer n'est pas réjouissante. Les lubriques sont empalés, les coléreux se dévorent entre eux, et ça y va de la fourche et des serpents venimeux. Comment pouvait-on mourir sereinement avec cette perspective? Ce frère – il est vrai dominicain, un ordre où l'on n'hésitait pas à martyriser les adversaires juifs, cathares ou autres – aura-t-il justifié son surnom dans l'au-delà? Il brûle peut-être aux Enfers, où les suppôts de Satan lui fouaillent le foie en ricanant *Fra Diavolo, Fra Diavolo...*
Casanova, d'après Marceau, aurait avoué – du moins dans *l'Histoire de ma vie* – cent vingt maîtresses en trente ans, quatre par an, alors qu'un homosexuel moyen, d'après les statistiques, rencontre environ quatre-vingt-neuf partenaires chaque année.

1983

12 octobre

Mon dernier dîner en ville! Chez Joxe, avec ma sœur et Georges Mamy. Intéressante, cette conversation, toute politique, où Pierre parle du gouvernement Mauroy en termes plus durs que *le Quotidien de Paris*... Le plus notable, car il aime à conter, c'est le récit de conversations avec les communistes, à la veille de la rupture, en 77. La certitude que tout allait s'arranger, jusqu'au moment où Marchais... Ses relations avec Paul Laurent, voisin de banc à l'Assemblée, copain qu'on tutoie, etc. Mais après le fameux télégramme à Marchais, après l'Afghanistan, c'est lui qui l'a couvert d'insultes dans l'*Huma*... L'accord, s'il avait été signé, aurait été conclu par Joxe et Fiterman... Six ans après, c'est Fiterman qui est ministre, et si heureux de l'être, paraît-il.

Joxe donne l'impression d'être une puissance en sous-main, glissant des peaux de banane et des chausse-trapes dans tous les coins, à Quilès, à Rocard, à Chevènement. Seul intouchable, le père : Mitterrand.

Raconte le premier déjeuner à l'Élysée, après l'investiture, où ils avaient tous l'impression d'être en terrain conquis, devant des valets impassibles comme des juges. Bon repas, du reste, au point que Mme Mitterrand est allée féliciter le chef aux cuisines. Geste habile, qui aura retourné marmitons et gens de maison. Avaient-ils jamais vu une présidente depuis 1871 ?

21 octobre. New York

Tous ces taxis, qui cahotent au ralenti sur les rues cabossées, comme des barques jaunes sur des vagues gelées.

Ici, cela tient de la prison – par la fenêtre, hier soir, tandis que mon voisin d'en face se branlait sauvagement devant sa télé, où il devait se passer un porno hard, un autre tournant sans cesse dans sa cellule, à demi inconscient –, de l'asile de vieillards, et de la maison de fous : ce nègre filiforme et fardé (comme dans *Zoo Story*) et cette Elisabeth Taylor gonflée, le chef surmonté d'une tignasse de nylon noir plus large que ses épaules, digne de Fellini.

Elisabeth Marton, centenaire sans doute hongroise, avec un charme à la Chanel sur sa fin, et une petite boucle coquine sur le front. Pour le fric, pas de quartier. Et l'admirable quiétude avec laquelle elle me réclame quarante dollars pour ma place à *la Cage aux folles*.

Burlesque représentation de *Fresh Water*, précédée d'un merveilleux petit speech en anglais de Michaïl Nicholson, évoquant ses souvenirs sur Virginia Woolf, capable, dans un train, d'inventer pour lui – quatorze ans à l'époque, mais c'était le fils de Vita! – le roman imaginaire d'un voyageur voisin, dont elle avait décidé qu'il était conducteur d'autobus à Leeds.

Ionesco, affligé d'une barbe à papa façon Eiffel (et son épouse en femme de chambre – épatante de naïveté spontanée) ânonne un texte qu'il tient à la main, balbutie, éructe, sous le regard ironique de Robbe-Grillet en robe de chambre. Nathalie Sarraute, en veste blanche de butler, passe comme un rêve surréaliste à travers ce conte pour grands enfants espiègles. Tout cela avec la bénédiction du ministre de la Culture – qui a failli venir pour la première – mais il ne reste plus un sou à Bishop pour recevoir ses invités, Nicole Zand et Amalric, ainsi que Marc Blaque-Belair. Nous restons en rade, errants et affamés. Aussi, dans la salle et les coulisses, Philippine de Rothschild et K., l'ami de Michel Guy, ainsi que Edgar Morin, et Jan Kott...

En rêve. On regarde des vieilles photos avec Georges Olive. Une sorte de château où l'on passait les vacances. Je découvre un personnage que j'avais oublié, un cocher avec sa voiture à cheval. Nous avions lié amitié, paraît-il. Un paysan snob qui serrait la main de tout le monde – cela ne se faisait pas à l'époque – et se plongeait dans *le Figaro* dès qu'il avait un moment. Et Mamé de conclure, avec le superbe mépris qu'elle avait pour les domestiques : « Un bon à rien. Toujours assis trois pieds par terre. » Le rire me réveille.

25 octobre

Rencontre Feinstein. Un grand corps informe, rondouillard, envahi de graisse, mais par là-dessus une tête fine, intelligente, avec un très beau regard sombre et une bouche gourmande, sensuelle. Une force évidente surgit de ce tas de graisse, et la certitude de savoir ce qu'il veut. La confiance du succès venu vite, et soudain. Mais ne jouant pas la star outre mesure, bien qu'il précise ne donner qu'un rendez-vous par semaine aux journalistes, par hygiène...

Il appartient à ce qu'on pourrait appeler la génération du Sida : *the Aides* (comme pour le petit David, hier soir) est une malédiction divine. David tourne le problème en me racontant une invraisemblable histoire de guérison miraculeuse, par l'intermédiaire de sa mère, chrétienne militante. Feinstein en tire les conclusions : la famille, seule survie possible mais sans s'aventurer sur l'avenir. Il laisse ouvert un grand *If.* « On peut vivre comme des cochons, je l'ai fait, je le referai peut-être, mais maintenant il n'y a plus d'autre issue que le couple, et la fidélité. »

A *la Cage aux folles*, un mercredi après-midi. Seize cents veuves oxygénées. Hallucinant. Et toutes amoureuses de Georges, en se disant à part soi que, le travelo, elles l'auraient vite mis dans leur poche ou leur sac à main.

Café chez Sardi avec Mme Marton et Marsha Norman.

14e Rue. On peut y voir, côte à côte, dans l'ordre : un hôpital, un *funeral home*, une église.

16e Rue. L'ancien bain de vapeur avec « salle de fantasmes » est remplacé par un dispensaire.

Artaud et la confraternité de l'instinct : « Les culs se télégraphient. »

30 octobre. Leonora Carrington

Au sixième étage, le dernier, d'un petit immeuble d'East Side, plutôt modeste, c'est une menue vieille dame qui m'ouvre. Inattendue. J'imaginais un être un peu extravagant, comme ses livres, ou surréaliste comme ses peintures. Non. Leonora Carrington est un peu à la ressemblance de ma mère, en plus mince. Et même plus vieillotte : chignon maigrelet, chemisier strict, pantalon noir et ballerines chinoises. Une grand-mère, ou plutôt une prof à la retraite, ou quelque chose d'approchant. L'appartement est minuscule et sans apprêt, avec une mezzanine étroite, qui lui sert d'atelier. Peu de lumière. Quand elle sourit, de toutes ses dents fausses, elle retrouve un peu de jeunesse facétieuse. Et elle la retrouve aussi tout à fait quand arrive son fils Paolo, qui a l'air d'un Mexicain typique avec épaisse moustache noire, bien qu'il soit le produit d'une Anglaise et d'un juif hongrois... Leonora Carrington parle de ses livres avec détachement, d'autant qu'elle ne les avait pas écrits pour être publiés : « Mais j'aurais aussi bien fait, personne ne les aime. Le critique du *N.Y.T., BKR*, a dit du *Cornet acoustique* que c'était un livre idiot et incompréhensible. C'est un peu *discouraging*. » Le surréalisme semble tout à fait incompris de ce côté-ci de l'Atlantique, sauf au Mexique. Pas un de ses tableaux dans les musées de New York. Mais elle a quelques clients fidèles, et elle vend, par l'intermédiaire d'un marchand, une sorte d'Al Capone, qui n'aime pas ce qu'elle fait, et qu'elle trouve répugnant. Business... Ses livres, en anglais, n'ont aucun succès. On ne l'a comprise qu'en France, en Allemagne, au Japon. Elle en parle toutefois comme d'une chose ancienne, terminée.

« Maintenant j'écris surtout pour m'éclaircir les idées. Une sorte de thérapie à usage personnel, strictement. Pour me comprendre un peu. »

JOURNAL

Le bouddhisme ? Oui, elle a fréquenté surtout les lamas tibétains. Jusqu'au jour où elle s'est aperçue qu'ils voulaient lui imposer une doctrine : « J'ai voulu rester moi-même, je me suis éloignée. » Solitaire, elle le paraît tout à fait, dans ce placard qu'elle habite, assez hors du monde. Elle a fréquenté tous les surréalistes de la grande époque, mais n'en tire aucune vanité. Du passé, enterré. Comme une autre vie. Aussi bien que sa jeunesse lointaine en Angleterre. Les ponts sont rompus. « Je suis plutôt la honte de la famille. On m'y a oubliée. » Juste retournée en Angleterre il y a sept ou huit ans, pour la mort de sa mère, disparue très âgée, dans l'île de Man.

En ce moment, elle peint un merveilleux tableau, qui représente cinq rabbins à papillotes faisant du patin à glace dans un paysage vieux rose. Je lui propose comme titre « Diaspora ». Un mot qu'elle ne connaissait pas, qui semble la séduire. Elle lit Golding, mais c'est à peine si elle sait qu'il vient d'avoir le prix Nobel. Hors du monde, elle n'aime pas la télévision, dit-elle. « Il ne sort de là que des horreurs qui me sautent à la figure. » On sort pour promener le chien, un yorkshire, un de ces animaux qu'on utilisait dans les mines de son pays natal pour y chasser les rats.

« Vous savez, la solitude, tout cela m'est égal. Je m'entends bien avec mes fils. C'est déjà pas mal, *don't you think ?* » Petit sourire. Un adieu de la main devant l'escalier du métro. Comment ce monde singulier est-il sorti de ce petit corps voûté, qui trottine, vite, sur le macadam ?

La trentaine encore très juvénile, avec de grands yeux bleus dans un visage en lame de couteau, Marsha Norman, touchante, tendue, charmante à l'extérieur, on sent qu'elle est habitée par une angoisse. Mais sans show-off : une tension feutrée, comme ses pièces. Pas vedette du tout. Souffrant pour écrire. A l'aube d'une grande carrière, je crois, à l'instant où l'humain n'a pas encore disparu sous le Pulitzer.

TV. Juste après les informations sur la guerre de Grenade, une réclame pour passer ses vacances aux Caraïbes avec Pan Am.

13 novembre. Gaillon

L'autre semaine, assis devant moi, au Ridiculous, Isherwood et son bel ami, maintenant presque quinquagénaire et toujours très beau sous ses cheveux blancs. Christopher, lui, a pris un sacré coup de vieux. Tassé, sa tête ronde lui donne plus que jamais l'air d'un petit garçon chenu. Mais l'œil est devenu vitreux, comme chez les aveugles, et seul le sourire, parfois, l'anime, l'humanise, avec ses dents de travers, adolescentes elles aussi. Le couple est attendrissant : un grand-père et son fils. Bien sûr, il ne me

1983

reconnaît pas, et je me garde bien de me présenter. Pendant tout l'entracte, je les regarde à mon aise, jouant leur rôle de vedettes en visite à New York devant une poignée d'admirateurs un peu compassés. Il est venu parler d'Auden. Il est odieux, timide, intrigant. Un gosse bouffi. Mais de quoi?

Au comité de lecture du Français, Carrière planche avec aisance sur les difficultés d'adapter Tchekhov, comme s'il parlait le russe... Tout cela pour recevoir le texte concocté par Régy, qui ne le parle pas non plus et que nous encensons tous, à l'unanimité, sans connaître un mot de cette langue. Drôle! Moins drôle : Vincent nous informe, avec les mines sévères de circonstance – et « parce qu'il court les bruits les plus divers » – que Boutté, qui vient d'être opéré, souffre de la maladie de Hotchkins. Du moins le lui dit-on, mais comment savoir? Il ne veut voir personne, « pour se concentrer sur sa guérison ». Mais, ajoute Vincent, scandalisé, « il n'a pas le Sida, comme on a osé le dire »...

16 novembre

Par hasard, la vieille Mme Léo Lagrange m'invite avec mes parents, dont c'est aujourd'hui les noces d'or. Croyez-vous qu'ils en diraient un mot? Il faudra que nous soyons dans l'escalier pour qu'on me reproche le bouquet envoyé ce matin, comme si j'avais dévalisé l'orangerie de Versailles. Et papa, l'air détaché, me remercie pour ma « belle lettre ». Famille de coincés pudiques et inguérissables.

Chez l'octogénaire Madeleine, revue pour la première fois depuis quarante ans, le déjeuner fut curieux, servi par une dame libanaise, assistée d'une jeune Marocaine. A table, outre mes parents et une Mme Brun, ancienne secrétaire de Léo du temps où il était ministre, en 36!... un vieux communiste qui ne dit mot, encore très œil de Moscou à l'ancienne. Quant à la maîtresse de maison, déjà très déjetée, et d'une lenteur effrayante pour se nourrir, mais encore vive d'esprit, elle parle des socialistes comme des chrétiens des catacombes et des temps héroïques comme d'une épopée. Mais émouvante, aussi, quand elle évoque le passé, et son sublime appartement du quai Malaquais, où elle habite depuis 1929!, quand elle parle de son mariage et de sa vie conjugale. « Fiançailles comprises, on a vécu ensemble quinze ans, ce n'était tout de même pas beaucoup »...

La pudeur de ce « tout de même ». Elle est veuve depuis quarante-trois ans. A présent son petit-fils cinéaste la ruine petit à petit. Elle vit au jour le jour, en attendant sa pension mensuelle, heureusement confortable. Mais nous voilà tout gênés quand elle annonce, très calmement, que le gigot dont nous venons de nous délecter a été payé avec un chèque en bois. « Il faudra que je pense à prévenir le boucher qu'il ne le touche pas avant décembre. » « Mais je suis honorablement connue dans le quartier », dit cette adorable vieille personne, résolue dans l'optimisme. Assise devant sa fenêtre, elle dit : « Quand je ne pourrai plus bouger, je regarderai couler la Seine. Ça me distraira »...

Elle aussi, elle s'est mariée un 15 novembre, toujours le hasard. Et mes parents de se taire, muets, clos sur leur pudeur inexplicable. Quand je les abandonne, sur le boulevard Saint-Germain, bras dessus, bras dessous, pour une fois, je les trouve encore frais, par comparaison. Et touchants.

20 novembre

Berger dans un silence, au comité de lecture, parle des *Mémoires* de Marlène Dietrich et dit : « Malheureusement, il n'y a rien sur le sexe, qui a tellement compté pour elle. »

Pas eu le temps de noter ma visite à Peter Handke, sur le Mönchberg de Salzbourg. Un beau visage de Saxon, qui aurait pu être peint – sans les lunettes – par Van Dyck ou quelque Hollandais. Teint assez brique, cheveux plutôt longs, et un regard un rien éteint, réservé, qui peu à peu s'anime. Quand il sourit, complice, il devient un adolescent, presque un copain. Drôle, l'endroit où il vit : une sorte de château, de manoir dans les bois, romantique à souhait. Aussitôt, il m'entraîne dans une promenade, dès que j'ai posé mon barda dans l'entrée. Mais nous ne reviendrons que deux heures plus tard, après avoir éclusé un litre de vin blanc au restaurant, avec vue sur la ville.

Tout de suite, la conversation s'embarque sur l'écriture. Il me montre le petit carnet qu'il porte sur lui, griffonné au crayon. Pour y noter « ce qui n'a pas d'importance ». Des paysages, des notes, des impressions passagères. Une sorte de cahier de croquis, qu'il consulte parfois, seulement. « Mais ce qui compte, inutile de le noter; on s'en souvient. » Les livres, chez lui, naissent d'une image, et d'une autre, qu'il lui reste ensuite à relier. Le déjeuner se passe dans un rêve, comme avec un camarade soudain proche. Et il rougit, charmant, quand je lui pose des questions sur des choses matérielles, sa façon d'écrire avec un stylo ou une machine, le choix des mots, bref sa cuisine. « Personne ne me demande ça », dit-il, avec son petit accent teuton, un rien scandalisé, comme une fille qu'on lutine, et qui aime cela tout de même.

Petit à petit, je reconstitue sa carrière chaotique, de la Carinthie à Salzbourg, en passant par Düsseldorf, Clamart et l'Alaska... Et la gloire.

Mais il a l'air de penser que personne ne le lit. Ni ne le connaît.

1983

Sauf à New York où quatre personnes l'ont reconnu, et il n'en est pas peu fier, avec une naïveté dépourvue de toute vanité : plutôt un étonnement.

A la maison, j'aurais bien voulu utiliser mes instruments superperfectionnés, mais ils ne fonctionneront pas encore cette fois-ci : il me manque une petite pièce indispensable, bien entendu. Ma mésaventure l'amuse beaucoup. Mais je note à la volée sur mon cahier un dialogue à bâtons rompus, où il faudrait surtout capter les silences de la réflexion, un courant qui passait, une certaine qualité de l'atmosphère dans ce bureau clair, chaud, assez nu, avec des livres et deux fenêtres qui ouvrent sur la Bavière au loin.

La nuit tombe. Juste une lampe sur la table. Handke est assis devant son verre. Il rêve.

Comme tous les enfants, il a pensé que cet homme, ce camionneur grossier qui rentrait ivre à la maison, ne pouvait pas être son père. Et un jour, très tard, à dix-neuf ans, sa mère lui a dit que oui en effet il était le fils d'un autre. D'où la scène étrange, dans ce café : qu'il raconte dans *Un malheur indifférent*... « Mais, dit-il, maintenant qu'il est vieux, que je comprends mieux les choses, je me dis qu'il n'était pas si mauvais. Il m'a nourri, et puis ma mère était assez agressive, ce qui n'arrangeait pas les choses. On m'a reproché d'avoir été dur avec lui, mais il avait certaines qualités. Par exemple, il était capable de reconnaître les instruments de musique à la radio. D'ailleurs, dans mes livres, il y a des lignes en sa faveur. Il avait un travail très dur. Il lui fallait mener un cinq tonnes dans la montagne. C'est difficile à supporter sans boire. Et le soir, je me souviens, on écoutait, on attendait le bruit du camion dans la nuit. On guettait la lumière, en silence, et cette angoisse de toute la famille, le soir, est une image inoubliable...

« D'ailleurs, à dix-sept ans, j'ai essayé d'écrire un livre qui racontait l'histoire d'un camionneur. J'étais influencé par l'exemple de Françoise Sagan. Je pensais que j'allais devenir célèbre et riche et que je tirerais ma famille d'affaire avec mes droits d'auteur. Cela s'appelait déjà *les Frelons*. Mais en même temps, j'étais convaincu que je n'arriverais pas à être un écrivain, faute de culture. En Autriche, enfin dans l'Autriche profonde, un écrivain ça n'existait pas, à cette époque-là. Il y avait bien Schnitzler, Nestroy et autres, mais c'étaient des Viennois. Si lointains...

« Pour moi, du reste, le seul écrivain qui ait compté n'était pas autrichien. C'était Faulkner. Je l'ai découvert par les morceaux choisis d'une anthologie. C'était un extrait de *Lumière d'août*. J'ai eu la révélation de ce que pouvait être une épopée. Ce souffle... Je me suis mis à lire *les Palmiers sauvages*, *Soldier's Pay*. Pendant six ans, je n'ai pratiquement lu que lui. Il fallait introduire ses livres en cachette à l'internat, parce qu'il y avait des femmes sur la couverture. Les prêtres n'auraient pas apprécié. Sorti du latin et du grec, on ne nous apprenait rien. Plus tard, j'ai progressé, lisant

Wolfe, Greene, Bernanos. Même Robbe-Grillet, bien après. Il m'a d'ailleurs été utile quand j'ai enfin écrit *les Frelons*, dans sa troisième version, celle qui a été publiée, où il n'est pas question de camionneur. Cela me donnait de la terre sous les pieds, Robbe-Grillet. Cela montrait qu'on pouvait écrire sans raison, pour ne rien dire. Quand je ne savais pas comment continuer, il m'a appris à continuer sans rien. Ainsi, en Yougoslavie, sur une île. Je ne savais plus comment poursuivre. Alors j'ai décrit une nappe froissée – un truc, en somme – et c'est reparti. Donc je lui en serai toujours reconnaissant, bien que l'influence s'arrête là. Parmi les Français, j'aime Flaubert. Il me plairait de traduire *Par les champs et par les grèves*, un texte inconnu des Allemands... Je vois bien comment il écrit, Flaubert, ses phrases, ses paragraphes. On a tout le temps envie de lui crier : " Monsieur Flaubert, faites une bêtise! " Ah! c'était l'époque où l'on croyait que l'écrivain, c'était un monsieur derrière une table... J'y croyais aussi. Quand j'ai apporté *les Frelons* à Suhrkamp et qu'il l'a publié, je lui ai dit : " Je veux vivre de ma plume. " Il m'a répondu : " Faites du théâtre. " Il semblait donc impossible de gagner sa vie derrière une table. Mais moi, le théâtre, je détestais ça – c'était vers 63-64, je n'avais pas encore épousé une actrice. Il fallait trouver quelque chose, un thème. Et un soir dans un café, j'ai entendu une musique mystérieuse qui sortait d'un juke-box. C'était quelque chose de délirant, qui m'aidait à me sentir vraiment moi-même, et m'ouvrait sur les autres, alors que j'étais plutôt fermé, renfermé. Donc, les Beatles et les Rolling Stones sont mes parents, aussi bien que Faulkner. Mais de là est née ma première pièce, *Outrage public*. Une époque où j'ai dansé pour la première fois. J'ai eu de la chance, mais je voulais cette chance. J'étais sûr que ma pièce marcherait quand je l'ai envoyée à Suhrkamp quatre mois après. En Allemagne, c'est *ma* pièce. Je suis l'auteur d'*Outrage public*, et rien d'autre. C'est drôle, parce que le théâtre, pour moi, c'est surtout une libération. *Constance*, cela aura été l'expérience la plus gaie de ma vie, un vrai plaisir d'écrire. J'ai beaucoup pensé à Tati en travaillant. C'étaient des phrases et des structures quotidiennes avec le décalage de la farce. Je me fixe aussi des buts. Par exemple je voudrais arriver à écrire une scène où l'on mange. Je n'y suis jamais arrivé. Dans mes récits, je voudrais que des personnages aillent voir la mer, et je n'y réussis jamais. Sauf dans *Lent Retour*. Dans *le Chinois de la douleur*, je voulais aussi que le héros voie la mer, et cette fois il y arrive, sans raison, si ce n'est pour me faire plaisir... Mais cela prend un sens allégorique, après son meurtre. Une purification... Dans ma vie, c'est pareil, les choses viennent plutôt par hasard. La réalisation des désirs, c'est toujours un peu trop. Le désir suffit. Mes voyages, je ne les ai pas voulus. J'ai suivi ma femme à Düsseldorf, où elle avait un engagement. J'avais vingt-deux ans. Le reste a suivi, de fil en aiguille. Toujours à l'étape. Le mal du pays, en vérité, je le connaissais depuis l'internat. Il n'y a pas besoin de sortir des frontières. Mais Paris, tout de même, c'était autre chose. C'était la Ville et j'en rêvais depuis longtemps. Ce qui m'a le plus frappé, c'était le gris, le gris de Paris. Je l'ai gardé en moi. C'est devenu le point de départ d'un de mes livres. Car ils naissent toujours ainsi, d'une image. Même mes pièces : *Par les villages*, je voyais mon frère, ma sœur, et un autre frère dans un lieu, *devant* quelque chose, une autoroute, une maison, un chantier. C'était un espace, un décor. Je les voyais devant le mur d'un cimetière. Toujours des images... Quand on a vécu des images, cela marche toujours. Déjà en 74, j'avais une image d'*Histoire d'enfant*. Mais ce n'était pas mûr. Alors que *Un malheur indifférent*, il fallait y aller aussitôt, ou jamais. Curieusement, mes images sont toujours dehors. Jamais dedans. Une autre : celle dont est sortie *l'Angoisse du gardien*. C'est né du récit d'un professeur de criminologie à Graz. L'histoire d'un jeune homme qui s'est réveillé à côté de sa femme. Par la fenêtre, il voit les arbres qui bougent, et du coup il étrangle sa femme. Le professeur n'a rien expliqué, mais c'est le seul qui m'ait apporté quelque chose au cours de mes études de droit. C'est mystérieux, la création. J'ai toujours l'impression que je ne sais rien. Je ne le dis pas par coquetterie. D'ailleurs, être sûr de ses moyens, ce serait l'enfer... On part sur sa machine, et voilà... Mais je n'abandonne jamais une page, même un paragraphe qu'ils ne soient définitifs. D'où ces pages serrées, simple interligne, avec des corrections au crayon. Des feuilles tassées, denses, comme un tricot. Une longue souffrance, peut-être, car ils sont datés à la fin, comme au terme d'un supplice. 23 avril, 23 h 22... par exemple. »

Quand je le quitte, il m'accompagne encore un moment, jusqu'à l'endroit où le chemin plonge à pic vers la ville, nous évoquons la solitude où il vit. Une solitude relative. Il y a sa fille. Il descend en ville souvent. Il a des amis, qui partagent avec lui la maison. Ce qui lui manque, peut-être : les discussions enflammées d'autrefois, avec ses amis...

A la nuit tombée, embrumée, la redescente du Mönchberg, avec les coupoles à peine visibles sur cette ville engloutie. Superbe.

Taxi :
« Vous comprenez, monsieur, les jeunes, maintenant ils ne savent plus rien. Même pas le français, dans notre profession. Comment voulez-vous qu'ils retiennent le nom des rues? Un nom, il faut que ça frappe. Faut connaître l'Histoire. Vous me dites, l'Opéra, l'Opéra... d'accord. Mais c'est aussi le palais Garnier. »

JOURNAL

29 novembre. Rome

Je viens de m'offrir une belle tranche de nostalgie, avec rêverie dans la campagne romaine, comme chez Chateaubriand... Un train, un bus, trois quarts d'heure de marche dans une banlieue sans âme, je désespérais de retrouver la maison merveilleuse de mes quatorze ans au Monteverdi. Et pourtant j'y étais au Monteverdi. Mais comment s'y retrouver, trente-cinq ans après?... Soudain, accouru de je ne sais quel grenier de ma mémoire, me revient le nom de la rue. Via del Casaletto! Sauvé : encore une petite trotte, et je reconnais la rue, bordée d'immeubles d'un côté, mais intacte ou presque de l'autre, celui où nous habitions, celui qui donne sur la campagne, à peine changée. Toujours cet hôpital au loin, qui ressemble à l'Escorial, et un castello en ruine, très mystérieux, sur la colline voisine. Je l'avais complètement oublié, et c'est lui qui me procure le plus d'émotion; un petit bout de mes rêves d'adolescent surgissent avec lui, car je le voyais chaque jour de ma fenêtre, songeant à ce repaire comme si ce fût la maison du Grand Meaulnes.

Pourquoi s'était-il aussi effacé, avec son mystère? Après quelques errements, la villa Zingone apparaît. Elle aussi telle quelle, miraculeusement semblable à elle-même, avec le parc en entier qui la protège. De gros chiens m'accueillent. Je sonne. On m'ouvre. J'explique mon histoire à un valet qui me fait entrer. Je me promène dans le jardin. Puis sort une vieille femme de chambre, qui est dans la famille depuis trente ans – car c'est toujours Mlle Zingone, devenue Mme Belli qui habite ici – et je ravive mes souvenirs. Ce qu'on me raconte ressemble à un roman de Georges Ohnet, très 1900. Le frère de Madame est mort d'une chute de cheval. Elle n'a pas d'enfant, s'est mariée sur le tard et vit là, retirée, septuagénaire. La famille après elle s'éteindra. Et quand j'évoque Sergio, le mari très éphémère de Bianca Marceau, un ange passe, lourd de sous-entendus mauriaciens. Elle aussi, Bianca, avait un fils qui est mort... La semaine dernière, notre domestique Fernando est passé, après trente-cinq ans, lui aussi, pour revoir comme moi les lieux. A présent, «*fa l'artista*»... Et elle me parle de Gustavo le jardinier, oublié lui aussi, et de son fils Enzo dont je ne savais plus rien non plus.

Ensuite, après une bonne génération d'attente, je monte jusqu'à ce castello de mystère. Une envie qui sommeillait depuis tout ce temps. Et là-haut, parmi les ruines et les ronces, je ne trouve que des graffiti obscènes, et des insultes adressées à un *froccio* du coin qui n'a jamais vu de *ficca* depuis le jour de sa naissance... Il y aurait une belle page à écrire. Ou une nouvelle. Ou ce pourrait être le point de départ d'un roman. Par quelle volonté divine, dans le

1983

grand bouleversement des environs de Rome, ce petit coin de paradis a-t-il survécu au massacre, avec même, travaillant aux champs, des paysans d'un autre âge, courbés sur leur labour, près de leurs fermes décrépites? Un petit bout de paysage à la Antonnello da Messine, enchâssé parmi les Sarcelles.

Ce castello – ma petite madeleine du jour –, c'était comme si j'avais raté une marche – en rêve. Chute libre de trente-cinq ans, à pieds joints dans le passé, avec la fraîcheur stupéfiante de mes impressions d'alors. Stupéfiante pour l'homme rassis que je suis, aujourd'hui, vieille biscotte sans sel.

Sentiment curieux d'indélicatesse, de gêne, à m'introduire ainsi par effraction dans l'être d'un étranger.

Ma grand-mère apprenant la mort de son fils : « Ce que j'avais de mieux! »
Ma petite cousine, apprenant qu'on va faire dire une messe anniversaire pour ma grand-mère : « Quelle bonne idée! »

Tendresse. Beaucoup de tendresse toutes ces semaines. Sauvage y est-il pour quelque chose?

8 décembre. Metz

A déjeuner, Bella, vieille amie de ma mère et sculpteur de son état, s'insurge contre les féministes. « J'avais une pierre à transporter; impossible de la soulever. Un voisin me l'a montée dans mon atelier. On me dit, c'est parce que tu n'as pas été entraînée. Alors moi je dis, il n'y a qu'à entraîner les hommes à faire les enfants... » Il faut dire qu'elle n'est pas tendre pour ses congénères. Évoquant le ridicule des nudistes opulentes qui se promènent toutes mamelles dehors : « Ces femmes, avec leurs appartements »...

La gare de Metz – à propos de sculpture...
Oui, à la gare de Metz, chapiteau du premier pilier à droite en sortant, recto, on peut voir deux messieurs moustachus et chapeautés qui s'embrassent sur la bouche parmi les pampres. Fantaisie d'un sculpteur wilhelminien? Symbolisme obscur? Mystérieuse audace?

13 décembre

Ici viennent déjeuner Jean-Louis Ezine, Sylvie de Nussac, et Ghislain de Diesbach. Des personnalités qui se tuent un peu d'être ensemble. Ezine, qu'il faut écouter vivre, tendre, sensible, d'une drôlerie discrète et farfelue, Sylvie dont le brio acidulé réclame un auditoire respectueux de son pépiement, et Ghislain, pompeusement cocasse dans son Ancien Régime, et fleuri d'anecdotes, mais aussitôt retranché à Coblence dès qu'on évoque le présent. Quelques histoires amusantes néanmoins, comme ces souvenirs d'URSS, en 65, quand Ghislain a participé, sous la férule de Philippe Jullian, à un voyage de duchesses à « Saint-Pétersbourg ». Je ne sais laquelle, visitant tour à tour deux immenses propriétés, transformées en laiteries modèles ou en je ne sais quel kolkhoze, s'enquiert des anciens propriétaires. L'un était Youssoupoff, et l'autre Galitzine. « Vous savez, ajoute Ghislain, le fils de l'un a épousé la fille de l'autre : vous avez dû les rencontrer. – Ah, oui, dit la duchesse, hors du monde. Et quelle bonne idée de réunir ces deux domaines par un mariage! »

On évoque Jullian, et son amie Monod avec laquelle il aimait à bâtir des farces très élaborées, dont la fameuse conférence sur la correspondance amoureuse et imaginaire entre Lady Stanhope et Germaine de Staël. A cette occasion, Monod s'était déguisée en universitaire helvétique, à ce point méconnaissable qu'elle a couché, à la campagne, dans son propre lit, chez sa propre mère, sans que celle-ci l'ait démasquée.

Sylvie, pour ne pas être en reste, raconte comment elle fut pour un soir, chez Henri-Louis de La Grange, en Corse, la maharani de Cassun, à la grande admiration des populations locales, des autorités et des journalistes...

Ezine et moi n'avons jamais fait de ces plaisanteries. Nous sommes trop candides, sans doute. Et sincères.

Ainsi Ezine – comme moi – s'avoue incapable d'écrire une « nécro » quand le sujet n'est pas mort tout à fait.

(Je me souviens de mes heures d'angoisse, quand Montherlant a mis fin à ses jours. Il m'a fallu attendre la confirmation officielle de la chose, à onze heures du soir – alors que j'étais informé depuis l'après-midi – pour prendre mon stylo.)

Ezine, quand Aragon est mort, a eu besoin de le voir pour écrire. Il a téléphoné chez lui, Ristat lui a dit de venir. Il est allé rue de Varenne, il a vu le corps sur son lit, il a bu une demi-bouteille de whisky trouvée sur place – que le défunt paie la tournée en l'occurrence, n'est-ce pas justice? – et ensuite, enfin, il s'est mis au travail...

Lu, dans un manuscrit : il avait fait un testament « oléographe ».

1983

20 décembre. Londres

Quarante-huit heures à peine, dont je n'ai rien à dire. Un hôtel « siamois » miteux près de Earl's Court. Une bière au Colehern vide... l'après-midi au théâtre pour voir un « musical » sur Jean Seberg.
Verre au Double-Diamonds, rempli de créatures punks et fardées. Le soir dans un night-club dont les trois cents clients sont brusquement projetés sur le trottoir pour cause d'incendie. Matinée à Bermondsey, mais peu d'achats, si ce n'est une canne épée du XVIIIe qu'on m'oblige à mettre aux bagages, de peur que je ne détourne l'avion du retour...

25 décembre

Ma mère, l'autre jour, celui de ses noces d'or : « Nous avons failli divorcer ce matin. »

Deux fois de suite me voici invité par ces temps de fête à des repas de famille dans la haute : chez les Brandolini, avec les trois fils et leurs femmes, plus Almira, Jean Laffon, les Beaucé, les Klossovski (Thadée) dont la femme me fascine. Mèche sur l'œil, nuque rasée, grand décolleté, taille basse, sublime minceur et ligne de cou admirable, semble sortir d'un *Vogue* des années 1930, comme si elle était soudain sa mère ou sa grand-mère La Falaizze.

Ensuite, hier, chez les La Baume, avec Solange, ses fils, ses petits-enfants et Charles Louis de M.
Déplacé, là aussi : à chaque fois l'impression d'être un frère de lait, le fils méritant d'un vieux domestique, qu'on a toujours connu, qu'on aime bien, et avec lequel on est d'une exquise, d'une particulière gentillesse pour qu'il ne se sente pas de trop...

31 décembre

Le scepticisme, autre politesse du pire.

Milan, deux jours. On y prie saint Satiro et l'on y conserve, à côté d'une mèche de cheveux de Lucrèce Borgia, d'un beau blond très clair, les gants beurre frais de Napoléon à Waterloo... Qui possède les chausses de Jean Le Bon à Poitiers, les braies de Vercingétorix à la prise d'Alésia, les bretelles de Bazaine à la reddition de Sedan, le froc de Gamelin, le 10 mai 40 ?

1984

6 janvier

Cocasserie d'André Stil : « Après les œuvres de Lénine, c'est *la Boîte à pêche* de Maurice Genevoix qui m'a le plus impressionné dans ma jeunesse. »

9 janvier

Chez les Sabatier. Un dîner à dix (bien sûr), assez gai par moments, surtout à table, dans l'étroite salle à manger que Christiane a construite sur la terrasse du premier étage; on s'y croirait dans un wagon-restaurant, ou dans un corridor transformé en réfectoire. Une fois glissé à sa place, plus moyen de bouger.
Gai, le dîner, parce qu'il roule sur les anecdotes Goncourt. Robert est intarissable sur ses confrères. Rosse avec gentillesse sur Bazin et sa tignasse, si noire que tout le monde la prend pour une perruque, en général. Mais les cheveux sont vrais; Robert a tiré.
Puis le voici qui déclare, lucide, guilleret : « Parmi nous dix, il y a un con et un mégalo. » Pour le con, j'hésite entre deux, tout au plus, mais en ce qui concerne le mégalo, je crois que le pluriel s'impose.
Avec Boulanger, Edmonde Charles-Roux et François Nourissier, sa vie a changé; ils sont brillants et l'amusent. Il se divertit aussi à observer les deux dames entre elles, les regards de l'une, en Chanel, sur les tenues « punk » de l'autre, cheveux en brosse et maquillage branché.
Au dessert, on présente des fruits confits : le cadeau d'une rimeuse éternellement reconnaissante à Robert de figurer dans son *Histoire de la poésie française*. Une professionnelle de ce genre de récompenses. Jadis, la dame reçut la visite du vieil Émile Henriot,

moustache en bataille, qui s'empressa de la pousser vers la chambre à coucher. Neuf mois plus tard, elle avait son prix d'Académie...

Du 12 au 23, voyage au Maroc

D'abord, Marrakech, retrouvée telle quelle, à quelques hôtels et quelques bidonvilles près... Même agrandie, même repeinte à neuf, la Mamounia n'a pas perdu son charme « rétroriental », ni sa belle allée d'oliviers, dont la plupart des clients alanguis, agglutinés au bord de la piscine, ne doivent jamais soupçonner l'existence.

J'ai lu (au retour à Paris) qu'il y avait eu des émeutes le 10, et une centaine de morts! A notre arrivée, pas un flic dans la ville, et les gosses qui vous assaillent de partout n'y faisaient aucune allusion. Ils ne parlaient que d'une grève d'étudiants... En attendant que la monarchie soit renversée (et les murs aveugles des résidences royales la rendent partout présente, pesante, mystérieuse), les journaux sont remplis de condoléances au roi pour la mort de son frère Moulay Abdallah. Au palais de la Badia, qui était son apanage ici, le guide évoque la mémoire du prince avec révérence. Quand il venait, on fermait la demeure au public, bien sûr, et on meublait quelques appartements, comme cela se pratiquait sous Louis XIV, quand le monarque se rendait à Fontainebleau ou à Chambord. Ce n'est plus le cas pour les résidences du roi, décorées « en moderne », paraît-il, et sous la sourcilleuse surveillance d'Hassan II, qui choisit les matériaux, les couleurs, etc. Mais si j'en juge par l'extravagant « Hôtel de la plage » de Pacard, à Témira – une villa au bord de la mer, genre *Mon oncle*, avec un ahurissant ramassis de gadgets électroniques assemblés dans le pire des mauvais goûts –, celui du souverain est sujet à caution : Pacard, fils d'un fabriquant de cloches d'Annecy, est son surintendant des beaux-arts...

Retrouvé aussi le grand jeu du marchandage perpétuel pour tout, les invites à entrer dans les échoppes « pour le plaisir des yeux », les petits restaurants de plein air où Daniel avala d'infects beignets, et ce don du dicton pour toutes les occasions; on ne dit pas « prends ton temps » mais : « l'homme pressé est déjà mort ». L'impression, à la Mamounia, d'être assiégés. Dès qu'on a mis le pied hors les murs, « ils » sont là, les « guides ». Sauf une fois, où j'ai réussi à tromper leur vigilance, il nous faut les subir. Heureusement, Driss a un joli sourire, qui fait oublier le caractère un peu carnassier de ses amabilités. D'autres sont moins agréables. Presque menaçants : « De toute façon, il faut que tu prennes quelqu'un. On ne te laissera pas seul. Tu feras comme les autres. Le Maroc, c'est à nous. » Et si l'on ne cède pas, cela finit par des

1984

-injures. Comme je n'ai pas acheté la djellaba de mauvaise qualité qu'il voulait me fourguer, un marchand, après m'avoir proposé le « whisky berbère » et tout le tremblement, se met dans une colère noire : « Et tu voudrais peut-être un gros pénis en plus! »

Hideuse ville de garnison où l'on peut voir cependant l'extravagant palais du Glaoui – une forteresse médiévale en pisé, construite sous Napoléon! –, Ouarzazate est tout de même plus sympathique. Daniel entre en relation avec un instit et Mustapha, sergent de gendarmerie, son copain, qui consomment au bar de l'hôtel. Le lendemain, l'instit nous fait visiter un sublime village à demi abandonné; une femme berbère qu'il connaît nous reçoit chez elle et nous offre des crêpes avec du thé, à croupetons sur le tapis où s'agite une abondante marmaille. Ensuite, nous déposons notre ami dans l'oasis perdue qu'il habite, seul Blanc parmi la population noire. La crasse et la misère, et en même temps quelque chose d'idyllique et d'intemporel, touchant comme l'aube du monde.

« Le paradis, assure l'instit. Ailleurs, en ville, la vie est moins pure », et, pour expliquer les mystères du lieu, où d'obscurs trafics permettent à la population de survivre (haschich, pots-de-vin, etc.), il a cette jolie formule : « Le monde est petit, mais Ouarzazate est grand. »

Le lendemain, les oasis moyenâgeuses d'El Kalaa, véritable décor de cinéma pour le *Roman de Renart* avec, à cent mètres les uns des autres, le château fort d'Isengrin, celui de Goupil et de tous les autres, tapis sous les palmiers. Après, nous piquons vers le sud, jusqu'à Erfoud et Rissani. Misère totale : les gens se nourrissent de farine et d'oignons. Erfoud, très beau marché : un Noir au bagout de parigot nous vante sa camelote, comme s'il avait passé la moitié de sa vie à Belleville...

A l'hôtel d'Erfoud, pendant que je me dore au soleil dans le jardin, un jeune homme très timide, presque craintif, s'avance vers moi et m'offre un petit chameau tressé, en liens de palmes. Il a fait des études, il a vingt-trois ans, et ne trouve aucun travail. La sécheresse a ruiné le pays. Son seul espoir : les touristes, cette mendicité obligatoire. En lui, un grand fonds de tristesse, de découragement. En remontant vers le nord, un stoppeur marxiste voyage avec nous, pendant deux cents kilomètres : de quoi parler. Il rêve d'étudier « pour la culture » et non pour apprendre un métier ou se faire une situation. Après quoi, sans souci de se contredire, il affirme que les Marocains sont paresseux et qu'il faut les faire trimer de force, une mitraillette dans le dos. Selon lui – ou ceux qui l'ont endoctriné – l'exemple de Hitler et de Mussolini n'était pas si mauvais, « jusqu'à un certain moment ». Il voue le roi et sa famille aux gémonies, bien entendu : des criminels parasites à supprimer séance tenante.

Ifrane, hôtel de grand luxe (vide), fait pour les cheikhs pétroliers : somptueux et m'as-tu-vu. Belles villas et demeures à toits pointus parmi les sapins : on se croirait en Suisse.

Fès, enfin : l'éblouissement. Sous le palais Jamaï où nous sommes (hideux, depuis qu'on l'a surélevé, mais nous ne le voyons pas), l'impression de plonger dans cette ville en creux, et dans l'univers irréel des Mille et Une Nuits.

Hocine, notre guide en djellaba, nous fait cavaler partout, de ruelles en medersas, de kissarias en petits restaurants locaux de son quartier, où tout le monde le connaît. Un père mort, une famille à nourrir – dont il est l'aîné –, peu d'instruction (si ce n'est une bonne connaissance du français). Se prétend « staffeur ». Pour lui, et ses copains en pauvreté, la religion est une réalité, un réconfort, et le khomeynisme la seule solution. Il ne lui reproche que la guerre fratricide avec les Irakiens : on ne se bat pas entre musulmans... Mais les exécutions de femmes adultères, etc., « ce sont des bobards de journalistes » auxquels il ne croit pas. Lui aussi souhaite la mort du roi, mais « parce qu'il est impie »...

Le réveil à 5 heures, par le muezzin, cette longue plainte de l'aube, surgie du fond des âges. L'entendre au fond de son lit, dans une jolie chambre d'hôtel, c'est presque un effet de cinéma...

Un dicton local : « L'orange est d'or le matin, d'argent à midi, de plomb le soir. »

Près de l'ancien mellah, le cimetière juif de Fès est assez bien entretenu; certaines tombes y sont encore toutes fraîches : des vieilles personnes, revenues dormir au pays, des Sabbagh, des Bensimon, des Scemama... Daniel, tendu, furieux pendant toute la visite. Le fin mot de sa colère : devoir payer un guide arabe pour visiter le quartier juif, vidé de ses habitants par ces mêmes Arabes... Et c'est vrai qu'il est triste de voir une synagogue transformée en manufacture de tapis, tandis que les brocanteurs regorgent de lampes à huile gravées en hébreu, ou de couvre-Torah en velours brodé, qu'on vous propose comme des gâteries.

Meknès, décevant après Fès, et désert parce que c'est vendredi. Seules m'impressionnent les citernes de Moulay Ismaïl, que le temps a transformées en ruines romaines oniriques, piranésiennes.

Moulay Idriss, jolie bourgade sur sa colline. Mais surtout la campagne alentour, des oliveraies où nous avons rencontré une bande de gosses, de plus en plus audacieux. Ils ne savaient pas un mot de français, sauf le plus âgé, dix-douze ans, des boucles blondes, un air d'ange, qui répétait, presque agressif : « Donne-moi l'argent, donne-moi l'argent »... Il me rappelle cette môme, à Rissani, toute morveuse et bancale encore sur ses guibolles mal assurées de trois ans, qui jacassait en tendant la main : « Money, money, dollar, shilling »... Polyglotte par nécessité, la pauvrette.

1984

Le 23. Rabat

Jobert est avec nous dans l'avion. Il est aussi dans le *Guide bleu du Maroc* : « Homme politique, né à Meknès en 1921. » La première fois que je voyage à côté d'un monument historique.

Merveilleuse aventure, vécue en son grand âge par Georges Dumézil. A quatre-vingt-cinq ans, il est en train d'établir un dictionnaire d'oubykh, une langue du Caucase qui n'est plus parlée que par une seule personne. Rêver au dialogue de ces deux vieillards! C'est une pièce de Beckett, revue par Ionesco.

Citée par Bott, cette jolie phrase de Kafka : « L'éternité, c'est long, surtout vers la fin. » Ce pourrait être de l'Oscar Wilde, kafkaïen de salon.

Je déteste les compliments. Des médiocres, ils m'humilient; des autres, c'est eux qu'ils diminuent.

24 janvier

Visite au professeur M.

25 janvier

Le mort tire le rideau; le suicidé claque la porte.

27 janvier

Après le pied, atteint depuis quelques semaines, la paralysie me gagne à présent la main droite, à la vitesse d'un incendie intérieur.
Je me cramponne à mon porte-plume pour tracer lisiblement mes lettres. Les muscles répondent déjà très mal : c'est une souffrance physique que de griffonner ces lignes. Curieux, mais au fond, il ne me déplaît pas tant que ce soit si pénible d'écrire : la preuve enfin matérialisée de mes efforts invisibles, tout au long de ces années.

Baisé avec René, l'Antillais, comme si c'était la dernière fois de ma vie. Sans vrai plaisir, néanmoins.

JOURNAL

29 janvier

Claire, parlant d'un de ses auteurs : « Tu comprends, il est fatigant; il ne parle que de lui. » (Sous-entendu : « Il ne me laisse pas parler de moi. »)

Et dans un mot, reçu ce matin, sa conception égocentrique de la charité : « Fais ce qu'il faut pour te guérir, je serais trop triste si tu ne devais pas aller bien. »

1er février. Madrid

Je débarque ici pour voir *Lumière de Bohême*, mis en scène par Lluis Pasqual. On m'apprend au débotté – au « désailé »? – que la représentation aura lieu à Valladolid! Il est 2 heures; nous partirons par le train, à 3 h 30. Quelques pas du côté de la Piazza Colon. Je reviens – à temps – mais l'écervelée qui doit m'accompagner tient absolument à prendre un café. Naturellement, nous ratons le train, à cinq minutes près (celles du café). Le prochain nous mènera là-bas pour dix heures et demie. Aucune importance, du reste : c'est le moment où commence le filage, tout le reste étant consacré à la répétition. Je l'ai échappé belle! Mais me voici avec deux heures à perdre, loin de tout, à la gare de Chamartin. Impossible de déposer mon bagage à la consigne : pour éviter les attentats, on l'a fermée. Je suis cloué sur place, devant un décor très hyperréaliste : sous moi, des lignes de chemin de fer qui se perdent à l'horizon. Plus loin, des immeubles peints en rose sur le ciel gris pommelé, avec un peu de bleu. Et, tout au fond, des montagnes enneigées. Au premier plan, des hidalgos hors d'âge, qui jouent à la belote. Que faire? J'écris cela.

L'âge des boutons, celui des fleurs et des fruits, et puis, l'âge des pépins... J'y suis. Curieux : j'imaginais une grande angoisse, le désespoir, un vertige, peut-être. Pas cette indifférence. Comme si mon être intérieur disait : « Enfin, les vacances! » Ce docteur M. a dû être bel homme, il y a trente ans. Je le regarde m'annoncer, sans l'avouer, des catastrophes sans doute irrémédiables, une sorte de condamnation avec ou sans sursis, je ne sais pas encore, mais je ne peux m'empêcher de trouver comique sa petite moustache de Bel Ami, taillée en pointe, qui lui donne un air coquin de facétieux croque-mort.

La présence attentive et sûre de Daniel, providentiel cadeau. Elle suffit à me faciliter le passage et me donne cette (relative) sérénité. Seul, ce soir, beaucoup, beaucoup plus dur.

1984

2 février

Décidément, ce voyage! Me voilà dans le train de Burgos, au lieu d'être dans celui de Madrid. Il était écrit que je ne verrais pas le Prado... Au moins ai-je pu me promener, un peu vite, dans Valladolid, ville massacrée. Seul le musée de sculpture – et le cloître attenant – méritent le détour, mais Berruguete, si chantourné dans son baroque, ne vaut jamais un beau Bernin. Quant à la maison de Cervantès, avec sa si jolie cuisine – disons plutôt un appartement, plutôt modeste –, elle est coincée parmi des immeubles neufs, seul vestige dans un quartier reconstruit en béton; le charme n'y survit guère. Ce n'est plus une maison, c'est un otage du passé sévèrement surveillé par des sentinelles de brique et de ciment. Néanmoins la balade me ragaillardit, par ce joli matin, presque printanier. C'est encore bon de vivre.

Entre Burgos et Madrid

Il neige, à présent! Cette Castille d'hiver ressemble à l'Écosse ou aux Moors, avec partout de longs murs de pierre inexplicables, comme si l'on voulait quadriller le désert.

3 février

Suite du feuilleton madrilène : j'ai oublié mon passeport à Valladolid. Après six heures de chemin de fer dans un compartiment glacé, me voici bloqué ici pour deux nuits (Lluis Pasqual ne sera de retour que demain soir vers 10 heures). Mais, verrai-je le Prado? Il me faut écrire et dicter le papier...
Tout de même le temps de dîner dans un bouge au néon. J'y ai lu sur la carte cette jolie formule : « Carezza del tiempo. » En Espagne, c'est un dessert.

Rêve

Sur une sorte de *France-Soir*, que déploie quelqu'un devant moi, je lis en bas, à droite, en caractères semi-gras : « *"Mais c'est le week-end!" s'écrie le condamné à mort qu'on venait chercher dans sa cellule.* » Et je ressens violemment son indignation, au point de me réveiller.
Limpide et touchant, cet effort de mon inconscient pour détourner sur un autre l'angoisse.

JOURNAL

4 février. Paris, fin du feuilleton madrilène

Une note de parking de deux cents francs à Orly et les accus à plat. Il a fallu me tirer de là avec un câble et rassembler toute la petite monnaie qui me restait pour mettre un peu d'essence dans le réservoir.

8 février

La vie est un don. Mais pas un cadeau!

Foutu, pas foutu? J'évolue entre ces deux pôles, situation peu confortable. Mais l'imprécision embarrassée des médecins autorise toutes les hypothèses. J'hésite entre la tumeur maligne, la paralysie, et je ne sais quelle autre horreur. Pour l'instant, mon sang-froid m'étonne moi-même. Pour combien de temps?

Hier, et la veille, la tête si douloureuse, si vide, incapable de formuler une idée, j'étais moins faraud. Et la perspective de me faire marteler à nouveau la colonne vertébrale n'a rien pour me réjouir. Pourtant, je ne sais pourquoi, je n'ai pas peur. Pas encore. Tête lourde, mais froide.

A l'hosto, Arab. C'est son prénom, bien qu'il soit kabyle. Cinquante-cinq ans, le poil gris, mais l'air encore très frais, sympathique, avec un superbe sourire sans une fausse dent. « On ne m'en a enlevé qu'une seule, dit-il. J'avais dix ans. C'est mon père qui me l'a arrachée lui-même, avec des tenailles. On était pauvres, on n'avait pas de quoi payer le dentiste. » Arab est venu en France à dix-sept ans. Entré comme garçon de courses dans une brasserie, il y est encore. « Trente-sept ans de maison », précise-t-il, fièrement, avec son beau sourire. Il s'est marié, là-bas, au pays, il y a longtemps; il est père de deux enfants. Mais son fils, dès qu'il eut l'âge de raison, il l'a pris en France, avec lui. « Je voulais lui donner la chance que mon père ne m'avait pas donnée. » La chance... La vie de ce gosse, dans une chambre d'hôtel pendant des années! Mais maintenant, il a réussi; il est chez Citroën...

Lui, Arab, il a enfin obtenu son petit logement dans une HLM de Drancy, après une vie de loyaux services... Sa femme n'a jamais quitté l'Algérie. Elle soigne sa belle-sœur, paralysée. Néanmoins, « avant la retraite », il songe à la faire venir une fois, une première fois, « pour qu'elle voie ça ». Lui n'aura vécu qu'un mois par an avec sa femme, toute son existence. Sans s'en plaindre, apparemment. Malin et prudent, du reste, Arab. Pendant la guerre il n'a pas eu d'ennuis avec le FLN ni personne, parce qu'il habitait un

290

1984

hôtel européen. Seule contrainte : sa contribution à l'effort de guerre : trente francs par mois (à l'époque). « Ah, il fallait payer, sans ça, couic ! » Et il rigole, geste à l'appui. Cet hiver, ou plutôt l'hiver dernier, en déblayant la neige devant la porte de son gourbi – une chèvre, sa femme, sa sœur, des poules –, il n'arrive pas à lever la jambe droite. C'est le début de sa maladie : la mienne. Aussi mystérieuse. On lui fait des ponctions, des trous dans la colonne, des analyses, des radios. Rien. Il est là depuis un mois... fataliste. Presque de bonne humeur. Demain, ils vont faire le « bilan ». Un mot bizarre, qui l'inquiète. Je le comprends.

Hier, en fin de journée, une promenade dans le quartier, avec Daniel. Saveur et fraîcheur de printemps. Le danger titille les sensations.

Au théâtre, petite Madeleine, dans le foyer du Rond-Point. Un peu désemparée, parce qu'elle vient de changer de partenaire dans *Savannah Bay*; Ogier joue maintenant à Nanterre. « Eh oui, dit-elle, j'ai perdu ma Bulle »...

16 février

Chez Claude Bernard, qui habite à présent un des hôtels des maréchaux, place de l'Étoile. Splendide appartement, au goût tapageur, genre Napoléon III, avec des pièces dans le style mauresque, et de beaux tableaux – dont un Vuillard superbe – sans doute achetés grâce aux bénéfices de l'« art moderne »... Parmi d'autres, Camille Bourniquel, avec lequel j'ai une petite conversation sur la peinture, et Lucie Germain, pas vue depuis une vingtaine d'années; je la reconnais à la voix... Nous parlons, bien sûr, du Lutèce, où se sont créées tant de pièces qui ont compté. « Ah ! dit-elle, toujours nuancée, il fallait en avoir deux pour oser ça ! » Je déplore que son richissime mari ait mis fin à l'opération. « Après tout, ce n'était pas plus cher que six chiens, deux châteaux et trois gigolos. » Elle réfléchit un instant, puis : « Les six chiens, je les ai, les deux châteaux aussi. Mais l'" essentiel " me manque. »

Dîner Obaldia. Très joli appartement de bric et de broc, dans la Nouvelle Athènes, avec de beaux meubles. Rosny, une dame polonaise, M. Namias, mécène de son état, et la nouvelle compagne de René, américaine, comme son ex-femme. Grande sortie du maître de maison contre Dumur, coupable de n'avoir pas aimé *les Bons Bourgeois*. Soudain, René ne sait plus rire...

Bergson octogénaire : « Je n'ai pas quatre fois vingt ans, j'ai vingt fois quatre ans. »

JOURNAL

27 février

Vers 6 heures, le téléphone sonne. Une voix, très aimable, dit : « Allô, Matthieu Galey ? – Oui. – L'épouvante va commencer... » Un autre n'en dormirait plus. Cocteau en aurait fait un monde de mystère. Je le note vite, avant de l'avoir oublié.

29 février vers minuit. Le Beaucet

M. G. Né à Paris, le 9 août 1934. Condamné à mort à Marseille le 29 février 1984. Un 29 février ! Le destin fait de l'humour noir. Je n'aurais jamais imaginé que l'ange exterminateur serait un petit médecin malingre, plutôt sympathique, avec l'œil vif et le teint vert. Il a eu le courage, lui, de me dire la vérité. Enfin, une part de celle-ci. Je sais désormais le nom de mon mal et qu'il est incurable. Reste à savoir la durée probable du sursis.

Le premier coup encaissé (comme d'habitude, je me mets à la place de l'autre ; en quittant le toubib, j'aurais voulu le consoler... il avait l'air si mal à l'aise, et je le comprends, le pauvre), ma réaction est singulière. Je ressens une sorte d'ivresse, marchant dans les rues de Marseille sous la pluie. Une simple ivresse à marcher, à pouvoir encore marcher, à être là, toujours vivant. Et puis, un sentiment de délivrance : maintenant que la catastrophe est sûre, je suis libre. Comme si la vie, avant de me quitter, m'offrait de grandes (longues?) vacances. Je me dis soudain, en regardant les gens sur le trottoir, à la gare, que j'ai une chance énorme : moi, je sais que c'est fini, que plus rien n'a d'importance. Inutile, désormais, de prévoir un avenir qui s'est évanoui... Eux aussi sont condamnés, mais ils ne le savent pas, ils l'ont oublié. Que de vaines agitations, que de tristes soucis pour rien, les braves gens.

Bien sûr, cette exaltation va retomber – ô combien! Mais pour l'instant, je me regarde survivre, intéressé par tout, aimable, aimant mes semblables. Comme on devrait être, toujours. Faut-il vraiment mourir pour apprendre à vivre?

Le plus dur, à présent, sera de mentir à ceux que je veux préserver de l'angoisse le plus longtemps possible. Daniel, ma force, sera aussi ma plus grande faiblesse, mon vertige, ma tentation. Ne pas capituler trop tôt. Essayer... Lui garder la joie de l'ignorance jusqu'au moment où je ne pourrai plus jouer. Quand *« la commedia sarà finita »*.

Sérénité, sérénité! Ouais... Attention aux rêves!

1984

1er mars

Au fond, ce qui m'a le plus étonné, c'est d'avoir payé cent cinquante francs mon acte de décès. Normal : c'était une consultation comme une autre. Mais à la place du médecin, je me demande si j'aurais eu le cœur d'accepter des honoraires. Il est vrai, cependant, qu'il m'offre un cadeau sans prix. Tant d'autres se font voler leur mort.

Commencé de mentir. Moins pénible que prévu.
Je finirais moi-même par y croire...

2 mars. 3 heures du matin

Premières difficultés à dormir : j'écris. Je me suis pourtant pas mal fatigué, aujourd'hui : terminé mon article pour *l'Express*, marché environ cinq kilomètres avec Alain – qui ne s'est pas aperçu que je boitais, je crois – et traduit sept pages de *Night' Mother*. Bonnes dispositions pour ce travail, puisque c'est la simple, si simple histoire d'un suicide... Quel inconscient me l'avait fait choisir d'emblée, cette pièce, à la première lecture, comme si elle était écrite pour moi ?
Le corps pense.

La pluie a cessé. Le mistral vient de se lever. Comme je me sens seul dans ce grand mugissement du monde ! Bientôt, d'après ce que j'ai cru comprendre, je serai un squelette vivant. Mes mignons petits muscles auront fondu. Et puis, hop ! je me regarderai partir, déjà momifié.
De quoi rêver pour finir la nuit.

3 mars

Eh bien oui, on s'habitue. Pas l'oubli. Plutôt la douleur sourde d'un amputé qui a mal à sa jambe coupée, quand il y pense. Moi, je n'ai mal qu'à ma mort prochaine – pour l'instant. Quand ça se gâtera, comment vivrai-je la douleur, et la venue de l'Autre, de plus en plus près ? C'est presque exaltant. En tout cas, dans le courant de l'existence, cela me donne des audaces inconnues et des tendresses nouvelles. J'engueule ceux qui m'embêtent – le pauvre maire d'ici, qui n'en peut mais – et je suis plus aimable avec les autres, plus disponible, plus intéressé. Tout ce qu'on va perdre prend du prix. Pas les objets, témoins du passé, mais les êtres. En eux, c'est la vie que je regarde, passionnément, soudain.

JOURNAL

Ce que, d'ordinaire, j'aurais remis à plus tard – une carte postale, un signe d'amitié, une visite – je vais le faire, maintenant. Plus une minute à perdre. Je songe à Bory, à toutes ces lettres expédiées aux copains, quelque temps avant sa mort. Une symphonie des adieux que nous n'avons pas su entendre...

6 mars. Paris

Mort, mort partout. Les coups se rapprochent. Cette voix mystérieuse de l'autre jour avait raison : l'épouvante a commencé. Mais, cette fois, c'est Bernard Barokas qui est touché. Transporté il y a deux jours à l'hôpital, délirant. Aujourd'hui, en réanimation. Il aurait une typhoïde, qui n'exclurait pas, cependant, une complication cérébrale, abcès ou autre. Et un grand état de faiblesse, qui risque de rendre tout traitement aléatoire.

Petit Bernard! En rentrant, dimanche, après avoir vu *le Roi Lear* à Marseille, je méditais de l'inviter à déjeuner pour me remonter le moral. L'impression d'être une cible dans ce combat. Voici une balle, perdue, j'espère. La prochaine ne me ratera pas.

Cela dit, la perspective de mourir donne à la vie une savoureuse, oui, savoureuse nouveauté. Comme ces glacis blancs qui gagnent en profondeur, d'être peints sur des fonds noirs.

La critique dramatique à *l'Express* : Kanters et moi, l'aveugle et le paralytique.

8 mars. Londres

« Mon Confident ». C'est ainsi que les jeunes filles appelaient jadis leur Journal. Moi aussi, à présent. Le plus pénible, dans mon cas, c'est de ne pouvoir se confier à personne – et à quoi cela servirait-il, du reste? Garder avec soi ce gros secret, comme une tumeur honteuse. Hier, j'essayais de me convaincre moi-même que mon sort, en vérité, ne diffère pas tellement du lot commun : nous sommes tous mortels et, pas plus que les autres, je ne sais le jour, ni l'heure. Mais il y aura, il y a cette décrépitude accélérée pour me rappeler à l'ordre, et qui change tout.

Le sanguinolent *Lear* de Bond, que j'ai vu hier, n'était pas de nature à me rendre guilleret. Assassinats, énucléations, autopsies et tortures diverses, la pièce fait bonne mesure dans l'horrible. Mais c'est très beau, dans cette rouge profondeur désespérée. En sortant de là, je vais... au Paradis, pour m'abrutir de bière – et dormir ensuite. Ce que je crains le plus, désormais, c'est la nuit. Être seul avec l'Autre, à l'intérieur de soi.

1984

En temps « normal », je n'y faisais pas attention : le nombre de fois où l'on rencontre le mot « mort » dans les titres de livres, de films, dans la rue. A chaque fois, comme un clin d'œil.

9 mars

Plus serein – inexplicablement. Bien dormi. Je vais faire des courses. Mais je n'achèterai que des denrées périssables.

Pendant toutes mes balades, en métro, en taxi, cette impression constante d'emmagasiner de l'éphémère. Je ne verrai plus jamais ce joli square, cette maison, ces « mews ». Sans futur, tout devient irréel, comme si cela n'avait jamais été, puisque l'image doit en mourir avec moi. D'où l'importance, à mes yeux, de ces griffonnages, comme s'ils allaient rester chauds un moment, après que je serai cuit.

Ce soir, la physionomie de Londres était surprenante : Big Ben est emmitouflée sous un échafaudage complet, qui la double de volume et la coiffe d'un chapeau pointu. Quel est donc ce campanile vénitien au bord de la Tamise? Dérangeant comme un paysage de rêve, bâti de bric et de broc, avec des souvenirs épars.

13 mars. Paris

Bernard Barokas, toujours entre la mort et la vie.
Moi, je me sens devenir léger, léger. Jusqu'à m'envoler, un de ces jours. A mon oreille, depuis plus d'une semaine, bat le sang, petit bruit intermittent, insupportable – surtout la nuit. Mais c'est aussi la vie : l'accueillir, le comprendre comme un bip-bip rassurant.

Chez la charmante infirmière de l'impasse Gelma. Nous conversons sur le pas de sa porte. Juste en face, « Mme Madeleine » s'agite derrière une fenêtre. Son hôtel est fermé, délabré, grisâtre. Elle vit seule là-dedans, avec deux ou trois pensionnaires opiniâtres. Dans le quartier, elle passe pour la vertu incarnée, qui aura nourri des dizaines de miséreux jeunes gens et apporté du plaisir à tous les vieux messieurs en mal de chair fraîche.

Récemment, elle a dû comparaître en correctionnelle pour proxénétisme. Le défilé des témoins ne fut qu'un concert de louanges, paraît-il : cela tournait au procès en canonisation. Sainte Madeleine de Pigalle? Et pourquoi pas? On dirait un conte de Jouhandeau, juste retour des choses.

JOURNAL

Dans l'immeuble qui jouxte celui de l'infirmière, se trouvait l'atelier de Dufy. L'an dernier, on s'est enfin décidé à vider une cave qui lui appartenait : on y a trouvé d'excellentes bouteilles, qui ont intéressé les gens de la maison, et des papiers gribouillés, de vieux dessins qu'on a jetés à la poubelle...

Mon interlocutrice est une personne qui a des lettres. Elle soigne une vieille dame, rue Pigalle, qui habite un hôtel particulier où Victor Hugo venait souvent déjeuner. Elle sait aussi que Juliette Drouet a résidé dans mon avenue, mais elle ignore à quel numéro. « J'ai demandé à votre concierge. Elle m'a répondu qu'elle ne pouvait pas connaître tous les locataires... »

14 mars

Très « petit comité », ce matin, au Français. Quand j'arrive, il n'y a que Poirot-Delpech, retour de Suède et du Danemark où il est allé faire des conférences. Il y a vu le *Lear* de Bergman, et Bergman lui-même. Celui-ci, avec un grand naturel, lui a confié qu'il criait d'angoisse tous les matins à 6 heures... Dans cette démocratie un peu militaire, où tout le monde fait la même chose à la même heure (cris d'angoisse compris) les salaires sont nivelés au point que M. Palme, Premier ministre, gagne dix-sept mille francs par mois et sa secrétaire douze mille... Description amusée de Bastide ambassadeur disant des amabilités dans toutes les langues, et se plaignant de son sort, sans trop de conviction néanmoins.

Après, arrivent Carrière, Vincent, Casile, Mikaël et un autre. Juste sept, le quorum. Lecture de quelques saynètes de Courteline, pas très drôles, à vrai dire. On reçoit néanmoins, à l'unanimité.

Question à Vincent : « Ce Diderot, ça marche bien? – Très bien. Sauf sur la critique »... Tout de même, en appeler au public contre nous – l'argument de Molière dans la *Critique de l'École des femmes* –, rude chose pour un metteur en scène d'avant-garde!

A propos de Molière, depuis le règne de Vincent, je note qu'une bonne âme glisse régulièrement un bouquet de violettes dans l'échancrure de son buste. Hommage honteux, ou offrande pour apaiser des mânes courroucés?

Je me traîne à toutes ces réunions, pour faire « comme si »... Curieuse irréalité de ces conseils. Comme si, oui, comme si je voyais tout le monde à travers un tulle. Ce qu'on appelle, au théâtre, un transparent.

1984

15 mars

Bernard Barokas, presque mort, avec un maléfique champignon dans la tête. Peut-être le Sida, on ne sait. Et soudain, à travers la peine évidente de T., je sens comme une réprobation.

17 mars. Gaillon

Ici, seul. Je vais clopiner une heure dans la campagne. Soleil voilé, lumière de cinéma; le plateau paraît sans fin, d'une beauté mélancolique. Je reste un long moment à contempler la ferme du château, qui se découpe sur le parc encore sans feuilles. Je ne sais pourquoi, cela me paraît un décor de roman, soudain. Pour une histoire sombre, un peu fantastique. Et je ressens, très vif, le goût du temps qui a passé. J'avais, ainsi, de ces intuitions devant les paysages, à vingt ans. Je les retrouve à présent, trop tard. Mais faut-il vraiment écrire des romans? Aux yeux de Dieu, s'il était un Dieu, il suffirait peut-être de les avoir rêvés. Du reste, je ne pourrais plus les écrire. Tracer ces mots m'est désormais un exercice aussi pénible que jadis une séance de gymnastique avec des poids. Il faudra bientôt que je m'attache les doigts autour du stylo, comme peignait le vieux Renoir à la fin de sa vie. Les alouettes crissaient partout, cet après-midi, affolées de joie : le printemps va naître de leurs appels.

Bernard, état stationnaire et médecins toujours perplexes, désarmés, avec leurs drogues inefficaces. Qu'il réussisse à survivre, malgré eux, est le seul bon signe.

Avec ma mère, les dialogues sont toujours étranges : nous pratiquons la sous-conversation ménagère. Nous ne parlons que de choses strictement matérielles – plomberie, copropriété, placements, béton –, mais nous savons l'un et l'autre que c'est une façon de nous dire « je t'aime et je te comprends », alors que pour rien au monde nous ne formulerions une pareille incongruité et qu'il faudrait je ne sais quelle catastrophe ou deuil pour que nous allions jusqu'à nous embrasser... La dernière fois doit remonter à près de quinze ans, quand ma grand-mère est morte. Et encore, je n'en suis pas sûr...

19 mars. Gaillon, toujours

Le curé d'ici. Il vient de prendre sa retraite chez sa sœur. C'était un vieux colonial, qui avait passé des années en Indo, d'où il avait rapporté un singe. Chineur passionné, il entassait des milliers de choses dans la cure, des boîtes de Canigou vides, des saletés diverses, mais aussi trois harmoniums, un cor de chasse, un kayak. Vivant surtout la nuit, il ne se réveillait pas toujours à temps pour les offices. On parle encore d'un enterrement qui l'attendit une heure et demie. Il avait fallu le tirer du lit... Toutefois, fort versé en archéologie, il appliquait des théories singulières pour repérer les sites : il se mettait à plat ventre sur le plateau afin de l'observer à jour frisant et détecter les traces de ruines romaines. Mais mon voisin, rigolard sous sa casquette, n'en démordra pas : le pauvre homme était un pochard ivre mort, qu'on découvrait ainsi dans la campagne, et ses sommeils prolongés n'étaient que cuites et vin cuvé.

Passéiste toute ma vie, je le serai aussi dans ma mort. Au temps de l'acharnement thérapeutique et des médications triomphantes, j'ai réussi à me dénicher un mal inguérissable, pour lequel on ne connaît aucun remède. Il faudra que je me regarde passer sans rien faire, avec résignation, comme jadis. Je meurs au-dessous de nos moyens, à l'ancienne. Une chance, peut-être.

21 mars. Paris

Le Voyageur sur la terre. C'est ce titre de Green qui m'est venu à l'esprit, hier soir, tandis que je descendais la rue Lepic, après avoir vu une minable et attachante représentation (en anglais) de *Suddenly, Last Summer*, à l'ancien conservatoire Maubel, que des jeunes Britanniques ont retapé. Je regardais la devanture des restaurants encore éclairés, dans la douceur du printemps qui commence, et un immense bonheur me prenait : être encore là pour voir ça, ces simples choses, cette *Gemütlichkeit* de la vie quotidienne! Oui, je sais à présent que je suis un voyageur sur la terre, un touriste, que tout passionne et intéresse, parce que son séjour est bref, et qu'il ne reviendra plus. Plaisir neuf à vivre, mêlé d'un délicieux et à peine mélancolique détachement.

Main gauche attaquée cet après-midi pour la première fois. Légèrement douloureuse. (Droite stationnaire. Plutôt mieux.) Le second front est ouvert.

23 mars

Vauthier, Solex et petit chapeau coquin, m'aperçoit sur le trottoir du boulevard Saint-Germain. Bientôt il me rattrape, tout sourire : « J'ai préféré braver le sens interdit plutôt que de vous rater. » Il a un curieux visage, tout long, avec des lèvres épaisses, tombantes, et de petits yeux inquisiteurs et naïfs à la fois. Une trogne de chien, mais du caractère, mêlé d'une simiesque passivité. Il tient à me saluer parce que j'ai dit des mots aimables – et mérités – sur sa version du *Roi Lear.*

Lui : « Vous savez, il y a des adaptations qui sont de véritables hold-up! »

Moi : « Les metteurs en scène ne se défendent pas mal non plus, dans le détournement des textes. »

Lui : « Ah! Ne m'en parlez pas! Il paraît que Vitez aime bien *les Prodiges*, mais il attend que je sois mort! »

26 mars

Deux jours à Milan avec Daniel. Outre la très belle représentation des Sérapions, peu d'autres émotions que le plaisir d'y être ensemble. Le château Sforza, dont l'intérieur est organisé comme un parcours du combattant, avec détour par les mâchicoulis, ne recèle pas de chefs-d'œuvre très bouleversants. Quelques beaux meubles, toutefois. Superbe, aussi, l'immense basilique construite par Bramante, brique et ciment, noble coupole, et sobre, pour une église italienne. Le Duomo m'écrase. Seules, les girandoles du toit sont superbes : leur matière admirable, marbre blond, si blond! Mais va-t-on prier sur un toit, comme François Ier donnait des fêtes devant les cheminées de Chambord? Et la vue de Milan sous la pluie n'incitait guère à la rêverie : même humides, les bâtisses de béton restent hideuses.

Pardon, Stendhal, milanais...

Cher Daniel. Il sait sans savoir, ou pressent, ce qui est mieux, et sa gentillesse, son amour me le prouvent à chaque instant. Le bonheur dans le drame. Délice amer, mais délice tout de même.

Bernard, 40 de fièvre, hémiplégique, trachéotomie, coma... Depuis trois semaines.

A nouveau mon oreille bat.

28 mars

Après une nuit d'hésitation, je renonce au voyage à Tokyo qu'on me proposait. Pas le temps de m'y préparer. Et désorganisation trop grande de mon emploi du temps. Et pas la tranquillité d'esprit souhaitable.

Depuis le 29 février, je suis dieu : je sais.

Modiano, paraît-il, est devenu le cavalier servant de Mme X. Étonnant et merveilleux, comme si Proust se mettait en ménage avec Oriane de Guermantes. Mais un romancier peut-il « vivre » avec un de ses personnages? Le choc du réel doit tuer l'imaginaire. Ou pire : se confondre avec lui, comme le peintre de la légende chinoise (reprise par Yourcenar) qui entre dans son tableau et disparaît en barque à l'horizon.

29 mars

J'ai voulu savoir à quelle sauce amère je serai frit; je le sais. Rien de plus facile. Il suffisait d'entrer chez Dunod, et de tomber en deux minutes sur un ouvrage intitulé *les Maladies dégénératives du système nerveux*. J'ai très probablement la maladie de Charcot, ou quelque chose d'approchant. Il me reste deux ou trois ans maximum – même pas, si je fais remonter mon mal à septembre dernier – avant le lit définitif et une lente et horrible agonie, qui peut elle-même durer des mois, le regard fixe, d'« une tristesse pathétique », précise l'auteur de ce scientifique ouvrage. Tâcher d'éviter à temps ce spectre baveux, décharné, faisant sous lui. Aurai-je le courage de sauter le pas? Ce ne sera pas « dans l'épouvante, le sourire aux lèvres », mais « dans l'horreur, les yeux ouverts ». Les yeux ouverts...

Attention au cabotinage de l'angoisse! C'est une tragédie : ne pas en faire un drame. Avec Jeanne Champion, rencontrée hier, je faiblis et laisse échapper de sibyllines vérités que je ne sais plus comment rattraper. A quoi bon ces aveux, qui ne soulagent en rien. La gêne des autres est pire que leur indifférence. Tout anguleuse, avec une grande bouche élastique, elle est attendrissante, Jeanne. Sa maigreur la rend dure d'aspect, exubérante : elle se dit sentimentale, ultraféminine. Incomprise, bien sûr.

Catherine Paysan, au téléphone : « Nous avons passé un mauvais hiver. J'étais fatiguée tout le temps, sinusite, grippe, faiblesse. Incapable de rien faire. Maintenant, nous courons les phytothérapeutes et les homéopathes, mais ça ne va pas fort. Ce pauvre Émile a dû s'occuper de la maison, mais il ne peut pas rester debout longtemps, " du fait de la guerre ", et commence à se dire que le mariage a ses inconvénients. » Néanmoins, Catherine, sur la suggestion des Privat, prépare un récital chez eux. Elle y travaille depuis des semaines, répète avec son pianiste, s'évertue, s'épuise, se lamente. « La dernière fois, j'ai failli m'évanouir après la séance. Vous savez, cela me tourne les sangs. Chez Calvet, quand j'avais chanté, vous vous souvenez, eh bien, j'ai vomi toutes ces bonnes huîtres au retour. »

1984

Dialogue avec la charmante piqueuse.
Moi : « Je vous paierai la prochaine fois. Si je ne suis pas mort d'ici là. »
Elle : « Ne vous en faites pas. Ce n'est pas grave ! ... »

Chez Almira, pour prendre le thé, dans le joli petit entresol qu'il occupe rue de Condé. Un cocon douillet bourré de tapis d'Orient, de tableaux, de coussins et de jolis meubles : très « grenier des Goncourt », revu par un décorateur. Il vit là en ermite de luxe, tout à son ouvrage d'écrivain, détaché des choses matérielles, dont s'est toujours occupé quelqu'un d'autre, famille ou amis.

Il prétend sincèrement avoir essayé d'être comédien, après la publication du *Voyage à Naucratis*, mais en vain. Il est donc revenu à la littérature : « C'était elle ou la maladie chronique. » Une part de comédie mondaine dans son explication, surtout quand je le considère, élégamment abandonné sur son sofa, blond et beau, le sourire à la bouche et l'œil frisé. Mais il y a aussi du vrai dans ce qu'il dit. Il ressemble à ces femmes qui ne sont heureuses qu'enceintes. Lui, c'est d'un livre. Et sa vie, la souffrance de l'écrire.

31 mars. Gaillon

Le travail très concentré, meilleur des remèdes. Plongé dans l'adaptation de cette jolie petite pièce sinistre et quotidienne, pleine de petits problèmes concrets à résoudre, je ne pense plus à mes histoires. Je m'oublie, délicieusement.

Hier, après une longue promenade épuisante sur la rive gauche – au retour, j'avais l'impression que mes membres pesaient des tonnes –, nous allons voir *Un amour de Swann* au cinéma. Sidéré de comparer cette aimable misère avec les louanges que j'en ai lues. Personne, absolument personne, ne correspond aux créatures de Proust, sauf Swann, peut-être. Encore ressemble-t-il davantage à Navarre, dont il a les attitudes accablées, le désespoir à fleur de moustache. Quant à Delon, pas mauvais dans son rôle, ce n'est pas Charlus qu'il interprète, mais Montesquiou, le modèle : méfaits de l'exégèse. Proust en aurait eu trois crises d'asthme. Sans doute serait-il mort avant, du reste, assassiné par la vulgarité d'Oriane et de Basil, les rondeurs appétissantes de Marie-Christine Barrault en Mme Verdurin, sortie de je ne sais quel Maupassant, et l'ahurissante apparence d'Odette, si peu botticellienne dans sa perversité pour magazines polissons. Et les scènes de coucheries, coupées de dialogues « proustiens », est-ce pour donner du réel à un scénario « trop plat » ? Faut-il voir une allusion délicate dans le fait que Swann semble sodomiser toutes ses partenaires? Tant de bassesse me consterne. Même dans la soie, le velours et les fanfreluches d'antiquaire, une misère reste une misère, et ce film un mot-à-mot sans âme, rédigé par des greffiers pleins de fric.

1ᵉʳ avril

En guise de plaisanterie : j'ai appris, par hasard, l'autre jour, que dans la profession, on m'appelait « Moitié Galeux ». Je le serai bientôt tout entier.

12 avril. Le Beaucet

Pour mémoire (façon de parler; c'était une formule « d'avant », quand je m'imaginais lisant ce cahier le soir au coin du feu, l'âge venu).
Quatre, cinq jours à Gaillon, avec Daniel. Je travaille d'arrachefeuille, entrecoupant mon labeur de promenades dans la campagne, d'un bon pas, histoire de contrarier ma boiterie galopante. Le printemps froid n'est pas sans charme, et chaque rayon de soleil une merveilleuse aubaine. Daniel est d'une gentillesse exemplaire, mélange doux-amer de bonheur et de désespoir. Et parfois, grâce d'état, nous parvenons à oublier la situation, comme si nous vivions une idylle hors du temps. Maintenant, sans que rien soit dit, je sais qu'il sait. A peu près. S'il ne soupçonne peut-être pas tout, ni le délai, il a compris. Pauvre gosse! Pourquoi fallait-il que je sois le visage de son malheur? Mais, après tout, je n'ai commencé une vie sentimentale stable qu'à vingt-neuf ans. Il en a trente et un. Il ne sera pas trop tard pour revivre pleinement et longtemps, avec d'autres. Je verrai cela d'un bon œil, par en dessous.

Puis, une petite semaine en Provence, toujours à deux, et dans le frisquet.

28 avril

M. Paul Chauvet
Président de l'Association pour le droit de mourir dans la dignité ADMD.
103, rue La Fayette
75010 PARIS.

1984

30 avril. Le Beaucet

Trois jours ici avec ma sœur et ma mère. Pour moi, une sorte d'adieu, mais elles ne sont pas dans la confidence. Au contraire, Geneviève me rabroue sans cesse parce que je clopine. Elle veut m'envoyer chez Bobet pour y faire soigner mes rhumatismes! J'avais – un peu – rêvé une promenade avec elle dans la campagne, où je lui aurais dit : « Voilà. Je suis perdu, pas de quoi en faire une histoire. » Comme ça, parce que je l'aime bien, en guise de signe affectueux, pour qu'elle ne soit pas tenue à l'écart. Mais je vois bien que c'est impossible et vain. La société n'a pas prévu cette situation, même entre proches. On ne peut pas jouer la comédie du « ça va s'arranger, penses-tu, tu te fais des idées », la chose devient intolérable parce qu'il faut la considérer comme une réalité. Aussi dangereux pour les êtres de regarder la mort en face que le soleil. Surtout la mort des autres. Elle vous paraît évidente, mais on doit la nier devant eux. Pudeur plus qu'instinctive : sacrée. La mort est « innommable », comme Dieu dans la religion hébraïque. Seule différence : l'une existe, l'autre pas.

Toujours dans le coma, Bernard (Barokas) entame son troisième mois d'inconscience!

Ma mère. J'allume un radiateur dans sa chambre. Son premier geste en y entrant : l'éteindre. Pour ne pas me faire dépenser d'électricité. J'aurais eu la même réaction, autrefois. Il m'aura fallu voir le bout pour comprendre
1) que le bien-être des autres peut être un plaisir pour soi,
2) qu'on peut donc accepter celui qu'ils vous offrent.

Ma vie, depuis le 29 février : un grand manteau blanc doublé de noir. Interdit de l'ouvrir; je passerais pour un satyre moral.

Ma mère, si fragile, assise à l'ombre, se garant de ce soleil superbe, dans un coin de la terrasse. Si elle pouvait se faire plus petite encore, elle se réduirait à la taille d'une fourmi. Sa façon d'être « en visite ». Discrète jusqu'à la transparence. Ma sœur, si solide, au contraire. Si vivante. Ou plutôt, « dans la vie », les dents plantées dedans. Je la regarde, moi qui ai le sentiment d'avoir déjà lâché prise, avec un mélange de fascination et de pitié. Tous ces jours-ci, je me suis amusé – oui, amusé – à semer des petits cailloux allusifs qui resurgiront plus tard dans leur mémoire comme autant de signaux prémonitoires. Ma fameuse conversation impossible, par bribes et à retardement.

Les glycines partout fleuries, les iris violets, les lilas mauves; le printemps est ecclésiastique, par ici. Il s'est mis beau pour moi, histoire de me donner des regrets. Jamais je ne l'avais vu si radieux depuis des années. L'an prochain? ...

Nice. 2 mai

Je viens voir la Comédie-Française qui se « décentralise » ici : Muni est dans le hall de l'hôtel. Muni, pensionnaire inattendue, adorable petit tas sans âge, d'où sort une voix d'enfant. Plus tard dans la soirée, Régy m'ouvre son portefeuille et me montre une précieuse photo représentant Mme Grès sculptant une robe sur Muni. Une Muni d'il y a trente ans, svelte et menue : un Tanagra.

3 mai (en avion)

Me souvenir – ou plutôt fixer, comme une photo anonyme – cette image de bonheur, en gare de Cagnes-sur-Mer. Une jeune femme, grande, brune, avec de la branche, vêtue d'un tailleur beige, s'accrochant au bras d'un garçon très beau, qui est venu la chercher. Lui, en blouson, plus sportif d'allure, avec un regard intelligent. Elle pose la tête sur son épaule, elle rit, ils marchent ensemble sur le quai, tandis que mon train repart. Rien, en somme. Rien qu'une petite explosion de vie. Comme si leur joie d'être au monde justifiait *mon* existence. Toute existence.

A la maison, l'autre jour, Jean-Pierre de Beaumarchais tapi derrière ses loupes, timide, pénétré de son sujet et, trois quarts d'heure plus tard, Philippine de Rothschild, avec deux bouteilles de rouge sous le bras (mais quel rouge! Mouton 76). Dans une sorte de chemise flottante, à peine coiffée, pas maquillée. Telle que la nature l'a faite, avec sa ronde figure coupée d'une grande bouche, cette voix un peu cassée, d'où il sort des éclats de rire légèrement forcés, des exclamations de théâtre, brisées comme des sanglots, esquissées. Mais derrière cette façade sociale, un naturel, une vraie drôlerie, et de la force. Ruinée, elle prendrait les choses en main et se referait une fortune.
Raconte le tournage d'*Un amour de Swann*, où elle a joué une dame du monde, bien sûr. (Non, pas bien sûr. D'ordinaire, on lui confie toujours des rôles de soubrette.) Cela se passait au château de Champs, cet hiver. A l'étage noble, les vedettes : Delon, Ardant, etc., revigorés à grand renfort de chaufferettes électriques. Dans les caves, entassées comme du bétail, les figurantes payées trois cents francs par jour : toutes des vraies « débutantes » titrées, choisies pour leur nom (une idée chipée à

Visconti). De bonne race, mais ne sachant pas jouer, bien sûr. Je m'arrête. On arrive. Et puis la main, ma flasque main de momie fatigue.

10 mai

Ne mâchez pas les mots : crachez-les.

Depuis que je ne tourne plus rond, les autres me donnent le vertige. Qu'ont-ils donc à s'agiter comme ça?

Dîner chez Geneviève, avec Paul Guimard et Michèle Cotta, toute de rouge vêtue, et la nouvelle déléguée du Québec, aux jolis yeux bleus.
Guimard a l'air heureux et parle de la Haute Autorité comme d'une réunion d'anciens combattants où l'on s'amuserait en petits fous, sous la présidence d'une abbesse libertine. Quelque chose de très Laclos, là-dedans, je ne sais pourquoi. Mais là où le favori de Tonton s'amuse le plus, ce sont les voyages officiels, semble-t-il. Hélicoptère au Mexique, ou Boeing au Canada, son travail consiste à peaufiner les discours du président. Après, Mitterrand fait le boulot, lui se promène. Raconte joliment un dîner intime à la Zarzuela, avec Felipe González et sa femme, le roi, la reine et un grand de service, dernier vestige de l'étiquette. « Vous savez, dit l'épouse du Premier ministre, quand on a connu quarante ans de tyrannie sanguinaire, c'est long à supporter. » Et le roi de renchérir. « Oui, c'est très long. »
Autre histoire de Guimard. Aux Seychelles, il dîne avec le ministre de l'Industrie et du Commerce extérieur :
« Mais quelles sont vos productions industrielles? Je n'ai pas vu beaucoup d'usines. Qu'est-ce que vous exportez?
– Une voix à l'Onu. »
Farkas : une manière de Henry VIII, irradiant la tendresse et une sympathie bourrues. Cotta : un dessin de Sempé, nez pointu, petites dents de souris, menton fuyant. Le regard est vif, le sourire aguicheur. Du charme. Mais on se demande sans cesse ce que ça cache.
Tout ce beau monde jouit du régime et des privilèges avec un (feint) détachement amusé. N'ont pas, ne veulent pas donner l'impression qu'ils les considèrent comme un dû. Alors que signifie la démocratie? La droite, elle, quand elle est au pouvoir, trouve cela naturel, avec une parfaite bonne conscience. La gauche serait-elle, par essence, une hargneuse aigrie, plus à l'aise dans l'opposition que dans les palais nationaux?

Claudel à quatre-vingts ans : « Plus d'yeux, plus d'oreilles, plus de dents, plus de jambes, plus de souffle! Et c'est étonnant comme on arrive à s'en passer! »

Alors, la mort ensuite, quelle surprise!

12 mai. Lyon (dans le train)

Ce qui m'attire dans une fesse pommée, c'est la pomme, pas la fesse. Toute sexualité travestit. Mon lapin, ma cocotte, ma biche, mon minou, mon trognon, mon légionnaire. On couche avec des images. C'est la pudeur de l'instinct. Ou sa poésie.

Le meilleur moyen de survivre : les raisons sociales. Bruno Coquatrix présente, Bernard Grasset publie, Christian Dior parfume ad vitam aeternam, alors qu'ils sont poussière depuis un bout de temps. Et Claude François continue à gagner des hit-parades!

Sur le Pont-Neuf hier. Deux types en bleus, qui sortent de la Samar. Le plus petit avise la photo de Depardieu sur le journal.

« Qu'est-ce qu'il a, çui-là? Il est vilain, il est de travers, je peux pas l'encadrer. N'importe qui peut faire c'qui fait, mais faut croire qu'il a quek chose. Y plaît. Y fait même du théâtre.

– Bof, dit l'autre, c'est comme Delon. C'est la mafia. »

Pas d'enfants, ni d'œuvre : vie sans issue.

13 mai

Yves Simon, à sa « cantine », place Dauphine, face aux marronniers en fleur. Il assume sa notoriété avec intelligence et une feinte simplicité bien jouée. Mais il ne peut s'empêcher de s'empêtrer lui-même dans ses contradictions. *Océans* s'est vendu à vingt-cinq mille, ce qui est inespéré, et serait inimaginable pour n'importe quel écrivain de valeur comparable à la sienne. Valeur très honorable, mais pas du tout « publique ». Néanmoins, il trouve que c'est un score insuffisant. Et ce l'est peut-être, en effet... pour le chanteur. Mais voilà ce qu'il refuse d'admettre, comme si le romancier faisait carrière de son côté... Ce soir, il chante pour un parterre de ministres des Finances, à Rambouillet – parce qu'il a rencontré Delors à la télé et sympathisé avec lui. Que penseront ces braves gens? Et voilà comment les anciens hippisants à guitare vont se balader sous les lambris dorés... Rigolo. Nous parlons de ce curieux dîner, il y a quinze jours, chez un peintre, ami de François-Olivier Rousseau. La cocasserie de cette cour de jeunes auteurs autour de Mme Gallimard, mi-Verdurin, mi mère-poule : Bréhal, qui s'est fait la tête de Théophile Gautier, ou plutôt d'Alphonse Daudet à ses débuts, François-Olivier, plus britannique qu'un vrai lord. Yves, en baskets, et moi aussi, nous croyions assister à un dîner entre copains : c'était le « petit souper » de S. M. Simone... Capitalisme pas mort !

« J'ai quitté ce matin avec un serrement de cœur l'avenue Frochot »... Un bout de phrase qu'on pourrait mettre en exergue à mes cahiers ultimes. Elle est de Victor Hugo : *Choses vues*, 12 février 1871.

Il y était arrivé le 5 septembre de l'année précédente, à minuit. Il avait mis deux heures pour venir de la gare du Nord, après avoir donné « dix mille poignées de main ». Devant la grille, prenant congé, il a « dit au peuple » : « Vous me payez en une heure vingt ans d'exil. »

Lieux historiques, en somme... D'ailleurs, Louis Blanc avait remarqué que le coq de Mme Meurice, son hôtesse – pour les œufs, en période de siège, il fallait un poulailler –, ne chantait pas « cocorico » mais « Victor Hugo »...

Historique : je ne suis pas peu fier ; c'est ainsi que m'a qualifié Kundera, rencontré hier au théâtre : « Je vous imaginais beaucoup plus vieux, vous qui avez accueilli Gombrowicz à son arrivée à Paris. Il en parle dans son *Journal*. Oui, un personnage historique... »

L'accent lui donne un charme infini et ces yeux bleus, si profonds dans l'orbite. Quelque chose d'un boxeur, et du pape. Chaleureux, protecteur. Donne confiance, physiquement. Le contraire de ses livres. Nous parlons du superbe succès de son dernier roman. « Oui, dit-il, je rougis. Je ne suis pas en très bonne compagnie. Je me pose des questions sur moi-même ! »

Ricochet littéraire. Kundera, son confrère à Rennes, évoque Dominique Fernandez, fils de Ramon, lui-même ami du vieux Mauriac. Et devant nous joue Anne Wiazemsky, petite-fille du même Mauriac. Ces courts-circuits, pour moi toujours romanesques.

Véra, la femme de K., brune, pointue, vive, drôle.

14 mai

Bernard, toujours. Toujours vivant. Dans quel état !

Dans son salon capharnaüm, accrochée par une épingle à nourrice à un vieux fil de fer, maman conserve une petite photomaton de sa mère. Depuis longtemps, déjà. Récemment, elle vient d'y ajouter son père et... moi, dans le même format. Sans malice, la pauvre. Mais c'est un avant-goût singulier, plus cocasse que désagréable, en vérité. Il y a un pittoresque du macabre, heureusement : la mort désamorcée.

Ça gagne, ça gagne. J'ai la main droite qui devient très gauche.

21 mai

L'autre jour, à Limoges, pour une émission sur Chardonne, avec Jérôme Garcin, Jean-François Josselin et Mme Guitard-Auviste. Me voilà de plus en plus « historique » : dans le petit dossier distribué à la presse, je suis qualifié d'« ami d'enfance de Jacques Chardonne », dont nous fêtons le centenaire...

Bernard Pautrat m'appelle « pour me remercier ». Le lendemain de notre déjeuner, il y a presque deux ans, il a tout envoyé promener pour se mettre à écrire. On lui a refusé ses manuscrits, mais il continue à œuvrer chaque matin, dans le bonheur, en dépit de ses revenus en baisse et de la discipline que lui impose ce nouvel état.

Ce coup de téléphone me remplit de joie. Aurais-je au moins servi à quelque chose?

Si j'avais eu un ami – au sens un peu adolescent du terme, celui avec qui on discute de Dieu et de rien et de tout –, j'aurais aimé que ce fût lui, en mon âge adulte. Mais il aurait fallu oser le lui dire, et comme il doit être aussi timide que moi en ces matières, bernique! N'empêche. Maintenant que je vis au futur antérieur, cette virtualité suffit à *me* contenter. Cela aurait été possible. Tout est là.

La « drôlerie », comme dirait Jacques Brenner, c'est qu'en cette aventure, les choses m'auront quitté avant que je ne les quitte. Du jour au lendemain, dès le 1er mars, elles n'avaient plus aucun intérêt. Moi qui étais un « chineur » impénitent, je pourrais traverser aujourd'hui toute une foire aux puces sans jeter un coup d'œil d'envie sur le moindre bibelot. Qu'aimais-je donc dans les objets? La durée. C'étaient des compagnons de vie, des points de repère pour l'avenir. Je croyais les apprécier en eux-mêmes, et ce n'étaient que des ersatz de mon moi, des munitions infimes pour résister au temps.

Au Prix des critiques, Claude Mauriac affirme qu'il ne prend jamais de notes. « On se souvient toujours de l'essentiel. Ce qu'on oublie ne valait pas la peine. » Mais *le Temps immobile* en est à son sixième tome : près de cinq mille pages. Vaste « essentiel ».

1984

28 mai

Bernard Barokas est mort cet après-midi, à 5 heures. Dans le coma depuis près de trois mois, il n'était plus qu'un corps, de plus en plus maigre, avec un tube dans le nez, la trachée ouverte, une déviation rachidienne et un goutte-à-goutte au bras. Curieusement coloré, néanmoins, reconnaissable encore, malgré ses cheveux ras quand je l'ai vu la dernière fois. Impossible d'écrire que je suis bouleversé. Pour nous tous, il est au-delà depuis que nous avons perdu l'espoir. C'est après, sans doute, qu'il va surgir, resurgir, beaucoup plus vivant d'être mort que lorsqu'il était ce mort-vivant. De trente-trois ans.

1er juin. Dans l'avion

Juste avant de partir, la messe pour Bernard à Suresnes, après un gymkhana dans Paris encombré. Peu de gens, mais la plupart de ses amis, et la famille effondrée. Tout le monde sanglote malgré le curé stupide et la froideur de l'endroit. J'ai presque une crise de nerfs, en voyant Daniel pleurer : la répétition générale... La peur, l'angoisse? Non. Quelque chose comme de la honte. Je me sens coupable, voilà, coupable de leur peine. Il faudrait rire au chevet des mourants.

10 juin. San Francisco

Ces cris. D'abord ces cris, terrifiants, suraigus : l'épouvante à l'état brut. Tout de suite, j'ai pensé à une crise d'épilepsie. J'ai cru, Dieu sait pourquoi, qu'une négresse – à cause de cette voix stridente sans doute –, qu'une négresse s'était échappée d'une salle de la clinique, et qu'on la poursuivait dans le couloir. J'ai entrouvert la porte de la pièce où j'attendais. Personne. Il m'a fallu quelques secondes pour admettre que ces hurlements venaient de la pièce voisine, où l'on faisait à Daniel une piqûre anodine. J'ouvre : l'infirmier – nommé David – et le médecin tentaient de maîtriser un possédé, ou plutôt un torturé à la gégène, agité de soubresauts effroyables et qui hurlait de terreur, blanc comme un cadavre, déjà, les yeux fous, en pleines convulsions. On me repousse dans le couloir : *It's nothing, don't worry!* Et moi, dans l'égarement, je reste un instant, à taper le mur de mes poings. Ce n'est pas possible! Une chose pareille ne peut pas arriver, il va mourir, là, d'un instant à l'autre. Ces cris sont insoutenables. Le temps de me ressaisir, je reviens. Daniel est toujours dans le même état, et les autres me laissent faire, complètement dépassés par les événements. Je le prends dans mes bras. Je n'ai qu'une idée : me mettre dans l'axe de son regard fixe, qu'il me voie, qu'il me sache là, qu'il m'entende. Je crie son nom. Il est ailleurs déjà, il se débat contre des démons. L'enfer! « Daniel, Daniel, je suis là. Dis mon nom! » Il l'a dit, enfin, mais la crise n'a pas cessé, et tout d'un coup il se rejette en arrière, les yeux fermés, livide. Mort. Je l'ai cru mort. Le moment où j'ai eu le plus peur. Puis la vie est revenue, et les couleurs, lentement. Il m'a vu... s'est calmé peu à peu.

Sans doute une réaction à la novocaïne qui était dans le produit. Passée tout droit dans le cerveau. Après une heure de repos, mais les jambes flageolantes, éblouis par ce beau soleil, nous descendons la rue, comme deux ressuscités. Daniel s'arrête dans un fast-food pour dévorer un poulet grillé. Nous sommes serrés l'un contre l'autre, vivants, vivants, vivants. Enfin, un miraculé et un sursitaire... Daniel a demandé du papier pour noter ce qu'il se rappelle de ses visions pendant ces deux minutes chez les morts. Je lis la première ligne : « Matthieu, moi mort avant lui. » Plus besoin de lui demander s'il sait. De mon côté, dans le couloir, j'ai eu la même pensée. A l'envers : lui, mort avant moi. Une formidable surprise devant les infinies possibilités de l'horreur, comme si j'avais été à la fois l'acteur et le spectateur d'un bilan d'épouvante. Au-delà du « ce n'est pas possible ». Et aussi, bizarre idée, comme une consolation, la douceur, oui, douceur d'avoir fait l'amour ce matin, comme s'il allait emporter ce souvenir. Je lui suis devenu plus précieux que jamais depuis qu'il a deviné mon état, et le voici pour moi comme si je l'avais arraché au destin qui s'acharne à tuer autour de moi. Je vais mourir heureux, intensément. Ça vaut ce prix-là, sans doute, le bonheur. Je paierai.

1er juillet. Gaillon

T. me demande si cette maladie ne me gêne pas trop pour conduire. « Non, pas trop, pour l'instant... De toute façon, ça n'a pas d'importance. D'ici peu j'aurai ma petite voiture à moi... » Et le voilà, le pauvre, qui fond en larmes, alors que je m'en fiche. Une indifférence qui me fait presque peur. Serais-je insensible au point de ne pas m'aimer moi-même non plus?

Longue promenade sur le plateau, avec T., Daniel et Françoise. Presque pas boiteux aujourd'hui. Un soleil doux, le ciel transparent. Je cueille une fleur qui sent bon, et j'ai envie de pleurer. De joie. Une fleur mauve, déjà demi-deuil.

1984

2 juillet

Il serait temps que je note un peu notre voyage en Amérique et en tragi-color... Ou plutôt en tragidécoloré. New York, qui toujours m'électrise, la Californie, Los Angeles ne sont plus que des décors, où je me suis promené en spectateur, sans y être réellement. Il est vrai que pour moi, c'est le continent de la solitude, de l'indépendance et de l'anonymat. S'y rendre à deux change tout, en plus du reste... Avec toutefois le plaisir nouveau de partager un pays qui m'a si souvent fasciné. Cette situation me rend assez vite odieux quand le soir tombe et que s'approche l'heure de la drague nocturne (car ma boiterie m'a fait renoncer aux rencontres diurnes de jadis; plus de saison pour les éclopés). J'ai besoin d'errer seul dans les rues et les bars, ne serait-ce que pour me prouver à moi-même que j'existe encore, entre chien et loup; cela me suffit, désormais. Avec une patience multipliée par sa gentillesse naturelle, et une farouche volonté qui est la sienne de nier l'évidence, ou le courage superbe de la transcender jusqu'à l'oubli, au point que je finis par y croire moi-même de temps en temps, Daniel supporte ma mauvaise humeur et rend ce voyage radieux. Une espèce de bonheur fragile, intense, blessé, comme les rires qui s'achèvent en sanglots.

Et pour moi, c'est d'autant plus juste que je ne maîtrise pas bien ma gorge, mes pulsions, mes larmes : système nerveux déjà déficient. Par exemple, en regardant défiler les écoles juives sur la Cinquième Avenue, un dimanche après-midi, je sens Daniel ému, sidéré, et c'est moi qui pourrais presque pleurer, alors que le sionisme et moi...

Donc, pour mémoire, une promenade en voiture dans le New Jersey. Un déjeuner bizarre parmi des jeunes gens noirs ou portoricains qui avaient chacun leur radio et leurs programmes, phénoménale cacophonie bien américaine. L'endroit, très beau : une « country-house » des années trente, complètement déclassée. Retour par le Bronx et Harlem, où les gens campent au milieu des immeubles en ruine, comme des squatters après une guerre, dans une ville dévastée.

La visite du Moma, reconstruit de neuf. Un immeuble a jailli au-dessus des salles, on ne le voit pas. L'ensemble reste somptueux : du premier choix (surtout les Redon, les Degas, les Picasso), et maigre, musclé comme le sont rarement nos vieux musées, où s'accumule depuis des siècles la mauvaise graisse des collections trop riches. Panorama séduisant par les fenêtres : le jardin; derrière, des maisons basses, « de style », genre Renaissance-hispano-mauresque-châteaux de la Loire dont l'Amérique a le secret; au-delà, des « sky scrapers » 1930 et, plus haut, le jaillissement de verre et de béton des constructions récentes. Toute une ville résumée d'un seul coup d'œil.

Claudel disait des gratte-ciel que c'est « inconsistant et déchiqueté ». « C'est du carton, c'est de l'albumine, c'est en meringue! Ça monte, ça descend, ça s'ouvre, ça se démolit, ça se superpose, ça change presque tout le temps, il n'y a qu'à souffler dessus... » Juste. Mais le passé, maintenant, résiste mieux à New York... On y a enfin découvert le prix du rétro.

3 juillet

« En 1802, le fashionable devait offrir au premier coup d'œil un homme malheureux et malade; il devait avoir quelque chose de négligé dans sa personne, la barbe non pas entière, non pas rasée, mais grandie un moment par surprise, par oubli, pendant les préoccupations du désespoir... » Cent quatre-vingt-deux ans plus tard, Chateaubriand ne serait pas dépaysé par les « branchés » d'aujourd'hui.

7 juillet

Réactions de médecins.
Le Pr Tourtelotte, brave homme et grand savant de l'UCLA, me dit avec cette touchante franchise américaine : « Il faut vous en remettre à Dieu. »
Et le Dr Lachiver, à qui j'apprends le verdict : « Alors, c'est la grande défonce! »
A propos de Georges Perros, dont les derniers *Papiers collés* emballaient un cadavre en sursis, Jérôme Peignot écrit : « Le plaisir d'écrire est si grand qu'on peut allègrement mourir pour lui. » Curieusement serait plus juste. Du moins, c'est mon sentiment. Je regarde ce friselis de fibrillations sur ma cuisse avec curiosité. Je, ici, est un autre. Déjà un autre.
Pour me consoler (?), Tourtelotte avait ajouté, après sa profession de foi : « Soyez tranquille, vous resterez conscient jusqu'au bout; le cerveau ne sera pas atteint. » Pas très tranquille, en vérité, mais curieux, oui. Jusqu'à la limite du supportable.
Pour l'instant, les promenades le sont encore, supportables. Quoique des épreuves. Avec la récompense du soleil, d'une longue station aux Tuileries, sur un banc hier, d'une lente balade à Montmartre cet après-midi, à petits pas, comme un spectre en vacances parmi les vivants.

Hier, il y a eu cent ans qu'est mort Victor Massé. J'ai glissé une petite immortelle sur la plaque vissée dans le mur de ma maison.

1984

Mais, à part moi, qui se sera souvenu de cette gloire nationale en 1884?

12 juillet. Le Beaucet

La merveille de pouvoir – encore – écrire! Même pour dire si peu. Dans le courant des journées, j'oublie, mais Feydeau – oui Feydeau – m'y ramène. Foudroyant comique de *Léonie est en avance*. Mais je ne peux plus rire sans émettre un drôle – c'est le cas de le dire – drôle de râle qui fait se retourner les voisins au théâtre. Le gosier, sans doute, ne fonctionne plus comme il faut. Après, quand mes mains et mes pieds seront inertes, la voix me quittera. Et mes yeux – fixes – seuls vivront pour essayer de communiquer. Quoi? Un amour. Un adieu. La peur.

15 juillet

Trois quarts d'heure au téléphone avec Jack Lang, furieux d'un article où j'ai osé me moquer un peu de lui, « si optimiste qu'il a promis aux Québécois de revenir en 86 ». Chaque fois que je le cite, c'est pour le brocarder (il y a un peu de vrai, mais il oublie mon soutien quand il était « dans l'opposition »). Je lui en veux personnellement et l'on refuse de reconnaître les mérites, quand il y en a, de ce « pauvre régime socialiste tant décrié ». Il ne manque pas de faire allusion à « votre ami Michel Guy » – va donc, réac! – et me laisse entendre, sous les fleurs empoisonnées, qu'il est bien avec mon « rédacteur en chef ». Sous-entendu qu'il pourrait me faire mettre à la porte s'il n'était pas si bon prince... Prendre la peine de perdre tout ce temps avec moi quand on est ministre (et que le ministère va tomber)! Je serais pourtant facile à gagner. Un petit déjeuner par-ci par-là, une attention quelconque... Si l'on s'en fout, quelle volupté de dire zut au pouvoir! Surtout quand il se plaint lui-même. On sent le sien, soudain.

19 juillet

Mon mauvais goût: Joxe est nommé ministre de l'Intérieur, après Gaston Defferre. Je lui envoie un télégramme d'encouragement: « Sois de fer! »

21 juillet

Jean-Yves, qui passe quelques jours ici, avec Thierry. Il a vingt-cinq ans, des yeux bleus intenses, écarquillés, attentifs, un grand front dégarni, surmonté de petites boucles châtain, un long corps de Christ en croix, médiéval, timide et passionné. Il me raconte ses quelques mois de bonheur naïf, à son arrivée à Paris, puis ses griefs de gosse trompé, à qui l'on a cassé ses illusions. Touchant, vrai. Et moi, ici, dans le salon, à l'écouter, à 3 heures du matin, je me sens comme un adolescent en vacances, il y a si longtemps...

Chaque jour je vieillis d'une semaine, chaque mois d'un an. Déjà cinq ans de plus que le 29 février. Je le sens dans mes membres, mes réveils, ma fatigue. En montant l'escalier, je me surprends dans la peau de mon propre grand-père, hissant avec effort son corps d'octogénaire. « Tiens, me dis-je, c'eût été comme ça. » Une sorte d'expérience à l'accéléré, plus surprenante que vraiment pénible.

22 juillet

Claire quitte le village. Elle s'est acheté une autre maison, en Normandie. Depuis l'origine, Denise l'a détestée. J'ai eu le fin mot hier : « Un jour, elle m'a donné du Ronron avarié pour mes chats, en m'expliquant que les siens n'en voulaient pas. » Haine de classe, inexpiable, par félins interposés.

Sur mon lit, avant de partir, Claire a déposé une robe à elle. Mystère de ce geste. Appel au fétichisme? Invitation au travesti? Trace, comme on oublierait un foulard... Renseignement pris, cette robe est pour elle le symbole du Beaucet qu'elle quitte, d'où ce don à moi qui reste ici. « Et puis, ajoute-t-elle, je ne la porterai plus, alors ça valait mieux que de la jeter. » Comme les boîtes à chat...

« Je ne sais pas mentir », dit-elle. Et c'est vrai. Ayant besoin d'un prétexte pour couvrir un rendez-vous clandestin, elle annonce à tout le monde qu'elle est « sur le mont Ventoux avec un ami ». Et le village de rigoler.

Raymond, « cuisinier personnel » du préfet. Belles bacchantes avenantes de l'œil noir bien dessiné, comme peint sur le visage. Ce Breton beau gosse a le snobisme facile, sans préjugés politiques. Tout aussi fier de servir des petits plats à Danielle Mitterrand ou à M. Le Pors que s'il s'agissait d'altesses royales. Ce qui ne l'empêche pas d'approuver surtout Le Pen et sa xénophobie. J'aime bien aussi sa façon d'annexer ses tâches, comme s'il recevait à la place du préfet. « Ce soir, je donne une fête, j'ai un cocktail demain »... Et de soupirer, aussi las qu'une mondaine exténuée...

1984

25 juillet, minuit

Dans le calme du village – pour une fois que j'y suis –, les délices du silence, après quelques jours agités ou mondains. Chez Daniel Kiener, en particulier, où Michel Guy reçoit, comme s'il était encore ministre. Il l'est, du reste, parallèle, régnant sur le festival d'Automne, conseillant Chirac pour le Théâtre de la Ville, et faisant et défaisant les papes en Avignon. Très « Ancien Régime », ce déjeuner, avec les baronnes de T., des Américaines, des domestiques silencieux, terrasses, piscines, luxe, salles de bain et volupté, face au Lubéron, qui se moque aussi pas mal d'être socialiste. Tant de paroles, depuis trois ans, pour si peu de changement. Révolution de rêve ou rêve de Révolution?

Elle a rendu son âme à Dieu, mais dans un état!...

1er août

Une heure à perdre – faut-il être inconscient dans mon cas! Je vais dans un snack d'Avignon où j'ai mes habitudes. On y mange au comptoir, excellent poste d'observation pour les solitaires de ma sorte: c'est toujours un dîner-spectacle... Cette fois, je suis avec un amusement fasciné le repas d'une famille allemande; on dirait une scène de *la Noce chez les petits-bourgeois*. Les parents: un médecin ou un notaire germanique, quinquagénaire grisonnant, flanqué d'une épouse blonde, bien sûr, un peu forte, avec de beaux restes, de la féminité. En face d'eux, le gendre, la trentaine, calvitie naissante, moustaches en croc, d'une virilité tranquille, buvant chope sur chope. Près de lui, sa jeune épouse, à peine vingt ans, fluette, mutine, femme-enfant, que le mari bécote goulûment de temps à autre. Elle a l'air de s'en moquer tout à fait, préférant chatouiller son frère cadet, son évident complice, adolescent filiforme, avec une tignasse frisée genre Colette avant 14, en plein dans l'ingratitude de son âge. Il glousse, tandis qu'elle fait les cornes derrière la tête de son époux qui continue d'écluser sa bière, sous l'œil amoureusement attendri de la belle-mère. Imaginer le roman qui pourrait naître de ce double inceste inconscient: drame ou comédie. Ce sont les menus plaisirs de la solitude.

Racisme

Kossi, le petit Togolais adopté par Louis T., vient passer quelques jours avec son « Papa Louis ». Comme d'habitude, ce ravissant gosse de six ans est aussitôt la vedette du Beaucet, d'autant

JOURNAL

qu'il possède un don de dessinateur éblouissant. Néanmoins, pendant le dîner, il boude. Le fin mot de sa mauvaise humeur : « Personne ne me dit rien. Les Blancs parlent entre eux. »

Chez les Sabatier. Devant la porte, sur une chaise longue, leur vieux gardien agonisant, rongé par le cancer. On le salue, de loin, comme s'il avait la peste. Il répond d'un sourire effrayant et distrait, la gueule ouverte sur un chicot.

Payé ce tribut aux enfers, on entre : la maison reste un îlot de paix, close sur sa belle cour de pierre. Robert exécute son numéro de modestie bien tempérée, laissant traîner sur la table du salon un volume « destiné aux professeurs », qui analyse quelques grandes œuvres de l'humanité, dont *l'Iliade, Tristan et Iseult, la Chartreuse de Parme, Madame Bovary, le Grand Meaulnes* et *les Allumettes suédoises*.

Il affecte d'en rire, mais conclut : « A lire tous ces commentaires sur des intentions que je n'ai jamais eues, je finis par me dire que ce n'est peut-être pas si mal que ça, ce bouquin. Et puis ça m'amuse assez de voir la tête des autres... »

Nuit d'« orgie » en Avignon. Plaisir bien plus intense avant que pendant. Pourquoi passer aux actes? Le prologue est meilleur que la pièce.

Parmi les choses que je regretterai : mon ignorance de l'astronomie et de la botanique; comme si j'habitais depuis cinquante ans un local dont je n'aurais jamais regardé les murs ni le plafond.

Passé plusieurs jours avec moi-même... il y a trente ans et plus, à déchiffrer mes cahiers de ce temps-là. Jusqu'à vingt et un ans environ, je suis d'une bêtise et d'une fatuité qui me consternent. Je sais tout, je donne des leçons, j'admire n'importe qui en termes naïfs ou niais. Sauf quand il s'agit de vraies valeurs, que je néglige ou minimise avec une navrante régularité! Presque tout est bon à jeter. Et tout ce temps rongé en amourettes, ou en romans inachevés! Un colombarium de projets. Au feu!

4 août

Discrétion à la provençale (dit avec l'accent) : « Moi, je mets la main. Si on me repousse, je n'insiste pas. Si on ne me repousse point, j'y vais. »

1984

5 août

Lente, lente, cette agonie. Je la savoure, mais je risque de lasser, comme ces choristes d'opéra qui répètent « partons, partons », sans jamais quitter la scène.

10 août. Paris

Rêvé cette définition : « Députation : nettoyage des quartiers chauds. » Je me réveille en riant. Également rêvé de la mort pour la première fois. Ou plutôt d'après la mort. J'étais dans une sorte de *no man's land*, tombeau glauque, peu éclairé, où se trouvaient des personnages immobiles – en couleurs, cela m'a frappé – des magots sereins, aux yeux faits, comme dessinés. Une paix sublime se dégageait de cette vision, un silence que j'entends encore.

Hier, dîner avec Daniel pour célébrer (?) mes cinquante ans. A propos de riens, parfois, les larmes nous viennent aux yeux, en nous regardant. Douceur de ce désespoir, parce que partagé.

Chez Grasset, je bavarde avec Schneider ; je lui demande qui sont les nouveaux membres du Médicis : Privat et Denis Roche. « Un excellent cuisinier », ajoute-t-il. Étonnement ! « Oui, nous nous recevons les uns les autres pour discuter du prix. Des petites surprises-parties. »

12 août

Pour la première fois depuis je ne sais combien de temps, j'emmène ma mère au restaurant, après avoir été la chercher à Gaillon. Nous allons dans un chinois avec Daniel, et peut-être à cause de lui, elle raconte son voyage en Tunisie, il y a cinquante ans, à bord d'une Ballot grand sport décapotable. En particulier une visite aux îles Kerkennah, pour un mariage indigène, traversée en barque à voile, les femmes parquées sur les terrasses, les hommes dansant au rez-de-chaussée, entre eux. Pour moi, c'est comme une échappée soudaine, un coin de ciel bleu dans ce gris opaque : le passé des parents. Mystère absurde, dû à la pudeur, à la timidité. A la modestie, peut-être.

JOURNAL

13 août. Paris

Limonov. D'après ses livres, je m'attendais à trouver un baba-cool plutôt crasseux, entre le moujik et le vieil étudiant. Surpris, dès l'immeuble, rue des Écouffes, qui n'a rien des hôtels minables new-yorkais tels qu'il les décrit dans ses bouquins. Du beau XVIIIe, dans le ghetto rénové. Escalier simple, mais propre, et petit appartement à l'entresol, plaisant, malgré les affreux meubles du proprio. Lui, quarante ans, mais l'air d'un jeune homme des plus branchés : coupe de cheveux 50, veste aux épaules carrées retroussées sur les biceps, tee-shirt, pantalon noir, bottines pointues. L'élégance « puces » très « in ». Visage fin, imberbe, avec des fossettes adolescentes, et des lunettes. Un prof à la page plutôt qu'un marginal émigré. Et tout est bien rangé dans la pièce, claire, sympa, en dépit du bric-à-brac. Lui aussi est sympa; un très beau sourire, et cet accent terrible auquel on ne résiste pas. Il parle volontiers de lui, de ses livres, sans forfanterie, ni modestie exagérée. Un type qui gère bien sa bohème, et que j'aurais engagé tout de suite comme valet de chambre, moi aussi, à la place de son millionnaire... D'ailleurs, il a dû toujours être bien organisé, à l'écart des normes. Un Rimbaud sans désordre, qui travaille trois heures chaque matin comme un fonctionnaire. La débrouille depuis qu'il a quitté son papa-capitaine, à quinze ans. Ce qui ne l'empêche pas d'aimer les militaires et même les dictateurs : Kadhafi le fascine.
Aucune révolte dans son attitude; un simple désir d'indépendance, voilà tout. Ce qui l'a conduit à être là-bas un voleur « pro », pour un temps, puis un tailleur au noir qui faisait tranquillement sa pelote à Moscou. Si le KGB ne s'était pas intéressé à lui parce qu'il fréquentait trop d'étrangers, il y serait peut-être encore, roi du système D. Mais il n'a pas voulu se transformer en espion, et l'occasion lui étant offerte de quitter l'URSS, cet asocial s'en accommode tant bien que mal. Une vocation qu'on doit aux zélés fonctionnaires soviétiques.
Découvert par Pauvert. Toujours comparé à Miller, ce qui l'énerve un peu. A fait la vaisselle jusqu'à la dernière minute, passant de serviteur à écrivain d'un trait. Ni Zinoviev, ni Soljenitsyne, et mal vu de tout le monde.

Un début

Je vais mourir un de ces jours d'une affection bizarre, maladie si noble qu'elle porte un nom de famille, et même une particule.

Une fin

1984

Jean d'Ormesson, un jour, m'a dit que j'étais un chroniqueur-né. A bientôt le chroniqueur-mort.

19 août. Le Beaucet

A mon retour ici, après quelques jours à Paris, je trouve un petit mot anodin du ministre de l'Intérieur pour me remercier de mes félicitations. Rien que de normal, mais comment connaît-il mon adresse dans le Vaucluse? Du bon usage du fichier central...

Le Père, à qui j'ai acheté ma maison, vient de casser sa pipe hier. Une piqûre de tique infectée, on l'expédie à l'hôpital, on le soigne, on le guérit, mais la veille de sa sortie, le cœur lâche dans la nuit. Il ne s'est pas réveillé. Presque aveugle depuis déjà quelque temps, je l'apercevais souvent devant sa fenêtre, immense, immobile Commandeur, surveillant le village.

Dans son cercueil tapissé de satin blanc, il se ressemble encore assez, avec l'air furibond qu'il avait dans la vie. Sa femme me dit que le temps lui pesait, qu'il s'ennuyait de ne plus pouvoir lire. Mais quel bouquin a jamais pénétré dans cette maison? De l'importance du journalisme dans la culture en milieu rural.

20 août

Triomphant, David annonce qu'il a déterré le crâne du fils Espenon, en aidant à creuser la tombe du père. Un garçon mort il y a vingt-six ans, d'un accident de moto. « Et je suis sûr que c'est le sien, il était fêlé. »
J'aime bien comme on désacralise la mort ici, et qu'on puisse mettre un nom sur un crâne. En revanche, David est choqué de découvrir qu'on a enterré le jeune homme avec des sandales. Des souliers noirs auraient fait plus deuil, à son avis.

21 août

Quelle belle nuit d'été! Si belle qu'on s'en oublierait.

Suite du feuilleton sépulcral. Au moment de reboucher la tombe, Alain et son compère ne savaient que faire des ossements familiaux, rassemblés par leurs soins dans un sac poubelle. Les proches s'éternisant aux abords de la fosse, ils n'osaient enfouir devant eux ces restes peu reluisants. « S'ils ne s'en vont pas, murmure Alain, il va falloir jeter le sac à la décharge. » Heureusement, la petite foule a fini par se disperser, et les fossoyeurs ont pu glisser à temps tibias et osselets. A quoi tient le repos éternel!

23 août (j'écris à la lueur d'une bougie. Panne d'électricité qui suit un orage). Post-scriptum au feuilleton funèbre

Le maire vient me voir, sur ma demande. Je voudrais lui acheter une concession dans le vieux cimetière. « Té, dit-il réjoui, tu as lancé la mode. Ils veulent tous y être à présent. » Décidément, il n'y a pas moyen d'être tranquille.

26 août

Visite à Sabatier. Je lui porte un vieux bouquin sur l'académie Goncourt, publié avant 14. Déjà elle passionnait! Naturellement, nous en parlons.

Dans le fameux testament, ne sont proscrits que les « grands seigneurs » et les « hommes politiques ». Les trafiquants, c'est permis. Et la littérature n'y trouve toujours pas son compte. Il est vrai que les premiers jurés, choisis par Edmond de Goncourt, n'étaient pas des génies, et leur honnêteté n'a pas donné de meilleurs résultats. Eux et leurs successeurs immédiats ont raté en vingt ans (et non ignoré, car ils eurent des voix éparses) Apollinaire, Giraudoux, Fournier, Larbaud, Charles-Louis Philippe, Suarès, Colette, Benda, Mac Orlan, Chardonne, Montherlant, Jouve, Jouhandeau. Les clivages – cas de *l'Épithalame* – étaient politiques, ou même personnels et curieux : ainsi les frères Rosny, par exemple, votaient systématiquement l'un contre l'autre.

Aujourd'hui, c'est plus subtil. Nourissier, éreinté par Rinaldi mais grand seigneur – ou fine mouche –, aimerait lui faire avoir le prix, délicieuse vengeance qui transformerait un ennemi en obligé. Et contraindrait Tournier, auteur Gallimard, à suivre la manœuvre, bien qu'il ait été, lui aussi, déchiqueté par Angelo. Malin plaisir. Nous voilà loin de l'époque héroïque où c'était la cuisinière du restaurant qui annonçait le résultat aux deux ou trois reporters présents.

Il est drôle, Sabatier en vacances. Sous le hâle – qui lui va bien –, le visage rempli, la bouffarde au bec, l'œil qui pétille derrière les lunettes, c'est bien le même homme. Mais des bermudas kaki de sa tenue d'été, un peu retour des Indes, sortent des jambes rondes et dodues. Des mollets de fermière après les moissons.

1er septembre. Paris

Mon père raconte que son arrière-grand-mère, à demi gâteuse, avait une duègne à son service, dont l'occupation principale était de dire avec elle, en duo, des litanies : Sainte Vierge Marie, priez pour nous. Saint Jean-Baptiste, priez pour nous, etc. Comment ne pas gagner son paradis après ça?

Autre forme de superstition, par lui observée à Djerba, dans une synagogue : une femme avait mis deux œufs à couver sous la Thora, infaillible moyen d'avoir un fils, paraît-il. Deux œufs! Le symbole est si clair que Yahvé lui-même doit comprendre... et exaucer.

Il lit – on dit toujours relire, mais... – donc il lit Proust et s'émerveille de son comique, tout en déplorant qu'il ne l'exploite pas suffisamment. Mais une *Recherche* drôle, traitée en farce, aurait-elle impressionné les pisse-froid que nous sommes? Cela dit, Proust, quand il lisait une page de lui, pouffait de rire à chaque fois. A mesure qu'il avance dans sa lecture, il en fait le récit à ma mère, comme une aventure qu'il vivrait au jour le jour. Comment reconnaître la grande littérature : on peut aussi en tirer un feuilleton.

De fil en Oriane, nous en venons à parler de Swann et de la scène où il dit qu'il sera mort dans six mois. « Oui, remarque mon père, ça ne se fait pas! » Je me le tiendrai pour dit. Pour interdit.

Au bureau de tabac, en sortant, je tombe sur Jean-Louis, perdu de vue depuis des années. Il me raconte qu'étant un peu dépressif il est allé rendre visite à Green, pour prendre un petit bain de sérénité. Sans doute était-il encore morose et pessimiste, car Green, le lendemain, dit à Jourdan : « Tiens, j'ai vu Monsieur de la Panique, hier... » Par un soleil divin, longue promenade au retour de Saint-François-Xavier aux Champs-Élysées, à travers les Invalides et l'Esplanade. Longue? Essayez donc, avec un pied palmé!

4 septembre

Moi : Allô?
Lui : Pardon! c'est une erreur.
Moi : Comment, c'est une erreur? A qui voulez-vous parler?
Lui : A une femme, connard!

Cette nuit, dans mon sommeil, avec une précision d'extralucide, Daniel pose la main sur mon cœur. Oui, je suis toujours vivant.

Sarraute : « Je travaille à je ne sais quoi... Ça ne ressemble à rien, comme d'habitude... un machin... »

Parfois, ce qui me chagrine le plus, c'est de ne pas me survivre. Il ne m'aurait pas déplu d'être mon propre veuf, de me regretter moi-même, à mon juste prix, avec un délicieux désespoir.

8 septembre. Berlin

Peter Stein. L'œil noir, très noir, mince, dans un visage à la fois dur et fin. Le nez droit, presque joli, mais des mâchoires solides – avec un peu de barbe mal rasée – et les traits assez marqués pour ses quarante-sept ans. Avec ce costume sobre à rayures, cette chemise bleu marine, et la raie au milieu qu'il s'est faite, on pense à un dur des années trente, un personnage de Brecht dans *Arturo Ui*. Une grande force, un vrai dynamisme émane de ce corps nerveux, ramassé. Pendant deux heures, dans son bureau peu à peu envahi par le crépuscule – mais, bon metteur en scène, il se garde bien d'allumer –, il parle avec une vigueur qui lui ressemble, directe, convaincue, convaincante. Et derrière ce discours, dans un français coulant, parsemé de mots familiers, d'approximations, une langue manifestement apprise sur le tas, au cours de ses voyages de jeune homme, je devine un être en pleine crise. Il fait sa ménopause artistique, hésitant à quitter son théâtre, cette famille qui est sa troupe, et en même temps conscient de faire du surplace, de vieillir avec eux, de ne plus être désiré comme autrefois. Le besoin aussi de réfléchir pour réfléchir – et non plus, comme d'habitude, sur un spectacle –, de souffler en somme, et peut-être de laisser venir à lui la génération des vingt ans qui le fascine : la première à être enfin délivrée du péché originel allemand : « A la fin de la guerre, j'avais huit ans et ma mémoire est très bonne ! Qu'est-ce qu'on peut faire avec des hommes qui avaient la possibilité, dans leur jeunesse, quand ils avaient des difficultés avec les parents – les luttes normales, après la puberté – de dire au papa qui dit il faut venir à 9 h 30 à la maison : " Ferme ta bouche et fais la réflexion sur les six millions de juifs que tu as rôtis à Auschwitz. Oui, ferme ta bouche. " »

11 septembre

Les Ronds-de-cuir. Du Daumier plutôt lourd. Ne peut être joué que par des cabots n'hésitant pas sur les moyens (Lalande, excellent). Une scène, de bureau, où l'on entend crisser les plumes dans le silence, me fait penser au nôtre, crépitant de machines à écrire. Demain, l'électricité, puis l'électronique auront à nouveau reconquis le silence de jadis. Ce vacarme bureautique – inconcevable pour nos aïeux comme pour nos petits-enfants – n'aura sévi que la parenthèse d'une génération. Pauvres dactylos des années cinquante.

1984

13 septembre

Avec le luxe de secret qu'il affectionne – « à quelle heure es-tu chez toi? Est-ce que je peux appeler demain matin? J'ai quelque chose d'important à te dire... » –, X. a une révélation à me faire : après la parution de mon article sur le dernier roman de son ami Giudicelli, Rinaldi aurait appelé ce dernier pour lui confier que je l'avais pris de vitesse mais qu'il n'avait pas voulu créer d'incident avec moi « parce que je suis malade... »
Petit raffinement de fiel dans le mensonge, car je sais bien qu'Angelo n'aimait pas le bouquin de Giudicelli. X. s'en indigne, s'en déclare révolté. Moi pas. Si Angelo avait dit la simple vérité, « Matthieu l'a voulu, je le lui ai laissé (avec soulagement) », on ne l'aurait pas cru. L'allusion à la maladie change tout, alliant à la vraisemblance la générosité. C'est ça le génie! A ce détail près – les génies sont toujours un peu aveugles sur eux-mêmes – qu'il est difficile d'admettre cette générosité soudaine d'Angelo quand on le connaît bien. Je suis le seul à y croire... Si c'était vrai, après tout? Décidément, il a raison, je suis malade!
Rencontre avec Edmond White. La quarantaine un peu ronde, souriant de ses belles dents neuves, l'œil clair, le poil gris argent, mais juvénile encore, avec du charme et de la culture. Style Henry James. Il collectionne les vieilles dames, telles Peggy Guggenheim ou Djuna Barnes – mortes récemment l'une et l'autre – et possède une érudition étrange chez un Américain. Il a lu *les Désenchantées* à huit ans, connaît l'œuvre de Pierre Louÿs sur le bout du doigt, se plaît à Venise et possède un B.A. de pékinois. J'aimerais pousser plus loin l'enquête. Si Dieu et Angelo me laissent un bout de vie supplémentaire.

Me voici l'heureux propriétaire d'une prothèse; j'ai un tibia le long du mollet. Se prenant pour un rosier, ma jambe se paye un tuteur, coquetterie de la carcasse.

22 septembre

Daniel contemple un miroir qui risque de s'effondrer et déclare : « On se prépare sept ans de malheur. » Et moi, sans réfléchir : « Sept ans! je suis preneur! » Parler de ma mort à la légère – par une sorte d'inconscience plutôt que de courage – soit. Mais imposer cette espèce d'ironie contre nature frôle le sadisme. Il y a une limite à notre complicité. Et je vois des larmes dans ses cils, une heure plus tard. Ce qu'il vit, par ma faute! Je n'ai pas le droit! Mais si, tout d'un coup, on m'annonçait un miracle, qu'on a trouvé un médicament, que je vais guérir, je crois que j'aurais beaucoup de mal à m'y faire. Passé la première ivresse, les cinquante années à venir dont je suis délesté me tomberaient dessus comme une catastrophe. C'est sa brièveté qui rend à présent ma vie si belle, si précieuse. A consommer sur place!

Depuis que je boite, j'ai de plus en plus de succès. Auprès des putes et des infirmières, corporations voisines. « Tu as l'air triste », me dit ma mère. Mais il faut nier, bien sûr. Avec ma famille, j'aurai toujours vécu dans le mensonge – ou l'omission – pour éviter des explications inutiles. Il leur a fallu comprendre qui j'aimais tout seuls, ils sauront bien aussi comment je meurs, les pauvres. Bizarrement, à leur endroit, je me sens plus coupable de passer l'arme à gauche de leur vivant que de mes choix sexuels et sentimentaux. Du reste, je ne suis pas triste. Je suis ailleurs. Nuance.

25 septembre

Voyage éclair à Pau pour acheter à prix d'or 34 m^2 qui s'ajouteront à mon jardin du Beaucet. Rigolo. Cela me fait penser à James de Rothschild qui s'est offert Château-Lafite l'année de sa mort; il n'a même pas vécu la première vendange. Curieux de savoir ce que j'aurai le temps de récolter sur mon mouchoir de poche.

Désœuvré, avant le déjeuner, je visite le musée Bernadotte. Une demeure bourgeoise du XVIIe siècle bien proprette, remplie de gravures médiocres, de photos, de babioles, comme le musée dynastique de Bruxelles. On la dirait plus royaliste encore d'être la maison natale de ce renégat républicain, qui a trahi ses idées et sa patrie pour fonder cette lignée de têtes couronnées.

Maigrelet, barbu, chafouin, avec trois poils noirs collés sur le crâne, une espèce de Dullin mâtiné Kantor, le guide en remet dans la courbette extasiée : ce ne sont que Sa Majesté par-ci, Monseigneur par-là, avec à l'appui princesses et impératrices. Il pousse même son amour de Bernadotte jusqu'à regretter que Napoléon n'ait pas épousé Désirée Clary! « Ça ne lui a pas réussi : il a préféré cette créole qui ne lui a pas donné d'enfant. » Une vengeance du ciel à ses yeux. Et tout le mépris du monde est dans ses paroles. Quand il dit sec : « D'ailleurs elle est morte d'avoir attrapé froid dans un bal. » A peine s'il n'ajoute pas « la catin! »

27 septembre

Duo pour une soliste, pièce anglaise assez médiocre, mais le sujet, bien sûr, me retient. Il s'agit d'une jeune femme atteinte de sclérose en plaques et qui vient, en petite voiture, consulter le psychiatre afin de mieux passer le cap. Le premier quart d'heure est pénible. Je guette Daniel du coin de l'œil : il serre les dents, moi aussi. Mais la suite est si conventionnelle et moralisatrice que toute émotion s'évanouit. Heureusement, vu mes difficultés mécaniques à maîtriser la mienne. Ironique punition de l'indifférent que j'étais : je vais passer maintenant pour une midinette exhibitionniste.

Après « le Masque et la Plume », petite bavarderie avec Dumur si urbain et disert. Sa faculté d'enthousiasme m'étonnera toujours. A soixante ans passés, il se force à « rester dans le coup », pathétique héroïsme d'un critique de gauche, contraint à cette angoissante course contre la mode, sous peine de perdre son crédit de « découvreur » alors qu'il n'aime, au fond, que le théâtre de texte et les sobres mises en scène, façon Vilar. Ce tic s'étend à tout ce qu'il vit, magnifie pour devenir intéressant, on dirait que sa sensibilité est munie d'un pantographe. Ainsi, nous parlons de Claude Roy, opéré d'un cancer du poumon il y a deux ans, et qui remonte la pente, avec une belle vaillance. J'ai encore dans l'oreille les déclarations catastrophiques de Dumur à l'époque : « Une ruine, une épave, quelques semaines à vivre, tout au plus. » A présent, c'est « une résurrection phénoménale, une merveille unique, un miracle »... J'entends d'ici ce qu'il dira de moi : « Il avait l'air en pleine forme, il n'a rien dit à personne. Ah! mon cher, c'est effroyable. Tout d'un coup en petite voiture, hagard, méconnaissable. Une épouvante! » L'ennui, ce sera vrai, cette fois-ci.

Je ne me suis guère intéressé à moi-même, jusqu'ici. C'est dommage; j'aurais dû me rencontrer plus tôt.

29 septembre

Christian Guillet, revu pour la première fois depuis son mariage, il y a plus de vingt ans. Le même, en séché. Toujours aussi vibrant, comme s'il attendait de vous la vérité, le secret qui vont l'aider à comprendre la vie.
« Avez-vous rencontré l'amour parfait? » Comment répondre à une question pareille! Pour l'esquiver, je crois frapper un grand coup en lui disant d'un air détaché : « Vous savez, moi, c'est différent, je suis homosexuel. – Oui, réplique-t-il sans le moindre étonnement, je sais, mais avez-vous rencontré l'amour parfait, parce que, de mon côté... » Et il enchaîne. Que faut-il avouer, de nos jours, pour surprendre? C'est moi qui reste bouche bée.

Serait-ce une grâce d'état? Quand je vais voir mes parents, je ne

JOURNAL

boite presque plus. Et nous bavardons agréablement, comme si de rien n'était. Papa vient de commencer ses Mémoires, antidatés du 4 octobre prochain, jour de son quatre-vingtième anniversaire. Parmi ses copains d'enfance, Vladimir Jankélévitch, toujours premier de la classe, déjà.

3 octobre

Déjeuner pour ces fameux quatre-vingts ans, avec les Olive et Geneviève... Maman lui dit : « Matthieu est un demi-siècle et toi une demi-portion; tu as la moitié de l'âge de ton père. »

C'était une des formules favorites de Lucette quand elle ébréchait quelque chose : « Vous ne l'emporterez pas dans la tombe. » Au moins quelques livres, cela me suffirait pour passer le temps.

7 octobre. Gaillon

« Aujourd'hui, ma mort », écrit Meyer, le gourou du futur général de Gaulle, sur la dernière page de son Journal. Sérénité superbe, que j'envie. Mais je l'envie aussi d'avoir pu écrire jusqu'au dernier jour... Ça aide à vivre. Et à mourir.

Au moment où je vais jouir, Klaus P. me crie par deux fois, impérieusement : « Regarde-moi. » Égoïsme ou altruisme?

Cocasserie. Le nouveau chroniqueur gastronomique de *l'Express* est tombé malade au bout d'un mois : hépatite virale. Au régime, tournant de l'œil devant la moindre sauce, dans le coma au premier verre, le voilà contraint de déguster par papilles interposées, décrivant comme il peut ce qu'un autre goûte, tandis qu'il se nourrit de carottes et de patates à l'eau. Marcel Aymé en aurait tiré une nouvelle.

Nathalie Sarraute : « Vous venez demain? C'est parfait. Je viens de finir un chapitre. Je suis dans un creux. Je ne sais pas si j'en sortirai. »

Macbeth à l'Opéra. Shirley Verret, noire, merveille, mais elle rate les aigus de la fin. Onirique, étrange décor de Kokkos, comme des damnés de Rodin agrippés à une falaise et une mise en scène de Vitez, belle, un tantinet classique. On ne peut pas ralentir Verdi comme il fait lambiner Shakespeare.

Le lendemain, je le rencontre :
« Comment avez-vous trouvé? – Magnifique! »

1984

Il se détourne aussitôt. Si on est d'accord, on n'est pas intéressant. Ou alors, il me soupçonne de mentir.
L'étonnement de cette soirée : le ténor japonais Ichihara. Ouvrir la bouche le transforme en batracien mais il en naît des sons filés d'or, grenouille-rossignol, comme il y a des crapauds-buffles.

8 octobre

Dès l'aube, Nathalie, affolée, appelle chez moi à Paris. Réveille Martine qui ne sait pas mon numéro à la campagne. Elle doit attendre qu'il y ait quelqu'un au bureau, pour me joindre enfin vers 10 heures. Je téléphone donc à Chérence : un empêchement, sans doute. « Allô! Ah, Matthieu! vous m'avez dit hier, j'apporterai un gâteau. Je vous ai dit non. Mais ensuite, j'ai pensé que vous aimiez peut-être les gâteaux, j'ai ouvert toutes les armoires, je n'ai trouvé que des boudoirs tout ramollis. Même les gâteaux salés sont moisis. Et je n'ai pas de voiture. Je ne peux pas aller en acheter. Est-ce que vous voulez du thé, du café? Parce que j'ai seulement du whisky et du saucisson... Ça ira? Oh oui, ça n'a pas tellement d'importance, mais vous savez comme je suis... »
Les romanciers. S'ils n'existaient pas, on ne saurait pas les inventer comme ils sont.

J'arrive donc avec un saucisson. Je les trouve tous les deux au coin du feu. Raymond un peu dans les vapes. Son épouse l'expédie chercher de la glace pour le whisky. Il se lève, égaré, et dit gentiment : « Excusez-moi, mais avec ces trous de mémoire, je ne sais plus où est la cuisine. » Nathalie en pleine forme, au contraire, l'esprit clair, intarissable et merveilleuse d'allant, de drôlerie.
Elle arrive d'une « tournée » scandinave, faite en compagnie de Simon et Pinget. « Des amours, ces deux-là. Discrets, gentils, adorables. Moi, vous savez, je suis la modestie même. Une vraie sainte. Le Christ avait sûrement fondé une famille, j'en descends. Pour ces conférences, je n'avais mis qu'une condition : ne plus en faire avec Robbe-Grillet. La dernière fois, il a parlé tout le temps, avec un brio de colporteur. Je ne pouvais que me taire dans mon coin. Même pas de la figuration intelligente. Avec Simon – ce pauvre Simon qui a raté le Nobel l'an dernier, d'une voix. Mais il l'aura peut-être cette année. Pas innocent, ce voyage, vous pensez bien! Moi, le Nobel? Oh non, je suis une humble violette, une marguerite... Non, pas une marguerite, c'est déjà pris! Songez que je ne suis même pas dans la Pléiade! J'aurais pu faire du chantage chez Gallimard, dire que je m'en allais ailleurs : ils me l'auraient donnée tout de suite. Mais je veux être désirée, je veux qu'on me choisisse, vous comprenez? Donc, avec Simon, c'est différent. Il lisait un papier préparé, le nez dans ses feuillets. Moi non. Je

n'avais rien préparé du tout. Je ne prépare jamais rien. Je pars du principe que tout le monde m'aime et que j'aime tout le monde. Je leur parle de moi, comme d'habitude, on m'applaudit toujours. Ce petit Pinget, il est sympathique comme tout. Il déteste Beckett (et Beauvoir), comme moi. On s'est très bien entendus. Je m'entends toujours bien avec les hommes. D'ailleurs, il n'y a que des hommes dans mes pièces. C'est neutre. Les bonnes femmes, on se pose des questions, on leur cherche des raisons. Et elles sont toutes mégalomanes et emmerdeuses, c'est bien connu.

« A propos de bonnes femmes, je suis réconciliée avec Duras. On était brouillées, ou plutôt elle était brouillée avec moi. Depuis sept ou huit ans. Ça remonte à une soirée d'hommage qui avait lieu chez les Barrault. On m'avait demandé de lire une page de *l'Amour*. Je n'étais pas chaude. Mais j'ai bien lu le texte, j'ai trouvé que c'était beau, je l'ai fait. Après quoi, je suis allée m'asseoir dans un coin. Pas de remerciements, rien. Je m'en fiche. Je trouve cela curieux, c'est tout.

« Quelques mois plus tard, c'est mon tour et Madeleine insiste pour que Duras me rende la pareille et lise une page de moi. Elle arrive, d'une humeur de chien : " J'ai un film en train, j'avais autre chose à faire, ça me dérange. " Et une fois sur la scène, elle s'avance et déclare qu'elle ne lira rien, qu'elle ne savait pas quoi choisir, que tous ces petits mots gris, elle n'aime pas ça, mais que si on veut poser des questions sur son œuvre, elle répondra!...

« Elle ne supporte pas que quelqu'un d'autre ait la vedette. Et moi, pourtant, qui descends du Christ, si modeste. Encore une fois, je n'ai rien dit. Mais il paraît qu'un jour, je ne l'ai pas saluée – on venait de m'opérer de la cataracte – ç'a été fini. Elle venait dorloter Régy à côté de moi, mais moi, c'était comme si je n'avais pas existé. Et puis, j'ai vu *Savannah Bay*, j'ai trouvé ça superbe, et Madeleine le lui a sans doute répété. Maintenant, on s'adore. Du moment que je l'admire...

« Pour en revenir à ce voyage, le cher Simon m'a fait approuver des déclarations horribles. Sous prétexte qu'il a été très bien soigné dans un hôpital d'Helsinki – il a eu un petit saignement de rien du tout –, il a expliqué aux Finlandais que nous étions un peuple sous-développé, par rapport à eux. Si mon père m'avait entendue, lui qui tenait la France dans une véritable adoration! Vous savez qu'il m'a empêchée de devenir un écrivain anglais. Après ma licence, j'ai passé un an à Oxford dans un collège et je voulais y rester, comme mon ami Vinaver, l'oncle de Michel, qui est devenu professeur là-bas. Mon père était furieux : il m'a coupé les vivres. J'ai bien essayé d'apprendre Balzac à des dames anglaises, mais c'était trop compliqué, je suis rentrée... J'ai fait mon droit, et j'ai connu cet être-là... Il a toujours été mon soutien, maintenant c'est moi qui dois le soutenir! Ça me tue...

« L'anglais, je l'écris très bien. Mieux que le russe, parce que

1984

j'ignore la grammaire russe. Je le parle couramment, mais comme un enfant. Une fois, j'ai écrit à Soljenitsyne pour protester parce que son bouquin ne montrait que des bourreaux juifs. J'ai sué sang et eau sur cette lettre, je me la répétais tout haut, est-ce qu'il faut un datif ou pas? De toute façon, il n'y a pas répondu, vous pensez! Drôle de bonhomme. J'ai beaucoup d'admiration pour lui, *le Pavillon des cancéreux*, *le Goulag*, tout ça. Mais pas *Août 14*! Un tissu de saloperies fausses. Il veut faire de Stolypine un héros méconnu, alors que c'était un tortionnaire sanglant. Mon père l'appelait " Stolypine la cravate ", tant il avait de pendus sur la conscience. Et là encore, le cher homme laisse entendre que son assassin était juif, alors que ce n'est pas prouvé du tout. Ah les Russes!...

« C'est comme ce petit Limonov! Adorable et charmant. Il m'avait apporté son manuscrit pour que je le fasse publier. Il y avait une juive avec des poils noirs sur les doigts qui faisait ses besoins partout. Je n'ai pas voulu m'occuper de cela. Il a très bien compris.

« Je n'ai pas voulu retourner en Russie cette fois-ci. Pourtant, nous n'étions pas loin. Simon y est allé. Je lui ai recommandé d'aller voir la maison de Tchekhov, et celle de Dostoïevski à Leningrad. Toutes les deux parfaites, comme s'ils venaient de les quitter. Sur la table de Tchekhov, il y a ses lunettes, on a envie de les essayer, pour voir le monde comme il le voyait. Comme il le décrivait. En russe. Vous savez, les gens sont persuadés que moi aussi j'écrivais d'abord en russe, et que je n'ai appris le français qu'à vingt ans. On a même prétendu que j'avais un vocabulaire réduit pour cette raison. Moi qui me suis donné tant de mal pour oublier le français du XIXe siècle qu'on m'avait appris à l'école communale! Comme Ionesco. Mais à quoi bon se faire du souci? Pourquoi s'inquiéter puisque d'ici à l'an deux mille on ne saura plus ce qu'est une écrevisse? Même le français, qui le parlera? Une langue morte. Alors, mes petites descriptions en français ou en russe, quelle importance? De toute façon, on ne nous comprendra plus. Mais cela ne m'empêche pas de continuer. Vous voyez, en hiver je travaille dans cette pièce sur une planche au-dessus du radiateur. Je ne sais pas ce que ça va donner. Ça ne ressemble à rien de connu. Quand je pense que Gallimard attend la suite d'*Enfance*, quelle déception! Ma Pléiade, ce n'est pas pour demain... »

11 octobre

Une jeune fille vient m'interroger sur Françoise Sagan pour une émission intitulée *Has been* ou quelque chose d'approchant. Je raconte une fois de plus ma rencontre de 1954 avec cette autre jeune fille, que je prenais pour Radiguet. Un verre aux Deux-Magots avec Sagan, seul acte important de ma vie?

18 octobre

René-Jean Clot. Un long visage, que les bajoues rendent un peu carré, l'iris lointain et vif derrière ses épaisses lunettes de myope. Un regard tourné vers l'intérieur, comme vient de très loin cette voix sourde, au timbre tragique. Tout ce qu'il dit prend une allure de drame noble, mais avec le plus parfait naturel. Un homme qui fait de sa vie une catastrophe, comme d'autres en font un roman. « Je trouve, dit-il, une sorte de volupté au plus profond du malheur. » A l'entendre, sa vie n'aura été qu'une succession de misères et de morts, depuis qu'il a quitté son Afrique du Nord natale ou presque, qui fut son paradis d'enfance. Ensuite, la guerre, qu'il a faite. Au retour, il veut être peintre, et s'installe à Versailles, où sa femme avait été nommée bibliothécaire. Il est resté là-bas, dans une maison qu'il décrit comme un musée, remplie d'objets anciens, pouvant rivaliser avec les collections du Louvre. Brenner et moi, qui déjeunons en sa compagnie, sommes très étonnés : avec quoi s'est-il acheté tout cela? « Des droits de cinéma, pour des films qui n'ont jamais été tournés. » Car le peintre – qui améliorait l'ordinaire de sa petite famille grâce à ses maigres émoluments de professeur de dessin, « un calvaire : j'ai connu le plus profond du désespoir » (et ce doit être vrai, je l'imagine bien en prof chahuté), le peintre était devenu romancier. Dix livres coup sur coup. Puis, plus rien. Une sorte de lassitude, un tunnel, dont il n'est sorti que l'an dernier. Il parle d'ailleurs curieusement de ses existences successives, comme s'il avait eu plusieurs vies : « Quand j'étais peintre... », dit-il. Quand il était peintre, sa fille s'est suicidée. Depuis, il est redevenu écrivain, c'est son fils préféré qui s'est tué dans un accident de la route. « J'ai vu ce corps inerte, j'ai perdu du coup toute croyance en Dieu. Il s'est envolé de moi, pfuit, comme un merle de son arbre. Maintenant, il me reste encore un fils et une vieille mère de quatre-vingt-sept ans, qui vit avec moi. Nous accolons nos souffrances. »

Mais il semble si serein, apaisé, il demeure si urbain au fond de son désespoir, qu'il n'en est plus tout à fait humain. Un mutant de la catastrophe, avec une exquise courtoisie de fin du monde.

Le soir, chez la duchesse de La Rochefoucauld... Je n'avais pas mis les pieds dans cette maison depuis vingt ans; il aura fallu le mariage de sa petite-fille pour que j'y retourne. Impression de vivre mon temps retrouvé. Le décor s'y prête à merveille. Vu de la place des États-Unis, l'hôtel a toujours grande allure, mais l'intérieur est surprenant. Dans le hall d'entrée, au pied d'un escalier monumental, trône une antique chaudière De Dietrich, dont le

1984

tuyau interminable sort par la fenêtre du premier étage. Les salons n'ont pas été repeints depuis la guerre, le blanc des plafonds est gris de poussière, l'or des moulures terni, et des trois lustres énormes tombe une lumière glaciale, glauque et crue, qui nous donne des allures de spectres. Beaucoup de ces figurants ont du reste l'âge de l'être, accueillis par une maîtresse de maison imperturbable, régnant sur sa demeure hors du temps, où le téléphone, instrument presque incongru dans cet intérieur, trône sur une pile de « Gotha »...

Tous les « vieux copains » – le prononcer très tse, tse, bien sûr –, les vieux habitués de chez Emily, de chez Solange, ceux qui survivent sont là... Douairières sans nombre et sans douaire, qui branlent de la perruque, caricatures arthritiques d'un grand monde en voie de disparition, et des couples « bon genre », encore solides, qui disent leur misère d'un ton désinvolte : « Nous avons dû vendre la Belgique. Nous ne gardons que le Poitou et la Provence, et un petit pied-à-terre à Paris. »

Des jeunes gens aussi, grands, blonds, efflanqués, avec des lunettes et des airs compassés : les ducs de l'an 2000. « Vous êtes le fils de Lolotte? Je ne l'ai pas vue, voyons, depuis la mort de tante Lucie, ça doit faire vingt ans. » Conversations de mariage, où que ce soit. Ne changent que les noms. Lolotte de Ventadour... ou Lucie Mulot.

Toute la famille La Rochefoucauld présente en bloc. Isabelle, tout amenuisée, semblable à elle-même en vieille dame, et Solange, inchangée... C'est l'antienne de la soirée : « Mais tu ne changes pas! » Tu parles...

Naguère j'étais ravi qu'on me donnât dix ans de moins : délicieux sursis. A présent, je m'en irrite : manque à gagner.

L'amour : s'aimer en l'autre.

Tant va la cruche à l'eau qu'à la fin elle se fâche.

Passe encore de mourir, mais qu'on me survive!

23 octobre

Avant-hier, à la radio : Nougaro.
« Vous n'êtes pas tenté par le bicorne, comme Charles Trenet? Vous ne vous imaginez pas sous la Coupole, entre deux académiciens?
– Non, je me vois plutôt à Bahia, entre une église baroque et des putes classiques. »

Hier, à un dîner chez Borniche, Delon : « Le Pen, pour que ça marche, il lui faudrait ma gueule et nos couilles à tous les deux. »

JOURNAL

Ce soir, au théâtre, Erik Orsenna, successeur de Guimard à l'Élysée, en qualité de conseiller littéraire du président. Celui-ci est à Londres, en visite officielle avec chevaux et carrosse.
Moi : Comment, vous n'êtes pas en Angleterre?
Lui : Non, chez les reines, c'est Navarre et Banier qui représentent la culture.

On dit mourir à petit feu. A l'étouffée serait plus juste.

17 novembre

Chez les Barrault, à une représentation de *Compagnie,* deux dames derrière moi.
« Tu as déjà vu du Beckett?
– Oui, une histoire d'archevêque assassiné dans son église. C'était très bien. »

20 novembre

Voyage à Épernay; Christiane Rochefort m'emmène chez son acupuncteur. Collants, pataugas, béret et son vieux trois-quarts, elle est plus « Sept nains » que jamais, toute cassée, fendant le crachin d'automne. Conversation curieuse sur les soucis domestiques, et comment y remédier : « J'ai bien essayé un esclave que des amis sados m'avaient prêté, mais c'est trop astreignant. Il demandait tout le temps du boulot, et puis il fallait l'insulter! Moi, je manque de vocabulaire... ou alors c'est désespérément répétitif. L'idéal, c'est le chômeur. Seulement il suffit que j'en déniche un pour qu'il trouve du travail. Une malédiction! »
Les voisins se croient dans un film d'épouvante...
L'acupuncteur, très sympathique, règne sur plusieurs cellules, séparées par des rideaux, comme on en trouvait jadis dans les dortoirs de pensionnat. Il va d'un patient à l'autre, hérissons sur canapé; c'est un chef qui aurait plusieurs petits plats au feu. On entend tout : symphonie de plaintes, surtout féminines.
Pour moi, l'homme aux aiguilles ne peut rien, bien sûr, et me le dit honnêtement. Mais il m'en plante quelques-unes, pour voir. Elles me fatiguent assez, comme si mon peu d'énergie s'échappait par ces antennes. Je sors vanné de la séance. Mais le praticien trouve que je ne me défends pas mal tout seul : « Je sens une résistance. » Paroles, paroles! Réconfortantes, néanmoins.

Au Prisunic
« Deux cents grammes de viande hachée », dit une vieille, miséreuse quoique proprette.

1984

« C'est pour vous ou pour un chien ? »

Plantée devant ma grille, une jeune fille parle à sa copine : « Mais non, ce n'est pas une maison abandonnée ! Regarde, il y a de la lumière ! »

23 novembre. Dans le train pour Le Beaucet

Démeron. Jadis, il avait un visage aigu, très XVIIIe; la vie l'a empâté dans un personnage à la Pickwick, gros mangeur aimant les viandes rouges et les vins fins... L'esprit reste vif, toujours aussi enchanté de ses propres trouvailles. Il est très fier de certains à-peu-près, dont le fameux « Tom Proust », appliqué à Rinaldi. Mais ce genre de saillie ne va pas sans inconvénients : ayant de nouveau agressé Angelo à la télévision – curieux comme ces polémistes supportent mal qu'on les blesse avec leurs propres armes –, le voilà qui vient déjeuner en rasant les murs; Rinaldi, courroucé, l'a menacé d'une « explication entre hommes ».
Je lui parle de Violette Leduc, sa grande amie d'autrefois. Mais il me rappelle qu'ils s'étaient brouillés peu de temps avant sa disparition : elle n'appréciait pas son insistance à lui ouvrir les yeux sur l'inexorable gravité de son mal.
« Vous comprenez, dit-il, presque sincère sous le cabotinage, je ne supporte pas l'hypocrisie ! Cette affectation ridicule de ne pas croire à son cancer ! »
Violette sera morte mouchée par ce dandy du stoïcisme ! Il n'en éprouve aucun remords; c'est sa morale. Se l'appliquera-t-il à lui-même, le moment venu ? Qui mourra verra.

30 novembre. Londres

Après la *Phèdre* assez « chichi » de Glenda Jackson, nous allons dans une boîte à la mode, The Heaven, immense caverne creusée sous la gare de Charing Cross. C'est l'« Asylum Thursday », ce soir, prétexte hebdomadaire à une invasion de punks, travestis et déguisés de toutes sortes. Déroutant et bariolé.
Inspiré par cette visite au « Paradis », je fais un rêve lumineux, comme tous ceux qui me viennent depuis quelques mois. Et curieusement paisible, une fois encore. Dans un bal costumé, où je distingue beaucoup d'anciennes connaissances, rencontre de Marion Delbo, ma propriétaire de Saint-Brice, il y a vingt ans. Elle porte une perruque mauve, avec maquillage assorti. Nous tombons dans les bras l'un de l'autre, à grands cris cabotins : « Mon chéri, ma chérie, comment vas-tu, quel bonheur », etc. Je lui demande si elle habite toujours sa jolie maison. Gênée, elle évite

de me répondre, m'assure qu'on se reverra bientôt, et refuse à l'évidence de me communiquer sa nouvelle adresse. Ce ne peut être que le Paradis, bien sûr...

Hier, me voyant sombre, sans doute, un (beau) garçon peint en vert me dit : « *Smile, life is short!* » Sourire parce que la vie est courte et qu'on ne doit pas s'y ennuyer, ou parce qu'on ne va pas tarder à en voir enfin le bout?

Il m'arrive d'être odieux avec Daniel, je le sais. Besoin de solitude, si difficile à comprendre pour qui aime.

3 décembre. Paris

Le perpétuel double langage du monde où je barbote m'amuse et m'agace à la fois. Même à l'intérieur du sérail, on vous paie de mots, comme si l'on ne savait pas ce que vaut cette monnaie de singe.

Mon amie Jeanne, écœurée par le « trucage » des prix littéraires, tout en reprochant à son éditeur de « négliger les livres qui ne se vendent pas »... Mais qu'il ait pu avoir sa part dans la récompense qu'elle vient de recevoir, elle n'y songe pas : « Une totale surprise. » Plus aucun trafic d'influence : tout jury qui vous distingue est intègre. Par définition.

Gisèle Freund. Visage ovin, plissé bonne-femme : trop de soleil toute une vie, sans doute. De l'énergie, de l'autorité. Directe, originale, fichue comme l'as de pique pour être à l'aise, avec des baskets rouges et un anorak bleu roi, mais un collier, parce qu'elle est de sortie. « Moi, dit-elle, péremptoire, avec son petit accent tudesque indélébile (cinquante ans qu'elle a quitté Berlin!), je suis la fille de Paulhan et d'Adrienne Monnier. »
Une étudiante en sociologie, tombée par hasard dans ce milieu lettré, avec ses appareils photos. « Sans eux, je n'aurais jamais existé. Je ne savais pas ce que c'était un écrivain.
– Et maintenant?
– Maintenant, oui, je sais. Mais j'ai mes têtes. Si je ne les sens pas, il n'y a rien à faire... »

4 décembre

Je reçois des bouquins et les range dans ma bibliothèque, comme si je devais les lire un jour, plus tard... Absurde et mépris du temps font plus que drogues ni que ruse.

Frank, dans *Solde* : « A vingt ans, Galey disait l'amertume sarcastique de ceux qui regardent les bateaux partir et qui n'en seront jamais. » *Le Dernier Bateau,* bon titre.

5 décembre

Professionnelle
Michel Emer est mort dans la nuit de jeudi, la semaine dernière. Le lendemain après-midi, Jacqueline Maillan, son épouse, était convoquée au *Figaro* pour se faire tirer le portrait, en compagnie d'autres comiques à succès...
Elle arrive à l'heure dite, avec la mine d'enterrement qu'on imagine; les photographes ne savaient comment lui annoncer qu'elle devrait sourire.
« Aucun problème. Dites-moi quand vous serez prêts. »
Le moment venu, elle avait la gueule fendue comme il fallait, veuve joyeuse insoupçonnable, le temps d'un flash.

Souvent, je me surprends à considérer avec tendresse une façade, une devanture, un coin de rue qui me plaisent, humbles approches des anonymes vers la beauté. Plus que les hommes ou les chefs-d'œuvre, il me semble que je regretterai surtout ces traces sans histoire. Je les regarde comme si je pouvais en conserver dans l'au-delà les modestes images, si quotidiennes qu'elles tendent à l'éternel.

On ne peut pas être hiver et avoir été.

11 décembre. Strasbourg

« Savoir que tout est fini et s'accrocher encore », définition de l'amour selon Kafka. Définition de la vie, selon moi, aujourd'hui...

Je n'ai pas pu résister à un petit salon Napoléon III rencontré à la foire aux puces près de la cathédrale. Une bouchée de pain, mais des inconvénients sans nombre : location d'un camion pour le retour, frais de tapisserie, choix d'un tissu, etc. Qu'en faire, à présent? Meubler une chapelle faux gothique au Père-Lachaise?
J'aurai au moins la satisfaction de mourir comme j'ai vécu : inconséquent et frivole.

13 décembre

Chez Drouant. Les Goncourt reçoivent dans leur « deux-pièces-cuisine », à l'occasion d'un prix de la nouvelle que Bazin proclame dans l'indifférence générale. Y compris celle du lauréat, qui ne s'est pas dérangé. Beaucoup de monde, cependant; les hôtes affectent la bonne franquette, avec femme et enfants.

Les deux dames jurés, que j'observe dans cette foule, n'ont pas l'air d'habiter la même planète : Françoise, toute blonde, coiffée à la Marilyn, en pantalon et veste d'homme à carreaux, style « branché-intello-à-la-mode », et l'altière Edmonde, très élégante, avec un corsage de dentelle noire, socialiste « valoisienne », plus cousine des Médicis que du militant de base.

Le fauteuil où elle se pose devient trône, et elle paraît de nature si princière que les gens ne la saluent pas comme une autre; tout en courbettes et en simagrées. A peine s'ils n'esquissent pas une révérence. Le monumental Bodard se dandine devant elle sans mot dire, bonasse plantigrade, au sourire timide. Edmonde sent l'incongruité de la situation. De son ton tout en distance, mais néanmoins familière, copine, elle dit : « Ah! Lulu! Ce cher Lulu! »

Edmonde est d'humeur exquise. Devant Michel Boué, de *l'Huma*, elle fait défiler les ombres rouges. De l'appartement d'Aragon, qu'elle voudrait voir prendre en charge par l'État, elle passe au musée Gorki de Moscou. La conservatrice vient de l'y recevoir avec transports, comme si elle était de la famille : « Elle savait par cœur mon article sur Zinovi Pechkoff. » Vantardise? Non. Il est vrai qu'Edmonde chouchoutait le vieux général, et elle raconte fort bien le parcours de ce personnage romanesque. Un petit juif de Nijni-Novgorod, frère de Sverdlov, celui dont Aragon disait : « Si la grippe espagnole ne l'avait pas emporté en une semaine, Staline n'aurait jamais existé. »

Emprisonné tout gosse à la forteresse Pierre-et-Paul, avec son frère, et Gorki, le jeune Zinovi voulait faire du théâtre, en dépit de sa taille très menue. Pour se donner de l'importance, il avait « emprunté » à Gorki son vrai nom, Pechkoff, et se faisait passer pour son fils. Attendri, Maxime finit par l'adopter réellement, mais Zinovi ne fut jamais comédien. A la guerre de 14, il s'engage dans la Légion, perd un bras, gagne des galons, des étoiles, et termine sa carrière comme ambassadeur extraordinaire du général de Gaulle auprès de Tchang-Kaï-chek, lors de la délicate reconnaissance de la Chine communiste par la France. Avec cela, grand coureur de jupons, surtout titrés, et cachant comme une tare ses origines sémites, dieu sait pourquoi. Ce qui ne l'empêchait pas, je m'en souviens, d'être un adorable vieillard, attentif et simple comme un enfant.

1984

Le cher Michel Boué ouvre grand ses oreilles à ce conte de fées pour communistes, où les seigneurs de la Nomenklatura remplacent la famille de l'Ogre, et Pechkoff le Petit Poucet.

16 décembre

Chez les Privat : Catherine Paysan. Fille d'un gendarme et d'une institutrice; éducation stricte, on s'en doute. « Chez nous, on allait au cinéma une fois par mois, à l'Eldorado du Mans. On m'emmenait, sur mon trente et un, et ma mère mettait son renard. Par coquetterie? Bernique! J'étais assez fine pour avoir vite compris le manège : au moment du baiser fatidique, ma mère laissait toujours tomber sa fourrure; elle me demandait de la ramasser et comme ça mon innocence restait sauve. Un jour, vers dix, douze ans, je me suis rebellée. Je me suis dit : toi, ma fille, cette fois-ci, on ne t'aura pas! En arrivant au cinéma, j'ai demandé à ma mère de me passer la bête. " Pourquoi? Tu as froid? – Non, mais avec moi, ton renard ne tombera pas, tu peux être tranquille! " Elle en est restée bouche bée, ma pauv'mère. »

17 décembre. *Londres encore*

Si c'était à refaire : être un écrivain, un vrai, un historien, un chartiste; voire un petit brocanteur. Des métiers de fuite devant le présent, histoire de sauver du temps l'éphémère. Ou alors peintre, architecte, pour y laisser une trace.

19 décembre

Comité de lecture au Français. Vent de fronde chez les sociétaires, qui refusent à l'unanimité une pièce de Vinaver, proposée par l'administrateur. A mon grand soulagement; j'avais craint d'être le seul à la trouver exécrable. Vincent accuse le coup, sans commentaires, sec et meurtri.

Revenu chercher mes gants, oubliés sur le tapis vert du conseil, je trouve Jean-Pierre tout seul, et nous échangeons quelques mots :

« Dur métier!

– Vous n'avez pas idée! Il y a deux jours, j'en parlais avec Fabius. Il m'a dit que ça lui paraissait encore pire que d'être Premier ministre. »

JOURNAL

24 décembre

Selon la formule consacrée, « je m'installe dans la maladie ». J'aurai tout le confort mortuaire.

Noël. Gaillon

Quand je gravis – avec peine – un escalier, quand j'essuie – maladroitement – un verre ou une assiette, mes aïeules revivent en moi. L'une avait ces gestes de robot dévissé dans les tâches ménagères, et l'autre cette attention à ne point rater la marche fatale au fémur des vieilles personnes. Surpris, je me dis : « Déjà! » Un peu essoufflé d'avoir sauté d'un bond les cinquante années qui nous séparaient.

« Dire que cette chose effrayante, l'agonie, sévit parmi nous avec autant de cruauté qu'aux premiers jours de la création! On n'a rien fait contre au cours des millénaires, on n'a pas touché à ce tabou sauvage!... Je réclame des Maisons de la Mort, où chacun aurait à sa disposition des moyens modernes de faciliter son trépas... Si je veux, je peux cesser de vivre. Je n'ai pas demandé à venir au monde, mais au moins il me reste le droit de m'en aller... » Gombrowicz (*Journal 1957-1960*, pp. 110-111).
Et comment donc es-tu mort, cher Witold? Dans ton lit, cardiaque au dernier degré.

29 décembre

Pessimiste
La voix commence à me quitter. Je vire au muet, et bientôt je basculerai dans un silence irrémédiable.
Optimiste
Personne ne m'écoute. Les gens vieillissent; tout le monde devient sourd autour de moi.

30 décembre. Le Beaucet

Le macabre provençal (suite)
Enterrant l'autre matin une veuve du village, Alain a « réduit » le mari, mort il y a vingt ans. Dans ses chaussettes en nylon, imputrescibles, dansaient les osselets des métacarpiens.

1984

31 décembre. Le Beaucet (par une température polaire)

Du mal à m'isoler; on voit de la lumière, on monte : c'est la politesse de campagne. Et puis les Parisiens descendent pour les fêtes... Chez les Sabatier, au réveillon, l'assemblée ressemble à un comité de lecture déporté en Provence : Berger, Fasquelle, Nourissier et leurs dames s'embrassent sous le gui.

Le lendemain, même cérémonie à Menerbes, avec les mêmes, augmentés de Pierre-Jean Rémy et quelques autres.

François raconte un moment de sa jeunesse, du temps où il était lié avec Charles Verny, alors jeune protégé d'Adri de Carbuccia. A la Grande Pointe, les vacances étaient cocasses; on y tirait le diable par la queue dans un luxe de façade, un tantinet lézardé. Nourissier sait bien mélanger la verve à la tendresse, il connaît son monde à merveille, et le savoure en gourmet. Quel mémorialiste il fera, l'instant venu! Du reste, il est venu. Chenu, barbu, il s'est fait la tête de l'emploi – et ces années cinquante semblent déjà aussi lointaines que l'ère proustienne.

1985

6 janvier. Paris

Accompagné de sa troupe, Terzieff vient discuter de leur tournée, dans mon salon. Curieuse arrivée des comédiens sous la neige, avec des toques, des pelisses, des bottes; une scène de Tchekhov étrange, comme un rêve dans la nuit qui tombe.

La veille, longue conversation avec lui tout seul. Il me décrit son récent tournage sous Godard, à l'hôtel Terminus de la gare Saint-Lazare. Les acteurs doivent se décider sur une demi-page de texte – ou rien du tout. Nul ne connaît le scénario, et les répliques sont livrées chaudes, dix minutes avant le tournage. Ce qui n'empêche pas le metteur en scène de piquer des colères si ses interprètes ont des trous de mémoire.

Pour Laurent, Godard est le seul grand de la Nouvelle Vague. A rejeté Truffaut vers le classicisme, l'anecdote, Malle vers l'exotique, et Chabrol vers le n'importe quoi.

J'écoute Terzieff avec ravissement. Que sa voix est belle, profonde, mélodieuse, caressante : le Pablo Casals du théâtre. Toute ma maisonnée est sous le charme.

Depuis un certain temps, chaque fois que je rencontre quelqu'un que j'aime, j'espère un échange en profondeur, agiter des idées essentielles si longtemps évitées, par nonchalance ou par pudeur. Mais il faudrait être deux dans mon cas et l'attente est à chaque fois déçue.

Série noire. A présent, voici Navarre, hémiplégique depuis un mois. Que lui écrire, même si je me sens frère en son malheur? Je n'apprécie guère qu'on s'apitoie sur mon sort; avec son caractère ombrageux, il le goûterait encore moins que moi. Je me tais, au risque de paraître indifférent.

JOURNAL

9 janvier

« Il a rendu l'âme.
– C'était un prêt? »

« Debout les morts! » Parole d'arbre...

De tous les animaux, l'homme est le seul qui se mette à genoux. Pas de quoi se vanter!

10 janvier

J'ai convoqué des spécialistes du viager. Des dames enfourrurées se succèdent, plus consternées les unes que les autres quand je leur dis mon âge; mon « espérance de vie » leur paraît invendable.

Malgré elles et malgré moi, je me glisse dans le personnage, je me peaufine une existence de rentier; je griffonne même des croquis de la maison, modifiée pour y vivre à plusieurs. Quel romancier l'humanité aura perdu!

13 janvier

La gauche et la droite, faux problème; simple question d'âge. J'y songe à propos de la Calédonie. Il y a vingt ans, j'aurais été kanakophile d'instinct; aujourd'hui je pense avec un rien de sympathie aux affreux caldoches. Du moins, je les comprends. Même hiatus en mai 81 : incapable de partager la liesse des jeunes gens qui chantaient sous la pluie.

On pourrait facilement prédire le régime d'un pays comme le nôtre; il suffit de consulter la pyramide des âges au moment choisi.

Il y a cependant des hommes de gauche qui ne sont pas des jeunots. Opportunisme? Conviction? Habitude, plutôt. Refus ou impossibilité de se remettre en question : une voie tracée pour la vie. L'autre jour, après les obsèques de Pierre Doublet, à l'Oratoire, Joxe est reparti dans sa belle Citroën de fonction avec chauffeur, et moi sur mon scooter. De nous deux, lequel devrait être, objectivement, l'homme de gauche?

« Apprendre une vérité le matin et mourir le soir suffirait », sentence confucéenne, citée par Yourcenar dans sa préface aux *Cinq Nô* de Mishima. L'erreur (occidentale) est de croire qu'une vérité doit servir à quelque chose.

1985

16 janvier

Dans ces mois – ces années? ces semaines? – qui précèdent la fin, les distances se font vertigineuses. A mesure qu'on se détache du monde et des autres ceux-ci se séparent aussi de vous. Quand ils vous savent perdu, ils vous évitent, et l'écart devient un gouffre, chacun fuyant de son côté.

Quand ma grand-mère est devenue « trop » vieille, soudain elle a cessé de m'intéresser; en quelque sorte, je la fuyais. Et à présent, mon père, enfin « au parfum », m'envoie une belle lettre : « La nouvelle nous a cueillis à froid, comme on dit en boxe... » M'écrire, étrange réaction, qui marque cette fuite, elle aussi. De lui, trois lettres importantes dans ma vie : vingt et un ans, pour célébrer ma majorité : à quarante – le bel âge – et ... maintenant. Une famille littéraire, en somme. Il est blessé, mais il lui faut bien en prendre son parti; à terme, je suis déjà mort. Et pour ma mère aussi, qui me demande si j'ai consulté les astrologues. Le jour et l'heure...

21 janvier. São Paulo

Fichue idée de venir ici! Dans mon désir d'explorer l'habitacle avant de sauter en marche, le Nordeste était à mon programme, ainsi que le Minas Gerais. Mais je ne me suis pas rendu compte du mal que me ferait ce bref séjour dans cette ville, où j'ai passé quelque temps en 83. Moins de deux ans, et tout ce qui m'était promenade m'est calvaire, sans parler de la honte absurde que l'on éprouve à être infirme, ou plutôt à être vu infirme.

Toutefois, j'écris ces lignes après une nuit blanche (et noire), histoire de me prouver que je « pouvais » encore. M'ayant cru pour le moins assassiné, Daniel n'a pas dormi non plus. Il se rattrape, après cet épuisant voyage de vingt-quatre heures, avec escale dans un Lisbonne désert et frisquet. Vide, peu éclairée, la place du Commerce ressemblait à une cour de caserne abandonnée.

22 janvier

Sous un ciel plombé – le fond de l'air est moite comme dans une serre – errance le long d'une autoroute pour dénicher le musée d'Art sacré. Tapi derrière un long mur, c'est un joli couvent du XVIIIe, intact vestige, comme un mirage sur fond de taudis banlieusards. Même les fidèles, qui écoutent l'office dans la chapelle, ont l'air tombés d'un autre monde.

JOURNAL

A l'entrée du musée de peinture créé de toutes pièces par Assis Chateaubriand – hideux cube sur pilotis dans un paysage futuriste – l'effigie de Georges Wildenstein, membre de l'Institut... Inattendu et plutôt sympathique, cet hommage d'un collectionneur à son poisson-pilote. Mais le visiteur, faute d'explication, doit le prendre pour un illustre peintre moderne. Jolie revanche d'un marchand de tableaux.

Belo Horizonte, mégapole de béton mité, peuplée de fourmis industrieuses, qui cavalent sur les trottoirs. Vu de loin, cependant, l'échelonnage des gratte-ciel, posés sur ses collines pentues, si peu faites pour y bâtir une ville, communique au paysage sa sauvagerie désordonnée. Nuages bas, montagnes, et soudain cette cité debout, aberrante, aussi insolite à sa façon qu'une géante Sarcelles au pied du mont Blanc.

Sabara, première rencontre avec le pur baroque brésilien, ravit comme si l'on changeait de siècle en vingt kilomètres. Délicieux théâtre miniature pour principauté d'opérette, avec des fauteuils louis-philippards cannés, des loges qu'on dirait dessinées pour un décor, et un plafond de joncs tressés.

Ravissant, le « Musée de l'or », logé dans un petit palais rustique où l'on s'installerait volontiers, malgré la pluie chaude qui tombe sur le patio et le jardin. Pour dénicher les nombreuses églises, un négrillon nous sert de guide; il répond au prénom, très « Chartrons », de William. Mais la plupart des habitants sont mulâtres, et certains d'une beauté à couper le souffle, avec des yeux verts inattendus.

Deux jours à Ouro Preto, merveille intacte. C'est une ville oubliée parmi ses collines, une manière de Salzbourg bariolée, paysanne, bâtie sur des montagnes russes vertigineuses. Comme souvent, ici, on ne se soucie pas de la déclivité; les rues montent à l'assaut, de front, et la circulation automobile tient du *scenic railway*. Même à pied, on craint de tomber à la renverse. Au petit bonheur, ont poussé les jolies maisons basses, les palais, les églises, et une place toute prête pour y jouer *la Périchole*. A presque tous les bâtiments d'importance, l'Aleijadinho a mis les moignons, puisqu'il était lépreux. Étonnante production de ce Michel-Ange infirme, sculpteur, architecte, décorateur. Ses plans sont parfois faibles ou biscornus, mais il soigne les façades, et fignole les intérieurs; l'angelot pullule sur les retables, et le trompe-l'œil féerique fait de chaque église un théâtre de château.

A l'écart, dans une caserne sans intérêt, style IIIe République – ici c'est le style Empire, celui de Don Pedro –, la faculté de pharmacie. Elle renferme un minimusée, une pièce, à vrai dire, remplie de vitrines poussiéreuses (fournies par Deyrolle, rue du Bac!) où toutes les variétés imaginables d'insectes nécrophages attendent le jugement dernier. Lugubre et touchant.

Au bout de deux jours, l'impression d'avoir vécu ici des années, peut-être dans une existence antérieure, au romanesque un rien sauvage, si loin de tout.

Aux environs, Mariana, sous des trombes d'eau. Visite des églises sous la conduite d'un gentil étudiant en histoire. Un sang-mêlé, qui nous emmène, hors ville, jusqu'à l'ancienne cathédrale, toute seule sur sa hauteur. Abandonnée depuis cent ans, la ruine est majestueuse; et le palais épiscopal, envahi de lianes et de palmiers, a l'air d'un décor pour Garciá Marquez.

Congonhas, enfin, un peu trop célèbre pour n'être pas décevant. Mais comment ne pas rêver – moi, surtout – devant ces apôtres sculptés dans le cèdre par le pieux manchot? Aleijadinho, le « petit estropié »... Génie, non. Mais sa maladresse frémissante, proche de la caricature, émeut encore deux siècles après sa mort. Dans ce délire de volutes et de drapés passe une souffrance.

Salvador. Le Pelhourino – vrai décor d'Amado –, charmant côté jardin, miséreux sur la rue. La vie, la mort sont partout présentes, mêlées. Dans les caniveaux, les fourmis boulottent les cadavres de cancrelats, écrasés par les passants. Sur la place de la cathédrale, jusqu'à minuit, les boutiques de pompes funèbres restent ouvertes, éclairées a giorno; le seul luxe des miséreux, un cercueil verni. Et la misère, ici, n'est pas un mot. Dans certains quartiers, on se sent voyeur; on a honte. Au restaurant, des gosses affamés se battent en sauvages pour dévorer ce qu'il y a dans nos assiettes. Ventres ballonnés, mains tendues, bébé mourant à l'église du Bomfim...
Mais les plages sont semées d'athlètes heureux, qui noircissent au soleil comme si l'existence n'était qu'un éternel farniente sans soucis... Deux mondes, qui s'ignorent. Un jour, ils s'entre-tueront.

Recife
Ville très coloniale, encore; province endormie. Belle, cependant, avec des petits restaurants populaires sur de jolies places, des marchés achalandés, et même grouillants.
En face de l'hôtel, au bord de l'océan, un gosse me regarde m'extirper de la voiture. Plus tard, il s'approche, me voyant assis sur un petit mur. Il soulève le bas de mon pantalon, regarde mon mollet atrophié, désigne ma main inerte, et me demande d'où je suis. « *Frances!* » Il le répète plusieurs fois, l'air de dire : « Comment peut-on venir de si loin dans cet état-là? Ils sont fous, ces *Frances...* »

JOURNAL

Rurale parenthèse : la visite d'un vieux couvent décrépit, dans un village, au nord de la cité. Moment de paix délicieux, loin de tout. Fière comme un propriétaire, la sœur – elles sont deux – nous fait les honneurs de son potager luxuriant. Je lui achète une « carte d'identité catholique ». A remplir soi-même...

Virée dans le sertão, à la recherche d'une Jérusalem de ciment, où se célèbre chaque année un mystère de Pâques hollywoodien, joué depuis une dizaine d'années par un barbu ringard, qui a largement dépassé l'âge du Christ. Le décor désert est d'une tristesse irrémédiable. Rien de religieux : on dirait un ancien fort de la Légion, oublié parmi les sables.

Rio
Revu le féerique jardin botanique dont j'avais gardé un souvenir émerveillé. Belle promenade montueuse dans l'immense forêt de Tijuaca. Aimé aussi la Quinta de Pedro II, à présent peuplée d'animaux empaillés, qui ont remplacé les courtisans de cet empereur bonhomme. Compiègne transformée en muséum...
L'inévitable école de samba, tonitruante. Plus dancing popu qu'aventure folklorique : un hangar immense, où deux mille personnes se tortillent sur les gradins, dans une cacophonie de sono pourrie.
La plage, aussi. Pour moi, une intense fatigue. Sur le sable, quand il me faut sortir de l'eau, je ne suis plus qu'une otarie essoufflée, incapable de se redresser. Mais le spectacle des promeneurs reste unique : presque nus, mêlés aux êtres les plus beaux de la terre, des cadavres ambulants, sans complexes, trottinent à petits pas.

Revu F. En deux ans, l'adolescent rieur est devenu un musculeux bouffi ; charme envolé. Mais la surprise est réciproque. « Comme tu es changé ! Tu as été malade ? » sont ses premiers mots. Il ne m'apprend rien, mais se l'entendre dire ingénument vous « cueille à froid », comme dirait mon père.

Françoise, venue nous rejoindre pour deux jours, a de si vagues notions en géographie qu'elle se croit à Buenos Aires !

Lisbonne
Nouvelle escale de quelques heures, au retour. Promenade éclair en taxi, sous la pluie. Tout vu, du château Saint-Georges à la tour de Belem ; digne d'un autocar d'agence. Une image surtout me reste : le cloître des hiéronymites sous ce déluge. Une jungle pétrifiée, en pleine mousson.

1985

15 février. Paris

Déjeuner impromptu avec Rinaldi, au tabac de l'avenue de Wagram. Sans grande conviction il m'offre sa comédie préférée : celle de l'écrivain méconnu. Soupirs à propos de ses tirages, gémissements d'un forçat des lettres, persécuté par la méchanceté de notre petit monde de plumitifs. L'inspiration? « Ah, mon cher, elle ne me visite plus que rarement! Je n'ai pas votre facilité! » (Tu parles!) La vie quotidienne? « Un enfer de solitude », entre ses deux chats nourris au filet de bœuf. « J'ai perdu ma mère que j'adorais, je n'ai plus de famille ni d'ami. » Le sommeil? « Il me faut un Noctran chaque soir. » Ses articles? Un labeur éreintant, qui ne vaut même pas la peine d'être publié en recueil, comme on le lui a proposé maintes fois. « C'est de l'éphémère », dit-il, désabusé.

Il s'anime un peu, tout de même, pour casser du sucre sur le dos de quelques confrères sans talent, puis s'éclipse en vitesse au café, comme un lapin effarouché, dès que la conversation prend un tour plus grave. Il est vrai que je suis presque inaudible, et qu'il a bien du mérite à tendre l'oreille pour capter mon bredouillis murmuré...

On se déteste-moi-non-plus depuis toujours, non sans estime réciproque, je crois. Mais nos rapports, d'une courtoisie appuyée, restent artifices et sourires. Quelle idée biscornue de le choisir pour confident! Je m'étais dit, sans doute, qu'un écorché tel que lui comprendrait mieux les angoisses d'un condamné. Illusion! Je lisais l'égarement dans son regard, comme si je m'étais mis à jouer au Monopoly avec de vrais billets de mille. Du reste, qu'avais-je à lui confier? Mon étonnement naïf, ma déception qu'à l'approche du terme on n'ait aucun message à transmettre : on voit par-dessus le mur, et derrière il n'y a rien qu'un autre mur. Je lui faisais cadeau de mon désarroi; il n'en a pas voulu. Trop polies, nos relations, pour être honnêtes sans prévenir...

17 février

Avec Daniel, promenade au Père-Lachaise, par ce beau dimanche diaphane. Moins impressionnant que les nécropoles bouleversées d'Asie Mineure, avec leurs chaos de fin du monde, mais déjà bien abîmé pour son âge, ce cimetière. En un siècle et demi, un hêtre pourpre a facilement raison d'une tombe ou deux, dont les pierres disparaissent, comme dévorées par ces troncs tentaculaires. L'érosion, les glissements de terrain, la rouille, la mousse et la pourriture font le reste allègrement. Que de vanités englouties, de blasons indéchiffrables, de glorieux soldats désormais inconnus! Musset lui-même a perdu son saule.

19 février

Au Français. Bien qu'aphone, je vais donner ma voix au *Balcon* et à *Fin de partie*. Je mime le grippé; c'est plus simple. Si ces messieurs-dames sociétaires savaient comme je suis bon comédien, ils m'engageraient! Pour un rôle muet, bien entendu.

Graffito dans le 13e :
« La jeunesse meurt du temps perdu. Pas de travail, du fric! »

Chez Alain Daniélou, avec Cl. et un jeune antiquaire allemand, race rare. Alain, octogénaire, ressemble de plus en plus à un aimable saurien, légèrement assoupi dans son marigot. Mais quand il en émerge, l'esprit est vif, et critique. Il estime, en particulier, que la démocratie aux Indes est une faribole. Le parti du Congrès, ramassis d'affairistes, s'entendait à merveille avec Mme Gandhi. Son fils, parsi et vertueux, s'appuie au contraire sur les descendants des maharajas, dépossédés par Nehru, son grand-père. Ceux-ci sont devenus ingénieurs ou technocrates, et cette alliance nouvelle sera une autre façon de tourner, par le haut cette fois, le système démocrate. J'aime l'atmosphère de cet appartement moderne, sans originalité, où des bribes de souvenirs indiens se mélangent à du Lévitan cossu. L'hôte y transporte de Rome, où il réside le plus souvent, un style d'avant-guerre. Le valet de chambre est impeccable, la chère exquise, et survit ici le raffinement des exilés volontaires, esthètes anglais le plus souvent, qui peuplaient l'Italie de James et de Berenson. Délicieusement hors d'époque.
Avec une note cocasse, pourtant : l'honorable gentleman porte au cou un mignon petit phallus en or...

Ceux qui me savent malade me parlent comme à une carafe de cristal fêlée. Un adjectif de trop pourrait m'être fatal. L'avouerai-je? Il y a un plaisir pervers à se sentir si fragile.

21 février

La gorge nouée – c'est le cas de le dire – je viens d'enregistrer ce qui sera mon ultime « Masque et la Plume ». Je finis par où les autres commencent parfois : recalé à l'oral.
Je n'avais pas prévu que je perdrais le souffle avant la vie. Dernières paroles, tintin! Il me faudra l'écrire, le petit mot de la fin. Et en morse, encore. S'il me reste un doigt.

1985

22 février. En train

Traversée de la Bourgogne sous la neige. Livide, méconnaissable. Elle s'est déguisée en Pierrot pour le mardi gras.

23 février. Le Beaucet

Pretium doloris
Somptueuse promenade sur trois pattes dans la forêt de chênes verts, derrière le château, par un soleil pâle et délicieux. Il aura fallu que je me balade enfin avec une canne, au pas de limace, pour goûter à sa vraie valeur le cadeau que m'offrent encore mes jambes de coton.

Henri Laborit, dans *Éloge de la fuite*. Chapitre « La mort » : « Ce que nous emportons dans la tombe, c'est essentiellement ce que les autres nous ont donné. » Pas d'enfants, guère bavard, peu d'amis : c'est par ce journal que je transmets le message des « autres ». D'où ma présence très modeste en ces pages : celle d'un truchement qui se permettrait, parfois, quelques apartés.

25 février. Le Beaucet

Hier, même promenade, avec Daniel. Douceur mélancolique; les années heureuses nous suivent comme une ombre, leurs traces légères dans nos lents pas.

Trois jours ici : une ripaille quotidienne. Épaule d'agneau, canard de barbarie, saumon de Norvège, vins millésimés et pâtés mirobolants se succèdent sur la table de ma voisine nourricière. Elle a ses sources dans la région. Par nécessité, et par esprit de justice, elle s'est instituée « mousquetaire de la redistribution ». Une nouvelle race de consommateurs! Son époux a de jolies formules (normandes); il ne pisse pas, il « fait pleurer la rosée ».

Amour
Les P. avaient deux vieilles poules, mère et fille. Celle-ci, boiteuse, est morte la première, après une brève agonie, veillée par sa génitrice. Le lendemain, la mère poule ressort, pimpante, picorant de-ci de-là dans le village. Si vite consolée? Non, c'était un adieu à la vie. Le jour suivant, elle se couche; quarante-huit heures après, on l'a trouvée raide au nid. Un suicide, en somme.

JOURNAL

26 février

85 est l'année du centenaire Mauriac. Jérôme Garcin est allé tourner son émission à Malagar, avec Claude M. Il nous décrit l'état des lieux, rongés par l'humidité, le parc envahi de vieux sacs de plastique. La seule personne de la famille qui serait en mesure d'entretenir la propriété, c'est Régine Deforges, nouvelle princesse Wiazemski, et petite-fille par alliance du père François.

Elle se fait du reste photographier dans le bureau du Prix Nobel, travaillant à ses best-sellers, et tout le monde a oublié l'éditeur « osé » de jadis. Qu'en eût pensé l'ancien maître de maison? Je vois d'ici sa longue main cachant le sourire de « Coco Bel Œil ». J'entends même sa voix blanche – si semblable à la mienne d'aujourd'hui – déclarant dans un chuchotis espiègle que le temps est moins immobile qu'on ne le croit...

Pour les astrologues chinois, je suis du Chien. Il paraît que ma sensibilité « inquiète » me rend souvent « trop critique, sarcastique, pessimiste, doutant du bien-fondé de toute nouveauté »... Je me reconnais assez, mais ces qualités négatives étaient-elles idéales dans le métier que j'exerce?

27 février

Quester. Né dans une famille modeste, comme on dit, il a travaillé dès quatorze ans sur un chalutier, puis aux ateliers de réparation de la RATP, avant de découvrir le théâtre par hasard, à Montrouge. Il garde une reconnaissance vraie à Guy Kayat, son initiateur; pas très bon professeur, mais il avait la foi et la générosité, qualités contagieuses. Très tôt, il aura eu la chance de travailler sous le gotha de la mise en scène : Wilson, Régy, Pintilié, Strehler, Chéreau. Avec celui-ci, il aurait pu faire carrière, s'il avait voulu, mais il a préféré garder sa liberté.

Longtemps gêné par sa ressemblance avec Terzieff, il se juge très lucidement, et même avec une excessive sévérité : « Je ne suis pas beau, je suis étrange, avec des yeux bleus. » A trente-cinq ans, le voilà mûr pour un grand départ de héros romantique, s'il voulait... Mais il refuse de penser l'avenir. Adolescent attardé, ballotté de femme en femme – sans compter la sienne, qui est la mère de son fils adulé –, il préfère se laisser aller au courant de la fortune présente, jouissant du moment. Elle le mène vers le cinéma, il en attend sans impatience l'occasion qui le fera « éclater ». C'est un félin; il a le temps pour lui, croit-il.

Ses vrais débuts remontent à *Early Morning* et *Saved*, il y a près de quinze ans. Dans cette pièce de Bond jouait aussi une brute superbe que tout le monde a remarquée, un certain Gérard Depardieu. (Moi, je l'avais déjà zyeuté – le rôle était muet –, en « cadeau d'anniversaire » offert au héros de *Boys in the Band*; à poil et les cheveux dans le dos, adolescent encore gracile et déjà dessiné comme une statue, l'apparition ne s'oublie pas.) C'était Hugues qui l'avait signalé à Régy; passé au cirage, il interprétait à l'époque un rôle de nègre dans une obscure comédie... Il aura fallu toute la fougue de cet animal de scène pour convaincre Régy, très sceptique.

La violence qui est en Depardieu se manifestait sans cesse dans son jeu. Ainsi, aux répétitions, il casse un jour le cendrier qui se trouvait sur la table; du plat de la main, comme ça, pour le plaisir. « Excellent, dit Régy, il faut garder ça! » Le régisseur propose de fabriquer un cendrier en sucre pour le lendemain, mais Depardieu n'a rien voulu entendre : il lui fallait de la vraie faïence! Pendant deux mois, il a joué *Saved* en s'ouvrant la paume chaque soir, tout dégoulinant de sang. Cabotin et martyr, jusqu'aux stigmates.

28 février

Première année de sursis. Je marche encore, clopin-clopant, avec une « orthèse ». J'écris encore (je suis presque illisible, mais cela pourrait être pire) et je parviens tout de même à me faire comprendre, d'une voix détimbrée, un rien haletante. Supportable, en somme, si ma jambe gauche ne menaçait ruine à son tour; si ma main gauche déjà ne s'engourdissait, si l'autre corde vocale n'annonçait à son tour sa faiblesse. Bienheureuse autant que maudite symétrie!

« Comment vis-tu ça? » me demande soudain Daniel. Je le meurs, plutôt. Mais sans me presser. Inerte et lourd, je freine des quatre membres. Je fais du « sit-in » pour retarder les CRS du temps.

2 mars

Plus le corps est atteint, mieux se porte l'ego, revanche de l'esprit, enfin délivré de la matière.

5 mars

Chez Daphné D., sur qui le sort s'acharne; elle vient de perdre en un an sa sœur, sa mère, et son époux. Solide, un peu lasse, elle se défend avec une sorte de résistance passive, efficace. A ce déjeuner, Valérie Joxe, jeune mère d'un enfant de quelques mois. Il lui est arrivé de le confier parfois à la crèche du ministère de l'Intérieur. Un soir, en le changeant, elle a trouvé une lettre pour Pierre dans ses langes...

11 mars

Quand je me traîne le long des trottoirs, je lis parfois dans les regards la compassion, la gêne; le plus souvent l'indifférence. Mais il m'arrive aussi d'y voir le mépris, presque la haine. S'ils en avaient le pouvoir, certains passants me supprimeraient sans hésiter. Je leur fais honte; j'insulte à *leur* humanité.

Lu, avec délice, envie, et un peu d'ennui par moments, le beau livre de Gracq, *la Forme d'une ville*. Une éducation sentimentale où Nantes jouerait le rôle de Mme Arnoux... Il entretient avec ce lieu une relation étrange; ce n'est pas le charnier natal, il n'a pas de racines nantaises, mais il a vécu dans cette ville les années cruciales de l'adolescence : son « cœur de mortel » en est à jamais l'image et le reflet.
Je transpose, modestement. Pour moi, c'est Argenton qui a joué ce rôle équivoque de fausse patrie. J'y ai pris la nostalgie des sociétés provinciales, immuables et bourgeoises, mais je ne me suis jamais senti « de là ». Dans la famille, on a toujours parlé des Berrichons avec un rien de condescendance : des bouseux grossiers, à l'accent ridicule, alors qu'il y avait tendresse quand on imitait les roulades gasconnes de nos *vrais* cousins, ariégeois.

13 mars

Ma santé morale m'épate. Tandis que la mécanique se déglingue chaque jour un peu plus, pas le moindre toussotement mystique.

19 mars

Pour la première fois depuis longtemps – et la dernière, sans doute – je reçois les Obaldia, Magre, Limonov et les familiers de la maison. C'est « M. le comte » qui tient le crachoir. Heureusement, car il ne sort de mon gosier que d'imprévisibles gargouillis. René développe des propos réactionnaires et cabotins sur tous les grands metteurs en scène d'aujourd'hui, « assassins des auteurs ». Il revendique le droit d'être un écrivain entier, « comme le pain et les chevaux ». Nous l'écoutons avec un amusement atterré; la pas-

1985

sion l'entraîne au point qu'on croirait entendre un homme qui n'a plus mis les pieds au théâtre depuis Rostand et Mounet-Sully.

21 mars

Au festival du Livre, par acquit d'inconscience. L'impression d'être un fantôme traversant cette ruche affolée – dont les abeilles me sont pourtant familières – comme si j'étais mort depuis un siècle à leur incompréhensible agitation. Le sentent-ils, mes chers confrères? Je n'ai pas serré dix mains en une heure. Invisible, déjà?

23 mars

Antonine Maillet et M.P., sans doute averties de mes infortunes, m'invitent somptueusement au Royal Monceau, où les a logées le prince de Monaco : des rentières cossues en voyage. Avec cette ingénuité madrée qui lui est propre, Antonine exécute toujours son numéro de « gloire nationale malgré elle », très au point; ce qui ne l'empêche pas de travailler dur pour soutenir le mythe, bravant la neige, présidant des cérémonies, recevant des décorations, menant des séminaires. Il y a aussi une quête sincère dans son œil myosotis quand elle s'inquiète de sa carrière, des erreurs à ne pas commettre. Prudente, modeste, consciente, et soucieuse de bien faire, mais elle sait ce qu'elle veut. Ainsi a-t-elle traversé l'Atlantique avec l'intention de faire attribuer le prix de Monaco à Françoise Sagan; elle y arrivera.

26 mars

L'expression est de Blanchot; elle me plaît : je suis « presque personne ». Pas tout à fait disparu, mais déjà moins qu'une part entière.

En apparence ralenti, je vis au contraire à toute vitesse. Chaque jour vaut une semaine, chaque mois une année, et je fais sur les chapeaux de roue l'interminable voyage du temps qui passe. Je m'assieds, encore jeune, je me relève – péniblement : c'est un vieillard hagard qui me regarde dans le miroir.

27 mars

Si je me décide – ou plutôt si quelqu'un se décide – à publier ce « journal », il n'y aura que la partie « lisible » de l'iceberg. Le reste aura disparu, tout naturellement. Le sexe et le travail, qui occupent l'essentiel de la vie, s'effacent d'eux-mêmes. Des échafaudages utiles pour la bâtir, gênants pour la contempler. Des fondations nécessaires, mais enfouies, sans autre intérêt qu'archéologique.

28 mars

Au chevet de leur père mourant, Claire-la-peste dit à sa sœur, qui tricote un châle de laine noire : « Ma pauvre, tu n'auras jamais le temps de finir! »

1ᵉʳ avril. Le Beaucet

Je refais avec Alain ma balade d'il y a un mois. Dur, dur... Beaucoup plus dur. Dans cette maladie « à paliers », j'ai dû descendre un étage.

2 avril. Dans le train, entre Marseille et Paris

A Martigues, très italienne sous le soleil, ce matin, le docteur P.X., qui pratique la médecine chinoise dans un entresol miteux, entre l'officine louche et la salle à manger rustique chérie des concierges. C'est un grand gaillard bouclé, jovial, avec l'accent du lieu. Il me tâte « les pouls » (trois points sur chaque poignet), m'apporte de l'énergie en disposant des petits fagots d'armoise incandescente le long de ma colonne vertébrale, teste ma résistance par-ci, par-là, et en déduit que chez moi c'est « l'eau » qui est faible actuellement. Verdict : plus de « sensation salée », pas de porc, charcuteries et crustacés interdits, bannissement des légumes secs. Je n'y crois guère, mais pourquoi ne pas essayer?

Tandis qu'il me palpe, je lis le serment d'Esculape, qui est accroché sur le mur de son cabinet. Une phrase m'amuse : le premier des médecins s'engage à ne pas profiter de la situation « pour abuser des femmes et des jeunes garçons, libres ou esclaves ».

Me voyant seul, assis à une terrasse de café sur le Vieux Port, qui se serait douté que je ne pouvais ni parler ni bouger? Moi-même je l'avais oublié...

3 avril

On me téléphone, aimablement, pour s'étonner de mon absence au dernier « Masque ». Condoléances pour une voix éteinte. S'ils doivent saluer ensuite mes jambes flasques, ma plume tombée, puis mon esprit à la dérive, ça n'en finira plus, ces funérailles à épisodes. Mais faisons tout de même traîner le feuilleton... Tiens, aujourd'hui, j'écris plutôt mieux que d'habitude. Pourquoi? Mystère!

Une allusion de Françoise Lebert m'impose une évidence qui ne m'était pas venue à l'esprit : parce qu'on ne prête qu'au riche, la moitié de notre tout petit Paris est sans doute persuadée que je crève du Sida. D'ici qu'ils me serrent la pince avec des gants...

Quand vient la nuit, on se contente d'un clair de lune.

7 avril

J'admire le pragmatisme de ma mère. Une autre se désolerait de mon état; elle fait aussitôt installer des rampes à l'escalier de Gaillon pour m'en faciliter l'ascension. Sensiblerie, connaît pas, et c'est tant mieux.

Mon ami Pautrat. Je lui sers de repoussoir moral. M'ayant vu claudiquant et peu optimiste en décembre, fruit sec sur le point de quitter sa branche, il s'est aussitôt mis au travail : sept cents pages en trois mois. Lui ne veut pas mourir bréhaigne. Un délire verbal, dit-il, une suite de visions quelque peu inspirée par l'univers mystico-fumiste de Castaneda, qu'il considère plutôt comme une sorte de création romanesque.

Au reste, plongé dans son bizarre, il m'apporte une photographie d'Albert Kahn, représentant des lamas mongols au début du siècle. Bien que mort depuis un bail, il paraît que l'un d'eux doit me guérir, si je veux le prendre comme guide et intercesseur... Il n'est pas sûr que je le veuille, précisément, et nous en discutons. Je reconnais que je goûte une certaine paix à l'idée d'en avoir fini avec la vie active, la lutte quotidienne. S'il fallait tout recommencer, quelle fatigue! Le voudrais-je vraiment, j'aurais sans doute ce courage qui me manque, en effet, mais les serviables efforts de Pautrat pour inverser la tendance n'y suffiraient point. Admettons qu'on meure parce qu'on l'accepte : tôt ou tard, quelle différence?

En attendant, je rapporte des livres, des meubles, des objets de la campagne, comme on amasse des provisions pour un siège. N'espérant aucun secours que celui de l'amour dont Daniel m'entoure, j'installe ma forteresse. Elle tiendra bien un moment, grâce à nous deux.

9 avril

Si j'avais à écrire un essai sur le racisme, je l'intitulerais : « Pourquoi les coiffeurs? »

Les choses étant ce qu'elles sont, je n'ai jamais été plus heureux qu'à présent. Avant, la crainte du retour de bâton me gâchait toujours le bonheur de l'instant. Plus rien à redouter; c'est le pourboire du condamné.

14 avril

Il paraît que les noyés revoient leur vie en trente secondes. Moi, je coule plus lentement; plongé dans ces trente années de Journal, je vais essayer de sortir la mienne de sa gangue en trente mois, si j'en ai le temps. Tricheur jusqu'au bout, je ferai même durer le plaisir, avouons-le; c'est la ressusciter qui me garde en vie.

16 avril

Quand le village « monte » à Paris, ça défile chez moi; après Denise, voici Antonella, autre voisine. Elle m'apporte des fleurs, un gâteau, et me traite en agonisant, ou presque, avec des précautions d'infirmière. Puis, sur le point de partir, elle fond en larmes rien qu'à me regarder. Je fais sa part à l'outrance italienne, mais elle est sincère, sans doute, et je suis peut-être plus déjeté que je ne me l'imagine. Seulement pleure-t-elle sur moi ou sur elle? Nous avons le même âge; je lui rappelle que nous sommes mortels. Humaine, sympathique réaction, somme toute. Cependant, j'ai du mal à ne pas me moquer de ce déluge, et je domine au fond de moi comme une fureur muette : « Hé là, ne sois pas si triste ni si pressée! Je clamse en pleine forme. Un peu blette, mais j'ai la pêche! »

17 avril

Bientôt dix mille victimes; le Sida gagne, gagne... Mon cas est rigolo : comme si j'avais attrapé la scarlatine pendant la grande peste. La vague de vertu qui va s'abattre sur le monde sera sans précédent. On pourchassera les amoureux, on fusillera les adultères, après avoir, bien entendu, exterminé tous les homosexuels, source de cette calamité. Quelques survivants de ma classe, réfugiés au fin fond des maquis, se souviendront d'avoir connu un âge

1985

d'or, dans les années 70-80... Allons, le moment n'est pas mal choisi pour lever le camp.

23 avril

Quatre jours à Rome, radieux... Nous sillonnons la ville à Vespa, comme dans un film. Le Pincio ensoleillé, entre Giorgione et Puvis de Chavannes, le Trastevere labyrinthique, l'Aventin, si provincial; la villa Giulia, havre Renaissance peuplé d'Étrusques. Le sourire des fameux époux d'argile ressemble à celui de la Joconde. Mais le garçon de café, place du Peuple, avait le même.
Le plus beau de ce voyage : les Caravage de Saint-Louis et de Sante Maria del Popolo : Paul, écrasé par son cheval ou Matthieu aux prises avec cette chair adolescente, populaire, troublante parce que saine. Mais si peu sainte! On comprend que l'Église ait dissimulé ces sublimes toiles scandaleuses dans la pénombre de chapelles obscures.

27 avril

Passé mes soirées en compagnie du désarmant abbé Mugnier, dont on publie enfin le *Journal*. Soixante ans de dîners en ville – toujours « après le Salut » – dans le Tout-Paris mêlé de la belle époque et de l'entre-deux-guerres. Avec une candeur délicieuse, il côtoie le gotha des lettres (et le vrai, celui du noble Faubourg), en observateur qui voit tout et ne voit rien. Pour lui, aucune différence entre Claudel et la comtesse de Noailles, entre Barrès et Cocteau : ce sont des « écrivains », indiscutables comme les saints, auréolés, quelles que soient leurs œuvres. Avec Proust par exemple, il « cause aubépines », mais il n'a pas lu *Swann*. Il contemple ces animaux rares, sans recul, le nez dessus, comme s'ils étaient réellement, fascinante découverte, et fréquente les modèles de *la Recherche* au naturel, inconscient bien sûr du destin littéraire fabuleux qui les attendait. La fraîcheur de l'innocence. Entre les lignes de ce modeste, on devine le charme que tous ces gens lui trouvaient, brave homme, adorable, irrésistible de simplicité malgré son secret snobisme de confesseur mondain. C'est saint Jean Plume d'or errant à Sodome, et qui traverse la cité du vice en aveugle béni par le Bon Dieu. Mais pas plus bête pour autant. De jolies formules, çà et là, parmi cette mine de renseignements introuvables. Pas mal, « le talent tutoie ». Ou aussi : « Quel courage il faut pour être soi! » Et lucide, avec ça : « J'ai vécu de la vie des autres plus que de la mienne propre. Je suis né parasite... » Mon double en soutane.

JOURNAL

2 mai

Faute de drogues, ceux qui m'aiment pratiquent l'« acharnement psychologique ». A les en croire, si je crève, ce sera de ma faute. Oui, admettons. Et alors? Jouer les prolongations n'a aucun sens quand la partie est perdue d'avance. Il est plutôt pénible d'accepter l'idée de sa fin prochaine. Le reste, ensuite, ne me paraît plus qu'une désagréable formalité. A-t-on assez glosé sur les condamnés américains, Chessmann et autres, qui ont attendu des années leur châtiment dans une inhumaine angoisse! C'est exactement ce qu'on me propose comme avenir. Merci beaucoup!

La seule motivation que je peux me trouver encore serait le goût de résister le mieux possible à la maladie, pour la beauté du combat, par esprit de contradiction, et avec le pur plaisir de rester un peu maître de mon destin jusqu'au bout. Réussir ma « campagne de France », en quelque sorte, comme une œuvre d'art. Je ne suis pas plus dupe de l'inévitable issue que Napoléon : au bout du chemin il y a les adieux de Fontainebleau – ou d'ailleurs. Lutter contre la mort, soit; une franche ennemie. Mais lui échapper pour lutter de nouveau avec la vie, cette sournoise qui m'a déjà plaqué une première fois, non! Comment faire comprendre aux autres qu'on meurt *pour* soi, pas *contre* eux!

3 mai

« La maladie de la mort » est un sacre. Foutu, on vous traite avec la déférence qu'on réserve aux grands de ce monde. Mon propre père me cède son fauteuil avec empressement, et je l'accepte. Joseph ne devait pas être plus humble devant le Christ. Curieux cousinage entre le respect et la pitié, pouvoir du malheur, et mêmes signes d'une élection mystérieuse, un peu divine.

5 mai

Jérôme Garcin, dans la jolie maison qu'il vient de s'acheter, rue de la Tour-d'Auvergne. Avec ses allures d'étudiant sage, ce propriétaire de vingt-huit printemps a deux chroniques littéraires par semaine, une émission à la télévision, un bureau chez Grasset. Mieux que moi à son âge : dents plus longues et une petite famille à nourrir. Je l'observe avec amusement. Son adresse : s'être élu des « protecteurs » utiles, Nourissier et Poirot-Delpech, apparatchiks d'une génération qui précède la sienne, au faîte de leur influence. Les miens, Chardonne, Morand, Jouhandeau, auraient pu être

1985

mes grands-pères. Trop vieux, déjà, pour « servir ». Mais quelles joies je leur dois! S'il m'avait fallu courtiser Troyat, Bazin ou feu Lanoux...

15 mai

Je lis le bouquin « déplaisant » de Léon Schwartzenberg : *Requiem pour la vie*. Déplaisant parce qu'il ose affirmer des vérités qu'on n'aime pas entendre. Édifiante, en effet, l'histoire de Viansson-Ponté, coauteur avec lui de *Changer la mort* [1]. Atteint d'un cancer six mois plus tard, V. P. a totalement refusé sa maladie, se reniant lui-même, se brouillant avec Schwartzenberg, incapable d'assumer son destin. Les bien-pensants (faut-il écrire les bien-portants?) trouvent ces pages coupables, alors qu'elles rappellent simplement une évidence : notre infantile lâcheté devant la mort. On prétend souvent que les Américains sont de « grands enfants ». Mais le moindre crémier du Minnesota meurt avec plus de courage que les membres de notre intelligentsia : on lui a dit qu'il a un cancer, et voilà tout. Réaction adulte devant l'inéluctable. Pourquoi ce frileux interdit?

Avec une admirable sérénité, Schwartzenberg raconte comment il a « endormi » des dizaines de patients perdus qui voulaient devancer l'appel. Enfin quelque petit espoir d'échapper au Moyen Age! Mais à quand la mort en vente libre? Le vieux tabou a la vie plus dure que nous.

18 mai. Gaillon

JE NE SOUFFRE PAS! Miracle dont je devrais rendre grâce à tout instant. Mais je l'écris déjà de la main gauche, en attendant de ne plus pouvoir l'écrire du tout. Ni le dire, faute de voix. Emmuré dans la douleur, en somme. On finit par se demander si la souffrance physique ne serait pas une atroce distraction inventée par la nature.

Autre bénédiction : je dors. L'insomnie m'est inconnue. A croire que je suis une vraie brute, sans aucune imagination.

Me forçant à suivre les autres, un joli petit tour dans les bois humides, pleins de fougères neuves et de jacinthes sauvages; cela suffit (encore) à justifier la bancale existence qui me reste.

« Journal d'un condamné à mort. » Décidément, les bons titres sont toujours pris!

---

1. Il m'en avait parlé il y a quelques mois.

23 mai

Chafouin, malingre, les épaules en dedans, la poitrine creuse, le sourire jaune, mon thérapeute à la chinoise ne paie pas de mine. Malgré l'accent du Midi, rien en lui de chaleureux et même un petit côté minable, comme son dossier d'attestations : des hémorroïdes guéries, des arthroses disparues, des femmes à barbe enfin glabres, ainsi qu'une ophtalmologiste, nommée Le Borgne, qui a retrouvé la vue... Un cancéreux, aussi, qui se dit sauvé, cependant, et plusieurs témoignages assez troublants, sincères sans doute. Je continue, bien que peu crédule. Et avare. Je trouve saumâtre de payer trois cent cinquante francs (nets d'impôt) la séance à cet habile clandestin, qu'on ne peut joindre que par poste restante interposée... Ce matin, immobile sur mon lit, piqué aux mains, aux pieds et au côté droit, il m'avait transformé en descente de croix. Attendons la résurrection...

24 mai

Je suis un homme d'habitudes : je vis.

A la radio, ce matin : « Après plusieurs semaines de coma, la comédienne Chantal Nobel a pu enfin sourire. » La voici tirée d'affaire. Nos chemins se croisent : elle revient de loin; j'y vais. Un jour prochain, elle rira, et moi je ne pourrai même plus sourire, regard fixe, posé sur le vide! Mais les chers auditeurs n'en sauront rien.

Parlé avec Yves Berger de mes « projets d'avenir » : terminer la rédaction de ce Journal, si j'en ai la force et le temps, et puis...
Parce que je n'arrive pas à dominer mes réactions comme je le voudrais, la voix se casse, la conversation prend un ton mélo qui n'était pas prévu. Je vois mon bon Yves, la larme à l'œil, essayant de consoler un type moins affecté qu'il n'en a l'air, au fond. Ne sachant trop quoi dire, lui viennent les arguments qu'il utilise à longueur de journée : « Veux-tu qu'on te signe un contrat tout de suite? » Un contrat? Plutôt une concession.

27 mai. Gaillon

Délice d'un dimanche de mai, vert pelouse et bleu de ciel; éternel étonnement devant ce luxe retrouvé.

1985

« Il se fit critique comme tous les impuissants qui mentent à leurs débuts. » Balzac.

« Je vis ma mort
Je suis de n'être pas », dit Toukârâm, dans un de ses *Psaumes*. Ce pèlerin illettré du XVIe siècle traduit à merveille l'étrange univers où je flotte, entre deux mondes.

Autre citation, de Toulet, penseur plus acide. « On dirait que la douleur donne à certaines âmes une espèce de conscience. C'est comme aux huîtres le citron. »
Pensée incompréhensible aux coquillages encore fermés.

29 mai

Juventus de Turin contre Liverpool à Bruxelles : trente-huit morts. Azincourt en direct. Insupportable, alors que les milliers de cadavres charriés avant-hier par le cyclone du Bangladesh sont déjà presque oubliés.

30 mai. Londres

« La nature devrait prévenir », disait Victor Hugo, surpris qu'on lui interdît les petites dames à quatre-vingts ans passés. Je trouve, plus humblement, qu'elle devrait compatir. Sous le sublime soleil qui dore aujourd'hui cette ville-jardin, ma fermeté se dissipe comme un brouillard. Trop belles, il ne faut pas que les choses soient ce qu'elles sont pour qu'on se résigne à les quitter.
Mais j'oublie les taxis où je me hisse comme un naufragé sur un canot de sauvetage, mes haltes harassées partout...

2 juin

Une fois par semaine, en fin d'après-midi, Terzieff passe me voir avant le théâtre. Sa BA, faite avec une vraie tendresse. Plus kalmouk que jamais, à présent; l'œil de Laurent est une petite flamme verte dans un triangle, à peine visible. Quelque chose d'un vieux poulain, rassis mais solide, noueux, avec le ressort des increvables; ne pas se fier au teint de papier mâché! La résistance de ce yogi, nourri d'olives et de raisins secs, et qui ne crache pas sur le vin rouge.
Aujourd'hui, nous évoquons nos jeunesses parallèles, qui ne se connaissaient pas. Il me raconte une histoire qu'il tient de Bost. Vers 48, Chaplin, de retour à Paris pour la première fois, décide de

réunir Sartre et Picasso à déjeuner. Luxe d'illustre! Les trois ne s'étaient jamais rencontrés. La chose s'ébruite; branle-bas chez les paparazzi. Bost se voit offrir des pots-de-vin astronomiques pour révéler le lieu de la rencontre. Il se tait, bien sûr. Nulle photographie ne fixera cette rencontre au sommet. Une seule image légendée lui en restera dans la mémoire : à la porte de la salle à manger, Chaplin le bref, tenant par les épaules Sartre le tassé et Pablo le râblé, qui commente, avec l'accent : « Trois petits hommes! »

Autre célébrité de l'époque : Brecht. Laurent l'a vu – et entendu – par deux fois. La première au Sarah-Bernhardt, quand est venu le Berliner Ensemble. Après la représentation, Serreau présente Kateb Yacine à B. B. : « Il écrit des tragédies », dit-il, pour le faire mousser auprès du maître. Et Brecht, moqueur et pensif derrière ses rondes lunettes : « La tragédie... la tragédie, ça n'existe pas; il y a toujours une solution... »

Autre souvenir, toujours lié à Serreau. Brecht assiste à une répétition de *l'Exception à la règle* au Babylone. Commentaires ensuite, devant la troupe au garde-à-vous. Benno Besson traduit les paroles de l'oracle. Lorsqu'arrive le tour de Laurent, petite hésitation de Besson, qui transmet enfin le message : « Monsieur Brecht a beaucoup apprécié le jeu du comédien. Il souhaiterait avoir de jeunes acteurs aussi doués dans sa troupe. » Le lendemain, dit Terzieff, « Jean-Marie me voyait dans tous les rôles, moi qui étais une espèce de factotum engagé pour économiser un cachet ».

Expo Renoir au Grand Palais. Déception. Quand elles sont vraiment réussies, ses toiles rappellent toujours quelqu'un d'autre : Manet, Bonnard ou Caillebotte. Pourtant, le style Renoir existe, aussitôt reconnaissable, plaisant, heureux, sans jamais rien de plus, hélas. « Surtout, pas de pensées, monsieur Renoir! » Quel dommage d'avoir perdu ses dernières années à barbouiller de grosses vaches roses, héroïquement! On rêve à ce vieillard, avec ses pinceaux attachés aux mains, peignant soudain des visions d'au-delà, bitumeuses et goyesques : l'envers des « canotiers ». Danse macabre contre bal-musette.

C'était mondain comme tout : les Lang serraient la pince à la porte comme s'ils avaient marié leur fille à Renoir (beaucoup plus de monde au buffet que devant les tableaux!). De loin, Judith Magre m'aperçoit et fonce : « Oh! Matthieu, quel bonheur! Vous savez que ma vie a changé après ce merveilleux déjeuner avenue Frochot. Ah! cette maison! un rêve... Ouiii, le lendemain, je me suis acheté un mont-blanc dont j'avais envie depuis des siècles, j'ai fait refaire mon papier à lettres – je n'en avais plus –, j'ai trouvé des enveloppes doublées sublimes, et chaque matin je pense à vous écrire. Mais j'ai le trac! Vous comprenez, le trac! Je

voudrais être à la hauteur de mon enthousiasme. C'est impossible, je n'y arrive pas. Mon pauvre stylo est déjà tout mordillé. »
Inventé sur le moment, mais si bien joué! Ce genre de comédienne est une forme de civilisation.

3 juin

Je me regarde, je m'écoute, je ne me reconnais plus guère. Un autre m'habite. C'est le moi de la fin (autre titre possible).
Prix des critiques.
En d'autres temps, le déjeuner de ce matin m'aurait paru comique. Huit convives dont un aveugle, un presque muet, un bavard intarissable et moi, le boiteux, à la langue invalide : beau jury, qui vient de découvrir, in extremis, un poète belge de quatre-vingt-sept ans!
Avec Dominique Aury, je parle des dispositions testamentaires de Florence Gould, notre mécène. A sa fidèle Cécile, compagne de pension, devenue sa secrétaire ilote pendant un bon demi-siècle, elle a laissé l'usufruit de La Vigie avec deux domestiques. Nonagénaire écafouie devant la télévision, elle règne enfin dans les lieux où elle a dû souffrir mille avanies, petite souris de laboratoire offerte aux caprices d'une grosse chatte milliardaire. Un roman que cette vie fantomatique, menée dans l'ombre et l'adoration avec, peut-être, l'obscure angoisse des parasites, la hantise du renvoi sans phrase, si par hasard on déplaît à la souveraine, imprévisible.

4 juin

Je prépare mon voyage en Asie : au cas (improbable) où je voudrais me rendre par mer de Madras à Rangoon, il me faudrait passer par le Coco Channel.
Paris-Texas. Poème superbement sinistre où Wenders traduit en images presque fixes – même quand erre le personnage – les obsessions « western's » de Sheppard : le désert, les motels crasseux, la solitude et la quête d'un bonheur idéalement impossible. Pour la moitié – la seconde – le film est une longue scène de théâtre, bouleversante. Cette façon qu'ils ont, tous les deux, l'homme et la femme, l'un après l'autre, d'évoquer leur amour défunt comme si eux-mêmes n'étaient plus que des fantômes. J'avais l'impression d'être dans la tête de Daniel, d'ici quelques années, quand il évoquera le passé, et lui-même sans doute y pensait aussi. Nous n'en avons rien dit; suffisait une petite larme, écrasée de-ci, de-là.

JOURNAL

5 juin

Sujet du bac-philo, ce matin : « La mort ajoute-t-elle à la valeur de la vie ? » Dommage que j'aie passé le mien il y a trente-deux ans ; j'aurais enfin décroché la mention !

6 juin

Cocasseries intimes
Hier, coup d'œil dans la glace : j'ai perdu mon épaule droite. A la place, une salière dans le dos ; déjà le squelette affleure, impatient. Du calme, mon mignon ! Le mois dernier, je t'ai offert une résidence à la campagne 2 m × 1,50 m au soleil. Tu as cinquante ans devant toi.

Depuis que je me déplace avec une aisance d'otarie, je deviens acrobate. Chaque meuble m'est agrès, perchoir ou barre fixe : je suis un voltigeur en chambre, sans public et sans filet.

« Vous êtes-vous déjà masturbé de la main gauche ? Essayez ! »

11 juin

La rumeur se répand ; plusieurs de mes amis savent désormais que je suis malade. On m'écrit. L'inconvénient de survivre : il faut répondre soi-même aux lettres de condoléances.

Seuls les souvenirs sont du temps « passé » : au tamis de la mémoire.

14 juin. Milan

Dans cette ville, je me sens un fantôme. Deux fois déjà j'y suis venu en croyant que c'était la dernière. Me voilà godiche, comme un voyageur qui rate le train, après avoir pompeusement fait ses adieux à la compagnie.

15 juin. Milan

Depuis que je sais, ma vie est un songe ; les signes du réel se sont inversés. Les trois quarts du temps, mon esprit, qui n'est point malade, vagabonde, échafaude et prévoit comme devant, il faut bien que le corps obéisse... Ainsi, ce petit saut, ici, tout seul, est

1985

une folie : je risque de tomber à chaque pas, dans la rue, dans les escaliers, et le moindre déplacement est problème, fatigue, danger. Mais mon cerveau « rêveur » l'avait programmé, oublieux de mes défaillances; l'intendance a dû suivre. Sillonner Paris à scooter n'est pas plus raisonnable; je suis tombé deux fois dans le jardin, hier, en essayant d'en sortir, et une autre encore devant la grille de l'avenue. C'est notre brave concierge qui m'a remis en selle. N'importe : dès que ça roule, me voilà délivré des contraintes de la marche, libre et alerte, normal. Le temps de la course. Si je ne me casse pas la figure. Je suis un autre : l'ancien. Illusions que doivent partager ceux qui me voient passer, fiérot, sur mon engin. « Matthieu, mais il va très bien! dit Sabatier que j'ai croisé rue des Saints-Pères l'autre jour, il se balade à moto. »

Inversement – et ce n'est pas le moins merveilleux (pour l'instant) –, quand je vis en vrai une situation de cauchemar, elle s'efface aussitôt de mon souvenir, tel un rêve au réveil. Ainsi n'avais-je point repensé avant ce matin (cette chambre d'hôtel, sinistre, favorise la flânerie mentale, que faire en un gîte si laid?) à mon aventure d'il y a trois semaines. A scooter toujours! Pour éviter des embouteillages monstres rue de Rivoli, on nous détourne par le tunnel des Halles. Je m'y engage sans méfiance; il semble « fluide ». Mais à l'intérieur, le terrier se ramifie en plusieurs directions beaucoup plus étroites. Dans celle que j'emprunte, on roule au pas puis la circulation bientôt s'arrête. Vacarme effroyable, oxyde de carbone à haute dose, pas même un bout de jour en vue : l'horreur. J'essaie de faire du slalom entre les voitures. Mais le boyau permet à peine le passage pour deux automobiles de front. Je réussis tout de même à me faufiler, gymnastique périlleuse qui finit par me déséquilibrer, ma moto se couche sur le flanc, moi dessous. Heureusement, les voitures sont à l'arrêt. Un monsieur sort de la sienne, relève ma machine et me la flanque dans les mains. Trop lourde : je retombe de l'autre côté, sur une auto. Par miracle – sans l'aide de la conductrice dont je bloque la portière, et qui me crie par la fenêtre, complètement paniquée : « Dépêchez-vous, je vais m'évanouir » – je me redresse. J'ai à présent les deux pieds par terre, et nous tenons à peu près debout, mon cheval et moi. Impossible de repartir : ça monte. Si je lâche le frein pour libérer ma main gauche et relever avec elle ma jambe droite valide, c'est la chute. Si j'essaie de rouler ainsi, mes pieds traînent par terre : impossible. La circulation, soudain, s'ébranle à nouveau dans un nuage de gaz toxiques : m'étonnant moi-même de ne pas tomber dans les pommes, je respire le moins possible et m'efforce désespérément de relever une jambe qui ne sait plus répondre aux ordres, la pauvre! Je ne peux pas non plus arrêter le moteur faute de main gauche, occupée à serrer le frein, et qui se fatigue! Son bruit couvre ma voix d'aphone, perdue dans ces vrombissements multipliés par l'écho. Plusieurs motocyclistes me dépassent sans s'arrêter. Un autre essaie de me porter secours, ne comprend pas ce que je lui hurle (« relevez-moi la jambe! ») – exactement comme dans les rêves où l'on crie sans qu'aucun son ne vous sorte de la gorge. Il pense que j'ai eu un malaise. Me conseille de sortir à pied (si je pouvais! Il me faudrait trouver ma canne, descendre de l'engin sans tomber, marcher trois cents mètres; irréalisable!). Sa patience a des limites : il renonce et disparaît avec le flot. Je nage dans une angoisse cotonneuse, infinie, hors du temps. Cela défile autour de moi, je ne suis plus de ce monde, recroquevillé en moi-même, cramponné à mon guidon, comme un naufragé qui a renoncé à l'espoir. Au bout de cinq à dix minutes – une éternité! – un type s'arrête, et comprend enfin ce que je demande, parce qu'il a vu ma prothèse. Je repars, tout chancelant, cent mètres, deux cents mètres, trois cents mètres, et voici le ciel bleu, le soleil de ce bel après-midi, la délivrance : les enfers ouvrent sur le Pont-Neuf, entre la Samaritaine et Conforama...! *Chi lo sa?*

Retour. D'ici peu – mettons l'an 2000 – de Gaulle et Kennedy ne seront plus que des noms d'aéroport.

16 juin

Promenade autour du pâté de maisons. Je ne suis tombé qu'une fois en fin de parcours; une jeune mère et ses trois gosses m'ont ramassé. Moi et ma canne, nous faisons du 1 600 mètres à l'heure, arrêts non compris.
Je suis seul à Paris ce week-end. Françoise Lebert vient me préparer le déjeuner. Pour une fois seuls, nous avons une conversation d'adultes; vingt-cinq ans d'amitié! Elle recense les moments dont elle se souvient, avant-goût de la trace que je laisserai dans sa mémoire : des instants. Elle m'avoue aussi qu'elle n'a jamais vraiment aimé ma maison du Midi; elle y est venue pourtant chaque été, hommage indirect à son propriétaire. Elle me raconte également les réactions que provoquent mes déboires dans le « milieu ». Commisération, bien sûr, mais surtout la peur. Certains n'osent plus m'inviter « comme avant » et d'autres ont même renoncé à me téléphoner, par crainte de ne pas comprendre mes bafouillages. Curieux ce manque de simplicité, cette fuite devant la mort, dont je suis l'ange annonciateur... Quant à elle, Françoise est allée consulter une voyante qui lui a prédit un bel héritage : celui de ma « force ». La chose paraît dérisoire, à considérer l'épave que je deviens, efflanqué, hâve, osseux comme une vieille vache des Indes... Mais j'en ai, c'est vrai, de la force; l'énergie du « pas d'espoir », une sorte d'électricité statique qui alimente mon instinct vital, et non l'inverse. Le courage n'existe pas. Ques-

1985

tion de nature. Plus ou moins de grimaces en face de l'inéluctable, et voilà tout.

Modestie
Complice et « gratin » à la fois, le ton inimitable de Jean d'Ormesson pour dire « Mouah » : en italiques, en minuscules, en filigrane, s'il pouvait...! Mais en couleur!

21 juin

L'humour, c'est ce qui reste quand on a tout épuisé.

22 juin

Humiliations
N'y ayant pas mis les pieds depuis des semaines, je décide d'aller dans un bar – avec ma canne. Beaucoup de monde : c'est un samedi. On me laisse entrer non sans réticence, puis un garçon ne tarde pas à me chercher dans la foule pour me foutre dehors, « des clients s'étant plaints ». Plus de voix pour protester. Je m'en vais, écœuré. L'infirme, le « plus capable » (*disabled*) comme disent les Anglais, n'a pas de place dans la société des homos « normaux ». A la trappe, les rebuts qui offensent le regard! Draguer avec une canne... Et pourquoi pas une petite voiture. Handicapé = châtré. Un racisme auquel on ne pense jamais : celui des vivants.

Difficultés à obtenir nos visas pour la Chine. On s'étonne à Pékin que je sois accompagné. Moi, à la secrétaire scandalisée : « Dites-leur que je suis un vieux débris, il faut quelqu'un pour convoyer la caisse. »

24 juin

Présentation du film primé à Cannes. Pourquoi pas? Je ne connais guère de monde dans le cinéma; je n'aurai pas de salamalecs à faire, surtout en arrivant au dernier moment. Plan réalisé à la perfection. Comment prévoir que je tomberais sur Navarre à la sortie? L'ombre toute pâle de Navarre croisant le fantôme voûté du pauvre Matthieu. Les deux spectres n'ont qu'un bref échange : « J'ai eu constamment de tes nouvelles par L. – Moi aussi »... Suffisant. Nous savons à quoi nous en tenir l'un et l'autre et l'un sur l'autre. Néanmoins, quelques minutes plus tard, j'aperçois une forme penchée sur la balustrade du métro George-V : Navarre qui sanglote. N'a-t-il pas supporté que je le voie diminué ou est-ce

JOURNAL

mon effroyable apparence qui l'aura bouleversé à ce point? J'ai l'impression d'assister à une scène de roman, comme si les protagonistes m'en étaient tout à fait étrangers. Grâce d'état.

25 juin

Un petit peu plus handicapé chaque jour – par la douceur, en somme –, je suis comme un manchot qui aurait ses deux bras, ou un unijambiste qui jouerait au bipède. Mais ne nous plaignons pas, il y a pire. Hier, las de chanceler dans les rues, au pas d'escargot, je vais inspecter avec Daniel les divers modèles de fauteuils roulants. Une dame espagnole, pétulante, est dans la boutique. Sympathique et bavarde, brassant beaucoup d'air. « Ah, monsieur, si mon mari marchait encore comme vous! Le rêve... Il est paralysé des quatre membres, le pauvre! Mais on part quand même en vacances aux Baléares; vous savez! Je lui ai acheté un matelas pneumatique, il est heureux comme un roi. Je le mets dessus, et vogue la galère! Je vais pouvoir enfin nager tranquille... »

26 juin

Je ne rendrai jamais assez hommage à ma Honda. En selle, j'oublie le squatter qui s'est installé dans ma carcasse. Quand je traverse Paris, je m'offre même des instantanés de bonheur (des « sensations d'art », comme on disait jadis). Ainsi, cet après-midi, au feu rouge du Pont-Royal, côté Tuileries, le trottoir du quai, avec l'enfilade des arbres qui le bordent, c'était si beau, sous le soleil : un Pissarro. Croisé des personnes de connaissance.
Autre plaisir : Michel Mohrt, aujourd'hui, tout ragaillardi d'être immortel. Un homme enfin heureux, sorti de sa clandestinité boudeuse de réactionnaire misanthrope. Il y avait jadis un petit fonds de camaraderie complice entre nous : un rien, et nous étions de vrais amis. Tant pis!
Toujours – et de plus en plus – gentleman « Old England », il s'étonne de me voir sur ce dangereux engin. C'est ma coquetterie : j'ai l'agonie sportive.

Papa : son occupation principale, quand il sort, c'est le « tennis nègre ». Il compte tous les Noirs qu'il rencontre, de chez lui à l'académie de billard, où il se rend chaque jour que le Bon Dieu fait. Sa moyenne varie entre trente-huit et quarante-cinq. Une véritable obsession, assez inexplicable. A mi-chemin du jeu et de la fureur sincère. Ce qui ne l'empêche pas de regarder ses pareils avec humour. Dans son autobus quotidien, une vigoureuse matrone s'assied. En face d'un Martiniquais. « Merde », dit-elle, et elle change de place. Cette fois, c'est un impossible Africain qui la contemple sur sa banquette. « Bon, grommelle la dame excédée, puisque c'est comme ça, je vais mettre des lunettes noires : je ne verrai plus la différence. » Le mot le ravit. Raciste, Daddy? Possible, mais touche pas à mon père!

Étrange plaisir à écrire de la main gauche. Il me faut calligraphier en lettres rondes, bien moulées. On dirait un manuscrit de Paulhan.

28 juin

Au bureau, du fin fond du couloir, j'aperçois P. qui rapplique, sombre mine et regard douloureux. Encore un qui va s'apitoyer sur mon sort! Mais sans même un « bonjour », sans le moindre « comment ça va? », le voilà qui m'interpelle d'emblée : « Dis donc, tu ne connais personne au *Matin*? Je n'ai pas encore eu d'article sur mon livre... »
De nous deux, réflexion faite, lequel est le plus égocentrique?

3 juillet

Le *Journal* de Jules Renard. Impossible d'en savourer plus de trois pages d'affilée : lassant comme le caviar à la louche.

Claude Roy. Nous comparons nos attitudes devant la maladie. Lui non plus, au pire de l'angoisse, n'a jamais cessé d'écrire. Le cerveau continue de fonctionner en autarcie, réconfortante mécanique.
Lui : C'est la petite lampe rouge qui reste allumée.
Moi : Ou la « boîte noire » qui fait encore bip-bip, quarante jours après la catastrophe...

Claire vient me voir, en beauté, toute frêle et bronzée dans un corsage noir transparent. Vivante à la puissance 13. Ma sœur passe par hasard et se joint à nous, ce qui n'empêche pas Claire de raconter devant elle ce qu'elle grillait de me confier (comme à tout Paris sans doute) : sa nouvelle passion. Don Juane a rencontré Casanova, mais rassurant et bientôt sexagénaire. « Ça le change des radasses qu'il se tapait d'habitude! » Néanmoins, fleur bleue inguérissable, elle est jalouse, inquiète, éblouie comme une midinette par le luxe, la villa de Saint-Trop, le chauffeur, Maxim's et les dîners en ville où il la traîne. Mais elle sait rester elle-même, connaissant son charme et ses atouts. Aussi rouée que naturelle. En trois jours, elle a déjà fait ami-ami avec le personnel qui l'adore, et le patron n'en revient pas d'avoir tiré ce drôle de numéro, si peu « dame du Femina ». « Tu comprends, il est bluffé, je suis la première qui ne lui coûte pas un sou. » Reine d'un jour ou maîtresse durable? Je lui donne l'été, comme d'habitude... Mais peut-être un peu plus, cette fois...

Petits faits
   1) A Gaillon, le jardinier coupe au pied une vigne vierge que j'ai plantée il y a dix ans. Vieille guéguerre, sous prétexte de protéger les gouttières.
   Furieux, j'accuse ma mère d'avoir ordonné le forfait. Elle nie, et ajoute même sans réfléchir, son : « On va t'en planter une autre. – Tu te fous de moi? » Avant de raccrocher je crois entendre une sorte de sanglot étouffé à l'autre bout du fil. A-t-elle craqué, elle, si forte? Après, je fonds en larmes, colère, remords et tendresse mêlés. Je hoquette comme un gosse qui a un gros chagrin, surpris par ma propre réaction. La première fois que je flanche, moi aussi. A propos d'un ampélopsis.
   2) Hier matin, la gentille Hélène de T. me téléphone pour m'inviter à son raout annuel à la campagne. « Excusez-moi, je vous réveille! Mais il est midi, Matthieu! Je ne pouvais pas savoir... »
   Moi : Vous ne me réveillez pas, mais je n'ai plus de voix, je suis assez malade. Vous n'étiez pas au courant?
   Elle : Mon Dieu, non! Qu'est-ce qu'on peut faire pour vous?
   Moi : Rien, me traiter comme un type normal.
   Aussitôt, elle enchaîne : « Alors, au 14, je compte sur vous! » Réussissant en souplesse le rétablissement, avec la simplicité d'une vraie femme du monde. Chapeau!

5 juillet

   Par habitude, faiblesse ou superstition, je vais voir le Pr Mignot, alors que son rôle (cinq cents francs la visite) se borne à un petit « Bonjour les dégâts », que je peux m'offrir moi-même gratuitement, chaque matin... Le comble! en me raccompagnant, il m'invite à lui « donner de mes nouvelles ». Pourquoi pas une consultation pendant qu'il y est?

6 juillet

   Je t'aime, tu m'aimes, on sème.

1985

9 au 19 juillet. La Chine

Jusqu'à Hong Kong, voyage sans histoire, si ce n'est l'atterrissage au ras des immeubles crasseux. Du ciel, un Monaco géant, somptueux, illuminé; en bas, la misère. Hôtel « international », classique, puis j'inaugure ma chaise roulante pour une balade nocturne à Kaoloon. Des marchés – qui remballent – sans autre intérêt que la foule : des jeunes surtout, sveltes, sportifs, beaux, américanisés au maximum. La promenade aboutit sous les plafonds dorés de l'hôtel. Luxe colonial préservé, genre pharaonico-1900, pour le rêve des touristes passéistes. Il est vrai que le temps, ici, se dévore dans l'instant, avec la proche perspective du grand rattachement à la Chine. Mon voisin, dans l'avion, était un architecte tout frais qui revenait de Londres, son diplôme en poche. Construire des immeubles pour quinze ans seulement? A ses yeux de jeune homme, c'est aussi long qu'une vie entière; il ne s'en soucie pas le moins du monde. Cantonais d'origine par ses parents, il évoque la Chine communiste comme un New-Yorkais juif ou sicilien parlerait de ses ancêtres : avec un détachement protecteur, presque du mépris, des indigènes attendrissants qu'il connaît à peine et ne veut point connaître. Il n'y a pourtant qu'un pont à traverser. Une mentalité que j'ai souvent notée chez les Berlinois de l'Ouest, mais leur ville ne va pas être rattachée à l'URSS d'ici l'an 2000.

L'exotisme commence dans le petit avion de la CAAC qui nous emporte à Shanghai : distribution de serviettes mouillées et d'éventails à fleurs. Mais le rideau de bambou se traverse sans peine, à condition de donner la marque de sa montre, de sa radio et de son appareil photo. Tout de suite, on change d'époque; le long du trajet, ce ne sont que villas normandes à colombages, cottages oxfordiens et palais en faux Louis XVI, nichés dans des jardins luxuriants : restes du temps des concessions, mais décrépits, à demi ruinés, souillés, défigurés, et souvent squattérisés par des foules, avec linge aux fenêtres et débris divers dans les dépendances. A mesure qu'on pénètre dans le centre, le décor se fait plus new-yorkais des années 25, quoique lépreux et menaçant de crouler, d'autant que le matériau, le plus souvent, est un mauvais ciment grisâtre. Un monde figé dans son costume d'avant-guerre, mais envahi par cette multitude en socques ou à vélo, qui ruisselle continûment dans les rues comme si la ville était inondée par un fleuve en crue.

Au bord du Bund, l'hôtel de la Paix – l'ancien Cathay construit par le Tycoon Sassoon en 1928 – est encore plus étonnant : intact, avec ses appliques Lalique, ses chambres colossales meublées en Ruhlmann, ses salles à manger cathédrales, son orchestre rétro

« d'avant la Libération » (la leur, datée 1949). Public surtout européen, comme si les « settlements » n'avaient point changé de clientèle. Des Américains surtout, pas mal de Japonais, quelques Arabes et Africains, et des « Chinois d'outre-mer ». Les indigènes sont systématiquement refoulés par de jeunes portiers physionomistes, dont les critères me restent mystérieux : certains ont tout de même le droit d'entrer. Mais il y a deux portes et celle de derrière est moins bien gardée.

Le soir, nous allons nous promener après le dîner. Le quai est jaune de monde, au touche-touche... Non loin, entre le fleuve et le quai, se trouve un parc, payant, entouré de grilles. Dès la nuit tombée (jusqu'à 10 heures), les couples s'y égaillent dans les buissons. Flirts poussés, mais pas au-delà. Dehors, les passants longent les grilles affectant l'indifférence, mais je les vois bien qui « matent ». Le spectacle, ce sont leurs classes X, in vivo. Nous poussons l'exploration jusqu'au club de la Marine. On y trouve un bar où tonitrue un orchestre. Des ivrognes – américains – sont juchés sur des tabourets, vacillants. Pas mal de jeunes Chinois, assis aux tables, ou qui dansent, sous une lumière crue. C'est sinistre. Nous rentrons. Dès 11 heures, plus de musique. Quelques esseulés sirotent encore. Shanghai by night!

Le lendemain matin, scène sordide avec l'officiel chinois qui doit nous chaperonner. En dépit des accords conclus il y a trois semaines, tout a augmenté de 20 %. Une heure de palinodies, discours et discussions – avec de grands mots, la France, l'État chinois, le ministère des Relations extérieures, l'amitié entre nos peuples et autres balivernes – alors qu'il s'agit du prix de la pension ou du minibus, bien entendu grossi des divers bakchichs de MM. les mandarins du régime. Comédie un peu longue qui s'achève par un compromis, comme à Bruxelles ou à Luxembourg. La moitié de la journée y étant passée, le programme prévu est en miettes. Daniel et moi partons à pied pour la ville chinoise. Moins ancienne que je ne l'espérais, grise, basse, mais exotique à souhait avec sa foule, ses échoppes, ses marchés. Et puis, au milieu, témoin de la vieille Chine, le jardin Yu, ses recoins, ses petits ponts, ses pavillons (dont un interdit aux indigènes) et son fameux lac miniature, îlot coloré, paradisiaque, où l'on oublie les poussiéreux alentours.

Le soir, les acrobates, qui empilent sur leur nez toute une vitrine de vaisselle, ou de quoi meubler un appartement de trois pièces.

Pendant notre croisière dans les docks – sans intérêt –, M. Tchou, l'interprète, la quarantaine juvénile et rondelette, nous raconte sa vie d'« intellectuel puant » persécuté par les gardes rouges : deux ans au vert, dans une ferme de l'armée. Inutile de lui demander ce qu'il pense de Mao; on croirait entendre un Russe parlant de Staline après le rapport Khrouchtchev, mais un Russe retour du goulag. Réintégré dans sa bibliothèque, il a eu l'autorisation de se marier à vingt-huit ans et de faire un fils (pas plus, sinon son avancement serait brusquement stoppé). A une heure de bicyclette de son lieu de travail, lui et les siens disposent de 18 m² et 80 yuans par mois. Son sort lui paraît presque enviable, il est membre du Parti – par conformisme pur – et se définit modestement comme « un petit chef ». Il réussit même à mettre de l'argent de côté pour son rejeton adulé, qui sera pourri-gâté comme la plupart des gosses de ce continent bizarre, dont les futurs princes seront tous des enfants uniques.

19 juillet. Paris

« Un milliard de Chinois, et moi, et moi, et moi... » Tenir ce journal au retour de Shanghai! Dérisoire comme un grain de riz qui voudrait parler au monde de ses charançons.
Rêve :
Au premier étage, dans le salon particulier d'un restaurant cossu, j'assiste à un banquet d'une vingtaine de personnes; il s'agit de préparer un film. Le metteur en scène – et ma mère – sont chargés de découper la spécialité locale : un homme rôti. Il est là, debout, nu, immobile, bien vivant, tout sourire, solide et sain, une sorte d'étudiant britannique avec des taches de rousseur, mais cuit à point. On lui taille dans les épaules et dans les biceps des petits cubes de viande d'une consistance assez proche du blanc de poulet. L'homme ne paraît point souffrir de cette mutilation très propre – sans une goutte de sang – et j'ai le sentiment (ou je sais) que ses muscles repoussent. Je suis du reste seul à suivre d'un regard fasciné ce chiche kebab sur le vif, auquel les convives ne prêtent aucune attention particulière. Ma mère, en se rasseyant, me dit néanmoins : « Ça va ? Tu tiens le coup ? »

21 juillet. Le Beaucet

Dernier été? En voiture à travers les collines, les chemins, les villages ivres de soleil. J'ai presque les larmes aux yeux devant ces horizons bleus, signés Vinci. Avec la collaboration du Bon Dieu.
La beauté des choses : elle s'offre, aussi généreuse qu'indifférente. Ce qui m'émeut n'est point de la quitter, mais de la partager encore une fois.

23 juillet

G., ultime gâterie du dernier été! J'aimerais l'offrir à mon tour, comme si la volupté pouvait se transmettre d'être en être. Jusqu'à la fin des temps. Le don de soi, seul vrai cadeau.

JOURNAL

Alain construit un petit escalier de trois marches qui me permettra de descendre sur la terrasse. Le bruit me réveille; dans mon rêve, on clouait le couvercle d'un cercueil.

25 juillet

J'ai beau jouer avec les maux, c'est toujours eux qui gagnent.

27 juillet

Bien qu'amaigri, j'ai le visage intact, mais il n'en va pas de même pour le corps, qui présente tous les stigmates d'une hémiplégie : amyotrophie de la jambe et du bras droits, en attendant que la paralysie totale rétablisse la symétrie. Dédoublé, j'observe mes risibles efforts, quand je m'entortille dans le drap, pour ne montrer à G. que mon côté sain.

Il feint de ne pas s'en apercevoir et mime le désir comme si de rien n'était. Je fais semblant d'être dupe. Je parviens même un instant, un instant de jouissance, à y croire.

Ce corps meurtri, je l'utilise également à servir ma foncière méchanceté d'odieux crevard cabotin. Quand A., la sensible, vient gentiment me tenir le crachoir, je parie avec moi-même que je la ferai pleurer. Ainsi, hier, une phrase m'a suffi : « Si tu veux dessiner un gisant d'après nature, c'est le moment. Tiens, regarde, je vais m'allonger. » Et hop, la fontaine...

4 août

T. me traîne à Saint-Geniez, chez les Sabatier. Pas vus depuis le jour de l'An; ils auront pu mesurer la chute... Robert vient de terminer un roman, qui sera en quelque sorte le prologue heureux de sa trilogie. Il en parle avec des airs de gosse surpris à dévaliser une fois de plus l'armoire aux confitures : « J'ai eu envie »... Il lui reste dix pages à taper : « C'est très gentil, très sentimental et je marche comme une midinette; j'ai les larmes aux yeux devant ma machine à écrire. » Cabot? Non...

7 août. Paris

... Sincère. Dans une interview, je viens de l'entendre répéter mot pour mot ce qu'il me disait.

1985

9 août

Cinquante et un ans (et presque) toutes mes dents, mais à part ça... Des fleurs, des fleurs, mon salon ressemble à un reposoir.

En prévision du pire – du sûr – je m'exerce à composer mon numéro avec le nez, sur un téléphone à touches. Plus fort que les peintres « de la bouche et des pieds », qui nous inondaient jadis de leur chromos en période de fêtes! Le fou rire me prend, mais je ne peux pas rire non plus, ça m'étouffe...! Ni pleurer, du reste. Soyons un marbre qui se marre...

Mon père a de jolies formules. Afin d'expliquer à T. le mépris des Français joueurs de trois bandes pour les Américains et leur billard à poches, il dit : « C'est comme si vous proposiez de la peinture acrylique à Rembrandt. »

Par quel hasard ai-je eu envie d'aller voir *Baby Jane*? A cause de Joan Crawford et Bette Davis, bien sûr; j'en ignorais le scénario grand-guignolesque, avec une infirme pour héroïne et martyre, torturée par sa vieille sœur, ivrogne, dans leur villa fin de siècle. Impossible de ne pas m'identifier à la malheureuse. Avec Daniel nous en rions. Mais soudain, qui vois-je? T., lui aussi venu par hasard. S'ils s'y mettent à deux, je suis bon. Faut de la santé pour être une loque sans cauchemar.

10 août

Mon drame : j'avais trop d'arcs à ma corde.

Le musée des Arts décoratifs. Éventré, coiffé d'une verrière, c'est une piscine (sans eau) avec des cabines garnies (de meubles et de précieuses porcelaines). Excellent pour prendre un (petit) bain de culture.

12 août

Ma mère, à son tour, est malade. Je le sais, mais je ne lui en parle pas, puisqu'elle ne m'en a rien dit. Quelle famille! Moi-même, j'ai bien gardé mon mal secret pendant plus d'un an. Pudeur, délicatesse ou manque de naturel, tout simplement? Une éducation à refaire. Mais quand? Nous serons refaits avant elle.

Claire, retour de vacances. Toujours aussi fascinée par son grand homme, mais la lucidité commence à percer sous l'envoûtement. « Tu comprends, dit-elle, crue, de toute façon, ça nourrit mon prochain roman. » Sa franchise pour évoquer les plus intimes détails m'émerveille à chaque fois. Pour quiconque, elle fait son numéro de charme avec le même soin; égocentrique. Il s'agit d'abord d'être égale à elle-même. Les autres, tous les autres, ne sont que le reflet de son plaisir à voir et à dire. Car elle est curieuse, avide de découvrir, douée d'une candeur vierge (sensible dans des récits), préservée, et que soudain relève un trait de rosserie, tout aussi spontané.

« Le pauvre, il a déjà un pied dans la tombe. » Il ne connaît pas sa veine; moi je n'ai plus que la tête et une main dehors.
Louis Thiéry, lui aussi, est un conteur disert, providence des éclopés. En ce moment, il rend également visite à sa vieille amie, Madeleine Ozeray, qui a un peu perdu la tête. Entre elle et moi, c'est une course de lenteur. A qui tiendra le plus longtemps... Chère Ondine en ruine, dont Sauguet disait : « On était sous le charme, sa voix, son timbre, son enfantine pureté... Quand elle se taisait, on restait au bord de l'eau, désemparé, comme si elle avait replongé dans les profondeurs »...
Un autre abîme l'attend.

14 août

Chez le Dr J., à Enghien. Une petite maison bourgeoise avec marquise, cachée dans la rue par un épais rideau de marronniers. Un décor de polar : on imagine aussitôt de louches trafics derrière cette façade banlieusarde, si désespérément banale qu'elle en devient suspecte. Les cliniques où l'on pratiquait jadis les avortements clandestins avaient cette allure-là. S'y ajoute, pour moi, le souvenir des *Diaboliques* de Clouzot... Rien de terrifiant, cependant, chez le Dr J., genre baba-cool décontracté, avec des gosses partout, un chat, un chien, une épouse à moitié indienne, une bonne qui l'est entièrement, et des collaboratrices plus simplettes que bizarres.
Madame, qui se prétend psychologue, me cuisine une bonne heure; elle voudrait me faire dire que je crois à quelque chose, à « une forme de survie »; elle cherche une patère où accrocher sa guenille d'espérance. Bernique! Ensuite, après une heure d'attente, on me sert un repas végétarien, à base de maïs et de lentilles, arrosé d'un verre d'eau claire. Nouvelle attente, nouveau visage : celui d'une grande fille brune, un peu garçonne d'allure, entre la prof de gym et la potière en Ardèche. Elle m'allonge par terre, afin

de « visualiser » des formes géométriques, censées représenter ce qui est malade en moi. Essai guère concluant : j'ai beau y mettre la meilleure volonté du monde, cercles et carrés restent abstraits dans ma cartésienne imagination. Encore une heure de farniente, puis survient une boulotte effarouchée, accompagnée de deux machines à écrire. Cette fois, ce sont des tests, assez primaires : retenir quelques mots essentiels d'un texte, en trouver d'autres à partir de lettres initiales données ou jouer au scrabble avec lesdits mots. Il paraît tellement évident que A doit être suivi d'Amour et B de Bonheur qu'il n'y a pas besoin d'être Sherlock Holmes pour apparaître comme un pervers incurable. Et je vois la pauvrette égarée devant des termes dont elle ignore le sens, comme épiphanie, ou haire... que je lui sers en toute pédante innocence.

Pas étonnant qu'en fin d'après-midi, lorsque T. vient me chercher, les « thérapeutes », comme dit pompeusement la servante noiraude, soient encore en conférence. Moi, j'ai perdu patience; on appelle Mme la psychologue, qui repousse à lundi les conclusions du concile et se déplacera en personne – replète, la personne, boudinée dans un costume écru à brandebourgs simili-oriental; le sari lui irait mieux – pour m'annoncer elle-même la sentence, et me présenter la note. Pas revu le docteur, sans doute écœuré par ce mauvais sujet. On le dit réputé pour aider les grands malades à se prendre en main; l'ennui, c'est que je n'en ai plus qu'une, et encore... Mais j'ai toute ma tête : salut les charlatans!

15 août

Marie Bell s'en va, le jour de sa fête. Plus de bal sur son carnet. La première à lever le camp du trio de débutantes qui fit les soirs mémorables du Français au lendemain de la guerre, l'autre, la grande : Madeleine, Edwige et Marie...

« L'art de ne jamais applaudir un homme que sur la joue d'un autre... » Superbe. La formule est d'Edmond Rostand, mais l'« art » ne s'est point perdu de ces compliments à double détente, caresse à Pierre, claque à Paul. N'est-ce pas Angelo? Bernard, qu'en dis-tu?

20 août

Le sort s'amuse. Demain, ma mère et moi nous avons rendez-vous à la même heure, dans le même hôpital. Piquant détail en prime : je suis censé l'ignorer. En cas de rencontre, il faudra jouer l'étonné.

JOURNAL

21 août

On ne s'est pas rencontrés.

22 août. Le Beaucet

Moi (au téléphone) : Je te souhaite un bon anniversaire.
Daniel : Mais tu me l'as déjà souhaité ce matin avant de partir.
Moi : Tant mieux. Tu n'auras pas trente-trois ans tous les jours. Et puis cela te fera de l'avance pour plus tard...
C'est le ton de notre humour doux à mort. Je l'aime bien. Il décape la tendresse. Je la préfère ainsi : « médium rare ».

Lettre à Daniel.
Quel cadeau pour ton anniversaire, mon petit? (tu permets, malgré ton âge avancé?) Eh bien, une lettre. Reconnais là mon avarice, même avec la récente augmentation des timbres.
Mais on se sera si peu écrit, en onze ans; l'occasion est à saisir. J'y vais de mon concerto de la main gauche – côté du cœur – pour te dire au moins une fois (il est temps!) le bonheur que je te dois. Comme tu as bien fait de secouer le conformisme sec où je m'étais réfugié! A quarante ans, j'ai eu la chance de recommencer grâce à toi une vie toute fraîche, que je ne méritais pas. Chaque matin, au lieu de grognonner dans mon café au lait, j'aurai dû t'en remercier, et je comprends mieux à présent cette rancune que tu nourrissais à l'égard de mon travail : que j'aurais été avisé de travailler moins et de vivre plus! Si la parole maintenant me fuit, ce n'est pas un hasard : punition d'avoir tu tant de choses, de sentiments. Par pudeur, croyais-je. Par bêtise, en vérité je le sais aujourd'hui. Qu'est-ce qui écorche la bouche à dire « je t'aime »? Bien sûr il y avait d'autres moyens, un sourire, un serrement de main, des regards, des coups de pieds, des pinçons, le fou rire, et ces temps-ci des crises de larmes, brutales et brèves comme des averses de mousson, qu'on aurait pu traduire ainsi (sans parler des bouderies, des « gueules » et autres comédies intimes qui en sont le négatif), mais pourquoi cette peur des mots? – Il faudrait que j'aille voir Sauvage... Néanmoins, même silencieux, immobile, avachi, sache que cette longue glissade – sacré toboggan! – ne débouche pas sur le désespoir parce que tu es là, et que je t'aime.
Drôle de cadeau! De peu de valeur, mais entièrement « hand made »... ma page d'écriture. C'est comme si j'avais couru un cent mètres en l'honneur de tes trente-trois ans!
Tu m'embrasses?

M.

1985

24 août

Ce soir, les grillons mettent les grandes orgues, comme un tapis de son déroulé sous la nuit; les effraies, de temps à autre viennent y piquer leur cri tombé du ciel. Je m'oublie délicieusement dans ce concerto pour rapaces et orchestre.

25 août

J'ai décoré mon salon avec les portraits des quatre derniers présidents de la République, chassés de la mairie par les caprices du suffrage universel. En noir et blanc, avec ses grandes oreilles décollées, Coty a l'air d'un coiffeur sur son trente et un, partant pour un mariage. De Gaulle est en couleur, mais son teint vire au verdâtre; onze ans de règne ont laissé des traces. Pompidou reste le plus frais, le cheveu noir gominé, les sourcils terribles, à mi-chemin du consul romain et du notaire louis-philippard. Costume de ville, esquisse de sourire, Giscard a banni la polychromie, les crachats, le grand cordon. Foin de ces babioles! Soyons simples : je ne suis que le premier des Français! Mais le bout d'une incisive malicieuse pointe sur la lèvre inférieure, coquine comme un diamant.
Verrai-je Mitterrand rejoindre ses compères?

Alain : « Chez Leclerc, j'ai rencontré la plus grosse bonne femme que j'ai jamais vue de ma vie. Au moins cent vingt kilos, et aux genoux des bourrelets comme des pneus de bicyclette. »
Denise (doctorale) : « C'était une malade; elle a de l'éléphantasia. »

Alain, toujours, passe les consignes de mon petit lever à son épouse : « D'abord, tu lui mets ses chaussettes, bien comme il faut, puis sa jambe de plastique, et ensuite les godasses. Mais attention! A ce moment-là, tu recules à cause des ruades : il va donner des coups de tatane dans le mur pour caser ses doigts de pied. Pour le café au lait, tu lui verses très lentement son Nestlé et tu guettes l'œil. Au premier clignement de paupière, tu t'arrêtes, sinon le breuvage n'aura pas la nuance exacte qu'il veut. D'ailleurs, tu verras, on s'y fait vite. Il suffit d'être coloriste. Et n'oublie pas la confiture sur les tartines beurrées comme il les aime, avec délicatesse, si tu ne veux pas recevoir un coup de canne! »...

L'orgueil soutient, la vanité pèse.

JOURNAL

27 août

« Ce n'est pas que mes souvenirs intimes valent grand-chose... Je m'y complais cependant, ne serait-ce que par une coquetterie indigne : pour peu qu'ils soient suffisamment lointains, j'y fais meilleure figure que dans ma glace. » Cette réflexion que François-Olivier Rousseau attribue à son « Sébastien Doré », je pourrais la reprendre à mon compte, mot pour mot, moi qui passe le plus clair de mon temps à mettre au propre mes notes d'il y a vingt-cinq ans. La figure que j'y fais ne me plaît guère, sot, vaniteux, frivole, coureur, snob, méprisant – et Dieu sait si j'élimine des pages et des pages sans intérêt, des coucheries oubliées, des considérations philosophiques ou des flambées sentimentales d'une banalité abyssale! – mais l'éloignement suffit à mon bonheur présent. Même sous cette enveloppe de petit jeune homme arriviste et vain, si candide malgré ses ricanements supérieurs, j'échappe un moment à l'inéluctable; le précoce vieillard bâillonné que je suis devenu peut pérorer en liberté, prodige d'autant plus miraculeux que je le sais éphémère, pied de nez du cancre dans le dos du Destin avant d'être collé pour toujours. J'aime ce livre de Rousseau parce qu'il est noir, méchant, fielleux avec délectation, tout en méandres proustiens qui slaloment à travers les vérités minables, les vilenies secrètes, les aveux. Je l'aime aussi parce que son héros – anti-héros, plutôt – est né au début du Second Empire : toute mon enfance, en somme. A La Colombe, quand j'avais l'âge où le moindre détail s'imprime à jamais, mes grands-parents, qui avaient vu le jour sous Napoléon ou même avant, le XIXe siècle était mon square solitaire; j'y faisais des pâtés avec l'Histoire. Découvrant ensuite la littérature à travers Flaubert, Balzac, Stendhal, Chateaubriand, Hugo – les seuls classiques qu'on pouvait acheter à bon marché dans mon adolescence –, je me suis retrouvé en pays connu. Les années que j'ai réellement traversées m'ont beaucoup moins appris que ce passé « raconté », rêvé, imaginé, vécu par procuration. Tellement plus vrai que le vrai.

31 août

Alain me conduit chez le marbrier de Carpentras, dont l'entreprise se trouve derrière le cimetière – comme il se doit. Un couple nous reçoit, un peu égaré; ils n'ont pas l'habitude de montrer leur catalogue de pierres tombales au mort lui-même. Hésitant entre l'obséquiosité et la commisération discrète, cela donne une espèce de ton complice étrange, presque surréaliste. Et multiplié par celui de mon dialogue avec Alain : « Tu veux une croix? – Non, plutôt

1985

une petite palme. – Ah oui! je trouve qu'une croix c'est mieux, ça fait plus couleur locale!... », etc. Sur le mode badin. Le marchand nous regarde, effaré. Le comble du cocasse est atteint quand je lui demande s'il a des modèles d'alphabet pour les inscriptions à graver, car je voudrais des caractères vieillots, des anglaises, telles qu'on les faisait au XVIIIe. « Non, dit l'homme tout sourire, mais je vois ce qu'il vous faut : de la cursive avec des pleins et des déliés, tenez, comme ça. » Il prend une feuille de papier et, qu'écrit-il? : « Ici repose... »

A déjeuner, j'y repense et le raconte à Denise. Tous les trois, nous sommes pris d'un formidable fou rire qui nous secoue dix minutes. Classique. Le macabre hilarant. Mais cela fait drôle de le vivre soi-même.

Cela dit – cela ri –, je me demande pourquoi je tiens tant à « reposer » ici, selon la formule de M. le marbrier. J'ai eu toutes les peines du monde à obtenir une place dans le vieux cimetière, on me trouvait « snob ». Pourquoi ne pas me faire enterrer dans le nouveau, « comme tout le monde »? Et maintenant, afin de m'arracher un bout de jardin qu'il guigne, le conseil municipal n'hésite pas à me faire chanter, sans rien ignorer de mon état. Oui, nous accepterions de ne pas exercer notre droit de préemption sur votre maison, à condition que vous nous cédiez... Des hyènes! Je vous remercie, ô conseillers intègres! Grâce à vous, j'aurai moins de regret à quitter ce monde de nécrophages. Néanmoins le grand if du vieil enclos me plaît. Il m'est familier, amical, lui. Vous serez tous poussière, Dieu sait où, qu'il y sera encore, et moi aussi, couché entre ses grosses pattes brunes.

Sous le titre « Que Sida verra », *Libé* publie la lettre d'un lecteur qui vient d'attraper la lèpre. « J'attendais mon train, eh bien ça y est, je suis monté dedans. En voiture... Ça veut dire, mes chéris... que je me suis jeté dans les bras du Dr Rozenbaum, qui m'a d'abord reproché de faire mes adieux un peu vite (ah! mourir en scène) et d'avoir manifesté là d'une curieuse manière mon égocentrisme et mon narcissisme... »
Ton désinvolte, excitation, contre-feu de la dérision, lucidité soudaine, je retrouve tout à fait, sur un autre mode, mon espèce d'ivresse fiévreuse de l'an passé. Il m'arrive d'y rêver comme à une période heureuse, un voyage de noces avant divorce, une parenthèse inespérée où la vie avait retrouvé soudain sa fraîcheur première. On se sait blessé mais on ne souffre pas et nul ne s'en doute. La menace reste idéale, tout intellectuelle, exaltante. On se sent supérieur et facétieux, comme si l'on jouait une bonne farce aux autres, qui ne savent pas...

A présent, ils savent mieux que moi, et c'est leur regard sans cesse qui me rappelle mon état. Si d'aventure je parviens à n'y plus penser. Quand son « Sida se verra », le pauvre va déchanter. Rendez-vous dans un an, si tu y es, si j'y suis.

2 septembre

Charitable, une voisine m'apporte un livre de diététique (un peu défraîchi) « qui a beaucoup aidé sa mère », dit-elle. Sa mère, liquidée en six mois par un cancer... Une fois de plus, je m'étrangle de rire; c'est une réplique de comédie. Le dindon peut bien s'amuser de la farce, après tout!

Le village a deux conteuses, étrangères l'une et l'autre. La brune, latine, moqueuse et surprenante imitatrice (malgré son accent et sa voix de petite fille plaintive), possède tout un répertoire d'histoires sur les habitants du lieu. Des numéros pittoresques, soigneusement fignolés, que je lui ai entendu répéter mot pour mot à des années d'écart. La rousse incendiaire, germanique, tonitruante et la mamelle pointée comme un obus de 75, s'abandonne au contraire à sa nature, dans un français approximatif : je suis une « bavardeuse », précise-t-elle, après avoir parlé deux heures et sifflé un kil de rouge. Qui s'en plaindrait? Il faut l'écouter, racontant avec une admirable impudeur sa grossesse : « Je n'en voulais pas, de cet enfant! Je n'aime pas les enfants, ça tue la liberté d'une femme. Et puis, c'était un étranger dans mon ventre. Je n'en voulais pas de ce Prussien en moi. Je sentais bien qu'il allait ressembler à son père. Et son père, déjà, je ne pouvais plus le supporter. Vivre avec lui, jamais! Très bon pour l'amour, ça oui, mais si ennuyeux! Quand il venait me voir, toujours la même rose baccarat! Je lui ai dit, apporte-moi plutôt un livre. Alors, j'ai toujours eu le même livre... Ah, si j'avais pu accoucher d'un chien, d'un petit teckel... J'aime tellement les animaux... »

Le maire vient me voir pour me rassurer. Il a bon espoir de rassembler une majorité contre les détrousseurs de cadavres.
Un peu atteint, tout de même, indigné, blessé par cette attitude, j'ai accumulé une tension qui se dissipe en sanglots. Je rigole à l'intérieur de cette scène à la Greuze, ridicule, tandis que je mouille trois mouchoirs de larmes et de morve... Faute de nerfs en bon état, mon corps amplifie au centuple la moindre émotion. Je n'y peux rien. Et le pauvre maire, bel homme à moustache, la cinquantaine encore athlétique, est si troublé... qu'il m'embrasse sur le front. Assis dans ma cuisine, j'ai l'impression de recevoir la rituelle accolade des condoléances à la sacristie, comme si j'étais « de la famille ». De ma famille. « Mais n'anticipons pas », comme dirait l'idiot de Beckett...

1985

3 septembre. Lyon

Soutenu par ma sœur qui joue les Antigone, énième visite à un nouveau toubib, allergologue de son état. Quartier moche, cabinet modeste, fonctionnel, homme direct, précis, connaissant à fond son sujet, qu'il expose clairement. « Nous sommes sur le point de trouver, et quand on y sera parvenus, on se dira sans doute, mais bien sûr, c'est l'évidence même, comment n'y avoir pas pensé plus tôt! En attendant, je ne peux pas vous promettre le miracle; cela vaut tout de même le coup d'essayer. J'ai obtenu quelque mieux de certains malades dans votre cas. Je vous fais la première piqûre et vous me tiendrez au courant de vos observations, chaque semaine. La recherche ne peut aboutir qu'en collaboration avec vous. Me payer? Pas question. Je ne peux vendre qu'un produit garanti. Je me rattrape sur ceux que j'ai la possibilité de guérir à coup sûr, n'ayez crainte! »

Ça change de mes « thérapeutes » habituels – bien qu'à l'autopsie, le bilan ne soit guère différent, j'imagine. Au moins aurai-je eu le noble sentiment de « servir la science ».

5 septembre. Paris

Assis par terre – mais incapable de me lever seul sans d'épuisants efforts. Je sais qu'on viendra dans une heure; j'attends. Et j'écris pour m'occuper. Encore une chance que je sois tombé à côté de mon cahier [1]!

Cette nuit, angoisse: je sens que ma main valide commence à me lâcher. Ma main! C'est le poumon du cerveau, pour un muet. Je n'aurai plus que deux palmes inertes au bout de mes bras: les fanes d'un légume.

6 septembre

Une formule de papa (quatre-vingt-un ans le mois prochain): « Elle se chauffait le " prussien " devant la cheminée. » Il l'a sans doute héritée de son grand-père, qui avait dans les vingt ans en 1870. Qui le comprendrait d'ici une génération? Ces mesquineries du vocabulaire, petites revanches des peuples battus. Dans mon enfance, sous l'Occupation, tous les chiens s'appelaient Adolf.

---

1. J'y suis arrivé, tout de même, car on ne venait pas...

JOURNAL

7 septembre

Claire. Elle est humble, réellement. A chaque fois qu'elle publie un livre, on dirait qu'elle passe son certif. « Est-ce que j'ai fait des progrès ? »

Sa question rituelle et angoissée depuis que nous nous connaissons. Cette fois, une variante : « Pourvu que j'aie une bonne presse, sinon il va me laisser tomber. Il ne croira plus en moi. » Comme si son bonheur dépendait de sa note en français! Même s'il est sensible à sa qualité d'écrivain, c'est pour lui un état social sans rapport avec la qualité de ses productions. Il est flatté de promener en ville une romancière connue, critique dans un grand journal, membre d'un jury littéraire et qui passe à la télé. De plus, elle a du chien. Elle est vive. Elle l'amuse. Mais de ces atouts, Claire n'est pas consciente. Elle demeure la petite fille qui remet sa copie au prof. Le prestige, la situation sociale, elle ne connaît pas. Si elle s'est donné tant de mal pour obtenir une chronique, un poste chez un éditeur, un fauteuil au Femina, ce n'était, à ses yeux, que des garanties contre le chômage. Pas la moindre vanité. Ni envie. Un peu ficelle, tout de même, dans la vie courante. « Tu comprends, il est impossible. On va dans une boutique pour lui trouver des chaussures et il ressort avec un blouson en peau d'autruche pour moi. Il exagère, un truc de grand luxe qui ne va avec rien de ce que j'ai! Je vais être obligée de m'acheter une jupe Sonia Rykiel hors de prix pour aller avec!... »

22 septembre. Berlin

Les monuments, les paysages sont le plus sûr étiage de ma décrépitude. Ce qui m'était promenade il y a un an me paraît aujourd'hui harassante expédition, même en chaise roulante. Pour dix marches à gravir, je renonce à saluer Nefertiti, et les Caspar Friedrich du pavillon Shinkel, qui se trouvent dans un petit salon du premier étage, me sont aussi lointains que les neiges du Kilimandjaro! T. me pousse dans le parc triste de Charlottenburg : un ridicule vieux bébé rabougri de quarante-cinq kilos que les nymphes font semblant de ne pas voir, là-haut sur leurs socles.

Je prends tout de même mon courage à deux mains – cliché pour moi périmé! – et force T. à passer le mur. En bon Allemand (de RFA), il y répugne et ne s'y résigne qu'à contrecœur. Il est vrai qu'en métro, avec moi, ma petite voiture et ces escaliers nombreux, cela ne ressemble guère à une partie de plaisir. Au moins, le voyage à l'Est ne nous aura-t-il pas coûté trop cher : les impotents et leur accompagnateur sont taxés à moitié prix. Mais le Pergamon

– que je n'avais pas visité depuis quelque trente ans! – nous récompense de nos peines. Les céramiques babyloniennes encore plus que le temple de Pergame ou le géant portique de Milet demeurent une si fraîche merveille qu'on se sent d'un coup trente bons siècles de moins...

J'aime cette ville hors du monde, si longtemps pôle de mes amours. La nostalgie à présent m'y accompagne, « *unter den Linden* » mélancoliques.

23 septembre. Paris

En l'absence de Cyril, c'est Domenico qui s'occupe de moi le matin. Belge, fils d'un mineur immigré venu de Sardaigne (et même de mineure, car sa grand-mère wallonne travaillait elle aussi au fond des galeries, près de Charleroi). C'est un haut gaillard baraqué de trente-cinq ans (presque chauve, il paraît davantage), fier de ses superbes biceps (pour descendre l'escalier, il me soulève d'un bras comme si j'étais une poupée!), et qui marche droit, cambré, conquérant. Dans les vitrines où je nous vois passer, nous formons un drôle d'attelage, lui aussi grand que je suis tassé, et si peu conforme à l'idée qu'on se fait d'une infirmière : le garde du corps d'une Victoria mâle.

Mécanicien aux chemins de fer, boulanger autodidacte, serveur de restaurant, garçon de ferme, il est à présent chômeur : « Tu comprends, dit-il, mon problème c'est que je fais peur. Un vrai homme. Les gens n'ont plus l'habitude. » Il est pourtant sentimental en diable, ce dur, plein d'opinions candides, d'espérances, de sagesses qu'il sculpte posément dans l'espace de ses belles larges paluches de prolo. Un pur, raphaélique à l'intérieur. Mais l'enveloppe est signée d'un de ces pompiers - belges eux aussi - qui aimaient tant à crayonner les minuscules casques du Borinage. Ma nounou...

24 septembre

Maman se décide enfin à me rendre visite. Non pas indifférence : discrétion et timidité. Il a fallu que je la viole un peu; et elle reste sur sa chaise mal à l'aise, la pauvre, refusant de tout son être ma maison, ma façon de vivre. Peur de gêner qui la paralyse – elle aussi – et lui fait dire soudain une sottise involontairement féroce : « Ta main gauche, tu peux encore t'en servir ? » Comme si je lui demandais : « Ton quart de poumon, il marche toujours ? »

Chez elle c'est une autre, adorable, sereine, sensible. Ou alors c'est moi qui déménage...

25 septembre

Toute mignonne et bronzée, pareille à elle-même malgré le drame, Nathalie Sarraute vient me voir! Soucieuse de ne pas déranger, un peu égarée – naturellement elle s'est trompée de rue, n'a pas trouvé la sonnette, avait oublié le numéro et autres babioles –, sa vigueur m'émerveille.

Sans doute fait-elle un effort pour ne point m'attrister (le regard s'embue néanmoins quand elle évoque Raymond : « Soixante et un ans de vie commune, vous comprenez », comme si elle cherchait une excuse à sa peine), mais tout de même quelle santé! Elle a repris ses stations matinales au café, elle est à nouveau angoissée par son prochain livre « qui n'avance pas », elle patauge, elle est perdue, « c'est plus dur que jamais », comme d'habitude, et continue de vivre en vaillante, tenue par ses deux pôles : la Russie et le Nouveau Roman. Partagée entre fou rire et fureur, elle vient de découvrir que Butor avait sa statue en Suisse. « Il est debout, en pierre, avec une valise. » Elle rêve à la rage des autres, Robbe-Grillet, Duras et compagnie, qui ont la grosse tête mais point encore de buste. « Moi? Oh moi, je n'aurai jamais rien, je suis une quantité négligeable, je ne sais pas m'y prendre, et le peu que j'invente, on me le vole. Dans ses articles, vingt ans après, Robbe-Grillet a entièrement pillé *l'Ère du soupçon*. Il m'a même emprunté mes citations; pour un peu c'était moi la plagiaire! J'ai protesté mais il a trouvé que je faisais beaucoup d'histoires pour pas grand-chose. "Quand je fauchais des idées à Barthes, il ne disait rien." Oui, mais Barthes en produisait à la pelle, des idées ; moi je n'en ai que deux ou trois, j'y tiens! »

Son petit monde, creusé, recreusé, tricoté main! Du macramé littéraire, peut-être, mais elle ne veut pas qu'on lui copie ses motifs. Ils sont tellement ficelles, les autres! ils ont même fait courir le bruit qu'elle était paranoïaque, ces mégalos, histoire de couvrir leurs larcins! Bientôt ce sera de sa faute, sans doute. ... « Que voulez-vous, c'est une malade! » Je les entends d'ici...

26 septembre

Nathalie S. « Épuisante journée. J'ai entièrement refait le prière d'insérer qu'on m'avait envoyé de chez Gallimard. Je n'ai gardé que les compliments. »

1985

28 septembre. Arcos de la Frontera

Troisième journée andalouse ; la première qui ait du caractère : de Malaga à Marbella, ce n'est qu'une longue croisette de second ordre, hésitant suivant les lieux entre Palavas-les-Flots et la baie des Anges sans la corniche pour donner du relief à la côte. Hôtel 4 étoiles géant et déjà miteux, crasseux : l'HLM se laisse deviner sous le marbre et les vacanciers du troisième âge – beaucoup en petite voiture, salut les potes! – s'y traînent en short, toute cellulite à l'air.

A l'intérieur, enfin, les montagnes sont pelées, plus marocaines que latines. Ronda, seule ville, creusée, coupée, cassée par un précipice vertigineux, comme une blessure de pierre. Une jolie place en haut, avec un jardin bien peigné, des palais, un couvent et la cathédrale : une mosquée dont le maquillage gothico-baroque cache à peine les maures origines.

Arcos, enfin : une acropole piquée de deux lourdes églises. De loin, la coulée blanche des maisons ressemble à quelque glacier bizarre, qui aurait oublié de fondre, malgré le soleil. Une bourgade, mais intacte depuis au moins deux ou trois siècles, avec de somptueux portails de pierre blonde, aux sculptures érodées, flamboyants chicots, des patios pleins de plantes vertes, ombreuse invite. De ma fenêtre sur la grand-place, je vois la bonne du curé qui arrose ses fleurs en pots; et toute une famille niche à l'étage, dans l'église : ici, Dieu loue des chambres.

29 septembre

Le folklore ne survit qu'à la maternelle. Ce matin, pour la feria de la San Miguel, des dizaines de poupées de bazar dévalent des faubourgs, Andalouses de six ans avec tout l'attirail, volants, castagnettes, jasmin sur l'oreille, et peintes comme des putes, ces Lolitas. Leurs sœurs en âge portent des jupes rose bonbon ou bleu sainte-vierge, strictes et un peu sexy, tandis que les muchachos en jean roulent à mobylette, préférant la banane au petit canotier noir de jadis. Il n'y a plus d'Espagne.

30 septembre. Carmona

Hier, la nuit et la journée à Séville. Bel hôtel majestueux, marmoréen, colossal, aux salons meublés de cathèdres, de coffres, avec des plafonds dorés à caissons, des pendeloques, des colonnes, des lustres. On s'attend à croiser Morand dans l'ascenseur, ravissante bonbonnière tout en miroirs – qui tient de la cabine d'essayage ou du salon de thé.

L'Alcazar, moins beau que Topkapi ou les palais de Fès et de Marrakech, mais surprenant quand on songe que la plupart des bâtiments, pur arabe, furent construits un siècle ou deux après la Reconquista. Pas la moindre croix sur les murs en stuc; les émirs auraient pu se réinstaller comme chez eux.

Difficile d'imaginer Charles Quint dans ces lieux. Ou alors on voit quelque Lyautey couronné. Mais comment concilier ce respect esthétique avec le tribunal de l'Inquisition, de l'autre côté du Guadalquivir, et la transformation de la mosquée en cathédrale?

Les jardins, eux, se moquent bien des conquérants. Islam ou chrétienté, ils restent une merveille exotique, aérés comme un parc à l'anglaise où ginkgos, jujubiers, anones et palmiers girafes remplaceraient nos mièvres essences.

Au musée – joli couvent aux couleurs fraîches –, de pieuses peintures de Murillo, morbidesse et facilité. Un beau Greco, et, superbe, réaliste, inspiré, agressif, un saint Jérôme de terre cuite peinte par Torrigiani l'irascible, surtout connu pour avoir abîmé le visage de Michel-Ange son (ex) ami...

Les Zurbaran, eux, m'ont déçu. Deuxième choix.

Une heure de délice dans les patios ombreux de M. le duc de Medinacelli, demeure toute mauresque, où l'on s'installerait illico. Voûté en ogive et vaste comme un réfectoire de couvent, le garage donne l'échelle.

Cordoue. L'évidence du sacré. Un grand bain de sérénité sans fin. Le visiteur distrait (ou fasciné) pourrait fort bien ne pas s'apercevoir qu'on a taillé une cathédrale au cœur de ces mille colonnes. Là, oui, on pourrait concevoir que soudain l'on ait le coup de grâce derrière le 500e pilier. Mais ce serait la foi en un dieu sans nom, « le Dieu », comme dirait Marguerite (Yourcenar).

1er octobre. Grenade

Couché au Parador de Jaen, taillé dans une forteresse sarrasine : un décor hollywoodien pour film médiéval série B, à cette différence près que les cheminées de six mètres de haut, la salle des banquets, le salon délirant, tout cela est en granit véritable, plus neuf qu'un blockhaus.

2 octobre. Torremolinos

L'Alhambra. L'irréalité de cette perfection, intacte ou presque, forteresse au-dehors, bijou de gypse au-dedans, qu'on dirait bâtie

1985

là par mégarde. Un mirage, peut-être, un aérolithe tombé du ciel en tapis volant. Comment peut-il cohabiter avec la cathédrale gigantesque où reposent Leurs Majestés si catholiques? L'œcuménisme, ici, règne en secret, en dépit des marranes, des supplices et du sang. Dans la foule des touristes, qui gâchent beaucoup le plaisir, une jeune Marocaine en coiffe et longue djellaba, suivie de ses deux enfants. Tandis que les gosses jouaient à s'éclabousser avec l'eau d'une vasque, elle déchiffrait à voix basse l'entrelacs des inscriptions coraniques. Elle avait l'air studieux et stupéfait, saisie par tant de luxe, émue, hors d'elle, blessée, dépossédée, petite-fille de Boabdil en visite chez les usurpateurs; ou la dernière des Abencérages...

Sinueuse promenade entre Grenade et Malaga, parmi les monts crayeux, vert sombre et gris poussière. Décor de lune en plein soleil.

4 octobre

On part huit jours : c'est un siècle. De l'affaire Greenpeace, dont on nous parlait vingt-quatre heures sur vingt-quatre, plus question. Il a suffi de nommer un général de caricature, brosse blanche, banane et vocabulaire ad hoc, pour arrêter d'un coup les fuites, les spéculations, l'affolement. Rompez! Le scandale est « verrouillé ». Et il me faut lire avec soin le journal de ce matin jeudi, tout plein de Gorbatchev (en visite à Paris) et de Rock Hudson, « sidaré » d'hier, pour découvrir que les élections de Nouvelle-Calédonie se sont passées sans dommage et que Simone Signoret est morte lundi, enterrée, oubliée...

Dans ma petite vie, c'est l'inverse; elle coule à reculons. Autrefois, sur le chambranle d'une porte de la salle de bains à La Colombe, on marquait ma taille chaque 9 août. Il m'est assez d'une semaine à présent pour apprécier ma croissante faiblesse : impossible aujourd'hui de prendre ma douche sans aide, difficulté à me relever quand je vais aux toilettes et autres détails sordides. Je réintègre ma maison pour n'en plus guère sortir, faute de jambes. Pour visiter l'Albaycin, avec ses ruelles partout cassées d'escaliers, il aurait fallu que ma chaise roulante fût un palanquin. Malgré le dévouement de D 1 et D 2, mes héroïques sherpas, nous avons dû renoncer à l'escalade...

Mieux vaut m'accagnarder désormais à ma table, peaufinant de vieilles notes; je survivrai dans le « for antérieur » de mon passé...

9 octobre

« Si mes lecteurs me voyaient! » Que de fois j'y ai pensé, aux petites heures blafardes, hirsute zombie peinant sur le papier, à demi nu, au bord du désespoir, noyé dans le brouillard nauséeux de mes idées absentes. Mais aujourd'hui! pourraient-ils m'imaginer en train de descendre mon escalier sur les fesses, marche par marche, avant de partir, gaillard, pour quelque théâtre. En petite voiture...

Le brave masseur, qui ne m'a pas vu depuis juillet, évalue en professionnel mon amyotrophie galopante. Puis il me regarde au visage : « Ça alors, c'est drôle. Vous n'avez pas changé! » Gentil. Un peu déçu tout de même. On a la gueule qu'on mérite, cher ami!

Maman opérée : « Enfin, je me suis réveillée, c'est déjà ça. » La vie, une récompense, malgré tout. Moi, c'est plutôt quand je me réveille qu'elle me paraît le plus dure. Et puis ça passe...

10 octobre

Sans mon petit Charcot, aurais-je jamais connu Cyril? Chaque drame a ses plaisirs. Le matin, à 10 heures et demie, il arrive avec ses dix-huit ans, son sourire tout neuf, sa svelte douceur, offerte comme un cadeau. Attentif, amusé, compatissant, copain et filial. Dès la première semaine, comme il ne vient pas le week-end, je lui dis : « Tu vas me manquer. » Spontanément, il me répond : « Moi aussi. » L'autre jour, au lieu de partir à midi et demi, il reste déjeuner avec moi et ne s'en va qu'à 3 heures : « Avec toi, dit-il, on ne voit pas le temps passer. » J'en bave assez pour me dire que j'ai bien mérité ça, cette fois... Naturellement, cette présence adolescente énerve un peu ceux qui m'aiment et se dévouent tant. Daniel au premier chef, mais T. aussi, Martine, Françoise (j'ai une sacrée chance dans mes malheurs!). Je m'en amuse, cabotin jusqu'au bout, secrètement ravi par cette conquête d'une jeune âme en friche. Aurai-je le temps d'y semer quelques fleurettes?

14 octobre

Ce gosse mexicain de neuf ans, qui aura survécu près de quinze jours sous les ruines de sa maison, frappant obstinément la paroi pour signaler son existence à des sauveteurs impuissants; c'est mon petit frère. Ces lignes sont mes cris, mes é-cris. Quand les doigts me lâcheront, quand le feutre me glissera de la main, je taperai encore du poing sur le mur quelque temps, moi aussi, vivante ruine. Et puis viendra le service de la voirie. Plus de sentiments : on déblaie.

1985

16 octobre

Papa, gaillard comme un jeunot, la gapette Lanvin sur l'oreille. Seules les jambes, qu'il a toujours eues faibles, se sont un peu arquées avec l'âge. De dos, à le regarder chalouper sur le trottoir d'un pas vif, on croirait un capitaine marinier qui descend de sa péniche. « Ta mère est phénoménale. Dès le lendemain de l'opération, elle m'attendait debout près de l'ascenseur. Un seul poumon, mais une énergie de fer! La première fois que je l'ai rencontrée, à Font-Romeu, elle m'a battu 6-3, 6-2. Je me suis dit : " Toi ma petite, tu me le paieras. " Voilà cinquante ans que j'essaie. Elle ne m'a jamais rendu un set. »
Après avoir déjeuné avec moi, il part pour Villejuif. En métro, l'octogénaire. Dans un sac en plastique, il lui porte ce qu'elle a demandé : des journaux et un soutien-gorge... Toujours pratique!

Ils sont bien braves, ils s'attendrissent sur mon sort, ils trouvent à mon regard une lueur d'égarement tragique, ils font semblant d'écouter les déroutantes onomatopées qui me sortent du gosier tout en se disant : « Le pauvre, il est déjà de l'autre côté. » Erreur totale! C'est la fureur qui se manifeste dans mon œil; j'enrage de voir ces crétins, incapables de saisir le plus simple de mes propos. On me croira vaincu par le mal : je serai mort de colère. Étouffé dans les deux cas.

20 octobre

Petite virée à Strasbourg, avec Daniel, qui « roule pour moi ». Aux puces, comme un drogué qui s'offre un dernier joint, je m'achète un chromo. Peut-on laisser une trace de ses folies? Il se trouvera sans doute quelque rigolo pour acquérir l'objet chez le brocanteur où il finira bien par échouer; nous serons parents par le (mauvais) goût, même sans le savoir. Tandis que mes tonnes de « papiers », ces trente ans de travail dont les fruits jaunis s'empilent dans ma chambre du troisième – j'y suis allé voir pour y dénicher un vieil article de 1960 sur Claude Simon, car personne, à *l'Express*, ne semblait rien savoir sur ce prix Nobel plus connu des Suédois que de ses compatriotes –, oui, de ces papiers, que restera-t-il après moi? Moins que ce chromo, dont le cadre, au moins, gardera toujours quelque valeur...
Peu de jours après celle de Privat, qui m'a fait mal – je le croyais sauvé –, mort de Kanters, aperçu il y a huit jours encore au théâtre, lui totalement dans sa nuit de vieux Lear, moi titubant sur mes pieds d'argile. Il me faut « l'enterrer », pénible tâche : j'ai

l'impression d'écrire ma propre nécro, en mieux. Que ne pouvait-il attendre encore un moment? Nous serions partis ensemble, comme disait Mme du Deffand.

Janick m'apprend que Robert est mort seul. Le lendemain matin il a fallu appeler la police, défoncer la porte, autopsier. Il ne laisse qu'un lointain cousin de province, qui refuse de prendre en charge les formalités du décès, et un chien d'aveugle sans maître. La tristesse de cette agonie solitaire. Que paie-t-il ainsi?

22 octobre

Tout feu tout flamme, Jeanne Champion veut me convertir à la « visualisation » qui l'a délivrée de l'angoisse où « elle pataugeait depuis quarante-deux ans » (*sic*). Assise au cinéma, elle imagine son squelette, au café, elle visite son cerveau, lobe par lobe, se promène dans son estomac, descend en rappel le long de sa colonne vertébrale, et s'en trouve ressuscitée. Mais pour moi, l'ennemi étant dans la place, à quoi bon ces méthodes défensives? Se prolonger coûte que coûte, pour quoi faire? « Pour vivre une expérience », dit-elle, avec un rien de gourmandise. Mais cela aussi perd de son intérêt à la longue. La volupté du désespoir finit par ennuyer comme le reste.

Elle me raconte que le soir où je l'avais emmenée dîner, il y a un an, elle avait remarqué des petits symptômes qui l'intriguaient : trouble de la parole, gêne à marcher, pouce déjà malhabile. Pendant tout le repas, elle n'a pensé qu'à ça. Et moi qui m'efforçais de caser de petites phrases profondes à méditer plus tard...

On me complimente sur ma vaillance. Comme si on parlait de son audace à un équilibriste en plein vol.

25 octobre

Nouveau médecin, trouvé par ma sœur. Un homme jeune, précis, honnête, un peu timide, qui patronne une association des « Charcot's ». Échange d'informations, de trucs, d'expériences utiles aux six mille malades que nous sommes. Il y en a quinze cents nouveaux par an. Une simple division permet de calculer son espérance de vie : 6 000 : 1 500 = 4. Pas besoin d'être un as en mathématiques. Il propose aussi un traitement par goutte-à-goutte et piqûres, qui stabiliserait légèrement. Six heures de perfusion pendant quinze jours pour commencer... Enfin, essayons... Ce ne serait jamais pour moi qu'une tentative de plus, s'il ne prônait également un produit italien, qui, lui, arrêterait la progression de la maladie et les fibrillations, à raison d'une piqûre par jour, non remboursable, à sept cent cinquante francs l'ampoule! Là encore,

1985

un élève de huitième aurait vite compris que cela met la survie à plus de vingt-cinq millions les douze mois. Du coup, le problème se hausse à la question morale. Mon existence vaut-elle ce prix-là? Il y a un an, peut-être. Mais à présent, peut-on appeler une vie mes jours podagres de larve pesante? Curieusement, je les supporte assez bien, comme un défi à la mort, pour la beauté du geste, sachant la partie perdue. Ma résistance est esthétique, motivation qui en vaut d'autres. Il s'agit de me défendre bravement, pour voir jusqu'où l'on peut pousser l'épreuve, et non pas de durer pour durer. Si cette drogue nouvelle doit me maintenir « en l'état », je ne sais combien de temps, me voilà démobilisé.

Plus d'issue proche, plus de défi, plus de bravoure. Le traintrain de la limace. Et au bout du compte, la ruine. Ainsi que la mort malgré tout, un peu plus tard. Soudain, me voilà dépossédé de moi. Si j'acceptais ce pacte avec le diable, ce serait pour les autres, « parce que je ne peux pas leur faire ça! » Ils m'aiment, ils ne veulent point me perdre, ils s'accrochent aussitôt à cette espérance, sans se mettre à ma place. Ils tiennent à me conserver coûte que coûte, oubliant ma misère physique. Reprends dix ans de bagne (pour vingt-cinq millions, c'est donné!), cela vaut mieux que la mort certaine, même gratuite. Voire!

Toute ma vie, j'ai souffert de ma mauvaise conscience. Je ne travaillais pas assez, je n'aimais pas autant qu'on m'aimait, je ne m'intéressais pas suffisamment aux autres, ni à la misère du monde. Vais-je aussi crever avec mauvaise conscience, parce que j'aurais dû prolonger mon supplice? Un lâche, un avare, un cœur de pierre! On m'en voudra, vous verrez! Je cabotine? A peine. Daniel, que faire?

Pendant qu'il fait une course, T. me laisse cinq minutes sur mon fauteuil à roulettes, devant la grille de l'avenue. Moi qui ne sors plus guère, ce m'est une récréation de jouer le concierge; je vois passer du monde. Mais qui rentre chez elle, juste à ce moment-là? Régine Crespin...

Notre géante diva m'embrasse, m'inonde de parfum, me tape dans le dos, puis me dit « courage » d'une voix si forte, si basse, si profonde que j'en frissonne, comme si la statue du Commandeur m'expédiait aux Enfers.

26 octobre

Quand je me considère : un vieux camembert à pattes molles.

Libération, 26 octobre : « ÉCHANGE 16 poutres en chêne (XVIIIᵉ siècle) contre chaîne hi-fi ou machine à écrire, ou chaudière à gaz. » Toute l'époque en trois lignes.

29 octobre

Comptes faits, avec ce médicament miracle, chacun de mes doigts me reviendra – me reviendrait – à cinq mille francs par mois.

Écrit à Pierre Joxe pour qu'il m'aide à faire agréer la fameuse drogue italienne par la ministresse de la Santé. Des conséquences, sur l'avenir de six mille condamnés à mort, d'une amitié née en classe de seconde il y a trente-cinq ans.

31 octobre

Ce soir, j'ai perdu deux orteils du pied gauche. On dirait le journal d'un lépreux...

Depuis six mois, à peu près, je ne rêve plus. Pas d'angoisse : allez donc expliquer cela. Peut-être (suggestion de Jeanne) que mon corps l'absorbe tout entière, et la transforme sournoisement en paralysie, me laissant l'esprit libre. Ou alors j'ai aussi l'inconscient malade; il ne marche pas plus que le reste.

Trop facile de dire que, si l'on vit le cauchemar, on n'a plus besoin de le rêver, parce que ce n'est pas vrai. Mes jours se dématérialisent, voilà tout. Le temps m'échappe. Je suis une plante en pot qui a perdu contact avec la nature – une plante d'appartement souffre-t-elle? Quand je sors – ou plus exactement quand on me sort –, j'ai l'impression d'être un prisonnier qu'on balade d'un pénitencier à l'autre. Les passants appartiennent à un autre monde, où je n'ai plus ma place : je suis pour eux transparent, presque invisible, et si mon regard les suit, croise le leur, je devine, chez eux, comme un petit sursaut surpris : « Tiens, la chose est vivante! »

Il est possible qu'il y ait une intelligence des cellules, et une mauvaise volonté mystérieuse de leur part. Depuis que je (devrais-je dire que nous) connaissons l'existence du Cronassial, dernier espoir de sauver la main qui me reste, c'est une course contre la montre. J'ai le sentiment que le mal me travaille le bras, la paume; à toute vitesse, pour atteindre mes doigts d'ici lundi (nous sommes jeudi soir), avant ma première transfusion. Le virus fait des « heures sup », allègrement. Il travaillera même samedi : c'est le jour des morts...

1985

2 novembre

Je vis par esprit de contradiction (il me semble que j'ai déjà écrit cela : vérifier).
Le mauvais esprit est une force comme une autre. Je ne suis pas un fanatique de la vie à tout prix, mais je suis contre la mort, pour le plaisir de l'emmerder.

4 novembre

Hier, j'étais morose, menacé par six heures de perfusion quotidienne pendant deux semaines, je me voyais envahi par des litres de drogue aux effets secondaires inconnus, peut-être nocifs. Je me disais que mes « jours tranquilles à Pigalle » étaient bien finis, cette fois. Même une longue promenade dans la forêt de Montmorency – châtaigniers, senteurs d'humus, de mousse, d'humide, toute ma petite enfance à Jouy n'avait pas réussi à me rasséréner. Scènes bêtes avec Daniel, agacement réciproque, pleurnicheries.
Mais ce matin, ma décision est prise : pourquoi cet arrosage, puisqu'on va me faire parallèlement des piqûres de moelle italienne? A quoi bon y ajouter cette poutargue nationale? Meininger finit par convenir que sa mixture est sujette à caution. En tout cas rien de comparable avec les quelques résultats positifs du Cronassial. Donc j'y échappe, ravi.
Croire au miracle. Voilà ce qu'il faudrait, une foi qui soutient, paraît-il, les malades, sauve les miraculés. Mais quels misérables miracles que ceux-là! Aux yeux d'un dieu, s'il en existait, que représenterait ce sursis de dix, vingt ou trente ans, dérisoire prolongation d'une vie sans importance? Un clin d'œil de plus ou de moins dans l'infini. Ah! Parlez-moi d'un médicament ou d'une religion qui guérirait de la mort! Voilà un miracle à la mesure divine! Tout le reste n'est que palliatif et mirage, histoire de vous sauver in extremis pour mieux vous perdre in fine. Crever deux fois, merci bien!

7 novembre

Mon corps est un champ de bataille. Les animalcules amyotrophes essaient d'occuper ma péninsule gauche avant le débarquement des troupes de libération, qui ont déjà commencé leur pilonnage de la région de l'osso buco. L'issue est incertaine. Le terrain conquis sera-t-il définitivement ravagé par les uns, par les autres ou par les deux à la fois? Seule certitude : peu de chance de s'en tirer sans dégâts.

JOURNAL

8 novembre

Très « classe », dans de belles harmonies de rouge, Cl. vient me voir. Un grand vent de vie, drôle et vraie. Désarmante. Il y a quelque temps, dans le métro, un homme lui met la main aux fesses. Très calme, elle se retourne et lui dit, sincèrement affligée : « Je ne comprends pas votre attitude » et de lui faire une leçon, non pas de morale, mais de séduction, lui expliquant ce qu'on doit faire pour conquérir une femme. Retraite penaude de l'apprenti satyre, prêt à demander pardon. Et Cl. conclut, satisfaite : « C'est tout de même mieux que de crier au viol ou de se faire traiter de morue, salope et vieille pute. »

F. B., rencontré par hasard, l'autre jour, paraît sincèrement affligé de mon état et vient me voir aussitôt, ce qui me surprend. Dans la conversation, je découvre que son père est mourant, que son petit ami a le Sida, ainsi que son meilleur copain – et moi-même, je ne me sens pas très bien... On dirait qu'il y prend goût. Franc-maçonnerie de la catastrophe ou fascination de qui en a trop vu ?

12 novembre

Petit supplément à la *Métamorphose*.

A mesure que le temps passe, mon être m'échappe ; un peu comme ces nymphes que les caprices divins transformaient en arbuste, ou en statue. Souvent j'ai le sentiment de traîner à droite la jambe et le bras d'un squelette d'amphithéâtre rattachés à mon corps par de petits ressorts à boudin. A gauche, il me semble que ce bras si fragile, cette main si précieuse et menacée ont une ossature de cristal, à la merci du moindre choc. Et quand Daniel me prend dans ses bras pour me porter d'un siège à un autre, raide et flasque à la fois, je ne suis plus qu'un grand Pinocchio, redevenu marionnette.

Retour hier à Gaillon, pour la première fois depuis quatre mois : un monde. L'espace s'est modifié au point que le salon appartient à une autre planète : même pas eu l'idée d'y aller ! Explorer le lit tout entier me suffirait presque comme voyage.

Un moment drôle, pendant la courte promenade qu'on m'offre dans ma poussette : deux chevaux qui s'ennuient au pré rappliquent en vitesse, comme s'ils voulaient me proposer leurs services pour un trot attelé.

1985

16 novembre

Aléa
Me descendant sur l'épaule comme un paquet de linge sale, T. glisse dans l'escalier et je me fracasse le front sur le nez d'une marche. Flot de sang, pharmacien, panier à salade, Lariboisière et quatre points de suture... Ma récompense : dans mon état cotonneux, j'entends la jolie pharmacienne qui répond aux flics : « Son âge? Oh! je ne sais pas, dans les trente-cinq ans! »

18 novembre

Le raffinement de cette maladie en « partie double », c'est qu'on la vit à répétition. Le blaireau commence à me tomber de la main gauche comme il m'est tombé de la main droite il y a un an. Même les pires tortionnaires n'ont jamais réussi ce genre d'exécution en deux temps : vicieuse nature!

20 novembre

Reçu le bulletin de l'ADMD. On peut y lire : « Si vous n'avez pas donné *signe de vie** depuis deux ans, nous sommes obligés de considérer que l'association ne vous intéresse plus et que vous ne lui demandez plus de vous aider à mourir dans la dignité... »
Mais si! Mais si! Voici vos quatre-vingts francs. Faites-moi suivre le bulletin à ma nouvelle adresse : Père-Lachaise, avenue du Saint-Esprit, section G, allée 28...

* C'est moi qui souligne.

23 novembre

Dieu prête vie, mais on rend l'âme; qu'est-ce qui reste?

25 novembre

Plus jamais ça! disent les gens après les éruptions épouvantables de Colombie, qui ont fait vingt-cinq mille morts – et ce n'est pas fini, grâce à la gangrène, le typhus et la septicémie. Mais que proposez-vous? De raser les volcans à la base?

JOURNAL

26 novembre

Au *Cid*, chez les Barrault, avec un Huster enfin délivré du spectre gérard-philipin, Martine Chevalier, superbe infante, belle comme Arletty dans *les Visiteurs* et Jean Marais-Don Diègue que le temps a transformé en père Hugo brosse blanche et collier chenu... Déjà! Mais Cocteau, il est vrai, irait sur ses quatre-vingt-dix-sept ans...

Passe Marion T., qui m'avise sur ma chaise. « Ça va? dit-elle, pimpante. – Beuh... – Oui. Bon. Je vois »... Et elle va s'asseoir à sa place, tout sourire. Voilà la bonne attitude. Mais si rare.

Robert de Saint-Jean m'appelle.
« Non, il ne répond pas au téléphone.
– Ah! Comme le pape! »

28 novembre

Des lettres, des lettres, gentilles, émouvantes – celle de Nourissier, en particulier – qui me parlent de moi comme si j'étais un souvenir... Je ne peux m'empêcher de chialer bêtement – fichus nerfs mités! Pour un peu, à les lire, je porterais déjà mon propre deuil. Ils ont l'air d'admirer mon courage; qu'est-ce qu'ils veulent dire? D'abord je n'ai pas le choix. Et puis je suis le veuf de celui que j'étais. Voilà tout : un autre. Si différent du premier qu'il n'a pas besoin de « courage » pour survivre; il lui semble qu'il n'a jamais rien connu d'autre que ces quatre murs, le canapé où il passe ses journées, le « pistolet » posé à ses pieds, comme un petit chat qui roupille. Aucun courage à être quand on ne se souvient plus d'avoir été.

29 novembre

Coïncidence, oui, ce ne peut être qu'une coïncidence : je reçois, ce matin, les épreuves du prochain roman de François. Mon émotion en est gâchée. Le hasard est un farceur pervers.

Enfin, le professeur Meininger se décide à recevoir la presse pour alerter l'opinion sur la SLA, maladie non reconnue de longue durée – mourez avant trois ans, sinon on vous aura par la famine – et sur le scandale du Cronassial, qu'on *ne veut pas* tester, pour des raisons financières, alors qu'il pourrait prolonger de mois ou d'années le sursis de six mille condamnés à mort... Ne serait-ce que pour contribuer à faire un peu mieux connaître ce mal centenaire auquel on ne consacre qu'une recherche infime, en proportion du cancer ou du Sida, je ne vais pas crever en vain. J'ai même l'intention de me battre avant, précieux prétexte à tenir bon.

30 novembre

Je suis tout de même surpris que le médecin m'accueille en me disant : « Ça n'a pas l'air d'aller. » Un truc, peut-être, comment ne pas répondre : « Mais si, très bien ! » Non moins étonné de l'entendre me demander « si j'ai la volonté de guérir », comme les charlatans l'ont tous fait. Même les Diafoirus ne posaient pas de telles questions aux patients avant de les saigner. Jamais on ne m'a interrogé sur ma foi quand on m'a soigné aux sulfamides ou aux antibiotiques. Faut-il y voir soudain une reconnaissance de la supériorité de l'esprit sur la matière, brutal changement de cap de la médecine; ou l'aveu d'impuissance d'un praticien qui ne croit pas lui-même à ses drogues? Si ma volonté suffit, qu'ai-je à faire de lui?

2 décembre

Pour le matin et le soir – lever, coucher, manœuvres délicates qui demandent force et adresse –, on m'a trouvé un petit danseur mexicain, maya garanti pur-sang [1]. Son visage de menu macaque effarouché reflète toute la tristesse du monde : des siècles d'oppression pèsent sur ses épaules, le pauvre. On dirait un singe à qui l'on vient d'ouvrir la porte de sa cage. Assis sur un quart de fesse, il fixe la pointe de ses baskets, ou regarde au plafond, terrorisé. Mais quelle impression puis-je produire sur un jeune inconnu étranger de surcroît? Muet ou incompréhensible, immobile, hirsute et de mauvaise humeur, il y a de quoi faire peur. Mettre le Commandeur au lit, en voilà une partie de plaisir! Pas étonnant que Félix, le mal-nommé, ait sué un bon demi-litre à ce pénible exercice. Je ne voudrais pas être à sa place... Ni à la mienne, il est vrai.
Mais quand Cyril prend le relais, c'est un rayon de soleil qui perce enfin les nuages de l'aube.
« Jeanne la Folle » croit à la métempsycose. Curieux, cette frénésie du revivre, sous forme de fourmi ou de scarabée. Moi, une fois, et même une demi-fois m'aura suffi. Ensuite retour à la masse. Je serai l'énergie du futur.

---

1. Non, il a une grand-mère chinoise.

JOURNAL

4 décembre

La paranoïa xénophobe de mon père tourne au délire : « J'aurais un flingue, je tirerais dans le tas, tous ces Noirs, ces Jaunes, ces Arabes. » A part ça, le meilleur homme du monde.

Sur mon sofa, je suis comme au théâtre : côté cour, ma chambre, côté jardin la fenêtre, et en face la cheminée, seul spectateur devant ce classique décor de boulevard. Manque la pièce. Il s'y donne tout de même quelques saynètes comiques, quand Maria monte me voir. Entre son sabir hispanique et mes balbutiements, le dialogue est savoureux : une Javanaise conversant avec un Bantou! Dommage de garder cela pour nous deux.

Reçu ce matin un mot de Joxe :
« *Le Ministre de l'Intérieur et de la CentralisationParis le 2 XII 85*

Cher Matthieu,
(J'ose à peine t'écrire sur ce papier à lettres un... deux décembre...). Je poursuis l'étude, etc. »

Je lui réponds :
« *Cher Persigny,...* »

7 décembre

Gérard Bonal m'appelle; T. répond au téléphone : « Ne quittez pas, je vais voir. » Il vient me trouver. « Dis-lui que je suis malade et que je ne peux pas lui répondre. » Et l'autre : « Ah! bon, je ne savais pas. Qu'est-ce qu'il a? Le Sida? »

8 décembre

Dommage! Je ne me suis jamais senti aussi lucide et serein que ces jours-ci. A quoi bon réussir l'épilogue si l'on n'a pas écrit le roman?

9 décembre

Elsa Morante est morte il y a une dizaine de jours, d'un mal cousin du mien, un peu plus d'un an après avoir raté son suicide, quand elle eut compris... Un point commun de plus. Que de chances gâchées! J'aurais pu être l'ami de cette petite noiraude pour qui j'avais de la tendresse en même temps que de l'admiration, mais je suis bête, si nonchalant...

1985

Je retrouve aujourd'hui deux bouts de lettres d'elle, en français :

« *Via dell'Oca 27   27 marzo 1967*

*Cher Matthieu
Avant de vous connaître, j'attendais votre visite avec certaine crainte (comme vous savez). Mais à votre départ, j'étais triste de vous voir déjà partir...* »

« *Via dell'Oca 27   21 juillet 67*

*Cher Matthieu
Toujours toujours en retard (hélas) me voici à vous remercier de tout mon cœur pour ce que vous avez écrit à mon propos. Peut-être que je ne mérite pas toutes les belles choses que vous avez écrites là, mais quand même elles m'ont donné beaucoup de plaisir (et ça c'est très rare!) – et la joie, aussi, de voir que nous sommes amis, vous et moi, maintenant – et je pense à ma défiance du début et à votre* effroi *(comme vous m'avez dit) en arrivant à ma porte!!...* »

Tentative de séduction mutuelle, sans lendemain. Mais pourquoi avions-nous si peur l'un de l'autre? Quel signe mystérieux nous avertissait que nos destins étaient liés? J'étais sa mort annoncée; elle était la mienne qui m'accueillait. Cet « effroi »... Du reste, autre indice, où m'avaient-ils emmené, Elsa, Peter et Carlo? Visiter les tombes étrusques de Véies, noirs tumuli funèbres, maléfiques. Il faisait si beau, pourtant! C'était un dimanche de printemps romain, il y a dix-huit ans.

12 décembre

Déformation professionnelle? Félix – qui se révèle à l'usage tout à fait adorable lui aussi; simplement paralysé par le trac – me soulève de mon lit pour me poser sur une chaise comme si j'étais la reine des Willis. Je m'envole au plafond avec un tutu idéal sur mes cuisses mortes; j'attends à chaque fois les ovations du public.
Mon petit lever devient une cérémonie versaillaise. Félix arrivant le premier, à lui les basses besognes : picotin, érection, déjections, baignade, étrille et habillage, jusqu'aux pieds – exclusivement. Ceux-ci appartiennent au noble Cyril; la tâche de me chausser, privilège à lui consacré par la coutume. Après quoi, notre matinée active commence, tandis que Félix va faire ailleurs ses entrechats.

JOURNAL

Vendredi 13 décembre

« Le paradis est dispersé sur toute la terre : il suffit d'en rassembler les morceaux » (Novalis). Même chose pour l'enfer, cher Friedrich.

Lundi 16 décembre

Maria, me regardant écrire : « En somme (je traduis), c'est très bon pour vous : quand vous travaillez, vous ne pensez rien. »

18 décembre

Dîner avec Bouche et Meininger, qui rencontrent ici Accoce, pour tâcher de tirer la SLA de son ghetto. Problème kafkaïen. Si les malades ne se constituent pas en groupe de pression, aucune chance d'être reconnu par la SS. La prise en charge automatique : une plaisanterie... Même pour le droit aux soins, c'est la guerre. Les « petits » crèvent les premiers, surtout s'ils coûtent cher. Malheur à qui n'appartient pas à la majorité contagieuse.

Drôle de paire, B. et M. L'un solide, pondéré, formant 3/4 aile, fonceur, mais les pieds sur terre, ne négligeant aucune piste. L'autre, plus fin, nerveux, inventif, contradictoire, sensible à l'excès, passionné. Capable de soutenir jusqu'au paradoxe une thèse qui lui paraît neuve ou originale. La part du psychisme et des barrières personnelles dans la cure, en particulier. Il en viendrait presque à nier toute efficacité aux médicaments, ce qui ne l'empêche pas de vouloir forcer ma dose de Cronassial... Moi, je le déroute, parce qu'il me trouve « extérieur à ma maladie », comme si elle ne me concernait pas. J'aimerais bien la dominer autant que j'en donne peut-être à certains l'illusion. Mais cette distance, oui, j'essaie de la maintenir. Un brin de recul pour regarder la bête au fond des yeux. On ne sait jamais; ça peut l'impressionner. Un moment.

19 décembre

Cambriolage comme au cinéma : une ombre se profile dans la pièce à la lueur d'un briquet, un homme fouille dans mes affaires. Pas le temps d'avoir peur; je mets en marche mon lit électrique, qui me dresse dans un étrange bruit de moteur. Spectrale apparition; le malfrat ne demande pas son reste (mais il emporte une cassette, avec mes papiers, de l'argent, des broutilles). J'imagine son épouvante, le pauvre. Moi-même, quand je m'aperçois dans la glace, je m'épouvante.

20 décembre

Aussi malade que moi, la tour Eiffel : cent ans qu'elle essaie d'avaler son ascenseur!
Toujours le métier qui ressort. Félix, chaque matin, répète exactement les mêmes gestes : pour poser la tasse sur le plateau, me lever, me laver, me coiffer, me vêtir. Et le soir itou. Précis, immuable et tout en robuste souplesse. A ses yeux, c'est une chorégraphie. Sur quelle musique? Je propose des extraits de *la Belle au bois dormant*, suivis de *Water Music*...

Noël

Passé à quatre Cronassial quotidiens. Mon cul de plomb se change en or. Espérons que cela fera au moins du bon engrais.

Mon expérience ressemble à un noviciat. Après la chasteté, voici le cloître. Ou plutôt la vie monacale au sens premier : je suis un ermite de salon. Saint Antoine sur canapé. Je m'accoutume si bien à cette existence que les visiteurs finissent par déranger l'ordre dont je suis à la fois le fondateur et l'unique moinillon.

En Chaldée, me dit S., les souverains avaient des serviteurs qui étaient « la main du roi », « l'œil du roi », « les jambes du roi ». Plus royal que moi, tu meurs!

27 décembre

Eh bien, oui, je suis monstrueux – mais si je ne le suis pas maintenant, quand? A J.M., qui vient gentiment me voir, j'explique sans fard que je n'ai plus de temps à gâcher en bavardages, au reste pénibles dans mon cas. Je suis un malade qui ne s'ennuie pas; je gratte du matin au soir à la poursuite de mes années perdues. Difficile pour la plupart des gens de ne pas se considérer comme des cadeaux. « Si tu viens m'offrir tes jambes ou une main en remplacement des miennes, j'accepte avec reconnaissance. Des paroles, je n'en ai rien à f. ... »
Pourquoi rend-on visite aux malades? Par sympathie pure? Allons donc! En vérité, c'est une assurance qu'on s'offre à peu de frais. On a payé ce petit tribut au dieu Malheur dans l'inconscient espoir qu'ainsi apaisé il vous épargnera.

JOURNAL

31 décembre

Citée par Terzieff, cette phrase que répondait Henry James aux amateurs qui lui envoyaient des manuscrits : « Le sujet est bien trouvé et son traitement sans détour. »
L'art de ne rien dire est le plus sournois des talents.
« Bonne année!
– Moi non plus! »

1986

2 janvier

Platon : « Le corps est un tombeau. » Le mien est une momie, avec des yeux vivants.
« Va, je ne te hais point. » Jamais su le dire aux autres, ni à moi-même. Le narcissisme doit rendre généreux : il faut s'aimer pour s'offrir. Dans ma « sagesse » actuelle entre beaucoup d'indifférence; mon cœur ose enfin être sec, sous couvert de sérénité. Ma nature n'a plus à faire semblant. Au contraire, parce qu'elle est de glace, on la croit ferme. Il y a tout de même une faille dans ma banquise : Daniel. De sa part, le moindre signe d'affection me bouleverse; je hoquette. Impossible de me dominer (toujours ces foutus nerfs). Pourquoi? Remords d'avoir été trop distant? Désespoir de ne plus pouvoir y remédier? Surcharge émotionnelle suffisante pour faire sauter les plombs trop faibles? Vieux blocages remontés à la surface et qui m'étouffent? Horreur de moi sous ce regard offert, refusant de me voir comme je suis.

4 janvier

Voguant sur l'océan de mes papiers, je suis un navigateur solitaire qui pare à la manœuvre du matin au soir. Comment trouverais-je le loisir de m'ennuyer? Ils me croient désœuvré; je ne sais plus où donner de la tête – telle une fourmi sur une feuille morte entraînée par le courant, je parcours en tous sens mon minuscule domaine avant qu'il ne sombre, pauvre petit bout de temps à la dérive.

JOURNAL

5 janvier

Menu plaisir d'immobile : quand Daniel se savonne sous la douche, je le rince de l'œil.

10 janvier. Le Beaucet

Grand calme dans la maison froide. Retrouvé mes dévoués voisins, qui essaient de ne pas montrer trop d'étonnement à mon aspect après quatre mois d'absence mais peut-être n'y sont-ils pas sensibles; on se fait toujours des idées fausses. Ainsi ma sœur m'envoie-t-elle une lettre furieuse et blessée – famille littéraire ! – parce que je n'ai rien noté le 16 août 84, jour où je lui ai appris ce qui m'attendait. Elle en a été bouleversée, alors que son calme au contraire m'avait surpris; j'ai cru qu'elle « savait » déjà. Si j'avais noté quelque chose, c'eût été : « Tiens, ça ne lui fait ni chaud ni froid ! » On n'en finit pas de se tromper...

12 janvier

Dans une lettre de Françoise Mallet-Joris, écrite il y a vingt ans : « Ce n'est pas à moi en tant que moi que je m'intéresse, mais à moi en tant qu'outil. La vie comme un dépôt dont je dois faire le meilleur usage »...
Mais quand l'outil se casse, difficile d'aimer la vie.
Mon pouce gauche me lâche : avec quoi travailler? Le dépôt s'amenuise jusqu'au symbolique.

14 janvier. Paris

A l'époque (83) je n'avais pas lu le *Permis de séjour* de Claude Roy; trop de tâches, quand on est « bien portant », pour s'offrir un plaisir gratuit : le bouquin n'était pas dans mon lot de critique.
Aujourd'hui arrive une édition de poche; je me jette dessus. Claude a traversé une expérience comparable à la mienne ! Elle n'en diffère que par son issue, prétendue « heureuse » : il en sort, le pauvre. Et de noter, lucide : « Je m'étais préparé à mourir. On dirait que pour le moment, je suis sauvé. Il faudra donc recommencer. » Je me demande si je lui envie sa « prolongation ». Mon livre à moi s'intitulerait plutôt : « Ordre de déguerpir », comme en reçoivent les locataires mis à la porte par décision de justice.

1986

A lui aussi on a fait le coup de la culpabilité freudienne : on serait malade parce qu'on l'a voulu ou accepté « quelque part », comme jadis on payait ainsi une faute, un « péché ». Des modes, dit Claude, avec raison. Eh bien, non nous ne mourrons pas à la mode!

Une de ses phrases me trouble : « La sérénité est enviable, mais la résignation, pouah! » En fait, n'est-ce pas l'envers et l'endroit du même sentiment? Sérénité pour les autres, résignation pour soi. Appelons-la détachement; et cela vous a tout de suite un petit air de noblesse plus respectable.

Retrouvé un vieux carnet. Elsa Morante me disait : « Il n'y a pas de langues mortes; il y a des écrivains morts qui tuent les langues. » Les clichés, virus du vocabulaire, tréponèmes du verbe.

Joli cuir de l'infirmier : « J'ai deux clients qui ont la sclérose en plâtre. »

25 janvier

Depuis une dizaine de jours, mon Maya dansant parti faire ses entrechats en pays scandinave est remplacé par un « auxiliaire de vie », un brun solide, baraqué en char d'assaut. Il pourrait aussi bien être parachutiste, mercenaire, CRS ou mauvais garçon... Fils d'un juif séfarade et d'une mère ashkénaze tôt disparue, on l'a confié à la DASS, dès sept mois. Rude école qui l'aurait conduit vers la maison de correction si son père, retrouvé à temps, ne l'avait envoyé dans un kibboutz de jeunes dans le Golan. A l'époque (69), Steve est âgé de onze ans; ce qui lui en fera quatorze à la guerre du Kippour... Assez grand pour recevoir une balle de Kalachnikov au bras, et plus tard de passer sergent dans l'armée israélienne. Néanmoins, las des servitudes et grandeurs de Tsahal, Steve, devenu Svi, quitte clandestinement Israël et rentre en France, où on le réforme : « inapte à la vie militaire », jugent nos psychologues, toujours lucides.

Épris d'aventure, Superman gagne l'Afrique noire, où il exercera pendant quatre ou cinq ans diverses activités lucratives, qui se terminent dans les sables sahariens : plus de boys ni de millions CFA, des dettes et les poches vides. De retour à Paris, la valse des métiers continue, de la crêpe à la représentation de vêtements, en passant par la gérance d'un magasin de chaussures et la queue-de-pie de maître d'hôtel dans un grand restaurant des Champs-Élysées... Le tout coupé de retraites un peu dépressives dans sa petite chambre à la Nation. Car Steve, macho d'apparence, est un tendre, un pensif, un nerveux. Et une bonne âme. Ému par le sort d'un jeune accidenté paraplégique, dont il s'occupe en bénévole.

Son cas intéresse l'Association des paralysés de France, et voici pourquoi ce baroudeur crapahute dans mes petits matins...

A vingt-sept ans, ce « beau Samaritain » paraît à la croisée des tentations : la fumette, la liberté, la combine, les garçons qui l'attirent (mais il ne se l'avoue pas), les filles qu'il attire (mais « souvent, tu comprends, je préfère respecter en elles la mère que je n'ai pas eue »). A présent, histoire de se fixer, il pense épouser une jeune fille qui le voit avec les yeux de la Belle au bois dormant pour le Prince charmant. Attention au réveil dans une chambre de bonne...

Il rit, candide, un peu mélancolique, fataliste. Il m'aime bien, dit-il. Moi aussi. Mais qu'est-ce que ça veut dire?

S. me conduit au théâtre, en l'absence de Daniel. Nous voyons une assez médiocre adaptation de *Clara Gazul*, par le TSE. Je lui demande son avis. Réponse de Superman à Mérimée : « Ça ne m'a pas allumé. »

Mon sympathique masseur, bon ours de quatre-vingt-dix kilos, n'est pas bête, loin de là. Mais la « grande littérature » l'ennuie comme d'autres la « grande musique ». Après tout c'est son droit, et il le revendique, de préférer Robert Merle ou Barjavel à Flaubert! Son image du pire malheur : « Être prisonnier, l'hiver, dans une maison vide et froide avec *Madame Bovary* pour toute compagnie. »

Prévenu par la rumeur publique – et sa belle-sœur –, il paraît que Tonton est sincèrement navré de me savoir malade. Dommage que les présidents de la République ne touchent pas les écrouelles! J'aurais peut-être tenté ma chance.

26 janvier

Faute de pouce gauche, j'apprends à ouvrir les enveloppes avec les dents et l'index. Ce qui s'appelle dévorer son courrier.

29 janvier

Mœurs.
Après le drame de Challenger, Mitterrand expédie un télégramme à Reagan : « Monsieur le Président et cher Ron... » Transposons : François Ier écrivant à Charles Quint : « Sire et cher Charlot », ou « Monseigneur et petit Quinquint »...

Ma tête marche; pas les pieds. L'inverse serait-il préférable?

1986

Accoce me demande, avec précautions, si j'accepterais de raconter mon expérience. Je me pose soudain la question : en quoi est-elle différente du « vécu » de n'importe quel malade condamné? Peut-être par sa lenteur et sa régularité dans la mise au tombeau. Nulle rémission variable, comme en réserve la sclérose en plaques. En quatre ans – six au plus mais peut-on se le souhaiter? – la cause est entendue : morceau par morceau on se voit partir, sans pieds, sans voix, sans mains, sans le souffle, lucide comme une de ces proies paralysées que certains insectes se gardent vivantes plusieurs semaines, les grignotant par-ci par-là quand ils ont une petite faim...
Autre image, moins crue : une minéralisation progressive. La femme de Loth au ralenti.

Ce qui ne figure pas dans mes notes, pour être tout à fait honnête – c'est le sordide. L'humiliation d'être levé, assis, hissé, porté, couché, baigné par quelqu'un d'autre, et aussi traîné aux chiottes, posé sur le siège, ramassé. Pas encore torché, mais cela ne saurait tarder. Sans oublier les lavements, parce que l'intestin lambine, les crises d'étouffement entre deux bouchées, le mal aux fesses, faute de fesses, à rester des huit, dix heures sur le même canapé, qui se creuse jusqu'aux ressorts, en contact direct avec l'os du fémur à vif, croirait-on.
Cela dit – outre que j'ai la chance d'être entouré, choyé, servi –, le miracle tient à ma faculté d'oubli : bienheureux travail!
Logiquement, impossible de me plaindre : le plus difficile reste à vivre. Chaque jour, mon pain est moins blanc que la veille, mais plus que le lendemain...

6 février

Quand mon « auxiliaire » me plante devant le lavabo, pour me raser – moi-même – blaireau barbouilleur et Gillette incertaine, quelle est donc la vieille effraie qui me fixe dans le miroir? Torse à la Buffet, joues creusées, moustache épaisse, prunelle hagarde et cernes gris, ce revenant des Éparges me juge avec sévérité. Je n'aurais jamais dû permettre qu'il quitte sa croix de bois pour venir habiter mon corps de zombie.

R. téléphone à M. pour lui demander conseil! « Pensez-vous que je puisse l'appeler, après un si long silence? Comment le prendra-t-il? – Faites ce que vous sentez. » Plus entendu parler de lui. Qui s'en étonnerait : on ne pouvait pas se sentir.

JOURNAL

7 février

Une pollution nocturne! La bête est plus vivace que l'homme. J'aurai bientôt fini les *Mémoires d'outre-tombe,* relus au cours de ces dernières semaines. Surpris par l'importance qu'y tient la politique. Que de lettres officielles, de justifications, de discours, de prophéties pompeuses et de narcissisme ministériel! Quinze ans perdus, au faîte de la maturité. Moderne, en somme, Chateaubriand : un écrivain du week-end et des vacances, comme tous nos fonctionnaires des lettres.

9 février. Londres

Au Savoy, tel un personnage de Somerset Maugham, pour connaître le luxe in extremis. Les valets en queue-de-pie, les tapis épais, la chaleur, les meubles en loupe de noyer, comme des tableaux de bord de Rolls, et des miroirs d'un mur à l'autre. Hélas! Je m'y vois; tout en est décoloré... Spontanément, la femme de chambre venue faire les lits nous précise qu'il y a une infirmière et un médecin à demeure, craignant sans doute que je ne passe dans la nuit, vu ma gueule.

Claire, enfant.
« Qu'est-ce tu veux faire quand tu seras grande?
– Je veux être veuve. »

Dans corbillard, il y a corps, il y a billard; la morgue et l'hôpital, les deux grands pourvoyeurs de tombes.

11 février

Qui a dit : « Le désespoir est un manque d'imagination »? Rien n'empêche d'imaginer le pire.

12 février

Le Poulain, administrateur général du Français! S'ils n'ont pas démissionné d'ici là, les membres extérieurs du comité de lecture auront l'air fin : Poirot, si difficile à dérider, Dort, si longtemps brechtien pur et sans faiblesse, J.-C. Carrière, vieux complice de Brook, l'anti-Le Poulain s'il en est, et Christian Bourgois, éditeur de Copi et d'Arrabal! Mais la cohabitation n'en sera peut-être pas à un miracle près...

1986

Une quinzaine d'amis disparates viennent me voir. Ou plutôt ils font semblant, et s'efforcent d'être naturels. Atmosphère plombée. Ces sourires et ces baisers désolants, comme si nous ne parlions pas la même langue. Seule Colette Godard, que je connais si mal depuis vingt ans, se révèle la plus simple, drôle et réconfortante, amicale, inattendue.

13 février

Bilan musculaire à l'hôpital.
On m'allonge sur un lit et l'on mesure les minimes réactions de mes membres. Une leçon d'anatomie dont je serais le cadavre à disséquer. Au lieu des grands chapeaux noirs de Rembrandt, les blouses blanches d'aujourd'hui, mais la pédanterie reste moliéresque : pour dire que j'ai l'épaule creuse, il paraît que j'ai la cavité sus-épineuse déshabitée »...

15 février

Hier, dans un état nauséeux (j'ai la grippe depuis trois jours : un typhon sur un fétu), j'entends ma voisine, au restaurant des Galeries, dire à son convive : « Oui, il faut lui mettre les points noirs sur blanc. »

Françoise Seigner, tout à l'heure, parlant de Denise Gence : une merveilleuse comédienne? Un être rare? Non : « C'est une charmante camarade. »

16 février

Quand je me lève, ou plus exactement quand on me lève, mes fesses laissent dans la plume du coussin deux petits entonnoirs, comme si une paire de poulets siamois s'étaient assis à ma place. Qui songerait à un humain? Au reste, comme je ne me supporte nulle part longtemps, je vois mes amis s'endormir dans les nids que je me suis préparés en vain, leur préférant un rude Voltaire ou un raide fauteuil à roulettes, qui savent ne pas promettre de voluptés interdites aux infirmes.

17 février

Au Beaucet, je possède un vieux guide-chant acheté chez un broc marseillais. Une ruine rafistolée avec des bouts de ficelle,

JOURNAL

dont les soufflets crevés émettent des râles entre chaque note : Do-pfuiii-Ré-pfuiii-Mi-pfuiii... Voilà exactement à quoi ressemble ma parole quand par hasard on distingue la note, enfin le mot, du râle.

Grippe tenace ou phase finale qui commence, comment savoir? Pas d'angoisse. Une grande fatigue paisible.

19 février

Je vois qu'ils sont tous affolés autour de moi, ne sachant comment me nourrir ou me soigner. Faute de remède ils achètent une télé pour m'oublier... Le progrès!

23 février

Dernière vision : il neige. Immaculée assomption.

INDEX

*des noms de personnes
citées dans le tome I et le tome II*

ABD EL KRIM, I 307.
ABELLIO, Raymond, I 58, 194, 235. II 226.
ABIRACHED, Robert, I 216, 310. II 182.
ABRAHAM, I 383, 397.
ACHARD, Juliette, I 389.
ACHARD, Marcel, I 14, 236, 294, 329, 389.
ACCOCE, Pierre, II, 402, 409.
ADAMOV, Arthur, I 18.
AGA KHAN, I 36.
AGOSTINELLI, I 332.
AIGUILLON, duchesse d', II 116.
AILEY, Alvin, II 16.
AILLAUD, I 347, 440.
AILLAUD, Charlotte, I 377. II 197.
ALAIN-FOURNIER, Henri, II 320.
ALALOUF, I 259.
ALANE, Bernard, II 16.
ALAOUI, Moulay Ahmed, II 30, 31.
ALBEE, Edward, I 363, 366, 372, 373, 376, 411. II 57.
ALBICOCCO, Jean-Gabriel, I 372.
ALBUFERA, duc d', I 222.
ALECHINSKY, Pierre, II 69.
ALEIJADINHO, Antonio Bilboa, dit l', II 344, 345.
ALEXANDER, Caroline, II 43.
ALEXANDER, Louis Alexandre Raimon, dit, I 304, 180, 482.
ALEXANDRE, Raymond, I 296, 318.
ALEXANDRE, Roland, I 94.
ALICE, Mme, I 131.
ALLEN, Woody, II 165.
ALLENDE, Salvador, I 484.
ALMIRA, II 77, 108, 180, 281, 301.
ALTHUSSER, Louis, II 205, 206 282.
AMALRIC, JACQUES, II 271.
AMÉDÉE, princesse, I 390.
ANDREANI, Jean-Pierre, I 45.
ANGRÉMY (voir Pierre-Jean RÉMY).
ANNABELLA, I 131.
ANNUNZIO, Gabriele D', II 129.
ANOUILH, Jean, I 36, 38, 87, 179, 236.
ANQUETIN, Mme, II 156.

ANTERIOU, II 130.
ANTOINE, I 180.
ANTOINE, André, I 24.
APOLLINAIRE, Guillaume, I 43, 142, 274, 279. II 27, 141, 320.
ARAGON, Louis, I 33, 163, 166, 282, 285, 286, 294, 306-308, 320, 321, 327, 342, 365, 370, 380, 400, 401, 404, 415, 421, 424, 430, 434, 436, 440, 443, 445, 446, 451, 459, 460, 496. II 23, 32, 43, 48, 61, 62, 69-70, 85-87, 96, 97, 127, 174, 200, 217, 227, 234, 254, 280, 336, 338.
ARBAN, Dominique, II 217.
ARCANGUES, Guy d', I 85.
ARDANT, Fanny, II 304.
ARISTOPHANE, II 240.
ARISTOTE, II 240.
ARLAND, Marcel, I 202, 249, 250, 264, 295. II 169.
ARLETTY, II 264, 398.
ARNAUD, Michèle, I 375.
ARNOUX, Alexandre, I 365, 469.
ARNOUX, Mme, I 312, II 352.
ARON, Dominique, I 149.
ARON, Jean-Paul, II 260.
ARON, Raymond, I 56.
ARRABAL, Fernando, II 410.
ARTAUD, Antonin, I 435. II 257, 271.
ARTUR, José, II 219, 220, 263, 264.
ASHBERY, John, I 19, 155.
ASTORG, comtesse d', I 56.
ASSAILLY, Gisèle d', I 189.
ATANASSOFF, Cyril, I 333.
AUCLAIR, Marcelle, I 410.
AUDEBRAND, Philibert, II 155.
AUDEN, Wystan Hugh, II 273.
AUDIARD, Michel, II 190.
AUDIBERTI, Jean, I 63, 142, 155, 312. II 125.
AUDRET, Pascale, II 190.
AUDUREAU, Jean, II 235, 236.
AUGUSTIN, saint, I 226.
AUMONT, Jean-Pierre, II 258, 264.
AUMONT, Michel, II 59, 60, 235, 255.

JOURNAL

Aupick, Mme, I 500.
Auric, Georges, I 55, 199, 375-377, 433. II 13.
Auric, Nora, I 256, 377. II 38.
Auriol, Vincent, I 235.
Aury, Dominique, I 180, 256, 304, 397, 429. II 79, 169, 242, 363.
Aury, M., I 397.
Avril, père, II 32.
Ayoub, Christian, 138, 152, 155 166.
Aymé, Marcel, I 45. II 326.

Babilée, Jean, I 330.
Baby, Yvonne, II 244.
Bach, Jean-Sébastien, I 143.
Bacall, Lauren, II 166.
Bailby, Léon, I 49.
Baldouy, Ernest, II 54, 97.
Baldouy, Marie-Louise, I 168.
Balkany, Molly de, I 205, 227, 231, 237.
Balmain, Pierre, I 217.
Balzac, Honoré de, I 22, 62, 129, 196, 220, 308, 311, 404, 463. II 328, 361, 380.
Banier, François-Marie, I 406, 424, 426, 431, 433, 434, 436, 440, 446. II 7, 23, 32, 38, 48, 52, 197, 199, 332.
Bapt, Mme, I 384, 391, 398.
Baratier, Jacques, II 79.
Barbara, I 151. II 184.
Barbey D'Aurevilly, Jules-Amédée, I 18, 285, 293, 311, 324, 404, 459.
Barbizan, Gala, I 422, 465, 466, 491, 501.
Barbizet, professeur, II 98.
Bardot, Brigitte, I 250, 477.
Barillet, Pierre, I 420, 491.
Barjavel, René, II 136, 408.
Barnes, Djuna, II 323.
Barney, Natalie, I 265, 403, 445.
Barokas, Bernard, I 470, 473, 474, 478, 477, 491, 500. II 28, 33, 48, 81, 83, 85, 88, 112, 161, 174, 211, 239, 294, 295, 297, 311, 310.
Baroux, Lucien, I 149.
Barrault, Jean-Louis, I 322, 368-374, 408, 413, 420. II 9, 60, 121, 219, 264, 329, 332, 398.
Barrault, Marie-Christine, II 301.
Barre, Raymond, II 56.
Barrère, Igor, II 255.
Barrès, Maurice, I 163, 167, 191, 206, 224, 232, 459. II 48, 61, 357.
Bartet, Jeanne, Julia, I 163. II 130.
Barthes, Roland, I 156, 164, 167, 168, 171, 275. II 49, 63, 124, 125, 156, 386.
Bas, Pierre, II 182.
Basile, Jean, II 102.
Basin, I 69.
Bassi, Michel, II 173.
Bassompierre, Charles, II 210.
Bastid, Mme, I 101.
Bastide, François-Régis, I 241,249, 282, 295, 308, 347, 392. II 51, 68-71, 83, 96, 148, 161, 210, 211, 241, 296.
Bastien-Thiry, Jean-Marie, I 262.
Bataille, Georges, I 321, 342. II 44.

Bates, II 10.
Baudelaire, Charles, I 93, 324. II 216.
Baudouin, Denis, I 448.
Bauër, Gérard, I 19, 59, 174, 369, 372.
Baumgardt, Mme, I 66, 89.
Baur, Harry, I 337.
Bavière, princesse de, I 163, 173, 205.
Bazaine, Achille, II 283.
Bazin, Hervé, I 359. II 268, 283, 337, 359.
Béard, Olivier, I 330.
Béart, Guy, I 380. II 83.
Béart du Désert, I 386.
Beatty, Warren, II 185.
Beatles, les, II 276.
Beaucé de, II 281.
Beaugency, Michel, I 56, 76, 80, 84.
Beaumarchais, Pierre Caron de, I 435, 491.
Beaumarchais, Jean-Pierre de, II 304.
Beaumont, Germaine, I 256. II 59, 111, 240, 241, 242.
Beaurepaire, André, I 310.
Beauvoir, Simone de, I 190, 277, 279, 314, 315, 318, 446, 458. II 150, 201, 202, 328.
Bécaud, Gilbert, I 45, 69.
Bechmann, Claudine, I 26.
Bechmann, Danièle, I 64.
Bechmann, Germaine, (Mimi), I 17, 26, 29, 30, 80, 97, 104, 124, 148, 394, 410, 424-426. II 33, 175, 177.
Bechmann, Lucien, (Pat), I 29, 141.
Beck, Béatrice, I 121, 410.
Becker, Jean, I 329.
Beckett, Samuel, I 12, 451. II 59, 85, 199, 200, 260, 287, 328, 332.
Bécue, Nathalie, II 138.
Beethoven, Ludwig van, I 337.
Béhar, Marco, II 255.
Beistegui, Charlie de, I 268.
Béjart, Maurice, I 484. II 16.
Belguise, Camille, I 166, 182, 188, 189, 200, 202, 224, 241, 275, 277, 279, 280, 295, 315, 316, 325, 336, 337, 366, 370, 385. II 142.
Bell, Marie, I 372. II 13, 68, 377.
Du Bellay, Joachim, I 365.
Belle, Marie-Paule, II 154, 210.
Bellmer, Hans, II 162.
Ben Barka, Mehdi, II 30.
Benda, Julien, II 320.
Benedick, I 256.
Beneš, Edvard, I 335.
Ben Ima, II 29.
Benoin, Daniel, II 170.
Benoist, baronne de, I 56.
Benoist-Méchin, II 213.
Benoit, Pierre, I 45.
Bénouville, Pierre de, II 234.
Bens, Jacques, I 217.
Bera, I 83, 84.
Béranger, I 410.
Bérard, Christian, I 270, 346, 416.
Berenson, Bernhard, I 185. II 348.
Berg, Alban, I 355.
Bergé, Pierre, I 174-177, 186, 230, 415, 439. II 195, 197.
Berger, Yves, I 214, 217, 249, 251, 256, 291, 369, 454. II 74-76, 181, 235, 275, 339, 360.

INDEX

BERGERY, Gaston, I 104.
BERGMAN, Ingmar, I 143. II 79, 262, 296.
BERGSON, Henri, I 29, 452. II 69, 291.
BERIA, Lavrenti, Pavlovitch, II 223.
BERL, Emmanuel, I 309. II 258.
BERNADOTTE, Charles-Jean, II 324.
BERNHEIM, André, I 353, 426. II 12, 164.
BERNSTEIN, Henry, I 38.
BERNARD, Claude, II 291.
BERNARD, Jean-Jacques, I 138.
BERNARD, Tristan, I 61.
BERNE, Jacques, I 98.
BERNE-JOFFROY, André, I 143.
BERNHARDT, Sarah, I 361. II 84.
BERNANOS, Georges, I 158. II 60, 276.
BERROYER, Mme, I 62.
BERTHELOT, Philippe, I 292.
BERTIN, Célia, I 215, 281 II 48.
BERTOMŒUF, José, II 255.
BESSIS, Yvette, I 421.
BESSON, Benno, II 362.
BESSON, Patrick, II 47.
BEST, Evelyne, I 171, 187, 189.
BEYER, Muriel, II 244.
BIANCIOTTI, Hector, II 76, 242.
BIBESCO, Marthe, I 247, 309.
BIENEK, Horst, II 73.
BIERCE, Ambrose, II 187.
BILLETDOUX, François, I 318, 436.
BILLY, André, I 392.
BINDER, Christian, II 46.
BING, Suzanne, I 295.
BISIAUX, Marcel, I 83, 84, 96.
BISMUTH, Mme, II 73.
BISSON, Jean-Pierre, II 64.
BLAIN, Gérard, I 441, 496.
BLAIN, Roger, II 236.
BLANC, Jean-Pierre, II 16, 74.
BLANC, Louis, II 307.
BLANCA, Antoine, II 248.
BLANCHET, Mme, I 131.
BLANCHOT, Maurice, II 353.
BLAQUE-BELAIR, Mimi, II 209.
BLAQUE-BELAIR, Marc, II 270.
BLEUSTEIN-BLANCHET, II 117.
BLIN, abbé, I 23.
BLIN, Roger, I 11. II 257.
BLISTIN, Francine, II 181.
BLIXEN, baronne, I 219.
BLONDIN, Antoine, I 103, 132, 149, 150, 178, 191, 277, 450. II 19, 160.
BLOY, Léon, I 263. II 237, 241.
BLUM, Léon, I 166, 202.
BODARD, Lucien, II 75, 336.
BOHRINGER, Richard, II 188.
BOIGNE, comtesse de, I 441.
BOISDEFFRE, Jean de, I 414, 435. II 70, 81, 157, 247, 254.
BOIVIN-CHAMPEAUX, Martine, II 87, 104.
BOLIVAR, Simon, II 247.
BOLLIGER-SAVELLI, Antonella, II 356.
BONAL, Gérard, I 438. II 48, 198, 400.
BOND, Édouard, II 294, 351.
BONDOUÈS, A. M., I 458.
BONHEUR, Gaston, I 254, 312.

BONNARD, Abel, II 162, 163, 362.
BONNARD, Pierre, I 61.
BONNEFOUS, I 333.
BON-PAPA (voir GALEY, Antoine).
BONNET, II 74.
BORDEAUX, Henry, I 30, 255.
BORGEAUD, Georges, I 172, 256, 258, 259, 310, 431, 494. II 94.
BORGES, Jorge Luis, I 119.
BORGHÈSE, Pauline, I 101.
BORGIA, Lucrèce, II 281.
BORNICHE, Roger, II 331.
BORY, Jean-Louis, I 158, 186, 205, 229, 230, 284, 295, 296, 308, 335, 336, 389, 438. II 51, 296.
BOSSUET, Jacques, I 16, 31, 104, 299, 345.
BOSQUET, Alain, I 194. II 124.
BOTT, François, II 287.
BOST, II 361, 362.
BOUBAL, I 156.
BOUCHAUD, I 476.
BOUCHE, Pierre, II 402.
BOUCHER, Philippe, II 197.
BOUDARD, Alphonse, II 11.
BOUDDHA, I 482.
BOUDOT-LAMOTTE, Nell, II 39, 92.
BOUÉ, Michel, II 336, 337.
BOULANGER, Daniel, I 144, 346, 357, 371. II 238, 268, 283.
BOUQUET, Michel, I 36.
BOURBON-BUSSET, Jacques de, I 193.
BOURDEL, I 255.
BOURDET, Denise, I 195, 232, 255, 259, 262, 270, 282, 283, 294, 310, 314, 358, 372, 373. II 52, 93.
BOURDET, Édouard, I 272, 358, 374.
BOURDET, Gildas, II 173, 174, 182.
BOURDIL, Laurence, II 121.
BOURGES, Élémir, I 274.
BOURGET, Paul, I 331.
BOURGOIS, Christian, I 190, 340, 430. II 410.
BOURNIQUEL, Camille, I 418. II 291.
BOUTANG, Pierre, II 211.
BOUTTÉ, Jean-Luc, II 160, 235, 255, 273.
BOUTEILLER, Pierre, II 264.
BOUTELLEAU, Gérard, I 248.
BOUTELLEAU, Jacques, I 326, 337.
BOUVILLE, I 153.
BOYER, Lucienne, II 220.
BOYSSON, Pascale de, I 285, 400. II 72, 87.
BRADLEY, I 87.
BRAMANTE, Donato d'Angelo, dit, II 299.
BRANDOLINI, comtesse, II 180, 282.
BRANCUSI, Constantin, I 46, 47, 50, 120.
BRAQUE, Georges, I 314.
BRASSEUR, Pierre, II 263, 264.
BRAUDEAU, Michel, II 224.
BRASILLACH, Robert, I 372.
BRECHT, Bertold, II 44, 323, 362.
BREDIN, Jean-Denis, II 70.
BRÉHAL, Nicolas, II 306.
BREITBACH, Joseph, I 236, 246, 280, 284, 285, 416, 419, 448.
BREITMANN, Michel, I 82, 84-86, 121, 165.
BREJNEV, Leonid, II 70, 96, 137.

415

JOURNAL

BRENNER, Jacques, I 76, 77, 81-85, 95, 96, 100, 101, 109, 121, 125, 129, 133, 139, 144-146, 149, 151, 154, 155, 164-166, 168, 169, 177, 180, 185, 189, 200, 204, 210, 229, 231, 236, 248, 249, 255, 257, 264, 267, 268, 274, 279, 281, 291, 295, 298, 308, 312, 316, 322, 325, 335, 336, 340, 352, 384, 401, 433, 438, 450. II 39, 92,111,134, 149, 150, 310, 330.
BRETON, André, I 350, 443.
BRIALY, Jean-Claude, II 204, 212.
BRIAND, I 292.
BRIK LILI, I 380, 401, 415. II 200.
BRIN, Adrien, II 181.
BRISSAC, Mme de, I 269.
BRISSAC, duc de, I 268, 498.
BRISVILLE, Jean-Claude, I 340. II 124.
BROGLIE Jean-Albert, prince de, I 49, 389.
BRONTË, sœurs, I 431.
BROOK, Peter, II 64, 410.
BROSSE, Jacques, I 194, 251, 264, 270, 285, 300, 361.
BRUCKBERGER, R. P., I 345.
BRUN, Mme, II 274.
BRUNHOFF, II 243.
BRUNOT, André, I 358.
BRUYN, dit l'Ancien, I 87.
BUFFET, Bernard, I 70, 174.
BUIS, Georges, I 414.
BUNAU-VARILLA, I 199.
BURGAT, I 318.
BURGESS, Anthony, II 242.
BURROUGHS, William, I 253. II 46.
BUTOR, Michel, I 133, 143, 166, 186, 421. II 202, 386.

CABALLÉ, Monserrat, II 16.
CABANIS, José, I 173, 175, 250, 318, 359.
CABRELLI, Martine, II 390.
CAIL, Odile, II 214.
CAILLAUX, Mme, I 308.
CAILLAVET, A. de, I 490.
CAILLOIS, Roger, I 118, 119, 256, 433. II 151, 161.
CAILLEBOTTE, Gustave, II 362.
CALLAS, Maria, I 420.
CALMETTE, Gaston, I 308.
CAMUS, Albert, I 58, 74, 121, 133, 166, 186, 315, 345. II 73.
CAMUS, Renaud, II 69-70.
CARNÉ, Marcel, I 329.
CAPUS, Alfred, I 390.
CARACALLA, Jean-Paul, I 259, 291.
CARADEC, II 81.
CARAVAGE, II 357.
CARBONNEL, M. de, I 171.
CARBUCCIA, Adri de, II 339.
CARDIN, Pierre, I 127, 502. II 200.
CARDINAL, Marie, II 198.
CARIGUEL, Claude, I 83, 96, 148.
CARNOT, Sadi, II 112.
CARPENTIER, Alejo, II 84.
CARRÉ, R. P., II 161.
CARRIÈRE, Eugène, I 477.
CARRIÈRE, Jean-Claude, II 273, 296.

CARRINGTON, Leonora, II 272.
CARTIER-BRESSON, Henri, I 320.
CASADESUS, Evie, II 191, 245.
CASANOVA, Jean-Jacques, I 480. II 268.
CASARÈS, Maria, I 95, 135.
CASILE, Geneviève, II 296.
CASTAING, Madeleine, II 7.
CASTANEDA, Carlos, II 355.
CASTELOT, André, II 226.
CASTILLO, Michel del, I 159, 340. II 183.
CASTRIES, duc de, I 435, 471.
CATTAND, Danielle, II 195.
CATTANI, I 441.
CATELAIN, Jacques, I 295.
CATROUX, Mme, I 247.
CAU, Jean, I 231,250, 331, 372, 426.
CAYROL, Jean, II 268.
CAZALIS, Anne-Marie, I 352.
CÉLINE, Ferdinand, I 270, 310. II 203, 241.
CELLARD, Jacques, II 244.
CERVANTÈS, I 318. II 253, 289.
CÉSAR, I 347. II 113, 114, 190.
CÉSAR, Jules, I 266.
CÉSPEDES, Alba de, I 310.
CEZAN, Mme, II 163, 176, 185.
CÉZANNE, Paul, II 78.
CHABAN-DELMAS, Jacques, I 490.
CHABRIER, Mme, I 338.
CHABROL, Claude, II 341.
CHAGALL, Marc, I 264.
CHAHINE, Willy, I 97.
CHALON, Jean, I 352. II 72.
CHAMBON, Jean, I 353.
CHAMBORD, comte de, I 193.
CHAMBRUN, comte de, I 471. II 52.
CHAMPAIN, Nicole, I 373.
CHAMPION, Jean-Loup, I 500.
CHAMPION, M., II 11.
CHAMPION, Jeanne, II 197, 208, 300, 335, 392, 394.
CHAMSON, André, I 361.
CHANCEL, Jacques, II 152, 160, 197.
CHANEL, Coco, I 127, 180, 360, 361,431.
CHAPELAN, Maurice, I 328.
CHAPIER, C., I 442.
CHAPIER, Henri, II 14.
CHAPLIN, Charlie, II 361, 362.
CHAPSAL, Madeleine, I 212.
CHAPUIS, I 330.
CHAR, René, II 38, 214, 218.
CHARDIN, Jean-Baptiste, I 296, 494.
CHARDONNE, Jacques, I 99, 140, 163, 166, 169, 172, 179-182, 184, 185, 188-191, 193, 195, 197, 200-203, 205, 206, 208, 210, 212, 214, 215, 219-223, 229, 231, 233, 237, 242, 244-246, 248-251, 253-255, 258, 259, 262-264, 265, 268, 270, 272, 274, 276, 277, 279-284, 287, 289, 291-293, 295, 297, 298, 300, 302, 305, 309, 311, 315, 316, 320, 325, 327, 336-338, 342, 361, 370, 375, 384, 386, 398, 430. II 52, 53, 62, 133, 149, 150, 163, 169, 174, 178, 192, 196, 198, 204, 266, 308, 320, 358.
CHARDONNE, Camille, (voir BELGUISE, Camille).
CHARENSOL, Georges, I 438. II 65.

INDEX

CHARLES-ROUX, Edmonde, I 127, 306, 307, 310, 320, 342, 353, 356, 357, 359, 360, 364, 365, 380, 381, 400, 415, 424, 434, 436, 495. II 12, 36, 74, 167-169, 173, 174, 193, 197, 233, 268, 283, 336, 338.
CHARON, Jacques, I 20, 21.
CHARPIER, Jacques, I 414.
CHARRIÈRE, Henri, I 399.
CHASTENET, Jacques, I 255.
CHATEAUBRIAND, François de, I 85, 221, 286, 427, 446, 449. II 7, 261, 262, 278, 312, 380, 410.
CHATELET, François, II 236.
CHÂTELET, Mme du, I 150.
CHÂTEAUREYNAUD, Georges-Olivier, II 228, 231.
CHAUMETTE, François, II 60.
CHAUVEL, Serge, I 300.
CHAUVEL, ambassadeur, I 363.
CHAUVELOT, I 34.
CHAUVIRÉ, Yvette, I 192.
CHAYLA, du, I 408.
CHAZOT, Jacques, I 158, 184, 190.
CHÊNEBENOIT, André, I 228.
CHÉREAU, Patrice, I 494, 495. II 10, 121, 187, 188, 350.
CHESSMANN, II 358.
CHEVALIER, Martine, II 398.
CHEVALIER, Maurice, I 163, 216, 283.
CHEVÈNEMENT, Jean-Pierre, II 269.
CHEVIGNÉ, comtesse de, I 315.
CHINAUD, Roger, I 448.
CHIRAC, Jacques, II 63, 69, 73, 315.
CHLOVSKI, Victor, I 308.
CHODOLENKO, II 244.
CHOSEILLE, Marion, II 96.
CHOU EN-LAI, I 356.
CHRISSOVELONI, I 499.
CICCOLINI, Aldo, I 38.
CICÉRON, I 45.
CIMA da CONEGLIANO, I 498.
CLAIR, René, I 361. II 59.
CLARENDON, (voir GAVOTY).
CLARETIE, Jules, I 24.
CLARY, Désirée, II 324.
CLAUDEL, Paul, I 29, 61, 70, 262, 272, 286. II 9, 56, 60, 61, 112, 113, 121, 219, 228, 305, 312, 357.
CLAVEL, Maurice, II 68, 95, 215.
CLECH, Yvonne, II 195.
CLEMENCEAU, Georges, II 243.
CLÉMENT, Catherine, II 197, 244, 256.
CLÉMENTI, Pierre, I 322, 335, 406.
CLÉOPATRE, I 103.
CLOT, René-Jean, II 330.
CLUSERET, général, II 155.
CLOUARD, Henri, I 336.
CLOUZOT, Georges, II 377.
COCCIOLI, Carlo, I 142, 157.
COCTEAU, Jean, I 42, 44, 45, 49, 50, 54, 180, 186, 206, 215, 224, 230, 247, 270, 272, 278, 298, 335, 336, 405, 414, 426. II 21, 32, 79, 93, 112, 200, 294, 357, 398.
COGNACQ-JAY, I 397.
COGNET, père, I 277.

COHEN, I 383.
COHEN-SOLAL, Lyne, II 223.
COIPLET, Robert, I 228.
COLETTE, I 267, 331. II 198, 216, 241, 320.
COLIN, I 365.
COLIN-SIMARD, Annette, II 150.
COLUCHE, II 228.
COMBALET, Mme, II 116.
COMBESCOT, Pierre, II 211.
COMENCINI, Luigi, II 79.
CONCHON, Georges, II 160, 190.
CONSTANT, Benjamin, I 13, 58, 177, 286. II 51, 248.
COPEAU, Jacques, I 295.
COPFERMAN, I 390.
COPI, II 410.
COQUATRIX, Bruno, II 306.
COQUELIN, I 24.
CORBINELLI, abbé, II 86.
CORDOBÈS, El, I 250.
CORMIER, Jacqueline, II 14.
CORNIGLION-MOLINIER, Édouard, II 117.
CORNEILLE, Pierre, II 44.
CORNU, M. I 19.
COROT, Camille, I 235.
CORTOT, Alfred, I 65.
COSTAZ, Gilles, II 255.
COT, Jean-Pierre, II 248.
COTTA, Michèle, II 305.
COTY, parfumeur, II 112.
COTY, René, I 69, 166. II 379.
COTY, Mme René, I 44.
COUCOUREUX, Osmin, II 71, 72.
COURBET, Gustave, I 70.
COURNOT, Michel, II 137, 255.
COURTELINE, Georges, II 296.
COUVE de MURVILLE, Mme, I 331, 332.
COUZINET, Jacques, II 16.
COWARD, Noël, I 353.
COWLES, I 411, 412.
COWPER POWYS, John, I 214.
CRAVENNE, Georges, I 352.
CRAWFORD, Joan, II 375.
CREMER, Bruno, I 179.
CRESPIN, Régine, II 393.
CREVEL, René, I 294, 331.
CROISSET, Francis de, I 332.
CUNARD, Nancy, I 285.
CUNY, Alain, II 195.
CURTIS, Jean-Louis, I 100, 102, 109, 117, 123, 168, 169, 190, 229, 256, 291, 294, 300, 304, 309, 322, 331, 335, 340, 341, 352, 353, 372, 430, 438, 450, 491. II 39, 111, 268.
CURVERS, Alexis, I 121, 152.
DABADIE, Jean-Loup, I 375. II 263, 264, 265.
DABIT, Eugène, I 471.
DADELSEN, Jean-Paul de, I 133.
DAIX, Pierre, II 217.
DALI, Salvador, I 404.
DAMIA, Louise, II 166.
DANCCOURT, II 236.
DANDILLOT, I 82.
DANDREL, Louis, I 470.
DANET, Jean, II 95.

417

DANIEL, Jean, II 157.
DANIÉLOU, Alain, II 348.
DANIÉLOU, Caroline, II 61.
DANIÉLOU, Jean, I 39, 322, 323, 422, 459, 473, 490.
DARÈS, II 258.
DARMSTETTER, Mme, I 376.
DARNAL, Jean-Claude, I 151.
DARRAS, Jean-Pierre, II 265.
DASSAULT, Marcel, II 234.
DAUDET, Alphonse, II 307.
DAUDET, Mme Alphonse, II 92.
DAUDET, Léon, I 254. II 61, 92.
DAUDET, Lucien, II 92, 93.
DAUMIER, Gustave, I 88. II 69, 322.
DAUPHIN, Claude, I 368, 401.
DAUTRY, Raoul, I 228.
DAVET, Michel, II 153.
DAVIS, Bette, II 375.
DAVRAY, Jean, I 386.
DAY, Josette, I 179, 180, 182, 185, 188, 190, 192, 199, 206, 213, 214, 244, 245, 268, 361, 362, 375, 376. II 81, 142.
DAYDÉ, Bernard, I 412.
DEBRAY, Janine, I 396.
DEBRAY, Régis, I 396. II 74, 168, 193, 241.
DEBRÉ, Michel, I 212, 390.
DEBUCOURT, Jean, II 153.
DEBUSSY, Claude, I 77, 354.
DECOIN, Didier, II 258.
DEFAUCOMPRET, I 97.
DEFAUCOMPRET, Marthe, II 108.
DEFFERRE, Gaston, I 290, 495. II 93, 167, 168, 173, 192, 244, 313.
DEFORGES, Régine, II 160, 350.
DEGAS, Edgar, I 477. II 311.
DEGUELDRE, I 352.
DEHARME, Lise, I 129, 194, 230, 235, 285.
DELBO, Marion, I 176, 309, 317-319, 329, 330, 358, 397-399. II 12, 124, 333.
DELBO, Mme, I 318, 326, 337, 338, 364.
DELACROIX, Ève, I 313, 493.
DELACROIX, M. Mme, I 410.
DELACROIX, Eugène, I 424.
DELATTE, libraire, I 429.
DELAY, Jean, I 435.
DELAY, Florence, II 241.
DEL DUCA, Cino, I 126.
DELEUZE, Gilles, II 236.
DELFAU, I 424.
DELON, Alain, I 426, 434. II 301, 304, 306, 331.
DELORS, Jacques, II 306.
DELOUCHE, I 371.
DELPECH, Jeanine, I 326, 331, 409. II 153.
DE MAX, Édouard Max dit, I 24.
DÉMERON, Pierre, I 171, 178, 192, 201, 212, 216, 249, 359, 364. II 151, 153, 333.
DENIS, Ariel, I 406.
DENIS, Maurice, II 65.
DENOËL, Jean, I 255, 256, 262, 322, 335, 336, 405, 433, 438, 440. II 72.
DÉON, Michel, I 151, 210, 211.
DEPARDIEU, Gérard, II 308, 351.
DERAIN, André, I 166. II 162.

DÉROULÈDE, Paul, I 321.
DERRIDA, Jacques, II 205.
DESAILLY, Jean, I 368.
DESBOEUF, Philippe, I 134, 408.
DES CARS, Guy, II 187.
DESCARTES, René, I 87, 118, 259.
DESCAVES, Lucien, II 254.
DESCRIÈRES, Georges, II 235, 236.
DESNOS, Robert, I 329.
DESPORTES, Victorine, II 95.
DEUTSCH de la MEURTHE, Henri, I 384. II 143.
DEVAULX, Noel, II 168.
DEVAY, Jean-François, I 216.
DEYROLLE, II 344.
DHERS, Ghislaine, I 305.
DHOTEL, André, I 82, 83, 94, 95, 100, 130, 144, 188, 206. II 242.
DIAGHILEV, Serge, II 93.
DICKENS, Charles, I 95.
DIDEROT, Denis, II 85, 150, 298.
DIESBACH, Evelyne de, I 227.
DIESBACH, Ghislain de, I 187, 227, 363. II 63, 96, 111, 279.
DIETRICH, Anne de, II 117.
DIETRICH, Marlène, I 492. II 129, 274.
DIMITRI, clown, II 33.
DINE, Adrien, II 73.
DIOR, Christian, I 180, 309, 494. II 39, 306.
DISPOT, Laurent, II 194.
DJOUGATCHVILI, I 14.
DOELNITZ, Marc, I 21.
DOMINATI, Jacques, II 38.
DOMINGUEZ, Oscar, I 14.
DORGELÈS, Roland, I 435.
DORIAN, Jean-Pierre, II 29.
DORIN, Françoise, I 420.
DORIOT, Jacques, I 446.
DORMOY, Marie, I 204.
DORT, Bernard, I 164. II 410.
DOS SANTOS, I 291.
DOSTOIEVSKI, Fedor, I 257, 322, 409. II 329.
DOUBLET, Pierre, II 342.
DOUCET, Jacques, I 86, 204. II 21.
DREYFUS, Alfred, I 189, 305. II 255.
DREYFUS, II 197, 254.
DRIEU LA ROCHELLE, Pierre, 96, 166, 401.
DROIT, Michel, I 361. II 125.
DROUET, Juliette, II 296.
DROUAIS, I 378.
DRUON, Maurice, I 74, 125, 127, 128, 138, 150, 153, 155, 157, 161, 162, 359, 361, 378, 381, 393, 473, 476, 490. II 107.
DRUMONT, Edouard, II 154.
DUBÉ, Marcel, II 102.
DUBILLARD, Roland, II 21.
DUBOIS, André, I 330.
DUBOIS, Marie, II 164.
DUCAUX, Annie, I 401.
DUCHAMP, Marcel, I 461.
DUCLOS, Jacques, I 415. II 20.
DUCOUP, abbé, I 488.
DUFILHO, Jacques, I 142.
DUFFAUT, II 173.
DUFREIGNE, Jean-Pierre, II 150.
DUFY, Raoul, I 264. II 296.

INDEX

Duhamel, Claire, II 245, 246.
Dullin, Charles, I 134, 432. II 265, 324.
Dumas, Alexandre, I 126, 138, 153.
Dumas, Alexandre (fils), II 59.
Dumay, II 152.
Dumézil, Georges, II 287.
Dumoncel, Rémi, II 72.
Dumur, Guy, II 219, 291, 325.
Dunaway, II 252.
Dunod, Editions, II 302.
Dunoyer de Segonzac, André, I 150.
Dupont, Jacques, I 192.
Dupré, Guy, I 194. II 84.
Dupriez, Gérard, I 74.
Dupuis, Simone, II 168, 182.
Duquesne, Jacques, II 151.
Durand, Claude, I 425. II 82.
Duras, Marguerite, I 81, 82. II 265, 328, 386.
Dussane, Béatrice, I 24.
Dutour, Camille, I 195.
Dutourd, Jean, I 196.
Duvert, Tony, II 29.
Duvignaud, Jean, I 166.
Dux, Pierre, II 59.

Eaubonne, Françoise d', I 276.
Edouard VII, I 499.
Edimbourg, duc d', I 91.
Efros, II 104.
Ehni, René, I 446, 500, 501. II 8, 9, 51, 178.
Eindenberg, David, I 411, 413, 415, 416, 474. II 119, 170.
Eine, Simon, II 235.
Eisenhower, Dwight, I 38, 152, 163.
Einstein, Albert, I 130, 164, 237, 398, 451.
Elina, Lise, II 84.
Elisabeth II, I 121.
Elkabbach, Jean-Pierre, II 173.
Éluard, Paul, I 43, 443, 445.
Emer, Michel, II 336.
Emilia, I 342, 345.
Enthoven, Jean-Paul, II 168.
Erckmann-Chatrian, I 96, 446. II 45.
Ernst, Max, I 440. II 69.
Erté, II 95.
Erval, François, II 262.
Escobar, Ruth, II 249.
Esculape, II 354.
Espenon, II 38, 319.
Estaunié, Édouard, I 180, 254.
Etcheverry, Michel, II 60.
Etiemble, René, I 451.
Eugénie, impératrice, I 318.
Escande, Maurice, II 205.
Evtouchenko, I 282.
Even, Martin, II 244.
Eyser, Jacques, II 60.
Ezine, Jean-Louis, II 259, 279, 280.

Fabius, Laurent, II 337.
Fabre, Dominique, I 501.
Fabre-Luce, Alfred, I 151, 195, 196, 232, 257, 295. II 32, 133.

Fabre-Luce, Mme, II 32.
Fagadau, II 12, 40.
Faivre D'Arcier, II 169.
Faizant, Jacques, I 485.
Falk-Devuoto, Mme, I 466, 467.
Fallois, Bernard de, II 154.
Fami, II 29.
Fargue, Léon-Paul, I 59.
Farouk, roi, II 129, 152.
Farrère, Claude, I 30, 364.
Farrow, Mia, II 165.
Farkas, Jean-Pierre, II 305.
Fasil, I 392.
Fasquelle, éditions, I 101, 144.
Fasquelle, Jean-Claude, I 129, 145, 151, 171,267, 346, 414. II 115, 210, 339.
Fasquelle, Solange, I 109, 149, 189, 204, 229, 248, 267, 291, 330. II 332.
Faucigny-Lucinge, Jean-Albert de, I 389, 390.
Faucigny-Lucinge, prince de, I 389.
Fauconnier, Henri, I 200.
Faulkner, William, I 214. II 146, 275.
Faure, Edgar, I 70, 430, 453, 456, 490, 501, 502. II 11, 35, 63, 87, 88.
Faure, Lucie, I 446, 452-454, 473, 477, 497, 502. II 11, 12, 35, 62, 63, 87, 167.
Faust, I 92.
Fauvet, Jacques, I 453. II 197.
Feinstein, II 270.
Fellini, Federico, I 341. II 271.
Fels, André de, I 297, 396, 397.
Fels, Marthe de, I 297, 298, 396, 397, 471, 473. II 169.
Ferenczi, Thomas, II 223.
Ferhat, Abbas, I 199.
Fernandez, Dominique, I 181, 215. II 48, 73, 74, 82, 83, 204, 228, 267, 309.
Fernandez, Ramon, I 166, 181. II 163, 307.
Ferney, Frédéric, II 252.
Ferrier, Jean-Louis, II 83.
Feuillère, Edwige, I 41,363, 366, 368, 371, 375, 401, 495. II 198, 377.
Feydeau, Georges, I 378, 444, 449,491. II 46, 313.
Fezenzac, duchesse de, I 40.
Figus, I 492.
Finkielkraut, Alain, II 156.
Finney, Arthur, I 219.
Fiterman, Charles, II 269.
Flammarion, éditions, I 51.
Flamant, Paul, I 244.
Flaubert, Gustave, I 167, 311, 324, 459. II 150, 264, 276, 380, 408.
Flers, Robert de, I 490.
Fléchier, Esprit, II 115, 116.
Flon, Suzanne, I 36.
Fo, Dario, II 115.
Foccart, Jacques, I 423.
Folch-Ribas, Jacques, II 102.
Follain, Jean, I 188.
Fontana, Richard, II 36, 76, 81.
Ford, Fondation, I 261.
Ford, Sam, II 166.
Forrester, Viviane, II 69.

FOUCHET, Max-Pol, I 344. II 68.
FOUCHET, Mme Max-Pol, I 344.
FOUFOUNE, FOUNE (voir GALEY Geneviève).
FOUGERON, André, I 307.
FOUJITA, II 151.
FOURNIER, (Voir ALAIN-FOURNIER).
FRA ANGELICO, I 479.
FRAIGNEAU, André, I 205, 215, 247. II 92, 93, 162, 163.
FRANCE, Anatole, I 8, 76, 83, 167, 319, 459.
FRANCHESKI, Mario, II 189.
FRANCILLON, Clarisse, I 281.
FRANCK, César, I 204.
FRANK, Bernard, I 96, 98, 100, 122, 158, 165, 167, 177, 201, 205, 208, 245, 276, 277, 302, 316, 412. II 149, 150, 335.
FRANCO, Francisco, I 287, 390.
FRANÇOIS, Claude, II 306.
FREDERIC II, I 150.
FRÉDÉRIQUE, André, I 83, 144, 149.
FRÉRON, Élie, I 293.
FRESSON, Bernard, I 496. II 20, 25.
FREUD, Sigmund, I 311, 484. II 44, 181, 204.
FREUND, Gisèle, II 334.
FREUSTIÉ, Jean, I 291, 295, 298, 302, 303.
FREYRIA, Denise, I 325, 337, 350, 361, 366, 369.
FRIAS, I 343.
FRICK, Grace, II 123.
FROMENTIN, Eugène I 310.
FRONDAIE, Pierre, II 121.
FRY, I 280.
FUCHS, Ernest, I 35, 120.

GABIN, Jean, I 176.
GABRIEL, I 396.
GAIGNERON, I 440.
GAILLARD, Anne, II 160.
GAILLARD-RISLER, Francine, II 198.
GALABRU, Michel, II 257.
GALEY, Antoine (bon-papa), I 266, 343, 347, 354, 394, 418, 442, 454, 455, 457, 472, 483, 489. II 9, 11, 34, 45, 53, 55, 78, 97, 234.
GALEY, Bertrand, II 145.
GALEY, Geneviève (Foufoune-Foune), I 10, 101, 192, 343, 416-418, 424, 448, 455, 478, 480. II 11, 223, 228, 270, 305, 307, 326, 369, 383, 406.
GALEY, Jacques, II 208.
GALEY, Jean-Marie, I 474. II 61, 206, 329.
GALEY, Laurent, I 13, 53, 97. II 208.
GALEY, Louis, II 54.
GALEY, Louis-Émile, I 32, 53, 104, 151, 244, 322, 340, 343, 402, 424, 443. II 143, 230, 274, 322, 327, 343, 358, 368, 383, 390, 399.
GALEY, Marcelle, I 15, 34, 92, 119, 243, 313, 417, 425, 430, 443, 449, 464. II 83, 177, 282, 305, 309, 317, 321, 324, 326, 355, 375, 385, 390.
GALEY, Marie (Mamé), I 37, 97, 104, 152, 266, 313, 347, 348, 350, 351, 390, 394, 402, 442, 443, 454, 457, 472, 483, 489, 495. II 9, 11, 34, 45, 49, 55, 61, 78, 95, 96, 97, 98, 107, 109, 138, 142, 162, 175, 177, 187, 195, 206, 207, 224, 226, 229, 270, 280, 343.

GALITZINE, II 280.
GALSWORTHY, John, I 427.
GALLIMARD, éditions, I 51, 99, 149, 155, 186, 193, 254, 272, 299, 304, 309, 315, 328, 359, 451, 460, 474. II 26, 215, 263, 268, 320, 329, 331, 386.
GALLIMARD, Claude, I 429. II 242.
GALLIMARD, Gaston, I 358. II 41.
GALLIMARD, Simone, II 306, 309.
GALLOIS, Claire, II 61, 65, 76, 81, 82, 125, 126, 138, 142, 145, 163, 167, 174, 195, 212, 257, 290, 316, 369, 375, 383, 384, 395.
GAMELIN, Maurice, II 281.
GANCE, Abel, I 337.
GANDHI, Indira, II 348.
GARCIA MARQUEZ, Gabriel, II 345.
GARRAS, I 329.
GARCIN, Bruno, II 74.
GARCIN, Jérôme, II 308, 350, 358.
GASCAR, Pierre, I 475. II 175.
GASCQ, I 400.
GATTI, Armand, I 390.
GAULÈNE, M. I 251.
GAULLE, Charles de, I 56, 65, 144, 146-148, 152, 154, 187, 195, 211, 212, 223, 257, 266, 275, 290, 312, 317, 330, 335, 390, 391, 422, 430, 441, 447, 465. II 72, 79, 95, 133, 167, 336, 379.
GAUTIER, Jean-Jacques, I 85, 254, 448, 453, 494. II 46, 57,107, 123, 160.
GAUTIER, Marguerite, II 188.
GAUTIER, Théophile. II, 306.
GAUTIER, Vincent, II 60, 63.
GAVOTY, Bernard, I 448.
GAXOTTE, Pierre, I 80, 286, 287, 293, 302, 308, 309,317, 335, 364, 390, 423. II 39, 112, 121, 129, 213.
GENCE, Denise, II 205, 236, 411.
GENCER, Mme, II 194.
GENÊT, Mme, I 243.
GENET, Jean, I 54, 236, 331, 344. II 201, 202.
GENÊT, Léonie, I 17, 120, 152, 168.
GENEVOIX, Maurice, I 315, 332. II 62, 108, 283.
GEO (Voir OLIVE, Georges).
GEORGE, Bernard, I 305.
GEORGE, François, II 252.
GÉRARD, Rosemonde, I 24.
GÉRICAULT, Théodore, I 296.
GERMAIN, André, I 141, 222. II 92.
GERMAIN, Lucie, I 295. II 291.
GÉRÔME, Raymond, II 14.
GIDE, André, I 70, 86, 95, 99, 102, 151, 156, 188, 201, 215, 224, 241, 281, 303, 322, 358, 385, 405, 416, 435, 456, 459, 471. II 41, 48, 56.
GILLIBERT, II 91.
GILLON, Paul, I 438.
GIOL, Mme, II 194.
GIONO, Jean, I 13, 405.
GIORGIONE, II 357.
GIRARD, Danielle, I 476.
GIRARD, Solange, II 97.
GIRARDIN, Émile, I 438.
GIRAUDOUX, Jean, I 76, 102, 136, 254, 272, 292. II 48, 178, 320.

INDEX

GIRAUDOUX, Jean-Pierre, II 80.
GIRODET, II 7.
GIROUD, Françoise, II 114, 180.
GISCARD d'ESTAING, Anne-Aymone, II 87, 88.
GISCARD d'ESTAING, Louis Joachim, II 80.
GISCARD d'ESTAING, Valéry, I 449, 490. II 11, 14, 35, 65, 68, 69, 73, 87, 88, 137, 151, 161, 167, 174, 205, 223, 379.
GISCARD d'ESTAING, Valérie-Anne, II 190.
GIUDICELLI, Christian, II 323.
GLAOUI, le, II 287.
GODARD, Colette, II 197, 255, 411.
GODARD, Jean-Luc, I 347, 349. II 341.
GOERG, Édouard, I 38.
GOETHE, I 261, 293, 398. II 148.
GOGOL, Nicolaï, I 81. II 104, 222.
GOLDENBERG, Ariel, II 245.
GOLDING, William, II 272.
GOMBROWICZ, Witold, I 260, 437. II 307, 338.
GONCOURT, Edmond de, II 322.
GONCOURT, les, I 324. II 78, 320.
GONZALÈS, Felipe, II 305.
GOODMAN, II 185.
GORKI, Maxime, I 308, 336. II 111, 113, 336.
GOTLIEB, II 228.
GOUIN, M., I 84.
GOULD, Florence, I 255, 256, 308, 309, 313, 341, 357, 358, 386, 401, 404, 422, 433, 438, 440, 445, 452, 471. II 13, 38, 51, 72, 134, 239, 252, 363.
GOURMONT, Rémy de, I 265.
GOUSSELAND, Jack, I 417, 418, 421, 433. II 23, 36, 94, 184, 229.
GOUZE-RENAL, Christine, II 12, 198.
GOUZE, Roger, II 188.
GOYA, Francisco de, I 296, 430.
GRACQ, Julien, I 23, 430, 491. II 14, 162, 285, 352.
GRADIS, Georgette, I 384.
GRAHAM, Martha, I 54.
GRAMONT, I 163, 165, 222.
GRALL, Alex, II 180.
GRANDE MADEMOISELLE, (Voir MONTPENSIER)
GRANGE, Jacques, II 7, 200.
GRANGÉ-CABANE, Alain, II 172.
GRASSET, éditions Bernard, I 37, 51, 59, 208, 214, 238, 241, 246, 247, 267, 277, 296, 303, 316, 336, 359, 365. II 26, 62, 76, 92, 95, 107, 115, 192, 215, 228, 306, 317, 358.
GRAY, Simon, I 459. II 10, 184, 185.
GRÈCE, Michel de, I 237.
GRECO, le, I 70, 97.
GRECO, Juliette, I 414.
GRÉDY, II 164.
GRÉDY, Jean-Pierre, I 212, 491.
GREEN, Julien. I 57, 94, 104, 197, 198, 257, 258, 262, 264, 266, 333, 374, 387, 388, 416, 419, 448, 454, 456, 459, 460, 462, 464, 471, 474, 477, 488. II 40, 56, 62, 251, 252, 398, 321.
GREENE, Graham, I 331. II 276.
GREGH, Fernand, I 19, 24, 328, 471.
GRÈS, Mme, II 197, 304.
GRILL, M., I 51.
GROCK, I 204.

GROLL, Henriette, I 235, 250, 285, 304, 305, 335, 341.
GROMYKO, Mme, I 332.
GRUMBACH, Remi, II 114.
GRUBERT, Klaus Michael, II 205.
GRUND, Françoise, II 231.
GUÉRIN, Pierre, I 24, 156, 176.
GUÉRIN, Daniel, I 390.
GUÉRIN Eugénie et Maurice, I 286.
GUÉRIN, Jacques, I 500.
GUÉRIN, Raymond, II 244.
GUÉHENNO, Jean, I 309, 314.
GUERMANTES, I 174.
GUERS, Paul, I 495.
GUEVARA, Che, I 396.
GUGGENHEIM, Peggy, II 128, 194, 323.
GUIBERT, Georges, II 31.
GUILLEMOT, Mme, I 427.
GUILLET, Christian, II 325.
GUILLEVIC, Eugène, I 493.
GUILLOT DE SAIX, I 294.
GUILLOUX, Louis, I 471.
GUIMARD, Paul, I 191, 290. II 193, 305, 332.
GUIRCHE, François, I 358, 399.
GUISOL, Henri, I 368.
GUITARD-AUVISTE, Mme, I 292, 293. II 308.
GUITRY, Sacha, I 353. II 134, 137.
GUITTON, Jean, I 328. II 130.
GUNZBURG, baronne de, I 25.
GURGAND, Jean-Noel, I 456.
GUTH, Paul, I 22, 229, 422.
GUY, Michel, II 68, 70, 168, 182, 270, 313, 315.

HADDAD, Malek, I 276.
HAEDENS, Kléber, I 195, 221, 222, 254, 276, 281, 297.
HAHN, Reynaldo, I 204, 237, 332. II 93.
HAILLOT, Jacques, II 101.
HALÉVY, Daniel, I 29, 63.
HALIMI, Giséle, I 190.
HALLIER, Jean-Edern, I 121, 192, 230, 338, 465, 466. II 79.
HALLYDAY, Johnny, I 272. II 114.
HALPHEN, I 383.
HAMMETT, Dashiell, I 441.
HANDKE, Peter, II 274, 275.
HANKA, II 71.
HANSKA, Mme, I 463.
HARCOURT, photographe, I 140, 141.
HARDY, René, I 228.
HARDY, Thomas, I 459.
HARDY, II 183.
HARTRIDGE, I 463.
HASSAN II, II 284.
HAUSSMANN, baron Georges, I 306.
HAVILAND, I 188. II 196.
HEGEL, Georg Wilhelm, I 454.
HELIOT Armelle, II 255.
HELL, Henri, I 194.
HELLER, Gerhardt, II 134, 162, 163.
HENRIOT, Émile, I 194, 212, 286, II 283.
HENRY's DUTSCH SISTERS, I 381.
HÉRACLITE, I 487.

HERBART, I 95, 156, 440.
HERIOT, Angus, I 141.
HERMANT, Michel, I 482, 486.
HERMANT, Abel, II 226.
HERMOCRATE, I 95.
HERMON, I 458.
HERRIOT, Édouard, I 24.
HEYMANN, Danièle, II 96.
HIRSCH, Paul, I 124.
HIRSCH, Robert, I 20,342. II 68.
HIRT, Éléonore, I 142.
HITCHCOCK, Alfred, I 317.
HOFFMAN, Byrd, II 266.
HOLLAND, Charles, I 106.
HOLLAND, Vyvyan, I 376, 377.
HOLMES, Sherlock, I 238.
HORNER, Yvette, II 220.
HORVILLE, Josiane, II 194, 195.
HUDSON, Rock, II 389.
HUGO, Jean, I 55.
HUGO, Victor, I 142, 154, 261, 321, 459, 461. II 51, 127, 179, 296, 307, 361, 380.
HUGO, Valentine, I 247.
HUGUENIN, Jean-René, I 178, 192, 203, 300.
HUISMAN, I 309.
HULLOT, Jérôme, I 20, 329, 368.
HULLIN, I 199.
HUMIÈRES, Mme d', I 310.
HUSTER, Francis, II 398.
HUYGHE René, II 57.

ICHIHARA, II 327.
IMBERT, Claude, I 448.
IONESCO, Eugène, I 85, 145, 162, 164-166, 186, 331, 342, 438, 451, 453, 489. II 260, 270, 287, 329.
ISHERWOOD, Christopher, II 117, 118, 272.
ISKANDER, Jacques, I 20.
ISORNI, Jacques, II 52.
ISOU, Isidore, I 228.
IVERNEL, Daniel, I 134, 179.
IZARD, Georges, I 10, 24, 110, 322, 422, 433, 473, 489, 490.
IZARD, Catherine, I 422, 489, 490.
IZARD, Christophe, I 433.
IZARD, Marie-Claire, I 322. II 209.
IZARD, Michelle (Voir MONNIER, Michelle).
JACKSON, Glenda, II 333.
JACOB, Max, I 43, 49, 76, 154, 405. II 93, 261.
JACCOTTET, Philippe, I 77.
JACOB, Mme, II 208.
JACQUEMARD, Simonne, I 250, 251.
JALOUX, Edmond, I 163, 194.
JAMET, Dominique, II 255.
JAMES, Henry, II 323, 348, 404.
JAMOIS, Marguerite, I 134.
JANKÉLÉVITCH, Vladimir, II 326.
JANSEN, I 217.
JANY, J.C., I 318.
JARDIN, Claudine, I 435.
JARDIN, Pascal, I 434. II 135, 142.
JARRY, Mme, I 202.

JEAN LE BON, II 283.
JEAN DE LA CROIX, saint, II 96.
JEAN, Raymond, II, 74, 210.
JEANMAIRE, Zizi, I 118, 236. II 166.
JEANNE d'ARC, I 261, 278.
JEANROT, Mme, I 485, 486, 487, 488.
JEANSON Henri, I 135, 176, 281, 329, 365.II 12.
JEANSON, Mme Henri (Voir DELBO Marion).
JERAMEC, Colette, I 401.
JOBERT, Michel, II 11, 287.
JOBERT, II 76.
JOCIEN, I 332.
JOFFO, Joseph, I 138.
JOSSELIN, Jean-François, I 320. II 193, 308.
JOSSIN, Jannick, II 170, 178, 183, 214, 240, 392.
JOSPIN, Lionel, II 192.
JOUBERT, Joseph, I 392.
JOUHANDEAU, Marcel, I 136, 166-170, 173, 175, 191, 214-218, 220-223, 225, 226, 233, 236, 237, 239, 246, 254, 256, 263, 268, 269, 277, 278, 295, 296, 299, 302, 308, 309, 322, 342, 357, 358, 398, 399, 405, 422, 431, 432, 438, 445, 451, 482, 483, 485-488. II 7, 14, 21, 26, 27, 28, 32, 52, 57, 58, 62, 83, 94-96, 133, 134, 162, 163, 200, 204, 298, 320, 358.
JOUHANDEAU, Céline, I 169, 175, 214, 216-218, 220, 221, 225, 226, 299, 399. II 95.
JOUHANDEAU, Élise (ou Carya), I 141, 169, 175, 214, 215, 217, 218, 220-223, 225, 226, 230, 246, 254, 269, 296, 297, 401, 431-433, 438, 475,482, 487, 488. II 14, 21, 27, 52, 58, 94, 95.
JOURDAN, II 321.
JOURDAN, Éric, I 122.
JOURDHEUIL, Jean, II 253.
JOUVE, Pierre-Jean, I 492, 454. II 320.
JOUVET, Louis, II 77.
JOUVENEL, Renaud de, I 336.
JOXE, Louis, I 111, 212.
JOXE, France, I 212.
JOXE, Pierre, I 9, 14, 19, 24, 29-31, 37, 48, 50, 61, 63, 77, 80, 83, 109, 110, 117, 124, 171, 212, 375, 399. II 153, 161, 167, 169, 209, 223, 269, 313, 342, 352, 394, 400.
JOXE, Valérie, II 167, 223, 352.
JOYCE, James, I 331. II 202, 262.
JOYEUX, Odette, I 151, 193, 407. II 153.
JUDAS, I 480.
JUIN, Hubert, II 217.
JULLIAN, Philippe, I 141, 205, 216, 227, 285,308, 309, 310, 352. II 40, 62, 63, 281.
JULLIARD, éditions, I 125, 177, 178, 186, 189, 325.
JULY, Serge, II 157.
JÜNGER, Ernst, II 134, 145, 213.

KADHAFI, II 318.
KAFKA, Franz, I 69, 113, 185, 271, 335.
KAGANOVITCH, II 57.
KAHANE, Eric, II 99.
KAHN, Jean-François, I 375.
KAHN, Albert, II 355.

INDEX

Kant, Immanuel, I 452. II 95.
Kanters, Robert, I 109-110, 123, 192, 194, 195, 216, 217, 282, 285, 291, 294, 297, 309, 327, 336, 340, 353, 355, 356, 372, 389, 401, 424, 430, 436, 442. II 294, 391.
Kantor, Tadeusz, II 144, 324.
Kapferer, Alice, II 209.
Kapferer, Henri, I 60.
Kapferer, Yvette, II 209.
Kapferer, Yvonne, I 383.
Karajan, Herbert von, II 64.
Katchen, Julius, I 77.
Kayat, Guy, II 350.
Kelly, II 213, 214.
Kemp, Van der, II 72.
Kerbrat, Patrice, II 160, 235.
Kern, Alfred, I 83, 96, 128, 133, 164, 229.
Kessel, Joseph, I 34, 53, 255.
Kestner, I 293.
Khaznadar, Chérif, II 231.
Khrouchtchev, Nikita. I 152, 273, 317.
Kiener, Daniel, II 315.
Kim, Jean-Jacques, I 155.
Kircher, Daniel, II 145.
Klassen, Monique, I 25.
Klossovski, II 281.
Kokkos, Iannis, II 326.
Koko (voir Kokosowki)
Kokosowski, Michèle, II 48, 194, 197, 206, 214, 231.
Kolb, Philip, 332.
Kopit, Arthur, I 409. II 200.
Kossi, II 212, 213, 220, 315.
Kott, Jan, II 64, 270.
Kossyguine, Alexeï, I 317.
Kossyguine, Mme, I 331, 332.
Kouznetsov, I 400.
Kraemer, Jacques, II 183.
Kraus, Karl, II 37.
Kun, Béla, I 484.
Kundera, Milan, II 69, 70, 157, 307.
Kubrix, Stanley, II 79.
Kyria, II 29.

Labasse, I 407.
Labaume, Anne de, II 179, 281.
La Baume, François de, II 179, 281.
La Baume, Solange de, I 298, 410. II 36, 282.
Labiche, Eugène, I 186.
Labisse, I 375.
Laborit, Henri, II 349.
La Bruyère, Jean de, I 167.
Lacarrière, Jacques, II 183.
Lachens, Catherine, II 104.
Lachiver, docteur, II 312.
Lacloche, I 330.
Laclos, II 305.
Lacouture, Jean et Simonne, II 57, 174.
Lacretelle, Pierre de, I 18, 127, 153, 237, 310. II 23.
La Falaizze, Mme, II 281.
La Fayette, Marie-Madeleine, comtesse de, I 21, 97.
La Fayette, marquis de, I 189.

Laffitte, Jeanne, II 104.
Laffon, Jean, II 180, 281.
Laffont, Robert, I 304.
La Fontaine, Jean de, I 59, 435.
Lagrange , Bruno, I 470, 497.
La Grange, Henri-Louis de, I 281.
Lagrange, Madeleine, II 274.
Lagrolet, Jean, I 139, 305.
Lalande, II 324.
Lamartine, Alphonse de, I 9, 293, 393, II 250.
Lamée, Mme, I 7.
Lamoignon, Guillaume de, II 116.
Landru, I 370, 371.
Lang, Jack, II 47, 168, 173, 174, 182,193, 197, 210, 211, 218, 234, 313, 362.
Lang, Monique, II 47, 168, 173, 182, 194, 211, 218, 234, 362.
Langfus, Anna, I 251.
Laniel, Joseph, I 38, 56, 57.
Lanoux, Armand, II 102, 193, 241, 242, 268, 359.
Lanoux, Mme Victor, II 193.
Lanzmann, Jacques, II 113.
Lapie, Pierre-Olivier, II 59.
La Porte du Theil, Gael de, II 190.
Larbaud, Valéry, I 470. II 320.
Larcher, M., I 7, 19, 204.
Lardy, Mme, I 483.
Larère, Xavier, II 160, 172.
La Rochefoucauld, Edmée, duchesse de, I 9, 162, 211, 219, 295. II 330.
La Rochefoucauld, François, duc de, I 326.
La Rochefoucauld, Isabelle, I 205, 216. II 331.
La Rochefoucauld, Jean-Do, II 96.
La Rochefoucauld, Solange, (voir Fasquelle Solange).
Larronde, Olivier, I 330, 331.
Lartéguy, Jean, I 314.
Lartigau, Gérard, I 496. II 25.
Lassus-Saint Geniès, baronne de, I 56.
Lattès, Jean-Claude, I 325, II 210.
Laudenbach, I 450.
Laurencin, Marie, I 335. II 7, 27.
Laurent, Jacques, I 320, 450. II 86, 244.
Laurent, Paul, II 269.
Lauzier, Gérard, II 170.
Laval, Pierre, I 471.
Lavallière, Eve de, I 315.
La Varende, Jean, vicomte de, I 67.
Lavaudant, Georges, II 173.
Lavedan, Henri, I 24.
Lavelli, Jorge, I 261.
Lavoignet, Jean-Pierre, II 114.
Léautaud, Paul, I 151, 204, 263, 405. II 134.
Lebert, Françoise, I 303, 371, 393. II 52, 89, 127, 142, 211, 212, 312, 346, 355, 390.
Lebaudy (sucre), I 397.
Lecanuet, Jean, I 328.
Lecat, Jean-Philippe, II 87, 159, 174.
Le Clézio, Jean-Marie, I 342.
Lecomte, Georges, I 30, 328.
Lecouvreur, Adrienne, I 265.
Ledoux, Fernand, II 47.
Lederman, Paul, II 227.

LEDUC, Violette, I 318. II 333.
LEE, Noël, I 156.
LEFORT, Bernard, I 24.
LÉGER, Théo, II 199, 215.
LEGLISE Pierre, II 23.
LEGRAND, Francine, II 209.
LEGRIS, Jacques, I 285.
LEGRIX, François, II 86.
LEIBOWITZ, René, I 106.
LEIRIS, Michel, I 355.
LE LURON, Thierry, II 80.
LEMAITRE, Jules, I 453.
LE MARCHAND, Jean, I 158, 170, 176, 285, 437.
LEMELIN, Roger, II 102, 108.
LÉNINE, Vladimir Ilitch, I 73. II 262, 283.
LEONARDINI, Jean-Pierre, II 255.
LE PEN, Jean-Marie, II 314, 331.
LE PORS, Anicet, II 314.
LE POULAIN, Jean, I 20, 21, 155, 190. II 160, 255, 410.
LEPRINCE-RINGUET, Louis, I 314. II 190.
LEPRINCE-RINGUET, Mme Louis, II 252.
LEROUX, Lili, I 305.
LEROY, Roland, II 244.
LE TELLIER, Michel, II 116.
LEUDGER, père, II 18.
LEVANTAL, Philippe, I 437.
LEVINSON, I 307.
LÉVIS-MIREPOIX, Antoine, duc de, II 238.
LÉVI-STRAUSS, Claude, I 477, 489.
LÉVY, I 307.
LÉVY, Bernard-Henri, II 79, 95, 215.
LIBERMANN, Mme, I 400, 401.
LIFAR, Serge, I 45, 389.
LILAR, Mme, I 290. II 210.
LILAS, Kitty, I 377.
LIMONOV, Edward, II 318, 329, 352.
LINARÈS, Pedro de, I 86.
LINDÉ, Pierre, I 352.
LINDON, Jérôme, I 83.
LIOUBIMOV, II 106.
LOB, II 228.
LONSDALE, Michael, I 434.
LORANT, André, II 263.
LORENZ, Paul, I 19. II 84.
LORRAIN, Jean, II 62.
LOTI, Pierre, I 241.
LOUIS II, de Bavière, I 306.
LOUIS XIV, I 332, 391.
Louis XVI, I 149.
LOUIS-PHILIPPE, I 368.
LOUŸS, Pierre, II 323.
LOWERY, Bruce, I 208, 285.
LUGNÉ-POE, Aurélien, I 24.
LUMBROSO, Fernand, II 104.
LUNDS, Édouard, I 189.
LYAUTEY, maréchal, I 222. II 94, 388.

MAC LEAN, II 242.
MACMILLAN, Harold, I 152.
MAC ORLAN, Pierre, II 320.
MAGNAN, Henry, I 285.
MAGNIEN, I 407.

MAGNY, Olivier de, I 125, 129, 141, 143, 166, 173.
MAGRE, Judith, II 352, 362.
MAHOMET, I 150.
MAIAKOVSKI, Vladimir, I 308, 400, 401. II 107, 180.
MAILLAN, Jacqueline, II 336.
MAILLET, Antonine, II 101, 107, 108, 353.
MAJOUB, Aziz, I 260, 276-280, 303.
MALET, Laurent, II 188.
MALLARMÉ, Stéphane, I 330, 387, 453.
MALLE, Louis, II 147, 341.
MALLET, Robert, I 151. II 188.
MALLET-ISAAC, I 173.
MALLET-JORIS, Françoise, I 117, 379, 424, 430, 437. II 153, 154, 210, 215, 267, 268, 337, 406.
MALRAUX, André, I 100, 154, 157, 282, 286, 376, 377, 381, 390, 427. II 69, 79, 127, 243, 267.
MALRAUX, Clara, I 267, 277. II 84.
MALRAUX, Florence, II 84.
MAMÉ (voir GALEY Marie).
MAMY, Georges, I 448. II 223, 269.
MANDIARGUES, André Pieyre de, I 228.
MANET, Édouard, I 498. II 362.
MANN, Thomas, I 80.
MAN RAY, I 55.
MANTE, Suzy, I 19, 198, 262, 295, 473. II 32.
MAO TSÉ-TOUNG, I 356.
MARABINI, I 380.
MARAIS, Jean, I 272. II 68, 398.
MARCABRU, Pierre, II 212.
MARCEAU, Marcel, I 91.
MARCEAU, Félicien, II 268.
MARCEAU, Bianca, II 278.
MARCEL, Gabriel, I 256.
MARCERON, Mme, II 19.
MARCHAIS, Georges, I 415. II 166, 227, 234, 269.
MARCHAT, Jean, II 131.
MARCHETTI, Xavier, I 448.
MARÉCHAL, Marcel, II 64, 104, 168, 169, 173, 174, 191, 219, 220, 233, 234, 246.
MARGAT, Marie, I 351.
MARGERIE, Diane de, II 241, 242.
MARIE, princesse, I 283.
MARIE-ANTOINETTE, I 131. II 18.
MARITAIN, Jacques, I 448.
MARIVAUX, Pierre de, I 95, 189, 494. II 60.
MARKEVITCH, Igor, II 93.
MARKOVA, danseuse, I 38.
MARMONTEL, Jean-François, I 318.
MARTEL, Charles, I 316.
MARTEL, Reginald, II 102.
MARTIN, Mme, I 25.
MARTIN, I 484.
MARTIN, Didier, II 145.
MARTIN-CHAUFFIER, Louis, I 441.
MARTINELLI, Elsa, I 340.
MARTIN DU GARD, Roger, I 99, 307, 312, 385.
MARTON, Elisabeth, II 269, 271.
MARUEL, Richard, I 154.
MARX, Karl, I 130, 133, 317. II 44.
MASARYK, Tomas, I 335.

INDEX

MASSÉ, Victor, II 312.
MASSIP, Mme, II 242.
MASSIS, Aimable, I 204.
MASSIS, Henri, I 170.
MASSU, Jacques, I 144, 145, 147, 447.
MASTROIANNI, Marcello, I 341.
MATI, I 24, 26, 34, 35, 37, 41, 45, 46, 59, 81, 86, 95, 97, 120, 133, 142, 179, 239.
MATIGNON, Renaud, I 178, 429, 430.
MATISSE, Henri, I 298.
MATZNEFF, Gabriel, II 64.
MAUGHAM, Somerset, II 410.
MAUPASSANT, Guy de, I 241. II 102, 137, 303.
MAURIAC, abbé, I 268.
MAURIAC, Claude, I 19, 217, 304, 336, 419, 430. II 167, 211, 227, 308, 350.
MAURIAC, Mme F., I 308.
MAURIAC, François, I 12, 14, 15, 19, 38, 50, 52, 62, 69, 70, 79, 158, 163, 171, 186, 214, 215, 220, 232, 240, 241, 255, 272, 275, 286, 292, 295, 301, 302, 304, 308, 312, 320, 331, 335, 405, 419, 459. II 15, 52, 60, 93, 112, 121, 160, 226, 227, 307, 350.
MAUROIS, André, I 55, 119, 461. II 62.
MAUROY, Pierre, II 269.
MAURRAS, Charles, I 222. II 48, 226.
MAYAUD, Monique, I 414, 431, 433, 477. II 204.
MAYER, René, I 477.
MAYER, Mme René, I 309.
MAZAUD, Zélie, I 418.
MAZAUD, Auguste, II 95, 97.
MAZAUD, Madeleine, II 97.
M'BOW, Amadhou Mahtar, II 87.
MEDONIA-SIDONIA, duchesse, I 430.
MEININGER, Vincent, II 395, 398, 402.
MEIR, Golda, I 492.
MELCHIOR-BONNET, II 51.
MÉLINAND, Monique, II 77.
MELLERIO, II 25.
MEMLING, Hans, I 172.
MEMMI, Albert, I 166.
MENDÈS FRANCE, Pierre, I 60, 63, 68, 75, 89, 158, 330, II 72.
MENOTTI, Gian Carlo, I 411, 412.
MEO, Dino di, I 328.
MERLE, Jean-Claude, I 330.
MERLE, Robert, I 126. II 408.
MERIEL, II 130.
MÉRIMÉE, Prosper, II 402.
MERLIN, Serge, I 31.
MESGUICH, Daniel, II 173, 174, 254.
MESSADIÉ, Gérard, I 167, 185, 212, 224, 311, 352, 367.
MESSMER, Pierre, I 212, 455.
MEURICE, Mme, II 309.
MEURISSE, Paul, I 236.
MEYER, Émile, II 326.
MICHAUX, Henri, II 62, 285.
MICHEL, Albin, éditions, I 287, 292.
MICHEL, François, I 101, 144.
MICHEL, Louise, II 57.
MICHELET, Jules, II 262.
MIGNON, Paul-Louis, II 61, 219.
MIGNOT, professeur, II 370.

MIKAËL, Ludmilla, II 296.
MILITON, Marcel, I 128.
MILITON, Mme, II 34.
MILLE, Hervé, I 312, 330, 360, 450, 499. II 128.
MILLER, Arthur, I 222. II 318.
MILLET, Jean-Pierre, I 198, 201, 438. II 144.
MILORAD, I 125, 143, 155, 165, 203, 227.
MILOSZ, II 149, 257.
MIMI, (voir BECHMANN Germaine).
MINGUET, M., I 438.
MINORET, Bernard, I 141, 156.
MIQUEL, II 68.
MIRLOT, DE, docteur, I 322.
MISHIMA, II 157, 197, 342.
MISTINGUETT, I 24, 283.
MISTLER, Jean, II 51, 62, 107.
MISTRAL, Frédéric, I 319. II 102, 243.
MITFORD, Nancy, I 258.
MITTERRAND, François, I 103, 180, 330, 490. II 11, 12, 173, 193, 197, 209, 211, 217, 223, 243, 248, 268, 269, 270, 305, 379, 408.
MITTERRAND, Danielle, II 173, 197, 269, 316.
MNOUCHKINE, Ariane, I 427. II 174.
MOBUTU, Joseph, I 446.
MODIANO, Patrick, I 386, 401, 405, 406, 463. II 51, 82, 84, 85, 300.
MODIGLIANI, Amedeo, I 43, 270.
MOHRT, Michel, I 304, 348, 360, 443. II 71, 179, 368.
MOÏESSEVA, I 216.
MOINOT, Pierre, I 414, 447.
MOITESSIER, Mme, I 139.
MOLBACH, II 241.
MOLIÈRE, I 191, 329. II 44, 60, 296.
MOLINARO, Édouard, II 160, 198.
MOLLET, Guy, I 111, 149.
MONA (voir OLIVE Simone).
MONDOR, Henri, I 19, 364.
MONDY, Pierre, II 40, 44.
MONFORT, Silvia, I 38. II 257.
MONFREID, Henry de, I 290. II 32.
MONNIER, Adrienne, II 334.
MONNIER, Michèle, II 209.
MONOD, Mme, II 281.
MONTAIGNE, Michel de, II 150.
MONTANSIER, II 116.
MONTASSIER, Gérard, II 69.
MONTERO, Germaine, II 84.
MONTESQUIEU, Charles de, I 56, 429. II 102.
MONTESQUIEU, duchesse de, I 425, 430.
MONTESQUIOU, Robert de, I 310.
MONTEVERDI, Claudio, I 132.
MONTEILHET, Hubert, II 190.
MONTHERLANT, Henry de, I 48, 64, 68, 82, 193, 196, 358, 399, 405, 458, 461, 495. II 81, 216, 236, 281, 320.
MONTINI, Mgr, I 466.
MONTPENSIER, Anne Marie Louise, dite la Grande Mademoiselle, I 102.
MORAND, Paul, I 164, 182, 185, 208-211, 221, 223, 231, 247, 250, 254, 258, 267-269, 275, 281, 283, 289, 292, 294, 295, 297, 309, 310, 326, 361, 362, 370, 374, 375, 385, 386, 389, 396, 403, 499. II 13, 21, 32, 48, 50, 51, 62, 75, 93, 134, 145, 194, 358, 387.

MORAND, Hélène, I 182, 222, 223, 255, 269, 283, 286, 295, 310, 362, 386, 389, 397, 499. II 52.
MORANTE, Elsa, I 365. II 400, 407.
MORÉ, Marcel, I 263.
MOREAU, Gustave, I 310.
MOREAU, Jean-Luc, II 137, 188.
MOREAU, Jeanne, I 420.
MORÉNO, Marguerite, I 318.
MORIN, Edgar, II 270.
MORLAY, Gaby, I 151. II 153.
MORNAND, Louise de, I 332.
MORTIMER, Raymond, I 298.
MOSCOVITCH, Milorad, II 263.
MOTTE, Claire, I 333.
MOUGEOTTE, Étienne, II 173.
MOULAY, Abdallah, prince, II 286.
MOULIN, Jean, II 243.
MOUNET-SULLY, Jean, I 321. II 43, 353.
MOZART, Wolfgang Amadeus, I 130.
MUGNIER, abbé, I 247. II 357.
MUHLSTEIN, Anka, II 179.
MULLER, Doudou, I 186.
MULLER, Henry, I 59.
MULOT, Lucie, II 331.
MUN, marquise de, I 173.
MUNCHINGER, Karl, I 117.
MUNI, II 306.
MURILLO, Bartolomé, II 388.
MUSIL, Robert von, I 77.
MUSSET, Alfred de, I 310. II 129, 348.
MUSSOLINI, Benito, II 128, 285.

NACHT, I 430.
NADALET, Charlotte, I 152.
NADALET, Pierre, II 196.
NADALET, Simon-Émile, I 196, 457.
NAMIAS, Mme, II 291.
NANTEUIL, I. vicomtesse de, I 56.
NAPOLÉON, II 86, 283, 326, 358, 380.
NASSER, Gamal Abdel, I 111.
NATANSON, Thadée, I 61.
NAVARRE, Yves, II 16, 174, 190, 197, 198, 210, 213, 303, 332, 341, 367.
NEGRONI, Jean, I 347.
NEHRU, Jawaharlal, I 152. II 348.
NELL, Nathalie, II 254.
NÉRAUD, M., II 254.
NERSON, Jacques, II 112, 212, 227.
NESTROY, Johann, II 277.
NEUVÉGLISE, Paule, II 152.
NICHOLSON, Michaïl, II 269.
NICOLE, Pierre, II 44.
NIEMEYER, Oscar, II 234.
NIETZSCHE, Friedrich, I 34. II 239.
NIMIER, Roger, I 158, 167, 178, 245, 246, 420. II 200.
NIXON, Richard, I 438, 465.
NIZAN, Paul, II 265.
NOËL, Hubert, I 134.
NOËLLE, Paule, II 256.
NOAILLES, Anna, comtesse de, I 275, 331, 381. II 357.
NOAILLES, Marie-Laure de, I 14, 96, 157, 208, 211, 230, 231, 235, 250, 275, 285, 294-296, 304, 305, 308, 310, 318, 319, 321, 322, 328, 335, 341, 344, 349, 486. II 38, 52, 93, 111, 200.
NOAILLES, Nathalie de, II 38.
NOBEL, Chantal, II 360.
NOIRET, Philippe, II 265.
NOLL, Jean, I 492.
NORA, Pierre, I 370. II 71.
NORDLINGER, Mme, I 332.
NORMAN, Marsha, II 271, 272.
NOUGARO, Claude, II 331.
NOUREIEV, Rudolf, I 216. II 250.
NOURISSIER, François, I 137, 189, 213, 225, 238, 287, 306-310, 320, 321, 342, 364, 400, 414, 424, 434, 442. II 71, 83, 151, 152, 163, 169, 210, 236, 254, 255, 268, 285, 286, 320, 339, 358, 398.
NOURISSIER, Totote, I 307, 321. II 193, 254.
NOVALIS, Friedrich, II 402.
NOVOTNY, Antonin, I 380.
NUSSAC, Sylvie de, II 279.

OBALDIA, René de, I 100, 172, 194, 290, 312, 313, 360, 411, 434, 436. II 83, 84, 85, 291, 352.
OCELOT, II 89.
OBRINOVITCH, II 231.
OGIER, Bulle, II 265, 293.
OHNET, Georges, II 278.
OLIVE, Georges, I 102, 152, 476. II 55, 270, 327.
OLIVE, Simone (Mona), I 102, 152, 323, 476. II 87, 121, 178, 207, 224, 229, 327.
OLIVER, Raymond, I 268.
OLLIVIER, Alain, I 125.
OLLIVIER, Éric, I 250.
OPPENHEIMER, Robert, I 143.
ORENGO, Charles, I 386.
ORMESSON, Jean d', I 118, 176, 346, 425, 430, 491, 494. II 13, 57, 102, 107, 150, 157, 161, 319, 367.
ORRIN, I 411.
ORSENNA, Erik, II 228, 332.
OSBORNE, John, I 219.
OTCHAKOWSKI, II 91.
O'TOOLE, Peter, II 144.
OUM KALSOUM, II 29.
OUOLOGUEM, Yambo, I 392, 393.
OZERAY, Madeleine, II 376.
PALATINE, princesse, I 179, 181.
PALEWSKI, Gaston, II 72.
PALME, Olaf, II 296.
PALOMINO, Metcha, II 101.
PACARD, II 284.
PAPILLON, (voir CHARRIÈRE, Henri).
PAQUIN, II 194, 197.
PARINAUD, André, I 151, 256, 292, 293, 308.
PARSON, Jacques, I 271.
PARTURIER, Françoise, II 35.
PASCAL, I 18, 23, 68, 78, 79, 103, 112, 271, 286, 441, 500. II 8.
PASCAL, Jean-Claude, I 127.

INDEX

PASCAR, Mme, I 400.
PASCAUD, Fabienne, II 255.
PASOLINI, Paolo, II 204.
PASQUAL, Lluis, II 194, 206, 288, 289.
PAT, (voir BECHMANN Lucien).
PATENÔTRE, Raymond, I 198, 199.
PATMORE, Derek, I 58.
PAUL, saint, II 8.
PAULHAN, Jean, I 95, 169, 172, 185, 214, 255, 256, 291, 295, 365, 439. II 21, 169, 334, 369.
PAUPERT, Jean-Marie, I 419.
PAUTRAT, Bernard, II 205, 206, 308, 355.
PAUVERT, Jean-Jacques, II 114, 318.
PAYSAN, Catherine, II 82, 83, 163, 300, 337.
PECHKOFF, Zinovi, I 308, 320, 336, 342. II 336.
PÉGUY, Charles, I 29, 34, 176. II 48.
PEIGNOT, Jérôme, I 364. II 312.
PÈNE, Annie de, II 241.
PERDRIEL, Claude, I 83, 84, 96, 213, 316.
PEREC, Georges, I 340.
PÉRIER, François, I 375. II 263, 264.
PERLMUTTER, Bronja, I 54, 55.
PERRAULT, Charles, I 435.
PERRAULT, Claude, II 69.
PERRIN, Francis, II 76.
PERROND, I 407.
PERROS, Georges, II 312.
PÉTAIN, Philippe, I 144, 307. II 112, 133, 192.
PETIT, Roland, I 333.
PÉTRARQUE, I 153, 157.
PEUCHMAURD, Jacques, I 121.
PEYREFITTE, Alain, II 107.
PEYREFITTE, Roger, I 231, 232, 256, 258, 260, 262, 270, 304, 305, 306, 308, 358, 364, 386, 433. II 211.
PEYRET, Jean-François, II 253.
PHILIPE, Gérard, I 31, 353.
PHILIPPART, Nathalie, I 212.
PHILIPPART, I 330.
PHILIPPE, Charles-Louis, II 320.
PHILIPPON, Bertrand, I 256, 330. II 96.
PIA, Pascal, I 154.
PIA, princesse, I 217.
PIAF, Édith, I 68, 318.
PIAGET, I 501.
PIATIER, Jacqueline, I 228, 229, 249, 297, 309, 391, 452, 477. II 83, 107, 150, 197, 260.
PIC, I 191, 199.
PICASSO, Pablo, I 43, 50, 271, 296, 300, 307. II 311, 361.
PICCOLI, Michel, I 142.
PICON, Mme Veuve, II 243.
PIERAL, I 65, 205.
PIERLOT, I 102.
PIERRE, abbé, I 104.
PILHES, René-Victor, I 327.
PILLEMENT, Georges, I 435.
PINAY, Antoine, I 89, 212, 330.
PINGET, Robert, I 166, 332. II 327.
PINGUET, Mlle, I 79.
PINTER, Harold, II 184, 238.
PINTILIÉ, Lucien, II 350.
PIRANDELLO, Luigi, I 16, 479. II 9.

PIRANÈSE, Giovanni, I 381.
PIVOT, Bernard, II 152, 157, 193.
PLANCHON, Roger, II 43, 182, 191.
PLATON, I 475. II 230, 240, 405.
PLEVEN, René, I 53.
PLON, éditions, I 157, 255.
PLUTARQUE, I 475.
POE, Edgar, I 453.
POHER, Alain, II 35.
POIROT-DELPECH, Bertrand, I 391, 424. II 51, 124, 150, 236, 296, 358,410.
POLIAKOFF, II 151, 153.
POLIAKOFF, Serge, I 96.
POLIGNAC, Edmond de, II 93.
POLIGNAC, princesse de, I 250.
POMPIDOU, Georges, I 37, 312, 331, 441, 448, 454, 481, 490, 494, 501. II 11, 269, 379.
POMPIDOU, Mme Claude, II 211.
PONIATOWSKI, Michel, II 20.
PONS, Anne, II 31.
PONS, Maurice, I 73.
PONTREMOLI, Pascal, I 300.
POPESCO, Elvire, I 332.
PORCHÉ, Wladimir, II 84.
PORTER, Katherine Anne, I 265.
POULENC, Francis, I 272, 284.
POULIDOR, Raymond, II 51.
POUJADE, Pierre, I 89.
POULAILLE, Henri, I 37.
POUPET, Georges, II 86.
PRADEL, Louis, II 44.
PRALON, Alain, II 235.
PRESLE, Micheline, I 353.
PRESLEY, Elvis, I 123.
PRÉVERT, Jacques, I 36.
PRÉVOST, Alain, II 321, 340, 354, 373, 379, 380.
PRÉVOST, Denise, II 316, 356, 379, 381.
PRIVAT, Béatrice, I 431.
PRIVAT, Bernard, (et Mme), I 2, 15, 246, 267, 278, 283, 309, 325, 328, 350, 414, 415, 424, 430, 431, 433, 446, 450, 454, 459. II 51, 56, 62, 81, 83, 84, 87, 115, 211, 300, 317, 337, 391.
PROUDHON, Pierre, I 70.
PROUST, Marcel, I 7, 18, 29, 34, 58, 98, 102, 121, 141, 198, 203, 204, 222, 237, 259, 272, 283, 292, 302, 303, 311, 332, 346, 354, 358, 390, 399, 437, 440, 473, 474. II 32, 52, 76, 84, 93, 164, 215, 258, 300, 301, 321, 357.
PROUST, Robert, I 358.
PROUVÉ, Jean, I 210.
PUAUX, I 439.
PUCKAND, Fr., II 91.
PUDLOWSKI, Gilles, II 231.
PUGET, Charles-André, II 168.
PURKEY, Rey, I 352.
PUVIS DE CHAVANNES, Pierre, I 55. II 65, 120, 357.

QUENEAU, Raymond, I 166, 178.
QUINET, I 293.
QUINTE-CURCE, I 126.
QUESTER, Hugues, II 71, 76, 350, 351.

QUILÈS, Paul, II 192, 269.
QUOIREZ, Jacques, II 114.

RABELAIS, François, I 419.
RABUTIN, I 80.
RACINE, Jean, I 59, 64, 68, 134, 186, 286, 490. II 35, 44, 84.
RADIGUET, Raymond, I 37, 43-46, 49-51, 54, 55, 58, 353, 377. II 93, 200, 330.
RAFFALLI, Bernard, II 85, 86, 234.
RAFTOPOULO, Bella, II 280.
RAILLAT, Lucette, II 220.
RAIMU, I 408.
RALITE, Jack, II 173.
RAUTZEN, II 134.
RAVEL, Maurice, I 461.
RAVENEL, Mme de, I 373.
RAWICZ, II 73.
RECOING, Aurélien, II 138.
REAGAN, Ronald, II 257, 408.
REDON, Odilon, I 124. II 311.
RÉGNIER, Henri de, I 138, 271, 285, 310.
RÉGY, Claude, II 98, 99, 274, 304, 328, 350, 351.
REICHENBACH, François, II 234.
REINHARDT, Django, II 85.
RÉJEAN, II 133.
REMBRANDT, I 88, 296. II 411.
RÉMOND, Dominique, II 138.
RÉMY, Pierre-Jean, I 451. II 61, 70, 81, 168, 254, 339.
RENAN, Ernest, I 62.
RENARD, Jules, I 24. II 243, 265, 369.
RENAUD, Marguerite, I 79.
RENAUD, Yvonne, I 17.
RENAUD, Madeleine, I 318, 363, 366, 368-373, 375, 401, 408, 413, 420, 434, 436. II 121, 219, 260, 264, 293, 329, 330, 377.
RENOIR, Auguste, I 346. II 299, 362.
RESNAIS, Alain, I 347. II 84.
RÉTORÉ, Catherine, II 138.
RÉTORÉ, Guy, I 138.
RETZ, cardinal de, I 80, 81, 309.
REVEL, Jean-François, I 190, 425. II 150, 157, 244.
RHEIMS, Maurice, I 463. II 107.
RHYS, Jean, II 88.
RIBES, II 36.
RICARDONI, II 209.
RICAUMONT, Jacques de, I 141, 177, 250, 285.
RICH, Claude, II 73.
RICHARD, Mme, I 380.
RICHARDSON, Mme, I 411.
RICHAUD, André de, I 283.
RICHIER, Germaine, I 411, 494.
RIDEAU, Bernard, II 255.
RIGAUD, Jacques, II 36, 211.
RIGAULT, de, I 411.
RIMBAUD, Arthur, I 318, 331. II 106, 320.
RINALDI, Angelo, II 48, 63, 75, 82, 145, 147, 150, 213, 215, 228, 242, 320, 323, 325, 333, 345.
RIQUET, père, I 16.
RISTAT, Jean, II 23, 85, 86, 87, 280.

RITSOS, Yannis, II 70.
RIVA, Emmanuelle, I 134.
RIVIÈRE, abbé, I 33.
RIVOYRE, Christine de, I 212, 424. II 146, 208.
RIZZO, I 411.
ROBBE-GRILLET, Alain, I 77, 83, 125, 166, 192, 193, 261, 331, 398, 409, 421. II 202, 203, 260, 270, 276, 327, 386.
ROBBE-GRILLET, Mme, I 282.
ROBERT, Hubert, I 262, 494.
ROBERT, Marthe, II 83.
ROBERTS, Jean-Marc, II 242.
ROBESPIERRE, Maximilien de, I 469.
ROBICHON, Jacques, I 316.
ROBIDA, Michel, II 269.
ROBLÈS, Emmanuel, II 268.
ROCARD, Michel, II 269.
ROCHAS, Hélène, II 107, 164, 182.
ROCHE, Denis, II 317.
ROCHEFORT, Christiane, I 162, 163, 166, 250, 295, 297. II 40, 88, 215, 332.
ROCHET, Waldeck, I 400.
ROCKEFELLER, John, I 29.
RODIN, Auguste, II 326.
RODITI, Édouard, I 225.
ROHAN-CHABOT, Marthe de, II 96.
ROLLIN, Dominique, I 256.
ROLLING STONES, II 276.
ROMAINS, Jules, I 325, 364. II 7.
ROMANS, Pierre, II 188.
RONSARD, Pierre de, I 365.
ROSAY, Françoise, I 204.
ROSBO, Patrick de, II 126.
ROSE, Mme, I 27.
ROSNY, frères, II 322.
ROSSELLINI, Renzo, II 79.
ROSSIGNOL, II 88.
ROSTAND, Claude, I 358.
ROSTAND, Edmond, I 294, 353, 377.
ROSTAND, Jean, I 193, 266.
ROSTAND, Maurice, I 24, 172.
ROSTROPOVITCH, Mstislav, II 70.
ROTH, Philip, I 220, 221. II 157.
ROTHSCHILD, baron Édouard de, I 490.
ROTHSCHILD, baronne Édouard de, II 25.
ROTHSCHILD, baron Élie de, I 353. II 141, 173.
ROTHSCHILD, baron Guy de, I 40. II 13.
ROTHSCHILD, baron James de, II 324.
ROTHSCHILD, Nadine de, II 56.
ROTHSCHILD, baronne Pauline de, I 450. II 140, 197.
ROTHSCHILD, baron Philippe de, I 280, 312, 380, 450. II 141, 151, 161.
ROTHSCHILD, Philippine de, I 280. II 139, 140, 142, 270, 306.
ROUART, Agathe, I 387.
ROUART, Jean-Marie, I 425. II 224.
ROUAULT, Georges, I 264.
ROUBLEV, Andreï, II 105.
ROUQUIER, II 246.
ROUSSEAU, François-Olivier, II 306, 380.
ROUSSEAU, Henri (le Douanier), I 376.
ROUSSEAU, Jean-Jacques, I 317, 494. II 86.
ROUSSILLON, Jean-Paul, II 160.
ROUX, Dominique de, I 309.

INDEX

ROUZIÈRE, Jean-Michel, II 262.
ROY, Claude, I 194, 290. II 261, 325, 369, 406, 407.
ROY, Jules, I 414, 415, 426, 427, 433, 447, 454. II 34, 67.
ROYER, Jean, I 11.
ROZENBAUM, docteur, II 381.
RUFUS, II 9.
RUBEN DE CIRVEN, Mme, II 194.

SABATIER, Mme, I 500.
SABATIER, Christiane, I 410. II 76, 285, 316, 340, 374.
SABATIER, Robert, II 73, 81, 82, 160, 174, 190, 193, 211, 254, 268, 283, 316, 320, 322, 339, 365, 374.
SACHS, Maurice, I 32, 58, 271. II 92.
SAGAN, Françoise, I 58, 59, 96, 122, 165, 176, 177, 184, 190, 213, 230, 295, 316, 325, 347, 377. II 114, 275, 329, 353.
SAKHAROV, Andrei, II 116.
SAILLET, I 143.
SAINT-JEAN, Robert de, I 257, 264, 304, 312, 387, 446. II 398.
SAINTE-BEUVE, I 293, 298. II 22, 216.
SAINTENY, Mme, I 409.
SAINT-EVREMOND, Charles de, I 493.
SAINT-JOHN PERSE, I 469. II 30, 94, 214.
SAINT-LAURENT, Yves, I 230, 236, 318, 374.
SAINT-PIERRE, Michel de, I 463.
SAINT-SIMON, duc de, I 32, 67, 137, 449, 487. II 35, 38, 150, 244, 262.
SAINTE-SOLINE, Claire, I 283.
SALAN, Raoul, I 147.
SALAZAR, I 407.
SALINO, Brigitte, II 255.
SALMON, André, I 49-51.
SALUSSE, II 36.
SALACROU, Armand, II 268.
SAMPIGNY, Mme de, I 56.
SAND, George, I 34, 409, 435. II 121.
SANDIER, Gilles, I 285, 296. II 173, 191, 210, 212.
SANTOS-DUMONT, Alberto, I 61.
SAPRITCH, Alice, II 65, 199, 210, 211, 219, 227, 228, 257, 262.
SARGENT, I 140.
SARRAUTE, Claude, II 261.
SARRAUTE, Nathalie, I 451. II 121, 135, 200-202, 260, 261, 262, 270, 321, 326, 327, 380, 386.
SARRAUTE, Raymond, II 262, 329, 386.
SARTRE, Jean-Paul, I 16, 58, 100, 145, 164, 186, 275, 281, 292, 310, 343, 452. II 126, 127, 151, 201, 202, 243, 260, 261, 264, 265, 267, 362.
SATIE, Éric, I 46.
SAUGUET, Henri, I 173, 192, 284, 309, 344, 373. II 39, 56, 111, 376.
SAUNIER-SEÏTÉ, Alice, II 85.
SAUVAGE, II 75.
SAUVAGE, I 410.
SAUVAGE, II 378.
SAVARY, Jérôme, II 228.

SAVEL, Francis, I 186.
SAXE, maréchal de, I 498.
SAXE-COBOURG, princesse de, I 499.
SCHISGAL, I 329.
SCHWARTZ, I 417, 432.
SCHMITT, (Nicolas?), I 446.
SCHIELE, Egon, II 188.
SCHNITZLER, Arthur, II 275.
SCHWARTZENBERG, Léon, II 359.
SCHLUMBERGER, Évelyne, II 188.
SCHLUMBERGER, famille, I 149.
SCHLUMBERGER, Jean, I 99, 100, 155. II 41.
SCHNEIDER, Marcel, I 83, 84, 96, 124, 125, 129, 145, 165, 174, 180, 194, 196, 197, 211, 215, 229, 240, 247, 249, 251, 285, 294, 295, 300, 304, 305, 308, 309, 328, 335, 336, 352, 358, 361, 368, 369, 450, 484,485. II 38, 92, 111, 269, 317.
SCHUMANN, Maurice, I 133.
SEBERG, Jean, II 282.
SÉDOUY, Alain de, I 57.
SÉE, Geneviève, I 394.
SÉE, Marie-Claire, I 60.
SEGHERS, Pierre, I 43.
SEGONZAC, de, II 19.
SÉGUÉLA, Jacques, II 197.
SÉGUR, comtesse de, I 311, 319. II 37, 45.
SEIGNER, Françoise, II 236, 411.
SEMPÉ, II 307.
SENGHOR, Léopold Sedar, I 392.
SENEQUIER, I 128.
SERANT, Paul, I 109.
SEREYS, Jacques, I 280. II 140, 141.
SERREAU, Jean-Marie, II 362.
SERVAN-SCHREIBER, Jean-Jacques, I 456.
SÉVIGNÉ, marquise de, I 34, 332. II 86, 244.
SEYRIG, Delphine, I 419, 446. II 212.
SHAEFFER, II 84.
SHAKESPEARE, William, I 138, 318. II 106, 326.
SHEPARD, Tom, I 410.
SHEPPARD, Sam, II 363.
SHIKIBU MURASAKI, II 197.
SICKLES, colonel, I 500.
SID CARA, I 147.
SIEFFERT, René, II 197.
SIGAUX, Gilbert, I 414.
SIGNORET, Simone, II 197, 389.
SILVESTRE, I 407.
SIMON, Albert, I 418.
SIMON, Claude, I 129, 166, 421. II 202, 327, 328, 329, 391.
SIMON, Michel, I 204.
SIMON, Pierre-Henri, I 300, 414.
SIMON, Yves, II 231, 306.
SIMONE, Mme, I 182, 247, 256, 325, 332, 358, 375, 381, 389, 390, 445. II 18, 84, 92, 93.
SINIAVSKI, I 400.
SINÉ, I 441.
SIPRIOT, Pierre, II 216, 217.
SMADJA, Henri, I 309.
SMARELDO, Francisco, II 194.
SOBEL, Bernard, II 79.
SOCRATE, II 231, 240.
SOLÉ, dessinateur, II 228.
SOLJENITSYNE, Alexandre, II 57, 70, 318, 330.

SOLIDOR, Suzy, I 50, 381.
SOLLERS, Philippe, I 158, 166, 192, 230, 289, 310, 321, 355, 435. II 242.
SOLVAY, Maurice, I 179.
SOLVAY, Hinano, I 213, 244, 268.
SOREL, Cécile, I 24, 204. II 129.
SORIANO, Marc, I 435.
SOTELLO, Calvo, I 286.
SOUBIRAN, docteur André, II 31.
SOULIÉ, I 271.
SOURZA, Jeanne, II 85.
SOUSTELLE, Jacques, I 146-148.
SOUTINE, Chaïm, I 96.
SOUZO, prince, I 397.
SOUZO, princesse (voir MORAND, Hélène).
SOVREMENIK, II 104.
SPENDER, Stephen, I 411.
SPINOZA, I 87. II 253.
SPIRE, André, I 242.
SPEIDEL, II 134.
STAËL, Germaine de, I 177, 206. II 280.
STAËL, Nicolas de, I 96. II 72.
STALINE, Joseph, I 89, 490. II 223, 231, 338.
STANHOPE, Lady, II 280.
STEIN, Gertrude, II 166, 183, 224.
STEIN, Peter, II 47, 322.
STENDHAL, I 129, 196, 235, 311. II 298, 380.
STETTINER, I 332.
STIL, André, II 268, 283.
STOURZA, prince, II 52.
STOLYPINE, Petr, I 329.
STRAUSS, Mme, I 332.
STRAVINSKI, Igor, I 43, 271.
STREHLER, Giorgio, II 64, 141, 194, 350.
STRINDBERG, August, I 450.
SUARÈS, II 320.
SUE, Eugène, I 186, 294.
SUPERVIELLE, Jules, I 217.
SUHRKAMP, II 276.
SUSINI, Marie, II 268.
SVERDLOV, II 336.
SWEERTE, Michel, I 498.

TACITE, I 266.
TAGRINE, Nadia, I 83.
TAINE, Hippolyte, I 304.
TANIZAKI, Junichiro, II 197.
TATI, Jacques, II 276.
TAVERNIER, René, I 330.
TAYLOR, Elizabeth, II 166.
TAZIEFF, Haroun, II 219.
TCHEKHOV, Anton, I 142, 431. II 111, 135, 273, 329, 341.
TCHANG KAÏ-CHEK, I 308. II 336.
TCHEELITCHEV, Pavel, I 416.
TCHERNIAK, II 261.
TEILHARD DE CHARDIN, Pierre, I 492.
TERZIEFF, Laurent, I 285, 329, 341, 342, 363, 399, 400, 409, 421. II 71, 72, 86, 137, 149, 203, 204, 219, 240, 257, 341, 350, 361, 362, 404.
TESSIER, Carmen, I 330.
TESSIER, Valentine, II 176.
TESSON, Philippe, I 8, 308, 309, 446. II 40, 82.
TESTE, MM., I 387.

TÉTARD, maître, II 72.
TEZENAS, Suzanne, I 217.
THÉBAUD, Marion, II 255.
THEURIET, André, I 24.
THEVENON, Patrick, II 204.
THIBAUDAT, Jean-Pierre, II 255.
THIBAUDET, Albert, I 194.
THIERY, Louis, II 134, 141, 143, 174, 212, 213, 220, 317, 376.
THIEULOY, II 38, 65.
THOMAS, I 229.
THOMAS, Jean, I 425.
THOREZ, Maurice, I 57.
THOREZ, Paul, II 70, 96.
TIEPOLO, Giovanni Battista, II 194.
TINÉ, ambassadeur, I 408.
TITE-LIVE, I 45.
TISNÉ, II 97.
TISOT, Henri, II 12.
TITO, Joseph, II 231.
TITO, Mme Jovanka, II 231.
TODD, Olivier, II 75, 126, 157.
TOESCA, Maurice, I 435.
TOJA, Jacques, II 205, 235, 256.
TOLSTOÏ, Léon, I 17, 21, 93, 162.
TONNEAU, I 183.
TOUCAS, Mme, II 86.
TOULOUSE-LAUTREC, Henri, II 134.
TOULET, Pierre-Jean, II 361.
TOURGUENIEV, Ivan, I 431. II 106.
TOURNIER, Michel, I 418. II 14, 28, 62, 76, 234, 235, 236, 237, 253, 268, 269, 320.
TOURTELOTTE, professeur, II 312.
TRASSARD, Jean-Loup, I 331, 338, 356.
TRAILOVITCH, Mira, II 231.
TREFUSIS, Violette, I 499.
TRENET, Charles, II 259, 331.
TREVOR, I 491.
TRICOT, Bernard, I 423.
TRIOLET, Elsa, I 282, 285, 307, 308, 321, 327, 370, 380, 393, 400, 401, 404, 415, 440, 445, 461, 496. II 96.
TROTSKI, Léon, II 262.
TROYAT, Henri, II 62, 251, 359.
TUAL, Roland, I 36.
TRUFFAUT, François, II 341.
TURCKHEIM, Hélène de, II 160, 263, 370.
TURENNE, Henri de, II 114.
TURENNE, maréchal de, II 116.

UCKERMANN, René d', I 214, 364. II 102.
USSEL, baronne d', I 56.

VACARESCO, Mme, I 247.
VACHERON-CONSTANTIN, I 221.
VADIM, Roger, I 369.
VAILLAND, Roger, I 133.
VALÈRE, Simone, I 368.
VALÉRY, Paul, I 29, 81, 143, 161, 217, 228, 242, 247, 283, 387. II 84, 87, 121, 122, 221.
VALLERY-RADOT, Pasteur, I 361.
VALLIER, I 411.
VAN DYCK, Anton, II 274.
VANECK, Pierre, I 31, 142, 257.

INDEX

VANECK-BOUTRON, Mme, II 190.
VAN HOOL, Roger, II 73.
VAN LOO, I 296.
VAN MANEN, Hans, I 114.
VARSANO, pianiste, II 211.
VARTAN, Sylvie, II 72, 114.
VASSILIU, Pierre, II 143.
VAUDOYER, Jean-Louis, I 30. II 194.
VAUDOYER, Mme, I 283.
VAUTHIER, Jean, II 298.
VEDRÈS, Nicole, I 216, 290, 294, 359, 373, 499.
VEIL, Simone, II 87.
VENTADOUR, Lolotte de, II 331.
VÉRALDI, Gabriel, I 58, 82.
VERCINGÉTORIX, II 283.
VERDI, Giuseppe, II 326.
VERJOLY, Mme, I 235.
VERLAINE, Paul, I 324.
VERMEER, I 87, 305.
VERNE, Jules, I 263.
VERNY, Charles, II 339.
VERNY, Françoise, I 346, 433. II 168, 210, 215, 242.
VERRET, Shirley, II 326.
VIALATTE, Alexandre, I 246.
VIAN, Boris, I 10, 87, 142, 173.
VIANSSON-PONTÉ, Pierre, I 448. II 30, 31, 191, 359.
VIARDOT, Pauline, II 108.
VIAU, Théophile de, I 22.
VIGNAL, Gauthier, I 440.
VIGNY, Alfred de, I 142.
VILAR, Jean, I 71, 95, 439. II 325.
VILLIERS, Gérard de, II 86, 244.
VILLIERS DE L'ISLE-ADAM, comte de, I 10.
VILMORIN, Louise de, I 344, 502.
VINAVER (père), II 328.
VINAVER, Michel, II 330, 339.
VINCENT, Jean-Pierre, II 235, 236, 237, 253, 255, 256, 273, 296, 337.
VINCI, Léonard de, I 145.
VISCONTI, Luchino, I 206. II 305.
VITEZ, Antoine, II 35, 40, 76, 301, 326.
VITTOZ, Michel, II 253.
VLADY, Marina, II 153, 189.
VOELME, Magda, II 52, 54.
VOILIER, Jean, II 121, 220.
VOLPI, comtesse, I 128.
VOLTAIRE, François, I 83, 150, 174, 196, 216, 293, 447, 495. II 244.
VOLTER, Claude, I 80.
VOLTERRA, Danièle da, I 498.
VRIGNY, Roger, I 264, 283. II 188, 242.
VUILLARD, Édouard, I 165. II 291.

WAGNER, Richard, I 34.
WAHL, Jean, I 118, 143, 145.
WALSH, Michael, I 414.
WALTER, Mme, I 256.
WALTER, Jean, I 461.
WARKOWSKA, Mme de, I 55.
WATTEAU, Antoine, I 120.
WEBER, Jean, II 129, 130.
WEBER, Jean-Paul, I 149, 150.
WEIGALL, Arthur, 126.
WEISS, Peter, I 344.
WEISWEILER, Mme, I 186, 194, 247, 336, 482.
WEINGARTEN, Romain, I 420.
WENDERS, Wim, II 363.
WERTHEIMER, famille, I 140.
WESKER, Arnold, II 238.
WIAZEMSKY, Anne, II 307.
WIAZEMSKY, princesse, II 350.
WHITE, Edmond, II 323.
WILDE, Oscar, I 22, 141, 191, 294. II 52, 63, 287.
WILDENSTEIN, Georges, I 256. II 344.
WILDENSTEIN, Guy, I 18.
WILDENSTEIN, Martine, I 26.
WILLIAMS, Tennessee, I 142.
WILSON, Bob, II 69, 265, 266.
WILSON, Georges, I 439, 443. II 263, 264, 265, 350.
WINDSOR, duchesse de, I 304.
WINDSOR, prince Albert de, I 499.
WINTER, Claude, II 212.
WOLFROMM, Jean-Didier, II 81, 259.
WOLFE, Thomas, II 276.
WOOLF, Virginia, II 269.

XÉNOPHON, II 240.

YACINE, Kateb, II 362.
YOURCENAR, Marguerite, I 36, 443. II 62, 88, 92, 107, 118, 123, 125, 126, 143, 148, 150-152, 157, 160, 161, 174, 183, 193, 197, 247, 260, 300, 342.
YOUGOSLAVIE, prince Alexandre de, 217.
YOUSSOUPOFF, II 280.

ZAND, Nicole, II 270.
ZIMBALIST, I 412.
ZITRONE, Léon, I 477. II 228.
ZINOVIEV, Alexandre, II 318.
ZOLA, Émile, I 101, 127, 151, 404. II 187, 222.
ZORINE, ambassadeur, I 335.
ZURBARAN, Francisco de, II 94.

*Cet ouvrage a été réalisé sur
Système Cameron
par la SOCIÉTÉ NOUVELLE FIRMIN-DIDOT
Mesnil-sur-l'Estrée
pour le compte des Éditions Grasset
le 30 janvier 1989*

Imprimé en France
Première édition : dépôt légal : janvier 1989
Nouveau tirage : dépôt légal : février 1989
N° d'édition : 7858 – N° d'impression : 11372
ISBN 2-246-40261-1